UNE SI JOLIE PETITE FILLE

GITTA SERENY

UNE SI JOLIE PETITE FILLE

LES CRIMES DE MARY BELL

Récit

traduit de l'anglais par Géraldine Barbe

ÉDITIONS FRANCE LOISIRS

Titre original : CRIES UNHEARD
THE STORY OF MARY BELL

Première édition : Macmillan, 1998.

Édition du Club France Loisirs,
avec l'autorisation de Plein Jour.

Éditions France Loisirs,
123, boulevard de Grenelle, Paris.
www.franceloisirs.com

Les livres Plein Jour sont commercialisés en partenariat avec la S.N. Éditions Anne Carrière.

ISBN : 978-2-298-10107-2

À Lee Hindley Chadwick,
le professeur que tout enfant devrait avoir

« Prends garde, toi qui as mon livre entre les mains,
De le lire bien : c'est-à-dire de le comprendre. »

Ben Jonson, « Au lecteur », *Épigrammes*

Introduction

Vous ignorez probablement la tragédie qui s'est déroulée dans la jolie petite ville de Newcastle-sur-Tyne au printemps 1968. Vous avez oublié, vous étiez trop jeune, peut-être n'étiez-vous même pas né, ou viviez-vous dans un pays préoccupé par ses propres problèmes.

En deux mots : à neuf semaines de distance, deux petits garçons âgés de 3 et 4 ans furent retrouvés morts. Plusieurs mois plus tard, en décembre 1968, deux fillettes étaient jugées pour leur assassinat. Norma Bell, âgée de 13 ans, fut acquittée ; Mary Bell (aucun lien familial) fut condamnée à la prison à vie. L'affaire fit beaucoup de bruit et Mary Bell, vilipendée à travers tout le pays, fut décrite comme une « mauvaise graine » fondamentalement démoniaque.

J'ai déjà écrit un livre sur ce sujet. Publié une première fois en 1972, *Meurtrière à 11 ans* rapportait les éléments de l'affaire, tels que la police les avait découverts et tels qu'ils avaient été présentés aux assises de Newcastle lors des neuf jours du procès, auquel j'avais assisté. Je racontais également ce que j'avais découvert pendant les deux années suivantes, en interrogeant la famille, les amis et les professeurs de la fillette de 11 ans jugée coupable.

Vingt-six ans plus tard, *Meurtrière à 11 ans* reste un document utile, même si beaucoup des informations qu'il contient sont aujourd'hui dépassées ; aussi en ai-je repris certaines descriptions et dépositions. À l'époque déjà, j'exprimais ma vive inquiétude envers un système judiciaire britannique qui expose les mineurs à l'ahurissante procédure des tribunaux pour adultes et considère le contexte familial et tout ce qui les pousse au passage à l'acte comme accessoires.

Je disais en outre clairement que certains éléments de l'histoire de Mary Bell me semblaient demeurer inconnus. Dans la préface de la nouvelle édition, publiée en 1995, j'exprimais mon souhait qu'elle et moi puissions un jour nous parler. J'avais la conviction qu'en exhumant son enfance avec elle, et avec personne d'autre, il serait possible de comprendre quelles pressions, intérieures et extérieures, peuvent plonger des enfants dans un désespoir si profond qu'ils en viennent à commettre des crimes graves et même des meurtres. Je pensais aussi qu'en discutant avec elle de ses douze années de détention puis de sa vie après sa libération, nous découvririons quels effets l'emprisonnement a sur des enfants, et comment la société les prépare pour le futur.

J'ai donc espéré pendant de nombreuses années écrire le livre que je vous présente, dans lequel Mary Bell, une fillette de 11 ans exceptionnellement intelligente, libérée en 1980 à 23 ans, aujourd'hui âgée de 40 ans, nous parle. Elle décrit ses actes et ses sentiments, le mal qu'on lui a fait et ce qu'on a fait pour elle – ce que fut sa vie. Elle raconte les mois qui ont précédé les deux meurtres, son amitié avec sa petite voisine et coaccusée, Norma Bell, leur vie imaginaire qui devait aboutir à la mort tragique des deux petits enfants. Elle se souvient de son procès, qui lui sembla durer des années, de la voix de ces hommes édifiants dont les propos lui étaient incompréhensibles, et de sa terrifiante certitude qu'on allait l'envoyer à l'échafaud.

Nous traversons avec elle ses douze années de détention, les cinq premières (de 11 à 16 ans) dans une unité de sécurité où elle fut la plupart du temps la seule fille au milieu d'une vingtaine de garçons. Bien qu'elle ne bénéficiât d'aucun suivi psychiatrique, elle trouva là-bas, pour la première fois de sa vie, un adulte qu'elle aimait et respectait en la personne du directeur, un ancien officier de marine.

À 16 ans cependant, en dépit du souhait exprimé par ce protecteur, le système s'exerça sur elle, exigeant que comme tous les adolescents de cet âge, elle purge sa peine en prison. Mary dut ainsi quitter la structure qu'elle appréciait, où elle se sentait en sécurité, et fut enfermée dans une prison pour femmes. Pendant sept ans, elle mena une lutte contre l'institution, utilisant le sexe pour manipuler son entourage. Elle perdit alors pratiquement tout ce qu'elle avait acquis durant les cinq années précédentes et, à 23 ans, en pleine confusion émotionnelle et sexuelle, finit par obtenir la liberté conditionnelle à l'instar de la plupart des prisonniers enfermés à l'adolescence.

Elle relate ensuite les années passées depuis sa sortie de prison, d'abord sous l'emprise de sa mère avec qui elle entretint toujours une relation de haine et d'amour réciproques. En 1984, Mary mit au monde une petite fille. Encore aujourd'hui, avec le soutien de son officier de probation, Patricia Royston[1], elle se bat pour en conserver la garde. Pour la première fois, elle ressent un amour total. À travers son rôle de mère, elle trouve un cadre et un but à sa vie. Mais avec cet amour pour son enfant surgit aussi l'horreur de ses actes, et une nouvelle et angoissante prise de conscience intensifie son chaos intérieur.

Pour finir, dans la dernière partie du livre, je reviens sur sa petite enfance, période à laquelle son esprit refusait de se confronter depuis si longtemps et qui, au moment où nous parlions, commençait doucement à émerger.

Avec une difficulté extrême, elle finit par se souvenir, au terme de nos entretiens, des abus sexuels dont elle fut l'objet en présence et sous les directives de sa mère ; elle fouille sa mémoire pour, par à-coups, retrouver ce qu'elle subit de l'âge de 4 ans, peut-être, jusqu'à la veille de ses 11 ans, où elle assassina Martin Brown. Non sans hésitation et un profond désespoir, elle parvient à évoquer les quinze minutes terribles du 25 mai 1968 à l'issue desquelles Martin, un petit garçon de 4 ans,

1. Tous les noms des fonctionnaires qui ont bien voulu me parler pour ce livre ont été modifiés.

mourut, puis les neuf semaines qui suivirent jusqu'au meurtre du petit Brian Howe, 3 ans. (Je ne m'attarderai sur aucun des horribles et inutiles détails de ces crimes.)

Il y a de multiples façons de relater les événements. On peut les rapporter, les décrire, citer les témoins, les victimes, et parfois les héros qui y sont mêlés. Bien qu'en tant qu'être humain, on ne puisse jamais espérer être totalement objectif, il est impératif de faire preuve du plus grand détachement. Ce qui ne rend pas moins nécessaire, sur un autre plan du récit, de commenter les faits, d'évaluer leur signification, de les mettre en rapport avec les règles et les principes que nous avons choisis pour gouverner notre existence.

Compte tenu de toutes ces perspectives, ce livre a été extraordinairement difficile à rédiger. C'est une chose d'écrire, comme je l'ai fait ailleurs, sur des hommes et des femmes devenus des adultes iniques. C'en est une autre de le faire à propos d'une personne qui a commis, non pas une fois mais deux, la pire des injustices lorsqu'elle était enfant et qui, contre toute attente et sans les appuis du traitement des traumatismes et de la psychiatrie, semble être devenue une adulte moralement responsable.

La difficulté a été de ne pas perdre un seul instant la confiance que j'accordais à la pertinence du projet. Il m'a fallu pour cela être particulièrement vigilante et renouveler en permanence ma foi en la faculté que nous avons tous de nous métamorphoser. Je devais croire à l'intégrité d'une adulte que je savais avoir été une enfant psychologiquement perturbée, puis une adolescente dramatiquement manipulatrice. J'ai souvent été tentée de voir cet être humain comme si elle n'était pas une seule mais deux personnes : l'enfant et l'adulte. Or, bien sûr, ce n'est pas le cas. Elle est une, comme nous tous, du moment où nous venons à la vie jusqu'au moment où nous la quittons.

Ainsi, à l'instant où j'ai compris que je devais me refuser une telle consolation, j'ai accepté que le mystère commence par cette question : qu'est-ce qu'un tiers peut, consciemment ou inconsciemment, introduire chez un enfant, qui le conduise à des actes profondément incompatibles avec la bonté intrinsèque de l'être humain ? Un parent proche est-il le seul à pouvoir affecter le comportement d'un enfant ? D'autres adultes de son entourage y parviennent-ils ? Un enfant, fille ou garçon, peut-il par exemple avoir la force de se révolter s'il a été privé d'affection ou abusé par un tuteur ou un membre de sa famille d'accueil ? Et encore : est-il possible que des enfants *s'entraînent mutuellement* vers leur total effondrement moral ? Question que soulèvent non seulement le cas Mary Bell mais celui, plus récent, des deux meurtriers de 10 ans du petit James Bulger à Liverpool en 1993, ou celui des deux garçons de 11 et 13 ans qui, à Jonesboro, dans l'Arkansas, viennent, alors que je termine ce livre (mars 1998), de provoquer un massacre dans la cour de leur école, tuant quatre petites filles et un enseignant.

Mary représente un autre mystère : comment un enfant peut-il agir d'une manière qui lui sera proprement inconcevable une fois adulte ? Y a-t-il dans l'esprit humain, les nerfs, le cœur, quelque chose qui possède le pouvoir de détruire ou de paralyser, puis de recréer ou rétablir, la moralité et la bonté ? J'ai eu et j'ai toujours l'espoir de trouver des réponses à ces questions, aussi monumentales soient-elles, grâce à l'examen minutieux de la vie d'une enfant en particulier. Il est donc important de garder ces sujets à l'esprit lorsque vous lirez ce qui va suivre.

Au cours des sept mois d'entretiens et, au total, deux années qu'aura duré l'élaboration de ce livre, pas un seul jour n'a passé sans que je pense aux familles des deux petits garçons, qui auraient aujourd'hui 34 et 33 ans. Pas un seul jour non plus où je ne me suis demandé si ce livre devait exister : pour ceux qui l'éditeraient, pour ceux qui le liraient, pour Mary elle-même, que j'ai, avec beaucoup de difficulté et de façon extrêmement douloureuse, extraite de sa vie quotidienne, pour les familles de ses victimes et pour la sienne, pardessus tout pour son enfant qui est maintenant toute sa vie.

Je ne commets pas d'indiscrétion en mentionnant sa fille. Les médias anglais et étrangers, qui pendant des années ont mis autant d'assiduité à poursuivre Mary qu'elle-même en a mis à les éviter, ont toujours connu son existence. C'est d'ailleurs pour sa propre protection que cette petite fille est toujours sous contrôle judiciaire, presque comme au jour de sa naissance. Personne

– moi pas plus que les autres – n'a le droit de divulguer son identité, ni d'écrire quoi que ce soit qui pourrait permettre de l'identifier.

C'est pourquoi l'enfant que Mary aime de tout son cœur, et à qui elle est bien décidée à donner une enfance heureuse, n'apparaît pas dans ces lignes. Elle est pourtant, je crois, la raison d'être de Mary, ce qui justifie son existence. Et parce qu'il en est ainsi, j'espère que le livre sera à la hauteur.

Il est très rare qu'un écrivain puisse suivre la même histoire pendant plus de la moitié de sa vie, encore plus rare que trente ans plus tard, cet écrivain se voie offrir l'occasion de reprendre cette même histoire en en élargissant les dimensions. Dans un premier temps, mon propos peut sembler relever d'une critique de la nature profondément désuète du système judiciaire britannique dans la seconde moitié du XXe siècle. Mais, même si le fait que les gouvernements successifs échouent lamentablement à réformer ce système lorsqu'il s'applique aux enfants est un sujet très préoccupant pour beaucoup d'entre nous, et même si l'histoire de Mary Bell, avec tout ce qu'elle comporte de tragique, pourrait suffire, de ce point de vue, à justifier un livre, mon but est en réalité plus large.

Il est – et je le dis sans hésitation – d'*utiliser* Mary et son histoire. Bien sûr, la compréhension de ses souvenirs d'enfance, de son procès et de sa peine doit pouvoir servir à contribuer aux si nécessaires réformes du système judiciaire anglais et, d'ailleurs, de beaucoup d'autres États, américains et européens, où l'augmentation de la criminalité infantile donne lieu à des mesures de plus en plus répressives. Mais elle doit aussi nous amener à regarder de très près la manière dont nous communiquons avec nos enfants, que ce soit dans les familles ou dans la société en général. Si j'ai écrit ce livre, c'est parce que j'ai le sentiment que c'est précisément faute de communication qu'en Europe et aux États-Unis des milliers d'enfants anonymes sont en prison pour des crimes qu'ils ont commis, non pas à cause de ce qu'ils sont, mais, leurs appels au secours n'ayant pas été entendus dans leur enfance, à cause de ce qu'ils ont été conduits à être.

Newcastle-sur-Tyne, 1968

Avant d'entrer dans le vif du sujet, il faut revenir brièvement en arrière, au printemps 1968, dans cette ville du Nord, sur la Tyne, où les deux petits garçons trouvèrent la mort.

Aujourd'hui, Newcastle est relativement riche. Il y a de nouvelles industries, de nouveaux logements. Par-dessus tout, il y a du travail. Pas suffisamment pour tout le monde, mais infiniment plus qu'en 1968, lorsque la fin de l'exploitation minière et des industries de construction navale menaçait de faillite la ville en décomposition. À cette époque, Newcastle se distinguait tristement en obtenant le record du crime, le record de l'alcoolisme et, avec une constance remarquable, un taux de chômage parmi les plus élevés d'Angleterre,

Nulle part, ce marasme n'a été plus criant qu'à Scotswood, un quartier d'à peu près 130 hectares, sur une colline située à environ cinq kilomètres à l'ouest du centre-ville. Les rues remplies de HLM délabrées, louées pour trois livres par semaine, s'étiraient en de longues terrasses descendant vers la friche industrielle au bord de la Tyne. Environ

17 000 personnes vivaient là, et le chômage dépassait largement les 50 % de la population.

Les gens de Newcastle étaient et sont toujours des gens sympathiques, même si leurs réactions peuvent être explosives et leur vocabulaire mordant, que ce soit pour exprimer l'humour ou la colère. Les habitants parlent « geordie », un dialecte régional totalement incompréhensible pour les étrangers. *Home* (maison) devient par exemple *hyem* ; *my wife* (ma femme) se transforme en *wor lass* (drôlesse) ; *pretty* (joli) se dit *canny*, mot qui peut également signifier *many* (beaucoup). On peut en déduire que le langage est plus intime que logique : lorsqu'un enfant pense qu'il va être puni, il dit qu'on va « lui faire du mauvais », et le mot « moi » est toujours remplacé par « nous ». Mais quelque déconcertant que soit le dialecte, la chaleur et le rire sont innés, et quand bien même la gifle est prompte à partir en cas de bêtise, il y a beaucoup d'amour pour les enfants, aujourd'hui comme à la sombre époque de la fin des années soixante.

Dans Scotswood, deux longues rues, Whitehouse et, au-dessous, St. Margaret's, entourent la colline. À l'époque, presque tout le monde se connaissait, les gens se respectaient les uns les autres, en tout cas en apparence. Au bout de St. Margaret's Road se trouvait une petite boutique désignée de différentes manières, Dixon's ou Davy's. Elle jouxtait l'école maternelle et son bac à sable, qui allait jouer un triste rôle dans les terribles événements de ce printemps.

Les maisons de ces deux rues dominaient les voies de chemin de fer, un vaste terrain vague broussailleux où les enfants jouaient et qu'ils appelaient le « Tin Lizzie » et, au-delà, l'artère principale, Scotswood Road, puis le fleuve ; enfin, tout au fond, la ville.

Les habitants se connaissant tous, tout le monde était immédiatement au courant lorsqu'un étranger arrivait. Les enfants jouissaient donc d'une grande autonomie. Même très jeunes, ils étaient libres de s'amuser dans la rue, de se promener dans le quartier, de passer voir des parents (la plupart des familles étaient plus que nombreuses), d'emmener les chiens dans le petit coin de verdure de Hodkin Park, de se glisser jusqu'au bac à sable de l'école maternelle, ou encore d'aller acheter un cornet de frites, une sucette ou une glace chez Davy's. En dépit des difficultés financières et du ressentiment éprouvé contre l'autorité – alors perçue soit comme menaçante, soit comme condescendante –, la vie était chaleureuse et sociable : les invitations à prendre le thé n'en finissaient pas, les discussions d'une clôture à l'autre ou même, comme dans les pays du Sud, d'une fenêtre à l'autre, non plus et, à l'heure des repas, l'ordre de venir à table jaillissait des portes ouvertes vers des enfants qui obéissaient très rapidement. « John, Ian, Kate, Brian, May, Martin, c'est prêt ! »

Le 25 mai 1968, Martin Brown avait quatre ans et deux mois. C'était un solide petit gars, blond aux yeux bleus avec une bouille ronde et malicieuse. Il vivait dans une petite maison de briques rouges qui comptait deux étages, au 140 St. Margaret's Road, avec sa mère June qu'il appelait « Mam », son père, qu'il appelait « Georgie », et sa petite sœur de 1 an, Linda, dont il partageait la chambre. La sœur aînée de June, Rita Finlay, vivait avec ses cinq enfants à quelques portes de distance, au 112. June travaillait, c'était donc sa mère qui s'occupait de Linda pendant la semaine tandis que Rita (« Fita ») s'occupait de Martin.

Ce samedi matin, comme tous les week-ends lorsque ses parents faisaient la grasse matinée, Martin apporta du lait et un morceau de pain à sa petite sœur, tenant soigneusement sa tasse pendant qu'elle mâchait son pain. « Il faisait toujours ça, me raconta June plus tard, je l'entendais l'encourager : "Allez, Linda, bois ton lait." » Après, il habilla la petite et l'apporta à June, avant d'aller prendre son propre petit déjeuner dans la cuisine. Les *sugar pops* étaient ses céréales préférées, précisa June. « Il a enfilé son anorak, moi, j'étais dans la cuisine. "Je sors, Mam ! Salut, Georgie !" Après ça, je ne l'ai plus ni vu ni entendu. »

C'est inimaginable, n'est-ce pas ? Mais c'est en effet la dernière phrase que June a entendue de la part de son petit Martin. D'autres personnes l'aperçurent ce matin-là. Pendant un moment, il contempla deux ouvriers de la compagnie d'électricité de Newcastle en train de débrancher les câbles d'alimentation des maisons abandonnées de St. Margaret's Road. Ils lui donnèrent un biscuit. Rita le vit lorsqu'il passa la réveiller tard ce jour-là. Il se mit à pleurer lorsqu'elle lui demanda de partir. « Quand ma mère est arrivée, me raconta-t-elle, il était en train de pleurer. Elle lui a donné un toast à l'œuf. Je ne me rappelle pas l'avoir vu s'en aller. On ne pensait pas à surveiller les allées et venues, vous savez. Il y avait des gosses partout. Tout le monde était ami avec Martin. »

Son père le croisa ensuite un peu avant l'ouverture de la boutique Dixon's, vers 15 heures, quand Martin vint lui demander de l'argent pour s'acheter une sucette. Wilson, le fils de Dixon, le gronda en lui tendant la sucette parce que ses mains étaient sales et qu'il avait mis ses doigts dans sa bouche. Il alla de nouveau chez Rita, pour lui réclamer du pain beurré. Elle répondit que le beurre était pour le repas, qu'il pouvait avoir de la margarine. « Il était fâché. "Je reviendrai plus dans ta sale maison, il a dit. Je viendrai plus jamais." Mais il ne restait jamais fâché longtemps. "Oh ! allez, sois pas comme ça, Fita", il a dit, et puis il est parti. C'était la dernière fois que je le voyais. »

À 15 h 30, moins de vingt minutes après que Wilson eut vendu une sucette à Martin, trois écoliers en quête de bois pour fabriquer un pigeonnier trouvèrent le petit garçon allongé sur le dos dans une chambre à l'arrière d'une maison abandonnée du 85 St. Margaret's Road. Il gisait, les bras en croix, sur le sol couvert de détritus ; de la salive et un filet de sang sortaient de sa bouche. Il n'y avait pas de signe de lutte ou de chute, ses vêtements n'étaient ni déchirés ni abîmés, aucun os n'était brisé, il avait un simple bleu sur le genou, aucune autre blessure visible.

Au milieu des décombres, la police trouva des flacons de médicaments vides, ce qui fit brièvement croire à un empoisonnement. Gordon Collinson, un des ouvriers de la compagnie d'électricité, courut appeler une ambulance ; un autre, John Hall, fit du bouche-à-bouche à Martin. Les cris traversaient la rue. Rita et June arrivèrent en courant, suivies par l'ambulance. « Ils ont essayé de le réanimer, raconta June. Je les regardais mais je savais. » Martin était mort, frappé, comme tout le monde l'a cru pendant des mois, par un inexplicable accident. « Tout ce que je voulais, c'était m'allonger et mourir à mon tour », me confia June.

Neuf semaines plus tard, le 31 juillet 1968, Brian Howe avait trois ans et quatre mois. C'était encore un poupon avec ses beaux cheveux blonds bouclés et sa peau rosée. Il vivait au 64 Whitehouse Road avec son père Eric, son frère Norman, 7 ans, sa sœur Pat, 14 ans, et Albert, son plus grand frère, qui courtisait une jeune fille appelée Irène, sans oublier le chien noir et blanc, Lassie. Sa mère les avait quittés un an et demi plus tôt, mais entre Albert et Pat, qui s'occupait de la maison quand elle n'était pas à l'école, Irène qui était souvent présente, et Rita Finlay, dont le petit garçon de 3 ans, John, était son meilleur copain, Brian était bien entouré.

« J'adorais le petit Brian, me dit Rita, pas de la même manière que Martin, mais je l'aimais, et Pat aussi. Elle était tout le temps dans les parages.

J'allais chez eux et je la réveillais. Quand j'emmenais John à la garderie, je prenais Brian aussi... » Mais ce matin du 31 juillet, c'étaient les vacances d'été, et personne ne répondit lorsque Rita frappa à la porte du 64. « Je me suis dit que Pat devait faire la grasse matinée. À la garderie, on m'a demandé où était Brian. »

À l'heure du déjeuner, pourtant, Brian et John se retrouvèrent pour jouer dehors. Quand Rita vint jeter un œil sur eux, vers 13 h 30, elle les trouva assis par terre en train de regarder des ouvriers abattre une des vieilles maisons de St. Margaret's Road. « Je suis devenue folle, j'ai crié sur les ouvriers, je leur ai demandé s'ils n'avaient pas mieux à faire que de laisser deux petits assis là, alors qu'ils pouvaient être blessés. J'ai donné une bonne raclée aux garçons, l'un après l'autre, à la fin mes mains me brûlaient. J'ai mis John au lit, j'ai donné des biscuits à Brian et je lui ai dit de raconter à Pat qu'ils étaient allés sur le chantier des vieilles maisons mais que ce n'était pas la peine de le punir parce que je l'avais déjà fait. C'est la dernière fois que je l'ai vu. »

On ignore si Brian rentra chez lui. Pat, sachant qu'Irene était à la maison, était sortie en ville avec des amis. À son retour, à 15 h 20, elle demanda où il était, et Irene lui répondit qu'il jouait derrière la maison ; effectivement plusieurs gamins déclarèrent l'avoir vu s'amuser dans la rue en début d'après-midi avec son frère Norman et deux petites filles à bicyclette que tout le monde connaissait. Tous ajoutèrent que Lassie était avec lui ; personne n'était inquiet. Les enfants étaient toujours partout et, en plus, Brian avait le chien. Ce fut vers 17 heures, après avoir préparé le dîner, que Pat sortit et l'appela.

Mary Bell, qui avait 11 ans, était l'aînée de quatre enfants, elle vivait avec son père Billy et sa mère Betty au 70 Whitehouse Road. Au moment où Pat déboucha dans la rue, elle était assise sur le palier du numéro 66, à discuter avec Maxine Savage. C'est d'ailleurs avec la jeune sœur de Maxine, Margaret, que Pat Howe était sortie ce jour-là. Pat demanda à May – c'est ainsi que tout le monde appelait Mary – si elle avait vu Brian. Mary répondit que non, mais qu'elle pouvait le chercher avec elle. Norma Bell, la meilleure amie de Mary, qui vivait avec ses parents et ses dix frères et sœurs, se baladait dans le coin. Toutes trois partirent chercher Brian chez Davy's, pôle d'attraction pour tous les enfants, puis, au pied de la colline, sur le parking de l'usine Vickers Armstrong, autre lieu apprécié de tous.

Elles firent ensuite demi-tour jusqu'au pont du chemin de fer, dont la vue embrasse tout le Tin Lizzie, mais elles ne virent aucun enfant. Mary Bell suggéra que Brian pouvait être en train de jouer derrière ou entre les « blocs », les grosses dalles de béton un peu plus bas, mais Norma, qui connaissait bien Brian parce qu'elle gardait souvent John, rétorqua : « Oh ! non, il ne va jamais là-bas. » Pat pensa qu'en effet il n'irait pas là-bas tout seul. Elle décida de vérifier à Hodkin Park, puis à nouveau dans les rues. Si elles ne l'avaient toujours pas trouvé à 19 heures, elle appellerait la police.

Les policiers, équipés de lampes torches, trouvèrent Brian à 23 heures ce soir-là. « Tout le monde l'avait cherché pendant des heures, me raconta Rita, jusqu'à ce qu'il fasse complètement noir. Ça nous a paru extrêmement long. La nuit était très chaude. Je crois que tout le monde était encore debout quand on a entendu les sirènes s'éloigner. Les gens se parlaient tous devant leur porte... Je ne sais pas qui a su en premier. L'information est passée de rue en rue puis de maison en maison. »

Mary Bell, dont le sommeil était léger, descendit à 23 h 30 et rejoignit son père, qui observait l'agitation de la rue debout devant la porte d'entrée.

« Qu'est-ce qui se passe ? demanda-t-elle.

— Ils ont trouvé Brian Howe en fouillant le Tin Lizzie.

— Oh ! »

Brian était allongé par terre, entre deux grosses dalles. Son bras gauche était étendu le long de son corps et sa main était noire. À côté de lui, sur l'herbe, se trouvait une paire de ciseaux dont l'une des lames était cassée et l'autre pliée. Le corps, entièrement habillé, et apparemment intact, était recouvert d'une couche des mauvaises herbes de couleur pourpre qui jonchaient le sol du Tin Lizzie. Son nez portait des égratignures. Des traces de sang séché formaient une sorte de mousse sur sa bouche, ses lèvres étaient bleues, des marques étaient visibles de chaque côté de son cou. Il ne pouvait être question d'accident. Plus tard, on découvrirait d'autres blessures suspectes. Il était mort.

Chose étrange, les familles des victimes devaient plus tard en parler comme de petits êtres déjà mûrs. Peut-être était-ce inconsciemment une façon de se protéger. « C'était le genre de gamin avec qui les adultes pouvaient discuter, me dit Eric Howe de son petit Brian. Il me manque tant. Il était toute ma vie. C'était juste un gosse, mais on parlait ensemble, vous voyez, on parlait vraiment. Je n'arrête pas de penser à lui. Ça m'a détruit. » Les larmes coulaient le long de ses joues. « Nous ne sommes plus une famille. »

« On parle, expliqua Pat, le visage tendu, deux ans après la tragédie, mais on ne dit rien. » Elle avait alors 16 ans, était mariée, avait un bébé. Mais la grande maison octroyée par la municipalité dans une jolie rue semblait plombée par la tristesse.

Lorsqu'on écrit sur des êtres humains dont les agissements ont causé du tort aux autres, on ne doit jamais oublier ni la douleur ni l'amertume inévitablement ressenties par ceux à qui la souffrance a été infligée, et ce, quel que soit le temps écoulé. Lorsqu'un écrivain cherche à comprendre ce qui a motivé une tragédie, et qu'il découvre avec effroi que les carences du système y ont eu leur part, la menace d'oublier que certaines blessures ne guérissent jamais pèse lourdement sur lui.

Il est essentiel de prendre ses responsabilités. Rien de ce que m'a dit Mary Bell, rien de ce que j'écrirai ici ne saurait être interprété comme une excuse pour ce qu'elle a fait.

1995
Nord de l'Angleterre

J'ai vu Mary Bell pour la première fois le 5 décembre 1968, au tribunal de Newcastle-sur-Tyne, où se tenaient les assises. Mary, 11 ans, et son amie Norma Bell, de deux ans plus âgée, étaient sur le banc des accusés pour le meurtre des deux petits garçons. Mary était petite à l'époque, beaucoup plus petite que l'autre fillette, et très jolie ; elle avait des cheveux bruns courts et des yeux d'un bleu intense. Je l'ai revue à plusieurs reprises les années suivantes alors qu'elle était toujours une enfant. La dernière fois, elle avait 13 ans ; c'était l'été 1970, elle était alors en détention depuis deux ans.

Vingt-cinq ans et demi plus tard, en novembre 1995, alors que nous nous retrouvions, pour discuter de la possibilité de faire ce livre, dans le petit bureau de probation de la ville près de laquelle elle vivait dans le nord de l'Angleterre, elle me dit se souvenir de notre dernière rencontre – non pas à cause de moi, mais à cause de sa mère qui, en la voyant me parler, s'était mise en colère. « Tellement en colère... », ajouta-t-elle.

Mary était très nerveuse. Ses mains étaient glacées, légèrement humides, son visage recouvert d'une fine pellicule de sueur, sa voix enrouée, presque rauque. Elle était restée mince, comme je l'avais imaginée. Elle portait une sorte de tunique en mousseline beige à fleurs assez inhabituelle pour la saison, et des bas de laine noirs dans des chaussures improbables. (« J'ai tout acheté chez Oxfam [1] », précisa-t-elle presque immédiatement.) Ses longs cheveux bouclés, brillants, sentaient le shampooing. Elle n'avait pas mis de parfum, et une délicate odeur de savon se dégageait d'elle. Comme j'allais souvent le remarquer plus tard et comme la plupart des gens qui se sont occupés d'elle toutes ces années me le confirmèrent, Mary prend constamment des bains.

Je la serrai dans mes bras et restai ainsi un moment. C'était un mouvement totalement impulsif de ma part, absolument imprévu, assez inapproprié d'ailleurs, mais, tout à coup, je l'avais senti comme ça. Elle faisait partie de ma vie depuis si longtemps maintenant, la raison de notre rencontre était si complexe, ses motivations si confuses, mes sentiments concernant l'éthique du projet si ambivalents, que la tension, dans le petit bureau que son agent de probation, Pat Royston, avait mis à notre disposition, était tangible, presque électrique.

Bien sûr, lors de son procès en 1968, je n'avais pas pu lui parler, de même que, je le sais maintenant,

1. Une organisation caritative britannique, dont les boutiques pratiquent le commerce équitable. [Note de la traductrice.]

traumatisée par les événements et la lourdeur de la procédure, elle n'aurait pas été en mesure de rencontrer qui que ce fût. « Tout s'est passé dans le brouillard, me dit-elle ce jour-là. J'étais comme dans un tourbillon... Il y avait plein de mots que je ne comprenais pas... Quelqu'un m'a dit : "Voilà le jury." "Qu'est-ce que c'est ?" j'ai demandé, et on m'a répondu : "Ce sont les gens qui vont décider ce qu'on va faire de toi." "Comment ?" Réponse : "Tttt..." Puis on m'a expliqué que le juge était le monsieur en robe rouge assis sur la grande chaise, que c'était lui le plus important et que je devais donc toujours me tourner vers lui pour répondre quand on me poserait des questions.

« Et mon avocat a dit que même si c'était difficile, je devais regarder les gens qui me posaient des questions droit dans les yeux, que je devais vraiment essayer de faire bonne impression. Ma mère était assise derrière moi, au moindre mouvement que je faisais, elle sifflait "arrête de gigoter !" et elle me donnait un petit coup sur la tête ou entre les épaules parce que je recommençais à bouger. Ça me faisait mal mais je ne pouvais pas m'en empêcher. » Mary me sourit tout à coup, interrompant son flot de paroles : « J'avais mal au derrière. »

C'est une chose que je devais remarquer au fil des mois : pendant nos discussions, sa voix et son vocabulaire devenaient enfantins chaque fois qu'elle évoquait son enfance, dont elle parlait quelquefois avec volubilité, comme font les enfants à l'imaginaire développé, souvent avec intelligence, de temps en temps avec humour mais surtout avec désespoir. J'ai compris plus tard que cette manière de s'exprimer n'était pas pour elle un moyen de se souvenir, encore moins un jeu. (Je m'empresse d'ajouter que ce n'était pas non plus un dédoublement de la personnalité comme l'ont envisagé certains psychiatres.) N'ayant en réalité pas eu d'enfance, elle parlait, je crois, comme l'aurait fait l'enfant qu'elle n'avait jamais été, qui existait malgré tout en elle, ou en tout cas avait besoin d'exister. Cette manière d'être, enfantine sans être puérile, se révéla en réalité moins troublante que les moments où elle redevenait exactement ce qu'elle est : une adulte mature, réfléchie, plongée dans un profond conflit intérieur.

Après le procès, à l'issue duquel Norma fut acquittée, et Mary jugée coupable d'homicide involontaire pour cause de responsabilité atténuée et condamnée à la détention à perpétuité, je passai plusieurs mois à Newcastle afin d'entreprendre des recherches sur le contexte de l'affaire. Avec l'aide de certains membres de la famille de Mary, j'essayai de retracer autant que possible les événements de son enfance – ses dix premières années avec sa mère, Betty Bell.

Mary est née le 26 mai 1957, lorsque Betty McC. avait 17 ans. Dix mois plus tard, en mars 1958, Betty, enceinte de deux mois de son second enfant, épousait Billy Bell, 21 ans, rencontré quelques mois plus tôt. En septembre 1966, alors que Billy et Betty avaient trois enfants, la naissance de Mary fut réenregistrée sous le nom de Billy Bell suivant une procédure relativement rare, sorte de substitut à l'adoption formelle, qui permet à un enfant de père inconnu de prendre le nom du mari de sa mère.

« Débarrassez-moi de cette chose ! » avait hurlé Betty lorsqu'à la naissance de Mary on avait essayé de lui mettre le nourrisson dans les bras. Et selon ce que je pus apprendre durant ces mois de recherches entre 1969 et 1970, ce cri, elle continua de le lancer maintes et maintes fois par la suite, en silence, même si en réalité il aurait dû être audible à n'importe qui sachant écouter.

Au moment du procès, je ne pouvais pas deviner ce que les membres de la famille de Mary – ses oncles et tantes, son « père », Billy, et sa fragile grand-mère –, tous perplexes et hébétés par la tragédie, se résoudraient à me raconter à propos du rejet de Betty envers sa fille. Ce que je découvris, c'est que pendant les quatre années qui avaient suivi la naissance de Mary, Betty avait plusieurs fois essayé de se débarrasser de cet enfant non désiré. Elle chercha à la donner à des membres de sa famille, par deux fois même à des étrangers. Quatre fois, elle tenta de la tuer. À trois occasions, l'attitude de Betty préoccupa si fortement Cath, sa sœur aînée, et son mari Jack, qu'ils lui proposèrent d'adopter Mary, ou du moins de prendre soin d'elle jusqu'à la fin de sa scolarité.

En revanche, j'ai dû attendre que Mary finisse par m'en parler l'année dernière, pour savoir qu'entre 4 et 8 ans, sa mère, qui se prostituait, l'avait exposée à l'un des pires cas d'abus sexuel sur enfant que j'aie jamais rencontrés. Le frère de

Mary, de dix-huit mois plus jeune qu'elle, était bien sûr trop petit pour comprendre et formuler quoi que ce fût, et je suis certaine qu'aucun membre de sa famille n'était au courant de ce qui se passait dans la vie de la petite fille. Avant de se résoudre à le faire avec moi, aucun d'eux n'avait même jamais – et j'ai compris que c'était toujours le cas depuis – parlé de Betty à personne.

En 1968, à Newcastle, aucun service ni social, ni éducatif, ni médical, et surtout, ce qui est plus grave, aucun des psychiatres qui examinèrent l'enfant de 11 ans avant son procès (et donc par la suite aucune des personnes présentes au procès) ne connaissaient son enfance. Avant même que j'eusse mesuré l'étendue de ses troubles, cette ignorance quasi totale des traumatismes dont elle avait souffert me laissa extrêmement dubitative sur les opinions des deux psychiatres désignés par le tribunal. C'est sans aucun doute faute d'explication satisfaisante qu'on lui colla alors l'étiquette passe-partout de « psychopathe » (diagnostic par ailleurs considéré comme fort discutable par les spécialistes lorsqu'il s'applique à un enfant).

Une fois Mary ainsi cataloguée, le procureur continua de la décrire comme « vicieuse », « cruelle », « terrifiante » ; même le juge lâcha le mot « méchante » en conclusion d'un de ses discours. Dans ces conditions, il n'est pas surprenant que les médias eussent repris et intensifié le ton emprunté par la cour, en parlant d'elle comme d'« un monstre de la nature », d'une « tarée de naissance », d'une « mauvaise graine » (sans aucun doute en référence au livre et au film populaires des années 50 qui portent ce titre), provoquant la frayeur et l'indignation du public.

Quant à moi, cette explication ne pouvait me suffire. Le fait que, d'une façon ou d'une autre, la pathologie de sa mère était la cause du déséquilibre mental de Mary, et cela bien avant qu'elle n'eût tué les deux petits garçons, m'apparut clairement dès ma première année d'enquête. Cette conviction fut au fondement de tout mon travail : deux longs articles publiés dans le *Daily Telegraph Magazine* en décembre 1969, suivis deux ans plus tard par mon livre *Meurtrière à 11 ans*, qui retraçait l'enquête menée par la police, une grande partie du procès et tout ce que j'avais l'autorisation de dévoiler sur les premières années de détention de Mary. Le sujet des articles et du livre étant un enfant et sa famille, et ces personnes vivant toujours, plusieurs restrictions légales m'avaient bien évidemment été imposées. Cependant, les articles et le livre devaient m'ouvrir beaucoup de portes et me permettre de suivre l'évolution de Mary, puis, lorsque cela sembla pertinent, de commenter ses douze années de détention.

Meurtrière à 11 ans et la vie de la jeune femme depuis sa remise en liberté ont fait l'objet d'un intérêt extrême et profondément angoissant pour elle de la part des journaux. Étant donné l'intérêt que je lui ai moi-même porté pendant trente ans, je ne peux pas blâmer mes confrères journalistes. Mary était – elle est toujours – exceptionnelle. Sa vie est exceptionnelle et particulièrement riche. Depuis sa libération, je n'ai rien écrit à son sujet, je n'ai livré aucune information, rien de ce que je savais de ses allées et venues ou de sa situation, ni à mes confrères ni à mes amis. Je pensais qu'il lui faudrait plusieurs années pour « se retrouver » et qu'il fallait la laisser vivre dans l'anonymat le plus longtemps possible.

Mais j'ai aussi pensé, pendant des années, que s'il existait quelqu'un capable de nous aider à comprendre ce qui peut conduire une enfant à commettre un meurtre, et à imaginer ce qui doit ou peut être fait pour cette enfant, c'était Mary. Son intelligence singulière avait sans aucun doute perduré. Or, j'ai toujours eu la conviction qu'un jour viendrait où elle-même, sans pression extérieure, souhaiterait raconter son histoire.

Coïncidence, les choses commencèrent à bouger à l'automne 1995, à Londres, lors de la soirée de lancement organisée pour mon livre sur Albert Speer. Ce soir-là, Hilary Rubinstein, mon agent pour *Meurtrière à 11 ans*, me demanda tranquillement si j'avais toujours envie d'écrire sur Mary. Le lendemain matin, il m'apprit le décès de Betty Bell au mois de janvier ; peut-être le moment était-il venu pour elle de raconter son histoire.

Depuis sa sortie de prison, elle avait reçu de multiples offres assorties de sommes d'argent extravagantes de la part de magazines anglais et étrangers (l'un d'eux lui proposa 250 000 dollars), qu'elle avait toujours déclinées. Rubinstein avait déjà été contacté pour représenter ses intérêts en 1983. Le compagnon de la jeune femme, qui rêvait d'un avenir pavé d'or, l'avait convaincue de faire un coup en écrivant elle-même sa vie. En dépit d'un certain talent, et d'un premier jet d'une centaine de pages dont un éditeur avait pensé pouvoir tirer un livre si Mary acceptait de le retravailler avec un professionnel, le projet avait été abandonné.

Rubinstein avait le sentiment que Mary avait changé. Avant de la rencontrer une deuxième fois, il avait discuté avec son officier de probation puis son avocat. Tous deux, me dit-il, l'avaient constamment soutenue en lui évitant certains déboires ; ils l'avaient aidée à mettre fin à cette première relation amoureuse néfaste et mise à l'abri des médias pendant quatorze ans. Rubinstein leur avait suggéré, ainsi qu'à Mary, de prendre contact avec moi si elle voulait désormais écrire un livre sérieux. Elle avait fini par accepter.

« Elle est incroyablement méfiante, m'expliqua-t-il, et, bizarrement, surtout en ce qui vous concerne. » Je n'étais pas surprise. Personne n'avait jamais exposé Mary, si ce n'est évidemment sa mère, autant que moi. Si quelque chose me surprenait, c'était plutôt qu'elle acceptât de me rencontrer malgré tout.

« Pour ma mère, vous étiez le diable, vous savez ? » m'annonça-t-elle presque immédiatement lorsque nous nous retrouvâmes assises dans la petite pièce prêtée par le bureau de probation.

« Elle disait que vous aviez écrit un livre rempli de mensonges, que vous faisiez les poubelles des gens pour fouiller leurs déchets, que vous aviez abordé mon cousin de 5 ans, le fils de ma tante

Cath, pour qu'il vous parle d'elle, que vous disiez qu'elle était une prostituée. Elle a dit qu'elle était allée dans toutes les librairies de Newcastle cacher le livre, comme ça, les gens ne le liraient pas. Oh, elle vous détestait, et je crois bien que ça a duré jusqu'à sa mort. Et quoi, moi, j'étais juste une gosse, non ? Alors pendant des années, je l'ai crue. »

Je lui demandai à quel moment sa mère l'avait mise en garde contre moi pour la première fois. « Oh, je m'en souviens très bien ! répondit-elle. C'était bien avant qu'elle me parle du livre. C'était au moment de l'enquête... vous savez, sur le maître d'internat. Vous vous en souvenez ? Vous étiez venue me parler. »

En réalité, nous nous étions retrouvées face à face deux fois avant ce jour-là, mais Mary l'avait oublié. Au début de l'année 1970, peu de temps après que le *Telegraph Magazine* eut publié mes articles, et un peu plus tard, alors que j'avais commencé à travailler sur le livre, le ministère de l'Intérieur m'avait autorisée à me rendre à Red Bank, l'unité spéciale où Mary avait été envoyée après sa condamnation, pour la voir et rencontrer l'équipe qui s'occupait d'elle. Les deux fois, j'avais brièvement parlé avec elle de ses dessins, de ce qu'elle écrivait et de ses sports préférés (la natation surtout), comme on le fait avec les enfants.

Mary était à Red Bank depuis seize mois lorsque, en juin 1970, alors qu'elle venait d'avoir 13 ans, elle accusa un maître d'internat de l'avoir agressée sexuellement. L'enquête dont elle me parlait maintenant avait en effet trait à cette histoire. J'étais allée discuter avec elle pendant une pause – nous avions parlé d'une jeune professeure dont on m'avait dit qu'elle l'aimait beaucoup. Je l'avais fait non pas pour apprendre quoi que ce fût (c'était impensable), mais parce que, chose incompréhensible d'ailleurs, on l'avait laissée toute seule et qu'elle semblait perdue. Je parlerai plus loin de l'épisode du maître d'internat mais, après tout ce temps, je fus surprise d'entendre qu'elle se rappelait ce court instant. Elle me dit qu'en réalité, ce moment lui était revenu en mémoire après sa libération, lorsqu'elle avait vu ma photo sur la quatrième de couverture du livre.

« Ce jour-là, je n'avais aucune idée de qui vous étiez, me dit-elle, mais ma mère vous a vue me parler. Elle s'est précipitée et m'a grondée : je ne devais jamais, jamais, jamais vous parler. Jamais. Elle était tout le temps en colère, mais cette fois-là elle était juste... folle. J'étais effrayée. »

Mary évoqua beaucoup sa mère pendant les heures qui suivirent mais sans rien en dire, finalement. C'était une ombre surgissant par intermittence du fond de ses souvenirs, dont elle répétait qu'elle était « intelligente » ou encore « malade » et « triste », mais elle ne semblait à aucun moment la voir comme une personne à part entière. Elle s'était lancée dans un flot de paroles désordonnées, comme si notre discussion était ou devait être pour elle l'occasion unique de tout me dire, par exemple au sujet de Red Bank, où elle avait vécu cinq ans, et de son directeur, M. Dixon, qui avait été la première personne à lui donner une idée de la différence entre le bien et le mal. « C'était impossible de ne pas apprendre ça avec un directeur comme M. Dixon. Je l'adorais. Je l'aimerai jusqu'à ma mort. »

Elle était intarissable également sur sa rébellion pendant ses années de prison. « Je ne voulais pas leur céder. Je ne voulais pas devenir leur créature. Je ne voulais pas devenir assistée à vie. » Ainsi avait-elle appris les jeux de pouvoir et la corruption ; pendant toutes ces années, à peu près incontrôlable pour les autorités carcérales, elle avait utilisé le sexe et ses dons de manipulation (avec ses codétenues et le personnel) pour dominer son entourage. Elle évoqua sa vie depuis sa remise en liberté et me parla de son enfant, toujours de son enfant. Mais jamais elle ne prononça un seul mot au sujet de sa propre enfance.

Je finis par lui demander si elle avait lu *Meurtrière à 11 ans*. Elle me raconta qu'un an après sa sortie de prison, elle s'était inscrite, sous une nouvelle identité, dans une université – qu'elle appelait « l'uni ». À la bibliothèque, une étudiante de sa connaissance, qui avait le livre entre les mains, lui avait demandé si elle l'avait lu. « C'est tellement triste, avait dit la fille, tellement triste ce qu'on a fait à cette petite fille, Mary Bell. »

Alors Mary avait lu. « Pas le livre en entier, juste des passages. Ce n'était pas du tout ce que m'avait raconté ma mère. Je ne pouvais pas croire que quelqu'un éprouve de la compassion pour moi. Ma mère m'avait toujours dit que personne n'en avait, que personne ne pouvait en avoir parce que j'étais trop mauvaise... J'étais la honte de sa vie. Quand j'ai été libérée, elle m'a demandé de ne jamais dire que j'étais sa fille, elle ne pouvait pas supporter cette honte. Elle me présentait à ses copains de bar comme étant sa sœur, quelquefois sa cousine. »

Mary était maintenant prête à tout me dire, mais, plus que ça, elle voulait que je l'aide à se souvenir de tout. Ses termes furent : « rétablir la vérité ». Je lui demandai alors quelle vérité devait être rétablie. Était-elle en train d'insinuer qu'elle avait été injustement condamnée ? Elle secoua la tête : « Non, pas ça. » Cela faisait maintenant presque cinq heures que nous discutions. Nous avions grignoté des sandwichs, bu du thé et du café que nous n'avions pas terminés, elle était pâle, elle avait l'air épuisé.

« Ce n'est pas si... simple, dit-elle. Je veux parler de la manière dont tout cela est arrivé... comment ça s'est passé... et... et... reprendre toute l'histoire depuis le début, pour moi. Comment cela a-t-il pu arriver ? Comment suis-je devenue cette enfant ? »

Je lui demandai alors si elle se rendait compte qu'un tel livre serait forcément sujet à controverse. Que les gens se borneraient à penser qu'elle l'avait fait pour l'argent. Qu'en remettant sous les projecteurs l'affreuse tragédie que les familles des petites victimes avaient vécue, nous serions probablement toutes deux accusées d'insensibilité et tout aussi probablement de vouloir faire du sensationnalisme, à cause de certains éléments qu'on ne pourrait pas se permettre d'occulter. Par-dessus tout, comprenait-elle que les lecteurs ne souffriraient aucune tentative d'atténuation de la gravité de ses crimes ?

Avait-elle évalué que collaborer à un tel livre l'exposerait de nouveau à l'assaut des médias s'ils la retrouvaient ?

Mary répondit d'abord à la question concernant les familles de Martin Brown et Brian Howe. Elle leur avait fait tellement de mal, elle ne voulait vraiment pas les blesser davantage. Soudain, elle se mit à pleurer.

« Mais... mais... il y a des choses qu'ils ne savent pas... Ça ne changera rien pour eux, je sais, mais malgré tout...

— Quel genre de choses ?

— Oh, je ne sais pas, des choses... »

Il était évident que l'aider à organiser ses pensées et à trouver les mots pour dire ce qu'elle avait à dire, quoi que ce fût, nécessiterait un environnement adéquat, des conversations soigneusement structurées et, surtout, du temps.

L'intérêt constant des médias, m'expliqua-t-elle un peu plus tard, était l'une des multiples raisons pour lesquelles elle en était venue à la décision de participer à l'élaboration de ce livre. Elle espérait que peut-être, une fois qu'elle m'aurait raconté toute son histoire, après avoir répondu à toutes mes questions le plus honnêtement possible, ils la laisseraient enfin tranquille. « Après tout, dit-elle, un sourire en coin, une fois que vous serez passée par là, il ne restera pas grand-chose à me demander, n'est-ce pas ? »

J'essayai de freiner son optimisme. Je lui expliquai que les journaux et particulièrement ceux qui l'avaient si longtemps poursuivie étaient des médias très différents du livre, avec un autre lectorat, et que les journalistes trouveraient toujours de nouvelles questions à lui poser. En outre, l'argent que je proposerais moi-même qu'elle reçoive si elle décidait de continuer, ce qui me semblait normal dans la mesure où le livre ne pouvait pas exister sans elle (et dans l'espoir de la rassurer sur l'avenir de son enfant), poserait un vrai problème moral, pas seulement aux médias mais à beaucoup d'autres personnes et surtout aux familles des deux petits garçons.

La question de la rémunération a toujours été difficile pour Mary, même plus tard. Elle y tenait presque désespérément, elle comptait dessus pour offrir une stabilité financière à sa famille, mais elle était aussi parfaitement consciente des objections éthiques qui pouvaient se présenter. Ainsi, dès qu'elle parlait d'argent, sa voix se rigidifiait comme si elle reprenait des arguments qui n'étaient pas les siens ; sans le faire exprès, elle semblait tout à coup sur la défensive, butée et pas tout à fait sincère.

Elle et son compagnon, Jim – son principal soutien moral depuis onze ans –, avaient le plus souvent vécu au jour le jour. La notoriété de Mary, célèbre ex-détenue libérée sous contrôle judiciaire, poursuivie par les médias, leur avait rarement permis de garder un travail très longtemps. Ils avaient souvent recours aux aides de l'État. À l'exception de quelques années dans le sud de l'Angleterre, plus prospère, pendant lesquelles tous deux eurent un emploi, Jim avait connu de longues périodes de chômage et Mary elle-même avait été obligée d'abandonner plusieurs métiers, souvent après n'avoir exercé que quelques mois, soit parce que le service de probation considérait qu'ils n'étaient pas appropriés, soit parce qu'elle avait été ou était sur le point d'être reconnue.

Jim est un homme intéressant. Lorsque je le rencontrai, je fus d'abord agacée par sa philosophie un peu *new age*. Mais d'autres facettes de sa personnalité, comme son rejet total du racisme sous toutes ses formes, son opposition aux drogues dures et aux alcools forts, sa profonde croyance dans la tolérance et les valeurs familiales, me semblent admirables. Surtout, il faut reconnaître sa constance auprès de Mary, que son manque total de confiance en elle et son profond sentiment de culpabilité rendent très difficile à vivre. Par ailleurs, plusieurs personnes m'affirment qu'il est un excellent père.

Dès le début, l'attitude de Jim et celle de Mary furent différentes concernant l'argent qu'elle allait recevoir. Pour lui, et il me le répéterait souvent, sans du tout minimiser ses crimes, elle était aujourd'hui « une personne différente ». Étant donné ce qu'elle avait souffert entre les mains de « ce système pourri », qui apparemment en était resté au stade de l'Antiquité concernant les enfants, la somme qu'elle recevrait ne serait ni un cadeau ni un acte de charité. De son point de vue, « elle le méritait ».

Pour Mary, c'était autre chose (pour moi aussi, bien entendu). Longtemps, Jim se montra très sceptique lorsque nous tentions de lui expliquer nos raisons de vouloir faire ce livre, qui n'avaient rien à voir avec la rémunération. À chaque fois, il disait : « Arrêtez de déconner » et je comprenais que Mary n'en avait pas fini avec ça, et qu'elle allait devoir trouver des arguments. (Il serait cependant injuste de ne pas reconnaître que Jim a fini par saisir les vraies priorités de notre entreprise. Aussi bien, au cours des deux années pendant lesquelles Mary et moi avons collaboré, il a trouvé un travail stable, satisfaisant, qui lui permet aujourd'hui de subvenir aux besoins de sa famille.)

Lors de notre toute première discussion, ce que Mary me dit de l'argent me sembla plutôt sensé. « Je ne vais pas dire que je ne veux pas d'argent. Ce serait malhonnête : tout le monde veut de l'argent. Mais ce que je veux surtout, c'est une vie normale. Je veux exercer un travail que j'aime et ne plus dépendre indéfiniment des services sociaux. Je veux pouvoir offrir une stabilité et un train de vie normal à ma fille. »

Quoi qu'il en soit, bien davantage que d'argent, elle s'était rendu compte qu'elle avait besoin de parler. De ce qu'elle avait fait bien sûr, mais aussi (quand elle l'évoquait, elle secouait la tête en signe de perplexité, et la plupart du temps de désespoir, geste qui me deviendrait très familier) de ce qui lui était arrivé. Lorsque je lui suggérai – je le ferais à plusieurs reprises au cours des mois suivants – qu'aller voir un psychiatre était peut-être une meilleure idée dans son cas que de parler pour écrire un livre, je fus surprise par la véhémence de sa réaction. « Non. Je ne parlerai pas à des psychiatres. Je ne le ferai jamais, jamais. » Sa voix était devenue presque stridente tant elle était tendue. « Si vous ne voulez pas le faire, je trouverai quelqu'un d'autre. » Elle se leva brusquement. « Je vais fumer une cigarette », dit-elle. Et elle sortit.

Plus tôt ce matin-là, j'avais longuement parlé avec Pat Royston. Cela m'avait surprise, mais elle s'était montrée immédiatement favorable au projet. Étant donné que dans le cadre du « cas Mary Bell », ses propres expériences avec les médias avaient presque toutes été négatives, comment se faisait-il qu'elle fût d'accord pour que Mary s'implique avec moi dans la préparation de ce livre ?

« Je pense qu'il faut que quelqu'un comprenne et explique comment des crimes aussi terribles que ceux commis par Mary, celui des deux garçons de 10 ans qui ont tué James Bulger et beaucoup d'autres, commis par des enfants, peuvent se produire. Il n'est pas question de chercher des excuses ou de légitimer de tels actes, mais devant l'horreur du public, pleinement justifiée, et la rapide acceptation du terme "diable" pour désigner les responsables, les gens ont tendance à oublier qu'il s'agit ou s'agissait d'enfants. Il s'agissait d'enfants, avait-elle répété avec emphase. Des enfants qui, avant ce qu'on pourrait appeler leur "explosion" dans ces actes de violence, portaient un poids inconnu ou ignoré par tous les adultes responsables. »

D'expérience, elle savait que des enfants comme Mary et les deux jeunes meurtriers de James

Bulger étaient bien trop jeunes pour comprendre eux-mêmes l'impact de leur enfance malmenée sur leurs actes.

« Peut-être avons-nous progressé depuis 1968. Peut-être, même si je doute que l'on aide ces deux garçons [eux aussi condamnés à perpétuité] à comprendre ce qui les a conduits à tuer le petit James. En tout cas, il est évident que Mary n'a de son côté toujours pas digéré, ni même totalement compris ou accepté tout ce qu'elle a vécu et ce dont elle a souffert avant de commettre ses crimes. Il aurait fallu qu'elle soit suivie. Elle avait besoin d'un soutien psychiatrique pendant sa détention. Au fond, excepté la bienveillance dont ont fait preuve le directeur et le personnel de Red Bank et les brèves séances de thérapie de groupe une fois par semaine – privilège pour lequel elle a dû se battre –, elle n'a reçu aucune attention, n'a été guidée par aucun professionnel pendant ces douze années cruciales où elle était en train de grandir. »

En Grande-Bretagne, les officiers de probation ne sont pas formés à la thérapie, ce n'est pas leur fonction. « Il se trouve que moi ça m'intéressait énormément, avait poursuivi Pat Royston. J'ai suivi des cours en formation continue sur le sujet, qui m'ont permis d'aider Mary à commencer à démêler ses émotions, deux ans après sa remise en liberté. Ce long travail l'a rendue ensuite capable de fonder une famille et d'avoir un semblant de vie. »

Après avoir longuement réfléchi, elle avait trouvé quatre raisons pour accepter que Mary coopère à l'écriture d'un livre. Deux raisons relatives à Mary elle-même, deux autres par rapport aux nombreux enfants « à problèmes ».

« La première, c'est que si Mary doit un jour devenir un être humain avec un fonctionnement "normal", on doit l'aider à comprendre non pas ce qu'elle a fait – ça, elle l'a déjà compris et elle en ressent une grande culpabilité –, mais ce qu'on lui a fait, à elle, lorsqu'elle était enfant. Cela signifie qu'elle doit se poser les bonnes questions et qu'il faut l'aider à supporter ce que sa mère était, ce qu'elle lui a fait subir, et ses sentiments à son égard. »

Deuxièmement, Pat espérait, tout comme Mary, quoique avec moins d'optimisme, qu'une fois toute l'histoire racontée, les médias la laisseraient enfin tranquille et qu'elle pourrait commencer à mener une vie ordinaire.

La troisième raison avait trait à son inquiétude quant aux importantes lacunes dans la formation des travailleurs sociaux, des instituteurs et des officiers de probation. « Il y a une méconnaissance profonde et par conséquent un sentiment d'impuissance face aux enfants en grave difficulté. Sans l'ombre d'un doute, cela contribue à l'effrayante augmentation du nombre de crimes commis par des enfants. Ne pas entendre leurs appels au secours, comme on l'a fait dans le cas de Mary, aboutit nécessairement à des conséquences tragiques.

« La quatrième raison vient de ma propre détresse et de celle de nombreuses personnes dans mon service devant la manière dont les très jeunes criminels sont gérés par le système judiciaire. Même si c'est très peu conventionnel, mal vu et mal accepté par les gens de mon secteur, ce qui d'ailleurs peut se comprendre, je pense que laisser quelqu'un comme Mary s'exprimer et mettre les choses à plat publiquement peut être un moyen efficace de démontrer d'une part à quel point la société est en faillite dans la prise en charge des enfants en général, d'autre part à quel point nous échouons doublement dans notre réaction aux tragédies qui en résultent. J'en suis arrivée à la conclusion qu'à notre époque de communication, c'est peut-être la seule manière d'alerter la population sur la nécessité criante de changer l'attitude du public et de la loi. »

Lorsque Mary revint en marmonnant des excuses – il n'a jamais été facile pour elle de s'excuser –, j'essayai de lui expliquer pourquoi je me faisais en quelque sorte l'avocat du diable face à mon propre souhait d'écrire ce livre et pourquoi j'insistais tant pour savoir si elle était réellement, prête à s'engager dans une telle entreprise. Lui faire comprendre ce qu'un livre comme celui-ci devait être, ce qu'il faudrait qu'elle donne d'elle-même pour me permettre de l'écrire, allait me prendre encore beaucoup de temps. En attendant, je la prévins que tant que nous n'aurions pas commencé concrètement à travailler ensemble, nous ne pourrions être certaines d'aller au bout du projet.

Je lui expliquai que je ne pouvais pas savoir comment elle répondrait à mes questions, ni à quel point elle parviendrait à être sincère. Son désir d'honnêteté ne suffirait pas, il faudrait qu'elle puisse supporter, par rapport à elle-même autant qu'à moi, de parler de choses sans doute insupportables à exprimer. Sans compter que je ne pouvais pas être certaine d'être la bonne personne pour faire ce travail avec elle, ni même que l'accomplir fût une bonne chose ; c'était la raison pour laquelle je lui avais suggéré qu'il serait peut-être préférable pour elle d'aller voir un psychiatre.

Mais cette idée était inacceptable pour elle. Au tout début de notre conversation, elle m'avait raconté l'un de ses plus anciens souvenirs, qui m'aidait à comprendre cette aversion. « Je devais avoir 6 ou 7 ans, ma mère et moi allions voir les parents de mon père, qui vivaient de l'autre côté du pont. Je me souviens qu'il faisait noir parce que les phares des voitures étaient allumés et les lampadaires aussi. Nous parlions en traversant le pont. Ma mère était en colère, je ne me souviens plus pourquoi. Elle m'a attrapée par le bras et m'a montré une petite guérite sur le pont, vous voyez, c'était très concret, et elle m'a dit que c'est là qu'on me mettrait si je racontais des histoires. "C'est ce qu'on fait aux enfants qui ne savent pas tenir leur langue", elle a dit. Et elle m'a secouée comme un prunier. »

Il aurait été impossible en ce premier jour, et de plus une erreur, de commencer à parler de son enfance. J'ai toujours eu la conviction que les premières années de sa vie avaient été pires que ce que sa famille avait pu m'en dire. Si elles ne représentaient pas une excuse, elles offraient une explication de ses actes de 1968. Il était donc évidemment essentiel que Mary se confronte à son enfance en même temps qu'à ses actes, mais cela nécessitait un lent développement.

Jusqu'à maintenant, elle avait toujours nié avoir tué Martin Brown et, me semblait-il, toujours minimisé l'étendue de sa responsabilité dans la mort de Brian Howe. Avant d'espérer trouver une explication, il fallait d'abord qu'elle regarde en face le fait qu'elle avait commis ces crimes, même si elle n'était pas seule. Ces questions seraient très délicates à aborder, il faudrait la protéger du choc qui suivrait probablement ses révélations et donc lui laisser l'initiative de choisir le moment et la façon dont elle pourrait en parler si elle y parvenait.

Comme souvent par la suite, Mary se montra de moins en moins concentrée au fil de la discussion. Ses pensées paraissaient à ce point lointaines qu'il est probable qu'elle n'avait pas entendu la moitié de ce que j'avais dit.

« Norma, dit-elle à un moment, comme si elle répondait à une question, je ne veux rien dire contre elle... mais... » Elle s'arrêta et reprit : « Pauvre Norma... »

Beaucoup de choses la traversèrent et restèrent non dites lors de cet entretien, mais nombre d'entre elles devaient ressortir à plusieurs reprises au cours de nos deux années de rencontres. La première est l'acquittement de Norma par le tribunal de Newcastle ; c'est sans doute le souvenir le plus amer que garde Mary du dernier jour du procès de décembre 1968, même si aujourd'hui elle ne ressent plus d'animosité personnelle contre son ancienne camarade.

« Je me rappelle très clairement avoir eu la certitude que ça se passerait comme ça, dit-elle. J'ignore comment je savais. Sans doute à cause de ce que j'entendais dire, sur elle ou sur moi, je ne sais pas. » (J'aurais pu lui répondre, mais je ne l'ai pas fait ce jour-là, qu'il était clair en effet, plusieurs jours avant la fin du procès, que le tribunal ne se résoudrait jamais à condamner les deux fillettes et que Norma sortirait libre.) « Comment ont-ils pu ? » me demanda-t-elle plusieurs fois, et elle ajoutait souvent : « Pauvre Norma... » Elle me dirait encore, plusieurs mois après le début de nos entretiens : « Peut-être que ce qui lui est arrivé à elle est pire que ce qui m'est arrivé à moi. »

En second lieu, Mary craint par-dessus tout les médias et l'image de monstre qu'ils donnèrent d'elle en 1968. Dans son esprit, ce « mythe », comme elle l'appelle à chaque fois qu'elle en parle, n'a jamais cessé d'être entretenu, bien que depuis lors de nombreux cas « aussi affreux » (ce sont ses mots), voire pires, se soient produits en Grande-Bretagne ou ailleurs. Ce mythe l'a tenue éloignée de ses oncles et tantes, de ses frères et sœurs qu'elle aime et de leurs enfants, qu'elle désire connaître. Elle voit d'ailleurs toujours l'acquittement de Norma comme une confirmation officielle, aux yeux d'un public qui, elle le sent, ne l'a pas oubliée, du fait qu'elle serait la seule à avoir une nature intrinsèquement mauvaise.

L'amertume de Mary vient encore de ce qu'elle fut et, par extension, est et sera toujours selon elle considérée comme une menteuse et une manipulatrice. « Mais, mon Dieu, j'étais une enfant. Que pouvais-je faire à part mentir ? » Elle éprouve, en conséquence, une sorte de ressentiment à l'idée d'être jugée exceptionnellement intelligente. Dans son souvenir, chaque fois qu'il était question de son intelligence pendant le procès, l'idée de la manipulation était sous-jacente. « Cela signifie que pour les gens, je suis incapable d'honnêteté. Mais je le suis, je le suis... », me répéterait-elle encore et encore. Et elle pleurerait.

Est-ce que, ce premier jour, je crus en ses larmes ? Et plus tard ? Eus-je le sentiment, lorsqu'elle me quitta à la fin de ce premier après-midi, que je pourrais avoir confiance en elle, que ses motivations étaient réelles, et que son histoire, quelle qu'elle dût être, serait vraie ? Je ne me faisais pas d'illusions. Je pensais que ses motivations étaient mêlées, et ses descriptions fallacieuses, mais que cela résultait davantage de son sentiment d'insécurité et de son inexpérience que d'une tentative de manipulation. Elle ne me connaissait pas, ni quiconque tel que moi, ni rien du monde auquel j'appartenais. Ce qu'elle se proposait de faire, même si elle n'en saisissait pas toutes les dimensions, était déjà un énorme pas. Elle sortait du cadre très spécifique de sa vie, et cela nécessitait du courage.

Mais oui, j'ai cru qu'elle essaierait de me manipuler, comme d'autres personnes, bien plus sophistiquées, avaient déjà essayé de le faire. Je savais également qu'il y aurait une part de mensonge dans ce qu'elle me dirait ; comment l'éviter lorsqu'un être humain accepte de montrer à un autre sa part la plus noire ?

Cependant, à la fin de cette première journée, j'étais également convaincue que si Mary mentait délibérément, ce serait à propos de petites choses relatives au présent et non sur d'importants éléments passés. Car – et cela fut décisif pour moi – je la croyais sincèrement malheureuse de ce qu'elle avait fait. Je croyais en sa tristesse pour les familles qu'elle avait privées de leurs enfants et je croyais en son besoin de se connaître.

En toute hypothèse, je savais que travailler avec elle serait une entreprise difficile. Avant de m'en aller, je lui expliquai comment j'envisageais les choses. L'idéal serait qu'elle s'installe chez moi, à Londres, pendant la première semaine, pour que nous apprenions à mieux nous connaître. Par la suite, nous pourrions éventuellement nous arranger pour travailler près de chez elle.

Je compris qu'en dehors du contrôle exercé par le bureau de probation – condition essentielle pour que Mary fût libre –, sa vie passée l'avait rendue réticente, de manière quasi obsessionnelle, à la moindre contrainte. Je l'avais avertie qu'une fois le contrat signé, nous serions, elle et moi, liées par ses conditions, notamment concernant les délais. Pat Royston m'avait d'autre part prévenue, et l'avocat de Mary me l'avait confirmé : si le tribunal ne s'opposait pas à ce que nous écrivions un livre, il exigerait cependant une discrétion absolue afin de protéger sa fille, dont il avait la responsabilité[1].

Ce besoin de confidentialité s'amplifia même pendant les six mois nécessaires aux avocats, agents et éditeurs pour trouver un accord. L'un des journaux les plus tenaces demanda à Pat Royston une interview avec Mary et à deux reprises une voiture louche fut repérée dans son quartier ; des questions à son sujet furent posées à ses voisins. Ce genre de choses s'étaient déjà produites plusieurs fois et, à nouveau, il fut évident que Mary allait devoir déménager. La chose faite, une lettre officielle fut envoyée par précaution au directeur du journal, qui lui rappelait l'injonction de la cour. De notre côté, nous intensifiâmes notre vigilance.

La discrétion concernant les allées et venues de Mary et le projet dans sa totalité fut une contrainte difficile à supporter non seulement pour Mary, mais aussi pour moi. Dans son entourage, personne n'était au courant en dehors de Jim, de deux de ses parents proches, de son beau-père, puis, plus tard, de quatre anciens professeurs de Red Bank, de ses avocats, de Pat Royston évidemment et d'un deuxième officier de probation, Samantha Connolly. Pour Mary, cela signifiait que pendant environ trois ans, elle devrait rompre presque totalement avec les quelques amis qu'elle s'était faits.

---

1. La fille de Mary est restée sous tutelle judiciaire jusqu'à ses 18 ans. En 1985, les médias ne cessant de poursuivre Mary, une injonction avait été prononcée interdisant toute publicité qui pourrait conduire à l'identification de l'enfant.

De mon côté, en plus de ma famille et de mon éditeur, seuls deux amis étaient au courant depuis le début. Le premier (un ancien travailleur social) m'aidait pour la paperasserie ; l'autre (expert dans les crimes commis par et sur des enfants) me conseillait. Plus tard, j'ai consulté d'autres gens : des psychiatres, des travailleurs sociaux, et deux de mes plus proches amis, tous deux écrivains à l'étranger. Je devais me confiner dans un isolement assez étrange et dérangeant, notamment par rapport à mes amis et collègues les plus proches.

L'étendue de l'inquiétude de Mary à propos du livre et des conditions à respecter éclata dès notre tout premier rendez-vous de travail. Je ne savais pas précisément à quelle heure elle arriverait à Londres, mais la veille, en début de soirée, elle avait téléphoné depuis la gare pour annoncer qu'ayant suffisamment d'argent elle prendrait un taxi et qu'il était inutile de venir la chercher. C'était la dernière fois que je l'avais entendue avant qu'elle n'arrive le lendemain matin à 11 heures, épuisée, une énorme valise et quatre sacs plastique remplis de papiers et de photos à la main. Elle s'excusa plusieurs fois :

« Je suis désolée, il fallait que je sois seule.

— Mais où étiez-vous ? Qu'avez-vous fait ?

— J'ai marché.

— Toute la nuit ? » dis-je, incrédule. Elle confirma.

Plus tard, je découvris qu'elle avait bu quantité de tasses de thé avant d'aller dormir sous les porches comme une clocharde. Le matin, ne voulant pas nous réveiller trop tôt, elle s'était installée dans un petit snack-bar du coin où, de plus en plus effrayée, elle avait bu café sur café jusqu'à ce qu'elle trouve le courage d'approcher notre rue résidentielle.

Ce matin-là, tout ce que je pus faire fut de lui préparer un bain et de la mettre au lit. Lorsqu'elle se réveilla six heures plus tard, je lui donnai le téléphone pour qu'elle appelle sa famille. Le soir, la moindre parcelle de mon bureau, dans lequel je l'avais installée, était recouverte de papiers, de maquillage, d'affaires de toilette et d'une masse de vêtements mal assortis et visiblement choisis au hasard. Pour moi, c'était le signe de son agitation, de son chaos intérieur.

Ce qui fut encore bien plus révélateur de son état d'esprit, c'est que, ce premier soir et le lendemain matin, elle ne voulut parler que de son enfant – un peu comme si avant de dire quoi que ce fût du passé, elle voulait me montrer qui elle était aujourd'hui ; et ce que Mary est aujourd'hui, avant tout le reste, c'est la mère d'une enfant.

Il ne me fallut que quelques jours pour comprendre qu'il y a littéralement deux parties distinctes en elle. L'une est cette jeune mère, chaleureuse, séduisante, qui aime sa fille de façon inconditionnelle et qui avec talent, imagination et intelligence consacre presque toute son énergie à la création d'un cadre idéal pour son épanouissement. Dans cette fonction, Mary se montre calme, organisée, disciplinée et heureuse. L'autre est celle qui me devint inévitablement plus familière (même si durant ces sept mois, elle ne manqua pas un seul jour d'évoquer sa fille) : chaotique, presque incapable d'organisation et de discipline, et le plus souvent très triste en dépit d'un sens de l'humour espiègle sous-jacent.

En revanche, je ne découvrirais qu'après plusieurs semaines qu'elle avait développé une quasi-dépendance aux antidouleurs qu'on lui avait prescrits en prison et qu'elle continuait à prendre pour lutter contre ses fréquentes migraines.

Cette première semaine, lors d'une de ces crises, tandis que je lui faisais remarquer que la violence de la douleur était visible, elle me révéla qu'elle craignait tant ces attaques qu'il lui arrivait de prendre ses cachets – aux effets, en outre, calmants et soporifiques – en surdose avant même de commencer à souffrir. Plus tard, je découvris que c'est cette prise excessive de médicaments qui rend parfois son élocution difficile. Mary l'admit facilement. Elle m'en dit alors davantage sur le nombre de médicaments qu'elle continuait de prendre depuis sa sortie de prison. L'avantage de cette discussion fut qu'elle s'en ouvrit ensuite à son médecin et lui demanda de l'aider à réduire sa consommation.

La durée globale de nos entretiens, prévus sur plusieurs mois, se trouva rallongée par ses absences relativement fréquentes aux rendez-vous que nous nous étions fixés – il m'arriva de l'attendre en vain chaque matin pendant quinze jours. Je compris également assez vite que nous aurions besoin d'un temps considérable, non seulement pour que Mary revienne au plus près de ses souvenirs, mais aussi pour que je m'assure de leur authenticité, en laissant passer parfois plusieurs semaines, voire plusieurs mois avant de reposer les mêmes questions. Ce faisant, je fus finalement convaincue de la sincérité de sa peine.

« Comment suis-je devenue cette enfant ? » Ces mots me tinrent éveillée la nuit qui suivit notre première rencontre, ce mois de novembre 1995. Ils allaient m'accompagner lorsque, pendant les séances de travail, Mary évoquerait le spectre de sa mère, Betty. À plusieurs reprises, celle-ci avait été sur le point de réussir à tuer sa fille et elle était parvenue à la détruire émotionnellement et psychologiquement, ne la libérant qu'en théorie, par sa mort, en janvier 1995.

Première partie

LE PROCÈS
DÉCEMBRE 1968

La cour
Décembre 1968

En Angleterre et au pays de Galles, tout accusé à partir de 10 ans (8 ans en Écosse) est considéré comme responsable devant la loi. Cependant, jusqu'à l'adoption d'une nouvelle loi en 1998, les enfants entre 10 et 13 ans étaient présumés « *doli incapax* », c'est-à-dire incapables d'intention criminelle. Pour obtenir une condamnation, le défaut d'intention devait donc être réfuté par l'accusation. Celle-ci devait non seulement prouver que l'enfant avait bien commis les actes allégués, mais qu'en agissant il connaissait la nature profondément mauvaise de son comportement.

La loi de 1998 a aboli ce dernier garde-fou. Désormais, n'importe qui, à partir de 10 ans, est supposé savoir discerner le bien et le mal. Le procès de Mary et Norma était pourtant, dès 1968, une occasion unique de mettre en évidence les limites d'un système jugeant les enfants dans des tribunaux pour adultes. Il est vrai que personne, à l'époque, ne manifesta le moindre doute.

Si chaque pays possède sa procédure judiciaire propre, tous font précéder le procès d'une enquête de police et de l'arrestation d'un suspect.

En Grande-Bretagne, traditionnellement, c'est ensuite le procureur général qui décide de la tenue d'un procès, même si, dans les affaires de meurtre, le passage devant un juge et un jury est presque automatique. Jusqu'en 1972, ces procès d'assises étaient dirigés, en dehors de Londres, par des juges itinérants, qui parcouraient le pays en wagons fermés et s'installaient en quasi-réclusion dans des résidences réservées à leur usage.

Le but d'un procès criminel est d'établir la culpabilité ou l'innocence de l'accusé, qu'il soit conduit par la partie plaignante (comme c'est le cas aux États-Unis et en Grande-Bretagne, où l'accusation doit établir la culpabilité du prévenu au-delà de tout doute raisonnable) ou que la procédure soit inquisitoire, régie par le Code Napoléon (ce qui est le cas dans la plupart des pays européens, où le juge a un rôle beaucoup plus actif). En théorie, seuls les faits sont déterminants. Mais les questions posées par les juges et l'ensemble de leurs interventions, qui reflètent souvent leurs opinions et leur sensibilité, peuvent influencer le jury et par là affecter la décision finale, comme ça a été le cas avec Mary.

La manière dont se déroule un procès peut être aménagée. À Newcastle, en 1968, plusieurs pauses avaient été prévues pendant les audiences pour assurer un minimum de confort aux enfants. Les officiers de police et le personnel du tribunal avaient reçu des instructions particulières pour maintenir le calme et traiter les familles avec douceur. Néanmoins, un procès pour meurtre devant un jury est toujours particulièrement impressionnant, et la solennité des débats a quelque chose d'effrayant.

Jusqu'à la construction récente d'un nouvel immeuble, la cour d'assises de Newcastle siégeait à Moot Hall, un bâtiment de pierres du début du XIXe siècle, situé dans le sud de la ville. La tribune qui occupe le centre de la salle, réservée au public, et les deux autres, sur les côtés, réservées à la presse, ne furent remplies que quatre jours sur les neuf que dura le procès : le premier, lorsque le procureur, Rudolph Lyons, fit l'exposé des faits, le sixième, quand se déroula le principal interrogatoire de Mary, le huitième, pour le résumé des faits délivré par le juge, et bien sûr le neuvième, celui du verdict.

Durant ces quatre jours (le programme du lendemain était affiché en fin de journée dans la salle de presse), des reporters des principaux journaux anglais et étrangers se pressaient, et chaque matin les gens faisaient la queue pour entrer. Le reste du temps, la tribune réservée au public resta presque vide et la plupart des journalistes étaient absents.

À Newcastle et dans le reste du pays, la volonté évidente du public de ne pas s'intéresser à l'affaire, attitude qui rétrospectivement illustre bien la différence entre les années 60 et les années 90, allait se refléter dans le déroulement du procès et l'atmosphère générale de la cour. Bien sûr, le juge, les avocats et les psychiatres, dont la plupart étaient placés de manière à pouvoir observer les enfants, étaient intrigués, mais le public anonyme (qui, vingt-cinq ans plus tard, se presserait dès l'aube pendant les dix-sept jours du procès Bulger) et la presse nationale éprouvaient de la répugnance. En 1968, les enfants perturbés n'étaient pas encore un sujet à la mode. On préférait ignorer le mal, de crainte d'être contaminé.

Même si l'évolution du procès était brièvement évoquée par les journaux télévisés, et si des commentaires apparurent dans les journaux de qualité après le verdict, la BBC interdit toute mention de l'affaire aux informations de 18 heures pour protéger les jeunes téléspectateurs et, plus surprenant encore, les tabloïds du dimanche, tous ceux qui, un quart de siècle plus tard, resteraient des semaines entières sur l'affaire Bulger et paieraient des sommes faramineuses aux familles pour obtenir l'exclusivité de leur histoire, occultèrent le sujet. Pendant le procès, le *Sun* refusa ainsi une proposition que lui firent les parents de Mary Bell[1].

La plupart des procès se déroulaient dans la première chambre, la plus grande de Moot Hall, mais

1. Sidney Foxcroft, envoyé spécial à Newcastle pour le *Sun* et le *People*, me raconta : « Un jour, un homme m'a téléphoné pour me dire qu'il était un copain des Bell et qu'ils voulaient me parler de quelque chose. Je suis allé au rendez-vous avec un ami. Vous savez, moi-même j'avais du mal à le croire. Betty et Billy Bell sont arrivés avec leur "copain" et m'ont dit qu'ils étaient prêts à nous vendre l'histoire de Mary. Leur enfant était en plein procès à Moot Hall, eux étaient assis là et ils disaient : "Nous avons essayé de lui apprendre ce qui est bien, mais il n'y avait rien à faire avec elle..." C'était mon travail de les écouter, mais je n'ai jamais été aussi écœuré de ma vie. J'ai quand même appelé le bureau à Londres, je leur ai raconté. Ils ont répondu que c'était hors de question. »

le cas Mary Bell fut transféré dans la deuxième, une chambre plus petite, lambrissée de chêne sombre. Cette pièce était considérée comme moins redoutable et une salle d'attente contiguë ainsi que des lavabos permettaient de mieux prendre soin des deux enfants. Il n'y avait pas de box pour les accusées. Elles étaient installées derrière leurs avocats, avec leurs familles sur la rangée suivante, ce qui leur évitait un trop grand sentiment d'isolement. L'acoustique était excellente. On entendait les fillettes même lorsqu'elles parlaient très bas, ce qui fut souvent le cas.

On était très loin du dispositif qui serait mis en place en 1993, à Preston, lors du procès de l'affaire Bulger, où des box seraient placés sur une plateforme construite pour l'occasion afin de permettre aux juges et au jury de regarder les deux petits accusés, qui se retrouveraient ainsi totalement isolés, certes à la hauteur de la cour, mais au-dessus de tous les autres, y compris des seules personnes qui se soucieraient d'eux : leurs familles.

Malgré ces dispositions, ni Mary ni Norma n'étaient en mesure d'affronter la solennité de la procédure. Pendant neuf jours, deux langages incompréhensibles l'un pour l'autre allaient se croiser dans la chambre : le langage officiel des adultes et celui de deux petites filles extrêmement perturbées dont le fonctionnement était un mystère pour à peu près tout le monde. « Personne ne nous avait rien expliqué », me dit Mary. Elles ne s'attendaient pas davantage à la foule présente le jour de l'ouverture du procès.

Les deux enfants – Norma juste après Mary – rirent nerveusement lorsque les trois coups furent frappés avant le cri de l'huissier : « Levez-vous, la cour ! » « Nous ne nous sommes pas parlé pendant presque tout le procès, même lorsque nous aurions pu le faire, me raconta Mary. Mais oui, je me souviens, nous avons ri. Je ne sais pas pourquoi. Dès que nous nous regardions, nous riions. » Vingt-cinq ans plus tard, à Preston, j'ai remarqué que les deux garçons réagissaient exactement de la même manière chaque fois que leurs regards se croisaient.

Pour ma part, j'étais assise juste en face des deux petites dans la tribune supérieure et j'avais immédiatement noté la différence entre leurs comportements. Norma était terrorisée ; Mary semblait ne pas saisir la situation. Lorsque le juge fit son entrée en robe rouge, d'un pas lent et appliqué, et que les avocats et autres membres du tribunal, tous en perruques, s'inclinèrent profondément, cependant que les officiers de police, un peu partout dans la salle, se mettaient au garde-à-vous, Mary sembla ne pouvoir que difficilement contenir le plaisir que le spectacle lui donnait. À l'inverse, Norma, le corps tendu par le désarroi, se tourna vers ses parents, oscillant entre un sourire craintif et des larmes prêtes à couler, attitude qui deviendrait bientôt familière aux spectateurs. Sa mère secoua la tête et, d'un geste de la main, l'incita doucement à se retourner face à la cour.

Les deux enfants portaient invariablement une robe de coton immaculée et parfaitement repassée, des chaussettes blanches et des chaussures cirées.

Norma était elle aussi une jolie petite fille, aux cheveux bruns et soyeux comme ceux de Mary. Plus grande et plus développée physiquement, elle avait un visage rond qui paraissait toujours un peu dérouté et de grands yeux marron très doux.

On se sentait presque continuellement inquiet pour elle, désolé pour sa détresse, affligé pour ses parents et toute sa famille. Installés derrière elle, ils assistaient à chaque session, caressant et cajolant l'enfant désespérée quand elle éclatait en sanglots. Ses dix frères et sœurs, en rang les uns à côté des autres, du plus grand frère handicapé, âgé de 16 ans, au plus jeune encore bébé, attendaient chaque jour devant la salle, saluant Norma avec enthousiasme dès que la porte s'ouvrait.

À chaque pause, ils se précipitaient sur les marches de ce que Mary appellerait plus tard « le donjon », un immense caveau voûté au sous-sol du tribunal, dans l'enceinte duquel les deux groupes se blottissaient à des coins opposés, jusqu'au cinquième jour, où le juge ordonna que les fillettes se reposent dans des pièces séparées. D'un bout à l'autre du procès, l'amour et la volonté de se montrer gai furent visibles autour de Norma. Personne dans le tribunal n'aurait pu imaginer un seul instant que la famille de cette petite fille pût la croire capable de commettre un meurtre.

Mary, plus petite, avec son visage en forme de cœur et ses remarquables yeux bleus, n'était pas seule non plus, mais les membres de sa famille semblaient incapables de dissimuler leur anxiété et leur détresse. Sa grand-mère, Mme McC., la fine et délicate mère de Betty, était présente chaque jour, droite et silencieuse, le visage pâle et fatigué. Ses tantes, Cath et Isa, les sœurs de Betty, et Audrey, la sœur de Billy, vinrent également, ainsi que le mari d'Audrey, Peter, et Jack, le mari de Cath. Respectueux et calmes, ils évitaient tout contact avec qui que ce fût et affichaient pendant les pauses, d'après la description que m'en a fait une policière de Newcastle, « une bonne humeur affectée » et « une tendresse désolée » pour Mary.

Mais la personne la plus remarquable, impossible à ignorer, était Betty. Tout sauf discrète, elle parlait fort et avec volubilité, sanglotait avec extravagance. Sa perruque blonde hirsute, posée de travers, recouvrait partiellement ses cheveux noir de jais. De temps à autre, elle montrait son indignation au sujet de ce que l'on disait de son enfant en faisant furieusement claquer ses hauts talons pour sortir de la chambre, avant de revenir de la même manière quelques minutes plus tard.

Billy Bell était quant à lui un grand et bel homme, aux cheveux bruns et aux favoris blonds-roux. Il se tenait assis les coudes sur les genoux, la tête entre les mains, de sorte qu'on apercevait à peine son visage. Je ne le vis jamais parler à quiconque, mais la policière qui veillait sur Mary me raconta qu'il se montrait doux avec sa fille et s'efforçait de la faire rire pendant les pauses. Il la prenait dans ses bras et l'embrassait chaque fois qu'il arrivait et repartait et, elle dont plusieurs membres de sa famille racontaient qu'elle tournait toujours la tête lorsqu'ils essayaient de l'embrasser, elle s'accrochait à lui. En revanche, en dehors du baiser presque obligatoire au moment de partir,

Betty ne réconfortait jamais sa fille quand personne ne la regardait.

Mary me dit plus tard qu'elle était terrifiée par sa mère pendant le procès.

« Elle devenait de plus en plus... »

Elle se tut. Je la relançai :

« Plus quoi ?

— Plus en colère contre moi. »

Des années plus tard, des travailleurs sociaux me racontèrent leur première expérience auprès de Betty. Avant que l'affaire n'aboutisse aux assises, Mary et Norma avaient été quatre fois déférées devant la justice. Billy et sa sœur Audrey, accompagnés de la grand-mère de Mary, avaient assisté à la première séance : l'audience de renvoi au tribunal pour enfants, le 8 août, lendemain de l'arrestation. Mais, à la fureur générale du service de l'enfance de Newcastle, Betty n'était pas venue. Les travailleurs sociaux étaient outrés, et la veille de la deuxième audition, le 14 août, en fin d'après-midi, trois d'entre eux prirent une demi-journée de congé pour rouler jusqu'à Glasgow où travaillait Betty.

« Bien sûr, me dirent-ils, officiellement nous n'étions pas autorisés à le faire. Mais c'était déjà trop de ne rien savoir sur cette petite, nous n'allions pas la laisser un jour de plus sans le soutien de sa mère. » Ils trouvèrent Betty près d'un pub, « à son poste », comme ils dirent, dans une rue de Glasgow. « Nous l'avons attrapée et embarquée dans la voiture, puis nous sommes retournés à Newcastle dans la nuit. Elle pleurait, hurlait, nous insultait, nous, la cour et les services sociaux. C'était tout ce qu'on pouvait faire, au moins elle serait là pour soutenir sa fille le lendemain matin. » Cette façon d'agir, davantage par principe que par compassion, était significative. Les trois travailleurs sociaux avec qui je parlais m'avouèrent qu'ils « n'aimaient pas » Mary ; en réalité, elle leur donnait même « les chocottes ».

Après toutes ces années, Mary, en fouillant sa mémoire, ajouta qu'elle se rappelait avoir vu sa mère cette fois-là. « Elle est venue me voir au commissariat de West End, je crois, et elle est devenue complètement hystérique. Elle m'a crié dessus : qu'est-ce que je lui avais encore fait cette fois, lui envoyer des gens pour l'attraper de force... Tout était de ma faute, j'étais la honte de sa vie... »

Pendant le procès, nous nous rendîmes rapidement compte que Norma avait beaucoup de mal à rester attentive. Elle se tortillait sur son siège, regardait partout, se retournait pour parler à sa mère qui, invariablement, la faisait pivoter. L'effort qu'elle faisait alors pour écouter était évident. Elle tenait quelques secondes, à peine une minute, et de nouveau son regard se promenait dans la salle, sur le public, de nouveau elle se tournait vers sa mère qui, avec une infinie patience que l'on devinait pleine d'inquiétude, répétait son geste.

Mary, au contraire, était en permanence concentrée, même lorsqu'il était évident qu'elle ne pouvait pas comprendre le langage officiel. Elle semblait à peine remarquer le comportement mélodramatique de sa mère, et ne montrait ni affliction ni embarras particulier. Elle donnait l'impression de s'intéresser à tout avec intensité. Son visage, d'une grande vivacité chaque fois qu'elle parlait, que ce fût pour murmurer à l'oreille de David Bryson, l'assistant de son avocat, ou, plus tard, pour témoigner, révélait une étonnante capacité d'écoute, bien que, sauf dans la colère, il restât le plus souvent impassible. Elle se tenait presque toujours immobile ; toute sa nervosité était dans ses mains constamment en mouvement, comme indépendantes du reste de son corps.

Sans paraître en avoir conscience, elle caressait sa robe, ses cheveux, son visage. Elle gardait en permanence un doigt dans la bouche – mais jamais le pouce. Au bout de quelques minutes, elle le ressortait, puis l'essuyait sur le dos de sa main, qu'elle frottait ensuite sur sa jupe, pour aussitôt remettre le même doigt, ou un autre, dans sa bouche. (Vingt-cinq ans plus tard, dans des circonstances similaires, j'allais voir une manifestation de trouble quasi identique chez l'un des deux meurtriers de James Bulger. L'enfant assista à presque tout son procès avec un doigt, y compris le pouce, dans la bouche ou dans l'oreille ; il l'enlevait régulièrement pour l'essuyer sur son pantalon avant de le remettre presque tout de suite dans sa bouche.)

Contraste frappant avec Norma, Mary, cependant, paraissait isolée. À l'exception de David Bryson, qui trois ou quatre fois pendant les neuf jours du procès répondit à ses questions, personne ne lui parlait. Personne ne la touchait non plus, en dehors des quelques rares moments où, parce que, visiblement fatiguée, elle commençait à s'agiter, sa mère lui donnait une petite tape (comme elle s'en souvint au début de nos entretiens, vingt-huit ans plus tard) ; à l'exception notable, aussi, du jour du verdict, lorsque David Bryson la prit, en larmes, dans ses bras.

Les avocats des deux fillettes, et leurs assistants, avaient été commis d'office. Norma fut défendue par un avocat très réputé, R. P. Smith, *QC*[1], l'un des plus jeunes et des plus brillants *silks*[2] du pays. Il avait rapidement réussi à convaincre les juges que sa petite cliente devait passer la période de préparation du procès à l'hôpital psychiatrique le plus proche, sous la surveillance d'infirmières et de médecins.

Mary était représentée par un avocat plus âgé, maître Harvey Robson, qui au cours de sa longue carrière avait été procureur général au Sud-Cameroun puis avait plaidé dans de nombreuses affaires criminelles dans le nord-est de l'Angleterre, mais sans jamais avoir à s'occuper d'un meurtre. Comme je l'appris de source sûre, il ne tenta pas de placer Mary à l'hôpital pendant sa détention préventive. (David Bryson m'expliqua plus tard qu'il avait pensé que la demande serait rejetée.) Elle fut donc envoyée tout d'abord dans un centre d'évaluation à Croydon puis dans un

1. *Queen Counsel* (« conseiller de la reine ») est un titre honorifique conféré à des membres éminents du barreau. Dans les affaires de meurtre, ou de crimes graves, l'accusé est le plus souvent défendu par un *QC*. [N.D.T.]

2. *Silk* (« soie ») : surnom donné aux *QC* par référence à leur habit de soie. [N.D.T.]

centre de détention provisoire à Seaham, dans le comté de Duham, géré par le département des prisons pour les filles de 14 à 18 ans. En raison de son âge et de l'infraction présumée, Mary y fit immédiatement figure de star.

En Grande-Bretagne, lorsqu'un mineur est accusé d'un crime, il est très rare que des psychiatres soient sollicités avant le procès, sinon pour établir s'il discernait le bien et le mal et était mentalement responsable de ses actes au moment des faits. Toute autre investigation psychiatrique est considérée, à ce stade, comme risquant d'altérer l'objectivité des témoignages. Il était donc surprenant que Norma eût l'autorisation de passer les trois mois et demi de détention préventive au service des enfants de l'hôpital Prudhoe Monkton, sous la surveillance du docteur Ian Frazer.

Certes, le centre où se trouvait Mary était lui aussi un lieu bienveillant et aucune des deux fillettes ne semblait malheureuse, mais la différence de traitement – entre un environnement médical pour l'une et un enfermement quasi punitif pour l'autre – sautait aux yeux.

Qui, de nos jours, pourrait prétendre, même avec la plus ferme discipline, échapper à l'influence d'une presse agressive et de l'omniprésence des écrans ? L'intérêt du public pour des cas aussi fascinants que celui de Mary Bell rend l'idée d'une objectivité des jurés et de la cour assez hypocrite. C'était déjà vrai il y a trente ans. Le tapage qui a entouré la mort des deux petits garçons, l'arrestation des fillettes soupçonnées du meurtre (encore anonymes à ce moment-là) et les conditions de leur détention préventive (d'abord relayées par des rumeurs puis divulguées lors du procès), sans parler du procès lui-même, a sans doute influencé l'attitude de la cour, voire l'issue du procès, plus que ne l'aurait fait l'intervention de psychiatres, si l'on avait accordé leurs soins à Mary comme on l'a fait pour Norma.

Avant même que les jurés ne soient assis et les enfants introduits dans la chambre, le juge, sir Ralph Cusack, demanda aux avocats de la défense s'ils acceptaient qu'on divulgue le nom des fillettes. Les deux avocats répondirent qu'ils n'y voyaient pas d'objection. Leur argument, que je persiste à juger fallacieux, était que, si on ne les nommait pas officiellement, des soupçons risquaient de peser sur d'autres enfants.

Vingt-cinq ans plus tard, la décision prise dans le cas Mary Bell permit à la cour de Preston de publier les noms des deux garçons de 10 ans accusés du meurtre de James Bulger. Ce choix causa un préjudice à leurs familles, qui se répercuterait ensuite sur toute leur vie, comme celui du juge Cusack, en 1968, le fit sur les vies de Mary et Norma.

Mary
Réflexions 1

Mary parlait beaucoup de Norma au cours de nos conversations, mais ses souvenirs restaient cantonnés dans l'enfance, et avec eux le ressentiment qu'elle pouvait encore éprouver. Si elle faisait l'effort d'analyser les choses de son point de vue d'adulte, une certaine sympathie l'emportait, et sa colère n'avait plus qu'un objet : le système qui, pensait-elle, avait utilisé Norma consciemment, comme elle-même, bien sûr, l'avait fait – mais inconsciemment.

« La famille de Norma a emménagé à côté de chez nous, sur Whitehouse Road, une semaine après notre arrivée, au printemps 1967. Lorsque j'ai entendu dire qu'ils s'appelaient Bell aussi, j'ai demandé à mon père si nous étions de la même famille. Il a répondu : "Aucune chance."

« J'étais fascinée qu'ils aient onze enfants. J'étais terriblement curieuse de savoir comment ils vivaient, comment ils s'organisaient. Leur maison était exactement comme la nôtre : une cuisine, une arrière-cuisine, une salle de bains et une salle à manger en bas, trois chambres et une salle d'eau en haut. Comment faisaient-ils pour loger treize personnes là-dedans ? Plus tard, j'ai découvert qu'ils ne mangeaient pas tous en même temps.

« C'étaient des gens bien, vous savez. J'aimais beaucoup sa mère. Je ne sais pas comment elle faisait. Elle se tuait à la tâche. Et elle était gentille, vous savez. Elle chantait souvent, je l'entendais...

« Ma meilleure amie s'appelait Dot, elle avait été notre voisine à Westmoreland Road [un quartier délabré de Newcastle où vivaient les Bell avant d'emménager à Whitehouse Road], mais elle a déménagé elle aussi et on ne s'est plus revues. Très vite, je suis devenue copine avec la sœur de Norma, Susan, qui avait mon âge, mais j'ai trouvé qu'elle était pleurnicharde, cul-cul, alors j'ai commencé à jouer avec Norma. Elle avait deux ans de plus que moi. On a dit plus tard qu'elle était légèrement retardée, mais je ne l'ai jamais pensé. Je me faisais toujours attraper quand je faisais une bêtise, alors qu'elle, elle s'en sortait, parce qu'elle prenait un air ahuri. Elle était très forte pour prendre cet air-là. Son apparence, ses yeux, vous voyez, ça l'aidait. Mais elle était très mignonne, et très drôle. Elle me faisait rire et je la faisais rire.

— En y repensant, est-ce que vous diriez que vous étiez une enfant rebelle ?

— J'étais du genre "t'es pas cap" », répondit-elle. Sa voix devint rêveuse et elle commença à sauter d'un souvenir à l'autre, le plus souvent sans terminer ses phrases. « Je voulais... Quand on est enfant... J'imaginais que je pouvais vivre dans une sorte de gang à la Jesse James, monter à cheval, sortir quelqu'un de prison en entourant mon lasso autour des barreaux et en le faisant tirer par mon cheval, comme je voyais faire dans les westerns que je regardais à la télé avec mon père...

— À part ça, est-ce que vous fantasmiez sur le crime et la prison ? »

C'était le genre de questions qui la plongeait dans de longues méditations, moins, comme j'allais bientôt le comprendre, par crainte de s'accuser, que parce qu'elle savait que sa réponse allait révéler quelque chose de privé, qu'elle aurait voulu garder pour elle.

« Eh bien, mon père... Personne ne m'avait rien dit, mais j'avais entendu des trucs, je savais que la police le connaissait et qu'il était une sorte de gangster. Bon, un très petit, il ne faisait que voler, pas vrai ? Il n'a jamais blessé personne, il ne l'aurait jamais fait, mais il était souvent, comment dire ? en fuite, dans le genre. Et même si je ne le savais pas à ce moment-là, je sais maintenant que notre façon de vivre... Ma famille... refusait toute autorité. La police, les services sociaux, le gouvernement, les lois, tout était traité avec mépris et dérision. Le travail aussi, je pense.

« Ma mère ne parlait jamais de qui que ce soit en lien avec l'autorité sans utiliser le mot "putain". Sauf mon oncle Philip, le frère de ma mère, en Écosse, qui avait été dans l'armée, le mari de tante Audrey, Peter, qui était routier, et le mari de tante Gath, Jack, qui travaillait dans les mines jusqu'à ce qu'il tombe malade, je ne connaissais personne qui travaillait. Bien sûr, les arnaques, on appelait ça "du travail", et ce que faisait ma mère, on appelait ça "sortir pour affaires".

« Je ne le comprenais pas à l'époque mais les mots "travail" et "affaires" étaient complètement déformés. Si quelqu'un sortait pour aller cambrioler un magasin ou dévaliser un camion, on appelait ça "aller travailler" ou "faire des affaires". La police venait devant chez nous et mon père disparaissait en un éclair, je devais dire qu'il était absent ou qu'il n'habitait pas là. Je l'aimais et c'était un héros parce qu'il était toujours gentil avec nous. Mais maintenant, je sais que pour les familles qui vivent comme ça, ce n'est pas seulement la police, mais tout ce qui touche à l'autorité qui devient l'ennemi.

« J'aimais l'école, mais je séchais souvent. Je pense que, si je voulais rester en dehors du système, c'était confusément pour être en quelque sorte solidaire de mon père – vous savez, "les profs aussi sont nos ennemis". Je devais sentir que si je jouais à les mépriser, on m'admirerait. C'était compliqué pour moi parce que en réalité, si ma mère découvrait que j'avais manqué l'école, ou que j'avais été impolie là-bas, quand bien même elle était elle aussi toujours très grossière lorsqu'elle parlait des professeurs, elle me battait. Mais ça m'était égal. D'une façon ou d'une autre, je fonçais pour défier les gens.

— Norma était comme vous ?

— Pas de la même façon, non, pas du tout. En fait, sa famille était très rangée, pauvre bien sûr, mais honnête. Par contre, elle était bagarreuse. Elle provoquait des bagarres, les enfants métissés, je ne sais pas de qui elle tenait ça, elle ne les aimait pas. »

Après cela, Mary m'expliqua longuement que son compagnon et elle-même détestaient le sectarisme, quel qu'il soit, que son enfant ne serait jamais intolérante, ne se sentirait jamais supérieure à quiconque pour une question de religion ou de couleur de peau. « Les enfants sont ce qu'on les conduit à être », conclut-elle.

« En tout cas, elle se battait souvent, dit-elle, revenant à Norma. Je pense que c'était uniquement pour attirer l'attention, comme moi, mais d'une autre manière. Moi – je le sais maintenant –, j'avais besoin de l'attention des adultes pour... pour me sortir de ma famille. Je pense que pour elle, c'était le contraire. Elle voulait juste que ses parents la remarquent. Dans une si grande famille, ça devait être difficile d'être parmi les grands et considérée comme plus lente que les autres, ce qu'on a dit d'elle plus tard. Vous l'avez peut-être oublié mais elle adorait son frère handicapé. Quand des enfants se moquaient de lui, comme font les enfants, elle se mettait devant lui, serrait les poings et criait : "Allez-y, répétez-le !" Elle avait l'air féroce.

— Et alors, ils se battaient avec elle ?

— Non, bien sûr que non. » Elle rit avec dédain. « Elle leur faisait peur, je l'admirais pour ça. Et j'étais aussi très impressionnée parce que c'était une fugueuse...

— Une fugueuse ?

— Elle s'était enfuie de chez elle plusieurs fois...

— Pourquoi ? Est-ce qu'elle disait qu'elle était malheureuse chez elle ?

— Oui, elle n'arrêtait pas de dire qu'elle détestait sa maison, qu'elle voulait être loin d'eux. Beaucoup plus tard, je me suis demandé s'ils avaient remarqué qu'elle s'était sauvée... Maintenant que j'y pense, elle était aussi souvent... je ne sais pas, simplement triste. Je pense que nous étions toutes les deux, à notre façon, des petites filles très tristes. »

« La première fois que j'ai revu Norma après l'enquête, c'était le jour de l'ouverture du procès. Ils nous disaient qu'on ne devait pas se parler, mais évidemment on le faisait quand même. Norma avait changé. Elle paraissait complètement différente de la fille que je connaissais. J'ai vite remarqué qu'on lui montrait... beaucoup de sympathie. Je la voyais en profiter, faire la fille un peu simple et tout. Peut-être qu'elle avait un peu de retard sur le plan éducatif mais, arriérée, sûrement pas, c'est n'importe quoi. Sur le moment, j'ai pensé qu'elle était de mèche avec les juges, qu'elle jouait le rôle qu'ils lui avaient attribué, mais, en y repensant, je ne le crois plus. Je pense qu'elle faisait simplement ce que sa famille et les avocats lui disaient de faire.

— Et vous, avez-vous le sentiment que votre comportement au tribunal vous avait été dicté par votre famille et votre avocat ?

— Je n'ai jamais vraiment eu de contact avec mon avocat. M. Bryson, son assistant, m'a immédiatement prévenue que si je voulais dire quelque chose à maître Robson, ça devait passer par lui. Je me souviens d'avoir pensé : comment mon avocat peut-il parler de moi alors qu'il ne me connaît pas ? Alors, quand je l'entendais raconter des choses qui n'étaient pas vraies, j'essayais d'avertir M. Bryson, mais il me disait d'arrêter de chuchoter. Il me demandait aussi d'arrêter de sourire à Norma et, deux fois, ils ont dit quelque chose que je trouvais drôle et il m'a dit d'arrêter de rire. Je devais juste rester assise et écouter.

— Qu'est-ce qui vous avait fait rire ?

— Quelqu'un – je ne sais plus qui – m'avait appelée "une monstruosité de la nature" ou quelque chose comme ça. J'avais trouvé que c'étaient des mots vraiment drôles, qui n'avaient rien à voir avec moi. Ça m'avait fait penser à un truc, une série que j'avais vue à la télé, *Lost in Space*. La plupart du temps, de toute façon, je trouvais que tout ça n'avait rien à voir avec moi, c'était comme si je n'étais pas là, vous comprenez, ou comme si j'étais là, devant la scène, mais juste à regarder.

— Est-ce que vos parents ou d'autres membres de votre famille vous avaient expliqué ce qui se passait et comment vous deviez vous comporter ?

— Jamais, répondit-elle immédiatement. Personne ne m'a jamais dit pourquoi il y avait un procès, sauf mon père, une fois. Il est venu me voir pendant une pause et tout à coup il m'a serrée dans ses bras et il a murmuré : "Tout se passera bien, je le sais, tout se passera bien." » (Pendant des années, Billy a cru Mary innocente. Quelqu'un de sa famille m'a raconté que lorsqu'il a été évident qu'elle serait condamnée, il a conçu un plan avec quelques amis pour la kidnapper et la cacher.)

« Ma mère ne m'a jamais rien dit, mais elle m'apportait des robes. Elle avait fait elle-même la robe que je portais le jour du contre-interrogatoire, en tout cas, c'est ce qu'elle a dit.

— Elle venait quand même tous les jours au procès.

— Puisque ma grand-mère et mes tantes venaient, elle n'aurait pas *osé* ne pas venir. Mais... c'était un spectacle pour elle. Mon père, mes tantes, mes oncles, je pense qu'ils étaient désespérés par la situation, pour moi. Ma mère, elle, était désespérée pour elle. Au bout de quelques jours, elle s'est mise à me faire mal lorsqu'elle venait me voir et que personne ne regardait.

— De quelle façon ?

— Elle me pinçait, sur les bras, sur la peau du dos. Tout le temps, chaque jour pendant la préventive et le procès, j'ai pensé que lorsque je rentrerais chez moi – une partie de moi pensait qu'on me laisserait rentrer chez moi –, elle me battrait à mort. »

L'enquête
Août-novembre 1968

Dans cette affaire, comme dans l'autre plus important fait divers britannique depuis la guerre, le meurtre de « Jamie » Bulger – dont la photo, prise par la caméra de surveillance d'un magasin, sur laquelle le garçon tient la main de l'un de ses petits ravisseurs, a fait la une des journaux papier et télévisés pendant des semaines en Angleterre –, il n'y a eu dès le départ aucun doute sur le fait que des enfants étaient impliqués.

J'écris ces lignes en ayant sous les yeux une copie du rapport rédigé par l'inspecteur-chef James Dobson, daté du 15 août 1968, lequel, après l'accord du procureur général, allait constituer le fondement du procès. C'est étrange de le relire si longtemps après. Le jargon officiel utilisé ne ressemble pas du tout à l'homme profondément humain que j'ai appris à connaître. James Dobson est grand, ses yeux sont d'un bleu éclatant, son esprit incisif. Il a des manières tranchantes qui, m'expliqua-t-il un jour, lui servent de carapace ; il est trop sentimental dès qu'il s'agit d'enfants, il doit se protéger.

Parmi tous les gens qui participèrent à l'enquête, James Dobson fut le seul à soupçonner rapidement que Mary Bell pouvait être autre chose qu'une « enfant du diable », « un monstre de la nature », comme l'appelait la presse. « Disons que j'avais senti qu'il y avait là-dessous quelque chose de terrible », me dit-il après le procès. Comme tant d'autres officiers de police avec qui je parlerais vingt-cinq ans plus tard à Liverpool et à Preston pendant le procès Bulger, il m'avait paru très déprimé et découragé. « Ma mission était de déterminer qui avait commis le meurtre et comment. Tel que notre système fonctionne, ce n'est pas l'affaire de la police de chercher à comprendre pourquoi les crimes sont commis. Mais comme ce cas l'a montré, lorsque les assassins sont des enfants, il semble que ce ne soit l'affaire de personne. »

M. Dobson dormait chez lui lorsque son téléphone sonna à une heure du matin, ce jeudi 1er août 1968, et qu'on lui annonça que Brian Howe, un enfant de 3 ans, avait été retrouvé mort, probablement poignardé. Il enfila un pantalon et un pull par-dessus son pyjama, une paire de chaussures sur ses pieds nus, et il fonça vers Scotswood. « J'ai laissé ma voiture en haut de la rue, et j'ai marché jusqu'au Tin Lizzie. Soudain j'ai pensé à Martin Brown. Je n'avais pas travaillé sur cette affaire et je ne savais pas ce que j'allais trouver au Tin Lizzie. Mais je m'étais garé juste devant la maison où Martin avait été retrouvé et je n'ai pas cessé d'y penser les jours suivants. »

Le temps qu'il arrive au Tin Lizzie, des projecteurs avaient été installés. Il se souvenait que « tout le secteur était violemment éclairé et il y avait plein de monde. Pourtant, tout était très silencieux ». Il ressentit ce silence comme le premier signe du choc qui allait bientôt envahir Scotswood, Newcastle et le pays tout entier. « Lorsqu'il y a meurtre, c'est toujours particulier, quelle que soit la victime. Mais il y a quelque chose de très différent pour nous, de très personnel, quand il s'agit d'un enfant. Ce que j'entendais le plus, c'était le cliquetis de la voie ferrée. Il résonne très fort la nuit... Nos gars, eux, étaient silencieux. »

Immédiatement après la découverte du corps, la première hypothèse fut qu'un pervers était en liberté. Mais après avoir examiné sur place le corps du petit Brian, Bernard Tomlinson, le médecin légiste, conclut qu'il avait été étranglé et non pas poignardé, et qu'il était probablement mort la veille, entre 15 h 30 et 16 h 30. Les marques sur son cou et son nez révélaient une pression faible et les lésions laissées par le couteau étaient, elles aussi, superficielles. Il y avait six perforations sur ses jambes et ses cuisses et un petit morceau d'épiderme avait été arraché juste au milieu des testicules. Cela indiquait clairement que les blessures avaient été infligées par un ou plusieurs enfants : elles étaient trop légères pour qu'on pût les attribuer à un adulte.

« On ne ressentait aucune colère. Au contraire, on avait le sentiment qu'il y avait là quelque chose de ludique, d'une terrible légèreté si vous voulez, et cette légèreté rendait la chose plus terrifiante encore. C'était incompréhensible. Comment cela avait-il pu arriver ? Et pourquoi ? »

Une centaine d'agents de la brigade criminelle furent appelés et répartis en équipes. « Je leur ai dit qu'on allait travailler vingt-quatre heures sur vingt-quatre jusqu'à ce qu'on ait résolu l'affaire. On a pris les premières dépositions de la famille et des voisins la nuit même, puis on a imprimé des milliers de questionnaires pour les distribuer le lendemain matin. On a commencé par Scotswood, à 8 heures du matin, et pendant huit jours on ne s'est arrêtés que le temps de faire des micro-siestes. »

Les premières vingt-quatre heures, un millier de foyers reçurent la visite de policiers et mille deux cents enfants entre 3 et 15 ans, ainsi que leurs parents, remplirent les questionnaires. Plusieurs réponses étaient incohérentes et on demanda une déposition supplémentaire à une quinzaine d'enfants, parmi lesquels Norma Bell et Mary Bell.

Le questionnaire comprenait dix questions et la réponse de Norma à la huitième : « Connais-tu quelqu'un qui jouait avec Brian ? Si oui : nom et adresse », était confuse. C'est l'inspecteur Kerr qui se rendit à son domicile pour tenter d'y voir plus clair. « Dans cette famille, il y avait au moins sept enfants sur onze qui avaient entre 3 et 15 ans, me raconta-t-il. Bien sûr, ils étaient à l'étroit. Mais ils m'ont fait l'effet d'une famille unie. J'ai parlé à la mère et à plusieurs des enfants. Ils étaient mignons, polis et propres, ce que j'ai considéré comme un exploit, vu leur nombre. Seule Norma était bizarre.

« Je veux dire, j'enquêtais sur quelque chose de vraiment affreux et ils connaissaient tous très bien le petit Brian, mais elle, elle n'arrêtait pas de sourire comme si tout cela était une grosse blague. Sa mère – ce que j'ai également trouvé étrange vu les circonstances – était assez sèche avec elle : "Tu n'as pas entendu ce qu'il t'a demandé ? Réponds à la question !" »

Norma livra en fin de compte à l'inspecteur Kerr la première des nombreuses dépositions qu'elle allait faire les jours suivants (et qui allaient constituer une partie des preuves que les jurés pourraient consulter au tribunal). Rétrospectivement, pour une petite fille considérée comme retardée (on prévoyait de lui faire poursuivre sa scolarité dans un établissement spécialisé à partir du trimestre suivant), son témoignage se révéla un mélange assez remarquable de vérité et d'invention.

En voici un extrait :

> La famille Howe est venue habiter notre rue il y a environ un an et Brian Howe a commencé à jouer avec mes frères John Henry et Hugh Bell. [...] Je n'ai jamais vu aucun d'entre eux jouer près de la ligne de chemin de fer, derrière le bar Delaval Arms. Moi, je ne suis allée là-bas que deux ou trois fois, la dernière fois, c'était il y a des mois.
>
> La dernière fois que j'ai vu Brian Howe, c'était le mercredi 31 juillet 1968 vers 12 h 45,

> pendant qu'il jouait avec son frère et deux petites filles, c'était au coin de Whitehouse Road et Crosshill Road. [...] Entre 13 heures et 17 heures, ce jour-là, j'ai joué dans ma rue avec Gillian et Linda Routledge, 59 Whitehouse Road. On fabriquait des pompons. [À côté de cette dernière phrase, la police a noté : « Vérifié. »]

À ce moment-là, la police n'avait pas encore fait le lien entre Mary et Norma. Lorsque l'inspecteur Kerr se rendit à la porte à côté, 70 Whitehouse Road, chez Mary Bell, il voulait juste clarifier les réponses de la fillette à la question nº 6 : « Quand as-tu vu Brian pour la dernière fois ? » et à la question nº 9 : « As-tu joué derrière le bar Delaval Arms, près de la ligne de chemin de fer, le mercredi 31 juillet entre 13 heures et 17 heures ? »

« L'ambiance était très différente. On n'avait pas le sentiment d'être chez des gens, plutôt dans une sorte de tanière. C'était très particulier, il n'y avait pas de bruit, très peu de meubles, tous déglingués, il n'y avait pas d'air, ça sentait le renfermé et il faisait sombre. C'était pourtant un bel après-midi ensoleillé. La seule chose vivante étaient les aboiements du grand berger allemand, qui avait l'air féroce.

« Je n'ai jamais vu une gosse aussi fuyante que Mary. Et son père était très bizarre. Je lui ai demandé : "Vous êtes son père ?" Il a répondu : "Non, je suis son oncle." "Où sont ses parents ?" j'ai demandé et il a répondu : "Elle a juste sa mère et elle est partie pour affaires." » (Bien plus tard, j'appris que lorsque les Bell s'étaient installés à Whitehouse Road, un an et demi auparavant, Betty Bell avait signalé à la municipalité que son mari l'avait abandonnée. Elle comptait ainsi bénéficier des avantages de la Sécurité sociale. On avait appris aux enfants à appeler leur père « oncle » chaque fois qu'un étranger pouvait les entendre.) « À chaque question que je lui posais, Mary regardait Billy Bell, comme si elle attendait un conseil. » L'inspecteur Kerr finit par écrire sous la dictée de Mary une déclaration courte mais identique à celle de Norma :

> La dernière fois que j'ai vu Brian Howe sur Whitehouse Road, vers 12 h 30, mercredi 31 juillet, il jouait avec son frère. Je ne suis pas allée près de la ligne de chemin de fer ni sur le terrain vague de toute la journée... J'y suis déjà allée, mais c'était il y a au moins deux mois.

Lorsque l'inspecteur Kerr retourna chez Norma à 19 h 05, après que James Dobson eut commencé à étudier les dépositions des deux fillettes au commissariat de West End, Norma modifia la sienne pour ajouter qu'elle avait « rencontré Mary Flora Bell » et joué avec elle dans leur jardin ce mercredi après-midi jusqu'à 13 h 30 environ ; qu'elle était revenue la chercher à 14 h 30 et qu'elles étaient allées jouer une demi-heure avec « Elaine, la fille du propriétaire de la boutique Davy's » (au coin de leur rue). Rentrées chacune chez elle « pendant environ 10 minutes », elles s'étaient de nouveau retrouvées vers 15 h 15 et avaient « joué dans la rue jusqu'à environ 17 heures ». C'était un tissu de mensonges : comme j'allais finalement le découvrir au cours de nos discussions en 1996, Norma restait fidèle au pacte qu'elle avait passé avec Mary.

> Ensuite je suis allée chez Gillian et Linda Routledge, et on a fabriqué des pompons sur le seuil de leur porte. Autant que je sache, Mary Flora Bell est rentrée chez elle. Je ne l'ai pas revue avant 19 heures sur le sentier derrière chez nous, elle était seule. Je ne sais d'où elle venait.

La fabrication de pompons, qui en effet avait eu lieu cet après-midi-là, resta jusqu'au bout la couverture de Norma, la preuve qu'elle avait été en présence d'autres personnes, quoique la plupart des horaires donnés fussent faux.

Le lendemain, vendredi 2 août, un autre officier, le sergent Docherty, retourna voir Mary pour éclaircir de nouvelles contradictions dans ses réponses. Elle lui déclara se souvenir de quelque chose. Le mercredi, après que Brian avait été tué, elle avait vu un petit garçon (que la police appela « A. ») tout seul sur Delaval Road ; « il était couvert d'herbes et de petites fleurs mauves ». Elle l'avait souvent vu jouer avec Brian Howe ; elle l'avait aussi souvent vu le frapper sans raison sur le visage et le cou. Et, pour tenter de mettre Norma et elle-même hors de cause, Mary s'enfonça dans son mensonge en ajoutant : « J'ai vu A. jouer avec une paire de ciseaux argentés. Je l'ai vu essayer de couper la queue d'un chat avec ces ciseaux. »

« Ces ciseaux, qui avaient été retrouvés près du corps de Brian Howe, me raconta l'inspecteur-chef Dobson, n'avaient été ni photographiés ni décrits dans aucun journal. A. avait 8 ans. C'était le premier enfant que j'avais moi-même interrogé et nous avions passé deux jours à enquêter sur lui. Son histoire, qu'il a racontée maintes fois toujours très clairement, avait été confirmée non seulement par ses parents, que l'on aurait bien évidemment pu suspecter de vouloir le couvrir, mais par beaucoup d'autres personnes. »

En réalité, A. avait joué avec Brian Howe dans la matinée mais il était ensuite sorti avec sa famille tout l'après-midi et n'était pas rentré avant 22 heures « Surtout, comment Mary pouvait-elle connaître l'existence de ces ciseaux, qui avaient probablement servi à faire les entailles sur le corps de Brian ? Comment pouvait-elle les décrire avec autant de précision ? Ces deux filles, Mary et Norma, avaient déjà changé leurs déclarations deux fois. Nous avions presque éliminé tous les autres enfants. Je ne les avais pas encore vues mais elles restaient dans un coin de ma tête. Ça devait être l'une d'entre elles, ou les deux. »

Le dimanche 4 août, un troisième officier de police, l'inspecteur Thompson, alla de nouveau interroger Norma chez elle. Ce mercredi, lui dit-il, d'autres personnes l'avaient vue en compagnie de Mary Bell et de son chien, à des heures différentes de celles qu'elle avait mentionnées. Cette fois, Norma craqua et éclata en sanglots. Il était clair que désormais, elle se sentait sous pression face à sa famille. Elle demanda à parler à l'officier sans que son père fût présent, et celui-ci quitta la pièce avant que l'inspecteur Thompson n'eût pu l'arrêter. (La police n'est pas autorisée à interroger un enfant sans la présence d'un autre adulte.) « J'étais en bas de Delaval Road avec May et son chien, raconta-t-elle rapidement. May m'a emmenée voir Brian... » Le policier l'interrompit, rappela son père et annonça qu'il emmenait Norma au commissariat. Norma répéta qu'elle ne voulait pas que son père fût là, et de nouveau M. Bell accepta de la laisser partir, mais peu de temps après on l'emmena à son tour dans une autre voiture de police.

Lorsque James Dobson vit Norma pour la première fois, à 20 h 10 ce soir-là, elle était pâle et très nerveuse. « Elle lançait des coups d'œil furtifs à chacun d'entre nous et elle passait du rire aux larmes en un clin d'œil. Je sentais que la vérité n'allait pas sortir tout de suite, mais très bientôt... »

Après qu'il l'eut informée de ses droits, Norma déclara avoir été « aux blocs » – les blocs de béton du Tin Lizzie – avec Mary. « Et j'ai trébuché contre sa tête. » Brian était mort, ajouta-t-elle, et c'était Mary qui l'avait tué, elle le lui avait avoué à ce moment-là, lui expliquant qu'« elle avait serré son cou et comprimé ses poumons », et ensuite elle lui avait dit : « Boucle-la, n'en parle à personne ! »

Elle décrivit alors la tenue du petit Brian et la manière dont il était allongé, et raconta comment Mary, après lui avoir montré un rasoir et l'endroit où elle lui avait « coupé le ventre », avait caché le rasoir sous un bloc en lui répétant de ne pas parler à son père, sans quoi elle aurait des ennuis. Pouvait-elle retrouver l'endroit où le rasoir avait été dissimulé ? Oui. Quinze minutes plus tard, on l'emmena là où Brian avait été retrouvé mort. Norma désigna alors un bloc de béton sous lequel la police trouva une lame de rasoir. Lorsqu'on lui demanda de montrer comment était disposé le corps de Brian, Norma s'allongea sur le sol ; c'était l'exacte position dans laquelle le petit garçon avait été trouvé.

Une demi-heure plus tard, de retour au commissariat, James Dobson demanda à Norma, en présence de son père, si elle désirait faire une nouvelle déposition par écrit. « On lui avait donné du thé et un sandwich. Elle était très fatiguée. Mais il n'y avait rien à faire, il nous la fallait. » Norma commença nerveusement à dicter sa déposition, puis elle s'arrêta et regarda son père avec anxiété. L'inspecteur-chef lui demanda si elle préférait que son père sorte ; elle répondit que oui et une policière vint les rejoindre.

Dans cette troisième déposition, Norma répétait qu'elle n'avait rien su de la mort de Brian avant d'être tombée, en marchant avec Mary, sur son corps sans vie, et que Mary lui avait dit avoir tué le petit garçon. Lors de sa deuxième déposition, elle avait donné une liste de gens qu'elle était censée avoir vus ce jour-là, où Mary ne figurait pas, et une chronologie de ses activités qui tendait à montrer qu'elle était allée à peu près partout, sauf au Tin Lizzie. Dans cette troisième déposition, elle admettait maintenant avoir « marché » avec

Mary et son chien, puis fait une « pause » de dix minutes aux « blocs » avant de retourner « faire des pompons » à 16 heures.

Après ça, elle « n'avait plus revu May avant un moment ». À 18 h 45, elle avait rejoint Pat Howe, la sœur de Brian, âgée de 14 ans, et Mary, pour partir à la recherche de Brian, mais elle les avait laissées à 19 heures, et était retournée jouer avec Linda jusqu'à 20 h 30, heure à laquelle elle rentra chez elle pour ne plus ressortir.

En dehors du fait que Norma était partie à la recherche de Brian (en réalité beaucoup plus tôt qu'elle ne le prétendait) et de la fabrication des pompons, très peu de choses étaient vraies dans cette déposition. Mais le comble fut atteint quand, trop fatiguée pour être logique plus longtemps, elle essaya d'expliquer pourquoi elle n'avait rien dit à personne – « là, on était clairement devant une énormité », me dit James Dobson :

> J'avais peur que si je balance, May prenne le gosse de n'importe qui. La dernière fois que j'ai vu Brian, c'était à l'heure du goûter, alors qu'il jouait avec son frère Norman. J'ai oublié de dire qu'avant que nous laissions Brian, May a ajouté des fleurs violettes à l'herbe qui était sur le corps de Brian.

À 22 h 30, avec l'accord de son père, Norma fut emmenée au centre de détention préventive de Fernwood, l'établissement d'éducation surveillée du comté où, quatre mois plus tard, Mary allait passer les deux semaines du procès, dans une mansarde au dernier étage, gardée par plusieurs femmes policiers qui se relaieraient. (« Je n'ai su que longtemps après, me dit Mary, que mes deux petites sœurs et P. [son frère] étaient tous là[1], pendant que j'étais enfermée à l'étage. »)

L'inspecteur Kerr, pendant ce temps, frappait de nouveau au numéro 70 de la rue. « Mary est venue ouvrir la porte, me dit-il. J'ai demandé si je pouvais entrer, elle a répondu "non". Je lui ai demandé pourquoi non, et elle a répondu : "Mon oncle n'est pas là." Je lui ai demandé où il était, et elle a dit qu'il était au pub. Je lui ai dit d'aller le chercher. Billy Bell avait une attitude très hostile lorsqu'il est revenu avec elle. Mary ne cessait de le regarder. Je croyais bien sûr qu'il était vraiment son oncle. Je n'avais aucune raison de ne pas le croire. J'avais le sentiment que cet oncle était seulement de passage, qu'il ne vivait pas là. Ce soir-là, je n'ai pas obtenu plus d'informations. »

Les impressions de l'inspecteur Kerr étaient justes : Billy et Betty ne vivaient plus ensemble à cette époque. Betty travaillait presque exclusivement à Glasgow et, comme Mary l'avait très clairement exprimé, elle était « dehors » la plupart du temps. Chaque fois qu'elle partait, Billy venait. Si lui aussi était dehors, en prison, ou occupé à quelque cambriolage ou petite magouille, sa sœur Audrey, qui vivait presque en face de chez eux, prenait chez elle tous les enfants ou au moins les

1. Les trois autres enfants Bell avaient été temporairement placés sous protection. Ils furent rendus à leur père après le procès.

deux plus petits, laissant Mary et son frère naviguer entre les deux maisons.

Le lundi 5 août, à minuit quinze, exactement deux heures après que Norma eut fait sa troisième déposition, James Dobson se rendit chez Mary avec deux agents de police. La maison était plongée dans l'obscurité, uniquement éclairée par un feu de cheminée et la télévision qui fonctionnait à plein régime. « Lorsqu'on enquête sur un meurtre, me dit l'inspecteur-chef, on ne doit pas tenir compte du jour ou de la nuit. » Billy Bell regardait la télévision. Lorsqu'il se leva pour aller ouvrir, debout devant la porte pour empêcher la police d'entrer, il répondit (oubliant l'histoire de l'oncle) que sa femme était sortie. Les quatre enfants dormaient à l'étage.

« Je lui ai dit que je voulais interroger Mary au commissariat. Il refusait de la réveiller, alors je lui ai déclaré que nous étions prêts à le faire mais que ce serait plus facile s'il s'en chargeait. » Billy Bell leur demanda d'attendre dehors et il traversa la rue pour aller chercher sa sœur. Audrey arriva vite, elle aida Mary à s'habiller et monta avec elle dans la voiture pour aller au commissariat. « Sa tante lui a parlé très intelligemment à l'arrière de la voiture. Elle lui disait de dire la vérité. Je les ai directement emmenées dans mon bureau et j'ai demandé à quelqu'un de nous donner du thé et des biscuits. Mary ne semblait pas très contrariée. Elle avait l'air reposée, gaie et confiante. Elle était tout à fait en forme, bien qu'on l'ait réveillée en pleine nuit. »

Les trois heures qui suivirent, Mary réalisa une remarquable performance. Oui, elle savait que Brian était mort, puisqu'elle avait aidé à le chercher lorsqu'il avait été porté disparu. Où était-elle cet après-midi du mercredi 31 juillet ? Elle jouait avec Norma. Non, elle n'était pas descendue aux blocs près du chemin de fer. « Je n'y suis jamais allée. » En fait si, « juste une fois, il y a très longtemps ». Et elle était allée au parking avec Norma et Pat Howe, « pour chercher Brian » ! Est-ce qu'elle avait vu Brian ce jour-là ? « Oui, vers 12 h 30. Il jouait sur Whitehouse Road avec son frère. »

L'inspecteur-chef lui dit qu'il avait des raisons de croire qu'elle était allée aux blocs avec Norma vers 15 h 45, et qu'elles avaient vu Brian Howe. « Jamais de la vie », répliqua-t-elle. Elle était allée au parc avec son chien, toute seule. Est-ce qu'elle était bien certaine d'y être allée toute seule ? Elle lâcha un peu. « Non, je me souviens, j'étais avec Norma. » Elles étaient rentrées vers 16 h 30.

Des tests médico-légaux avaient révélé la présence de fibres grises sur les vêtements de Brian, et brunes sur ses chaussures. « Que portais-tu ce jour-là ? » demanda James Dobson. Sa robe noire, celle qu'elle avait maintenant, et sa blouse blanche. Un autre officier présent, l'inspecteur Laggan, dit qu'il pensait plutôt qu'elle portait sa robe grise. « Non, pas du tout, je ne l'ai pas portée depuis des semaines. » Et non, elle n'avait pas du tout joué avec Brian. « C'était juste un petit. »

« Je sais que lorsque tu étais près des blocs avec Norma, continua l'inspecteur Laggan, un homme a crié après des enfants et que toutes les deux, vous êtes parties en courant de l'endroit où Brian était étendu. Cet homme pourra probablement vous reconnaître.

— Il a intérêt à avoir une bonne vue, rétorqua-t-elle.

— Pourquoi ? » enchaîna rapidement James Dobson.

Mary se rattrapa immédiatement : « Parce qu'il était... » Elle fit une pause de quelques secondes. « ... Drôlement malin de me voir alors que je n'étais pas là. »

Elle se leva. « Je rentre chez moi. »

L'inspecteur-chef lui apprit qu'elle n'en avait pas le droit.

« Alors je vais téléphoner à des avocats. Vous êtes en train de me faire un lavage de cerveau.

— J'ai des raisons de croire, poursuivit James Dobson, que lorsque tu étais aux blocs avec Norma, tu lui as montré quelque chose et tu lui as dit que tu avais fait quelque chose à Brian avec. Puis tu l'as caché.

— Jamais de la vie.

— Norma m'a montré où était cette chose. Je l'ai ici, avec moi.

— Et c'était quoi ? dit Mary. Je vais la tuer ! »

Le policier lui demanda si elle voulait faire une déposition pour dire où elle était ce jour-là. « Je ne fais aucune déposition, répondit Mary. J'ai déjà fait beaucoup de déclarations. C'est toujours à moi que vous les demandez. Norma est une menteuse. Elle cherche toujours à me causer des ennuis. »

Tout cela s'était déroulé très lentement, me raconta James Dobson. Mary restait souvent silencieuse et il avait fallu répéter plusieurs fois les questions. « Ou alors, au contraire, elle se mettait à s'agiter, à se lever en disant qu'elle allait partir, qu'elle n'allait pas rester là. À un moment, j'ai reçu un appel téléphonique et elle a demandé : "Est-ce que nous sommes sur écoute ?" On aurait dit qu'elle se croyait dans un film policier. Rien ne la surprenait et elle n'admettait rien. Je l'ai gardée pendant trois heures et elle est restée collée à sa version : elle ne savait rien.

« Bien sûr, ça pouvait être vrai. Je n'avais aucune certitude. Sans aucun doute, les deux fillettes étaient impliquées, elles avaient été présentes. Mais qui avait fait quoi ? Je n'en avais aucune idée. Nous n'avions pas encore établi de rapport avec Martin Brown, et très franchement, même lorsque nous l'avons fait, nous n'en savions pas tellement plus. »

À 3 h 30, ils renvoyèrent Mary chez elle. « C'était extrêmement préoccupant, dit l'inspecteur-chef. Quel que soit l'enfant qui avait fait ça, il était forcément très perturbé, à un degré très dangereux. »

Le lendemain après-midi, après avoir passé la journée au commissariat, Norma demanda à faire une nouvelle déposition. Elle expliqua qu'elle voulait raconter ce qu'elle avait omis de dire la veille. De nouveau, on la tint au courant des formalités et, de nouveau, elle exigea que son père s'en aille :

« Je ne veux parler qu'à vous.

— Il faut que l'inspecteur Thompson soit présent, répondit James Dobson.

— D'accord, c'est un de vos hommes. »

« Ça aurait pu être drôle, commenta l'inspecteur-chef. Sauf que ça ne l'était pas. » Avait-il eu le sentiment qu'elle essayait de l'embobiner ? « Pas tout à fait consciemment, non. Mais instinctivement, peut-être. » Savait-il pourquoi elle ne voulait pas que son père assiste à ses dépositions ? Est-ce qu'elle avait l'air d'avoir peur de lui ?

Il me répondit qu'il n'en était pas certain, mais ce qui était sûr, c'était que Norma avait raconté des mensonges, qu'elle avait l'intention de continuer à le faire et qu'elle n'avait pas envie que son père les entende. « Bien sûr qu'elle avait peur de son père, mais c'était plus compliqué que ça. Elle était très, très excitée, et je me suis toujours demandé si ce n'était pas cette étrange excitation presque joyeuse qu'elle voulait cacher à son père.

— Excitée parce qu'elle avait fait quelque chose ?

— Je ne savais pas si oui ou non elle avait fait quelque chose, mais elle semblait surtout ravie de se sentir importante.

— Aviez-vous le sentiment que toutes les deux mentaient, ou l'une plus que l'autre ?

— Je ne savais pas. On ne pouvait pas savoir. Norma était beaucoup plus puérile que Mary. Mary mentait aussi, mais, pour être honnête, elle restait un vrai mystère pour moi. Ce qui me préoccupait énormément, c'est que j'avais, à propos des deux, un étrange sentiment que je ne parvenais pas à contrôler. Je savais qu'il le fallait pourtant, il y avait ce petit garçon mort et on ne pouvait pas se contenter d'une impression ou d'un pressentiment, ce n'était pas notre boulot. Et puis, d'où qu'on la prenne, la conduite de Mary était exceptionnellement sophistiquée, à un point vraiment préoccupant pour une enfant de 11 ans, qui plus est, une enfant de Scotswood. Nous ne savions pas du tout quoi faire d'elle, et comme vous le savez, personne n'a jamais su, même plus tard. »

Ce mardi, continua James Dobson, Norma s'était montrée très nerveuse. « Elle était agitée, elle frétillait sur sa chaise, elle regardait partout autour d'elle alors qu'il n'y avait personne dans la pièce et rien à regarder. Je ne sais pas ce qui se passait dans sa tête, mais elle voulait absolument se rendre utile. »

La quatrième déposition de Norma, la plus longue, fut celle qui la disculpa, bien qu'elle contînt des détails mensongers et une description des événements orientée de façon à accuser Mary du meurtre de Brian, car elle semblait prouver sa bonne foi : elle admettait avoir été présente au moment où le meurtre avait été commis, sans prétendre avoir été forcée ou effrayée. Elle ne niait pas non plus être retournée une deuxième fois sur les lieux, après la mort de l'enfant.

Ce mercredi, vers 13 heures, racontait-elle, elle avait joué avec Mary et, à 15 heures, elles avaient vu Brian Howe s'amuser avec son frère, qui lui avait donné une paire de ciseaux.

> Nous sommes toutes les deux allées vers Brian et May a dit qu'on allait l'emmener... Nous

> sommes allées sur la ligne de chemin de fer. J'avais pris les ciseaux des mains de Brian et je les ai gardés avec moi.

Elles étaient descendues sur la rive, avaient enjambé deux clôtures – « j'ai grimpé par-dessus la première et May m'a passé le môme » –, puis elles avaient traversé les blocs de béton jusqu'à un vieux réservoir.

> Il y avait un passage sur le côté du réservoir. May est descendue la première, je lui ai passé Brian et je suis entrée à mon tour. Ça puait, alors on est tous ressortis. Là, May a dit : « Les blocs, Norma, allons-y », et on a marché jusqu'aux blocs. Alors May a dit à Brian : « Lève ton cou. »

À ce moment-là, des garçons étaient apparus, et Lassie, le chien de Brian, qui avait suivi les enfants, avait commencé à aboyer.

> May a dit : « Partez ou je vous envoie le chien. » Les garçons sont partis. De nouveau, May a dit à Brian : « Lève le cou. » Elle a posé ses mains autour de son cou, elle a dit qu'il y avait deux boules sur lesquelles il fallait appuyer. Elle a dit qu'elle voulait lui faire du mal. Elle l'a mis sur l'herbe, elle était toute bizarre, ça se voyait qu'il se passait quelque chose. Elle a lutté avec lui, il se débattait et essayait d'enlever ses mains. Elle l'a lâché, j'entendais le petit souffler. Elle a recommencé à lui presser le cou et j'ai dit : « May, laisse le bébé tranquille » mais elle ne l'a pas fait. Elle

m'a dit : « Mes mains sont en train de gonfler, vas-y. » Alors je suis partie en courant.

Elle était retournée à Whitehouse Road, continuait-elle, où elle avait joué vingt minutes jusqu'à ce que Mary arrive et lui demande de redescendre aux blocs.

> J'ai oublié de vous dire que lorsque j'ai couru et que j'ai laissé Brian et May, j'ai jeté les ciseaux sur l'herbe. On y est retournées en passant par le parking. Cette fois, nous n'avons pas pris le chien. C'est là que j'ai trébuché sur la tête de Brian, comme je vous l'ai raconté dans l'autre déclaration. Sur le chemin, May avait trouvé une lame de rasoir.

Ce n'était pas vrai ; la lame de rasoir venait de chez l'une ou l'autre, même si, l'une accusant l'autre, ce point ne fut jamais éclairci.

> Je ne vous ai pas raconté non plus que j'ai soulevé la tête et les épaules de Brian, puis je lui ai tapoté le dos. Mais sa main est retombée sur le côté, du coup, je l'ai laissée retomber. J'ai tâté son pouls et j'ai vu qu'il ne battait plus. May a pressé la lame de rasoir sur le ventre de Brian, plusieurs fois, toujours au même endroit. Elle a d'abord soulevé son pull, et elle l'a fait. Je n'ai pas vu de sang. Après, elle a caché la lame de rasoir et elle a dit : « Ne le dis pas à ton père ou j'aurai des problèmes. »

C'est grâce à cette déposition de Norma, qui ne pouvait pas savoir qu'il n'y a jamais de saignement après la mort, que le corps du petit garçon fut de nouveau examiné. Le médecin légiste trouva sur son ventre les faibles contours de la lettre *N*, auxquels avait été ajoutée une quatrième ligne verticale qui, selon lui, tendait à en faire un *M*.

Norma racontait aussi qu'elle avait laissé les ciseaux « sur le coin près des blocs, aux pieds de Brian », et qu'elles étaient reparties toutes les deux chez elles. Vers 17 heures, elle avait revu Mary après son goûter. Elles avaient pris le chien et étaient redescendues par le parking « pour revoir le marmot ». « May a dit qu'elle voulait le rendre chauve. Elle a coupé un bout de cheveux près de son front et l'a posé sur l'herbe, au-dessus de sa tête. Elle a appuyé les ciseaux plusieurs fois sur son ventre, mais pas fort. »

C'est alors que l'homme qui les avait vues avait crié, « et May n'a pas eu le temps de couper plus de cheveux avant qu'on parte en courant. Les cheveux qu'elle avait posés sur l'herbe s'étaient un peu éparpillés. Elle a mis les ciseaux quelque part dans l'herbe, du côté de la main sale de Brian ». Elles étaient ensuite retournées à Whitehouse Road. « J'ai revu May vers 18 h 45, quand on est parties chercher Brian avec Pat. »

Une heure plus tard, l'inspecteur-chef montra huit paires de ciseaux à Norma et lui demanda si elle reconnaissait ceux que Brian avait ce mercredi, quand elles étaient allées aux blocs. Elle saisit immédiatement les bons, les posa sur le bureau et dit : « C'est ceux-là. »

« J'ai revu Norma plusieurs fois le lendemain, le 6 août, me dit le policier. Je lui ai reposé plusieurs fois les mêmes questions. Sa déposition n'a jamais varié d'un pouce. Soit c'était une excellente menteuse, soit elle disait la vérité. »

L'enterrement du petit Brian Howe eut lieu le 7 août, au beau milieu de l'enquête. « C'était une belle journée d'été, chaude et ensoleillée, il y avait des fleurs en masse, me raconta James Dobson. Il y avait au moins deux cents personnes. Beaucoup d'entre elles, qui ne connaissaient pas la famille Howe, pleuraient. La journée fut extrêmement triste. »

Il se souvenait que Mary était debout devant la maison quand le cercueil fut transporté. « Lorsque je l'ai vue, j'ai compris que je ne prendrais pas le risque d'attendre un jour de plus. Elle était là, debout, elle riait. Elle riait et elle se frottait les mains. J'ai pensé : "Mon Dieu, je dois l'emmener, autrement elle en tuera un autre." »

Une femme policier fut envoyée pour prendre Mary à 16 h 30.

« Oh, me dit Mary lorsque je lui lus ceci. Ça semble tellement affreux, tellement dur, insensible... » Et elle se mit à pleurer. Puis elle ajouta : « C'est vrai, j'ai tendance à rire quand je suis nerveuse, encore maintenant. Mais je n'ai pas pu... vous voyez... je n'ai pas pu vraiment rire comme il le dit. Si ? »

Mary montra beaucoup d'appréhension lorsqu'elle fut emmenée au bureau de James Dobson, cet après-midi du 7 août. « Elle était pâle et très tendue. Elle m'a donné l'impression d'avoir compris que le moment était venu pour elle de rendre des comptes. » Il commença par l'interroger sur la robe qu'elle portait le 31 juillet. Elle répondit qu'elle avait porté la grise une partie de la journée, mais qu'ensuite, dans l'après-midi, elle avait mis la noire. « J'ai envie de vous dire la vérité, mais je vais avoir des ennuis », ajouta-t-elle.

Est-ce qu'elle voulait dire qu'elle aurait des ennuis parce que c'était faux, elle n'avait pas changé de robe ? lui demanda-t-il.

« Non. Je veux parler du moment où Brian est mort. J'étais là. »

Dès que l'infirmière demandée par l'inspecteur-chef à l'hôpital général de Newcastle pour assister Mary fut arrivée, la fillette commença à dicter sa déposition :

> Brian était devant chez lui, et Norma et moi allions dans sa direction. Nous sommes passées devant lui et Norma a dit : « Tu viens au magasin, Brian ? » Moi, j'ai dit : « Norma, tu n'as pas d'argent, comment peux-tu aller au magasin, où vas-tu en trouver ? » Elle a dit : « T'occupe. » Le petit Brian nous a suivies et Norma lui a dit : « Va devant. » Je voulais que Brian rentre chez lui mais Norma n'arrêtait pas de tousser, donc Brian ne pouvait pas nous entendre. Nous sommes passés par Crosshill Road avec Brian qui marchait toujours devant. On a croisé un garçon noir et Norma a commencé à chercher la bagarre avec lui. Elle a dit : « Noiraud, va te blanchir, il est temps de te laver ! » Le grand frère du garçon est arrivé et l'a frappée. Elle a crié : « Vas-y, viens te battre. » Le gars l'a regardée comme si elle était débile et il est parti.

On est allés près de la boutique Dixon's et on a enjambé les clôtures, je veux dire, on est passées par un trou et on a traversé la voie du chemin de fer. Alors j'ai dit : « Norma, où est-ce que tu vas ? » Et elle a dit : « Tu sais, la petite mare, où il y a des têtards. » Lorsque nous y sommes arrivées, il y avait une sorte de long et gros tonneau creux avec des petits trous autour. Norma a dit à Brian : « Tu devrais venir là parce qu'il y a une dame qui va arriver par le bus et elle a des boîtes de bonbons et tout. » On est tous entrés à l'intérieur et Brian s'est mis à pleurer. Norma lui a demandé s'il avait mal à la gorge. Elle a commencé à appuyer sur sa gorge, il pleurait encore. Elle a dit : « Ce n'est pas ici que la dame va venir, c'est là-bas, près des gros blocs. »
On a marché jusqu'aux blocs et elle a dit : « Eh, il faut que tu t'allonges », et il s'est couché par terre près des blocs, là où on l'a trouvé. Norma a dit : « Lève ton cou », et il l'a fait. Alors elle a pris son cou dans ses mains et elle a dit : « Baisse-le. » Elle a commencé à tâter son cou de haut en bas. Elle a appuyé fort, ça se voyait parce que le bout de ses doigts devenait blanc. Brian se débattait et moi j'essayais de la retenir par les épaules mais elle est devenue folle. Je l'ai tirée par le menton mais elle m'a hurlé dessus. À ce moment-là, elle avait déjà cogné la tête de Brian sur un morceau de bois, ou un coin de morceau de bois, et il était allongé sans bouger. [L'autopsie allait prouver que cela était faux.]
Son visage était tout blanc, un peu bleu, et ses yeux étaient ouverts. Ses lèvres étaient violettes et il y avait comme de la bave dessus,

> c'est devenu tout pelucheux. Norma l'a recouvert et j'ai dit : « Norma, je n'ai rien à voir avec ça, je devrais rapporter mais je ne dirai rien. » La petite chienne, Lassie, était là et gémissait et Norma a dit : « Ne commence pas ou je te fais la même chose. » Elle gémissait toujours et Norma a essayé de lui attraper la gorge mais la chienne a grogné. Norma a dit : « Allons, allons, calme-toi. »

Puis, dit Mary, elles prirent le chemin du retour en emmenant la chienne.

> Norma était toute bizarre, elle faisait des grimaces et secouait ses mains. Elle a dit : « C'était le premier, mais ce ne sera pas le dernier. » Alors j'ai eu peur. J'ai porté Lassie et je l'ai reposée par terre, à côté du chemin de fer, nous on a continué vers Crosswood Road. Norma est rentrée chez elle, elle a pris une paire de ciseaux et les a fourrés dans sa culotte. Elle a dit : « Va chercher un stylo. » J'ai dit : « Non, pour quoi faire ? » Elle a dit : « Pour écrire un truc sur son ventre. » Je n'y suis pas allée. Elle avait une lame de rasoir Gillette. C'était écrit Gillette dessus. On est retournées aux blocs et Norma a coupé les cheveux de Brian. Elle a essayé de lui couper la jambe et une oreille avec la lame. Elle a voulu me montrer qu'elle était bien tranchante, alors elle a pris le haut de sa robe, à un endroit usé, et elle a coupé, ça a fait une fente. [L'examen de la robe allait démentir cette déclaration.] Un homme est descendu près des rails du chemin de fer, avec une petite fille blonde, aux cheveux très longs. Il portait

un blue-jean et une chemise rouge à carreaux. Je suis partie. Norma a caché la lame de rasoir sous un gros bloc de béton. Elle a laissé les ciseaux à côté de Brian. Elle est repartie à Scotswood Road la première en passant par le talus. Je ne pouvais pas courir sur l'herbe parce que j'avais mes pantoufles noires. Après un petit temps, elle a dit : « May, t'aurais pas dû faire ça, tu vas avoir des ennuis », et moi je n'avais rien fait, je n'ai pas assez de cran. [C'était tellement absurde que lorsqu'elle le répéta plus tard pendant le procès, cela déclencha des rires nerveux dans la salle.]
Je ne pourrais jamais tuer un oiseau, lui serrer le cou, la gorge ou quoi que ce soit, c'est horrible, ça. On a grimpé les escaliers et on est rentrées chez nous, je pleurais presque. J'ai dit : « Si Pat [la sœur de Brian] l'apprend, elle te tuera, facile de tuer Brian, mais Pat, c'est un vrai garçon manqué, elle est toujours à grimper dans les vieilles baraques et tout ça. » Plus tard, j'ai aidé à retrouver Brian et j'ai essayé de faire comprendre à Pat que je savais qu'il était dans les blocs, mais Norma a dit : « Il ne peut pas y être, il n'y va jamais », et elle a convaincu Pat qu'il n'y était pas. On m'a appelée pour que je rentre à la maison vers 19 h 30 et je suis rentrée chez moi. Je suis restée debout jusqu'à environ 23 h 30 et on était devant la porte de la maison quand Brian a été trouvé. L'autre jour, Norma voulait se faire placer en foyer. Elle a dit : « Est-ce que tu t'enfuirais avec moi ? » et j'ai dit non. Elle a dit : « Si on était dans un foyer, on pourrait nourrir les petits, les tuer et s'enfuir encore. »

Lorsqu'on lut cette déposition devant la cour, personne ne comprit que Mary faisait clairement référence à une histoire issue des *Contes* de Grimm. Betty, sa mère, en avait collé les pages dans le classeur qu'elle transportait partout avec elle et que sa fille lisait en cachette.

« Est-ce que tu sais que c'est mal de serrer la gorge d'un petit garçon ? lui avait demandé l'inspecteur-chef Dobson.

— Oui. C'est pire que Harry Roberts. Lui, il ne faisait que des attaques de trains. »

Le plus frappant n'était pas que Mary confondît l'affaire Harry Roberts, qui en réalité avait tué trois policiers à Londres en 1966, et le fameux hold-up du train postal de 1963, dans lequel les malfaiteurs (dont la plupart furent arrêtés) avaient dérobé plusieurs millions de livres, mais de s'apercevoir que les deux fillettes semblaient tout aussi inconscientes l'une que l'autre de la gravité du crime – l'irrévocabilité de la mort. Norma, qui avait fait preuve « d'excitation » avant et pendant sa première déposition, se montrait désormais avant tout préoccupée par la lame de rasoir et les ciseaux, qu'elle tentait de rejeter loin d'elle, comme elle tentait de se dissocier de ce à quoi ils avaient servi. Elle garderait cette attitude pendant tout le procès. De même, dans la déposition de Mary, l'assassinat, la mort de l'enfant prenaient peu de place.

« Elle ne ressentait rien, me dit plus tard l'infirmière qui avait assisté à sa déposition. Je n'ai jamais rien vu de pareil. Elle parlait de toutes ces choses horribles qu'elles avaient faites, et elle ne ressentait rien. J'ai eu le sentiment qu'elle était très intelligente. Mais elle n'avait rien d'un enfant. J'ai un fils de 11 ans, il ne pourrait pas utiliser les mots qu'elle employait. Toute la soirée, je me suis répété ce que j'avais entendu. Mais rien à faire, je ne pouvais pas y croire... »

Le 7 août, Mary et Norma furent toutes deux inculpées du meurtre de Brian Howe. Mary déclara : « Ça m'est égal », et Norma : « Jamais de la vie. Vous me le paierez. » Puis elle éclata en sanglots.

Mary
Réflexions 2

« J'étais chez ma tante Audrey lorsqu'ils sont venus me chercher, me raconta Mary à propos de la journée du 7 août 1968. Ma mère était à Glasgow. Mon père n'était pas là non plus. Il avait été convoqué au commissariat de Durham pour quelque chose qu'il avait fait, je ne me souviens plus de ce que c'était, et ma tante Audrey l'avait accompagné. C'est donc mon oncle Peter qui nous gardait tous, leurs enfants, moi et mes frères et sœurs. Ça a fait un tel bazar, les policiers, hommes et femmes, tous si grands... » Elle se mit soudain à rire. « Peter les avait vus arriver et comme il était embarqué dans une affaire louche, je ne sais pas quoi, il a pensé qu'ils venaient pour lui et il s'est sauvé. Il était rapide ! » ajouta-t-elle avec fierté.

« Avez-vous été surprise en voyant la police arriver ?

— Pas vraiment. Ils étaient déjà venus plusieurs fois et je savais que Norma les avait vus encore plus que moi. Ils passaient de l'une à l'autre et recommençaient. Cette fois, ils m'ont dit que Norma, Brian et moi avions été vus ensemble et je leur ai répondu que je ne savais pas ce que c'était que ce mensonge. Alors ils sont retournés chez Norma et elle leur a dit : “C'était pas moi, c'était May…” »

Norma pleurait, ajouta Mary, lorsque, avant le retour des policiers chez elle, elle lui avait révélé, par-dessus la barrière entre leurs deux jardins, ce qu'elle avait dit à la police.

« Je savais que c'était… différent pour elle. Je pense que sa famille lui avait parlé, et pour en finir, ils voulaient…

— La vérité ?

— Oui, oui, mais… ils voulaient qu'elle soit la première à dire quelque chose, ou à avouer… qu'elle avait quelque chose à voir avec tout ça.

— Et vous ? Est-ce que votre famille vous en avait parlé ?

— Ma mère n'était pas là, elle était partie.

— Et votre père ? Est-ce qu'il vous a demandé si vous aviez quelque chose à voir avec tout ça ? Pensez-vous qu'il savait ?

— Je crois qu'en quelque sorte, oui, il savait, répondit-elle lentement. Le jour où Brian a été retrouvé, il était tard, c'était la nuit, mon père m'a appelée, nous nous sommes assis dehors devant la porte, et… il s'est tourné vers moi et il a dit : “Ils l'ont retrouvé, il est mort.” Il m'a juste regardé et j'ai juste… baissé la tête.

— Rétrospectivement, avez-vous le sentiment qu'il savait ou avait deviné quelque chose ?

— Je crois que le fait de ne pas lui avoir demandé où on l'avait retrouvé… Je ne sais pas ce qu'il pensait. Je me souviens seulement que nous étions assis là, on entendait beaucoup de bruit qui venait du Tin Lizzie, il y avait toutes ces lumières, et mon père qui ne disait rien, qui me regardait... »

C'est finalement son oncle Peter qui, ayant compris que ce n'était pas lui que les policiers recherchaient, l'accompagna au commissariat. « J'étais assise sur une de ces chaises pivotantes qu'il y avait là-bas, et je me faisais tourner. Peter s'est approché et il m'a giflée en plein visage. Il m'a dit que j'étais en très mauvaise posture, que j'avais intérêt à me taire, à ne rien avouer. »

Je lui demandai s'il lui avait alors semblé que son oncle pensait qu'elle était coupable. Elle secoua la tête. « Je ne me souviens plus de ce que j'ai ressenti mais, bien sûr, je savais que ce que j'avais fait était mal, et je m'attendais à me faire gifler ou autre. Je savais que ma mère ne me poserait aucune question, qu'elle se contenterait de me battre à mort, ou pas loin. Mais en y repensant aujourd'hui, je me dis qu'il devait surtout craindre que je raconte des bobards à la police, juste pour me faire mousser, vous voyez – plutôt que de me croire coupable d'une chose aussi horrible.

« Ma mère disait toujours à tout le monde que j'inventais et qu'il ne fallait pas croire ce que je disais. Ça m'a pris des années et des années, toute une vie en fait, pour comprendre pourquoi elle faisait ça, et c'était juste pour se protéger. Alors si mon oncle m'a giflée, c'est probablement moins pour ce que j'avais réellement fait – qu'il ne pouvait pas vraiment savoir, si ? – que par crainte de ce que je pourrais dire, qui risquerait de créer des ennuis à son beau-frère, mon père. Il voulait que sa famille reste en dehors de tout ça. »

Elle se souvenait de cette gifle, mais elle ne se souvenait pas du premier trajet qu'elle avait fait deux jours plus tôt, en pleine nuit, à l'arrière de la voiture de police, avec à ses côtés sa tante Audrey qui la pressait doucement de dire la vérité.

Auparavant, elle m'avait plusieurs fois répété qu'elle et Norma *voulaient* se faire prendre.

« Eh bien, lui dis-je, maintenant c'était fait.

— Eh bien, ce n'était pas comme ça qu'on l'avait imaginé, rétorqua-t-elle.

— Vous étiez-vous mises d'accord, d'une manière ou d'une autre, pour endosser ensemble la responsabilité du crime ?

— Non, il n'y avait pas d'accord... On n'était vraiment pas allées si loin... On n'a jamais pensé... On s'imaginait en fuite en Écosse, comme les grands criminels, vous voyez ?

— Mais les grands criminels fuient parce qu'ils savent qu'ils ont fait quelque chose de mal. Vous n'avez jamais imaginé que la police était intelligente et que vous seriez arrêtées ?

— Si, mais comment dire ? C'était ce qu'on voulait. En tout cas en partie. On ne pensait pas logiquement, pas de façon rationnelle, même quand on voulait se faire prendre, pour fuir l'endroit où nous étions...

— Fuir vos familles ?

— Oui. Mais on échafaudait aussi des plans d'évasion. Nos chevaux arrivaient avec une corde. Ils démolissaient la prison. C'est comme ça qu'on avait imaginé les choses, pendant des heures, des jours, des semaines... »

Bien sûr, dans leur imagination d'enfants, la « prison » était ce qu'elles avaient vu dans d'innombrables westerns à la télévision, cela n'avait évidemment rien de commun avec les vraies cellules pour délinquants juvéniles du commissariat de West End – deux petites pièces au bout d'un couloir étroit reliant la salle d'eau au bureau principal du commissariat ; plus éclairées que les cellules ordinaires, ces salles étaient utilisées lorsqu'un mineur devait être gardé pour la nuit, surveillé par un officier de police (dans ce cas, une femme) assis dans le couloir devant la porte ouverte.

Pauline J. et Lilian H. furent les deux agents de garde cette première nuit et lorsque je parlai avec elles, un an plus tard, leur souvenir de ce qu'elles avaient vu et ressenti était encore très vif, ce qui serait le cas de tous les agents avec qui j'allais m'entretenir. « Lorsque nous avons pris notre service à 22 heures, raconta Pauline, elles étaient en train de bavarder, allongées toutes les deux sur un des lits. La première chose qu'elles nous ont dite est qu'elles avaient eu un *fish and chips* pour le dîner. "M. Dobson nous en a acheté", a précisé Mary avec fierté. » (« Oui, je me souviens de ces deux femmes policiers, dit Mary. Elles ont dit que nous discutions ? Je me souviens plutôt qu'on se disputait. J'avais terriblement peur de mouiller mon lit. »)

« Il faisait si chaud cette nuit-là, continua Pauline, et elles étaient tellement tendues, qu'elles ne pouvaient pas dormir. Après un moment, on les a séparées. Je suis restée avec Mary et Lil avec Norma. Tout d'un coup, Mary a crié : "Je vais tuer ma mère !" Mais je ne suis pas certaine de ça, elle a peut-être dit : "Je vais cogner ma mère[1]." »

(« Je ne me souviens pas d'avoir dit ça, s'étonna Mary. Je ne crois pas que j'aurais osé, pas devant un policier, même "cogner". »)

« Elle semblait plus préoccupée par l'état de ses chaussures, qui étaient très abîmées, que par quoi que ce soit d'autre. "J'ai dit à ma mère qu'il m'en fallait des nouvelles, que vont penser les gens s'ils me voient comme ça ?" J'ai essayé de la calmer, de lui parler doucement, et, au bout d'un moment, elle m'a dit qu'elle avait peur de mouiller le lit. "Ça m'arrive tout le temps", elle a dit. »

(« C'est de ça que je me souviens le plus, me dit Mary, j'y pensais sans cesse, après aussi, partout où on m'emmenait. »)

« Je lui ai dit de ne pas s'inquiéter, mais rien n'y a fait, elle n'arrêtait pas d'aller aux toilettes. Elle n'a pas mouillé le lit, mais elle n'a pas dormi non plus. »

Quand Mary avait-elle revu sa mère après son arrestation ? « J'ai d'abord vu tante Isa, elle est venue le lendemain matin. Elle m'a serrée dans ses bras, elle sentait bon l'air frais. Je crois que je n'ai vu ma mère qu'une semaine plus tard, à peu près.

1. « *I'll kill. / I'll kick.* » [N.D.T.]

C'est là qu'elle m'a crié dessus comme je vous l'ai raconté. Qu'est-ce que je lui avais fait cette fois ? Et tout ça. »

Après la deuxième audience, qui se tint le 14 août, une autre femme policier, Lynn D., emmena Mary au centre d'évaluation de Croydon. « C'était une effrontée, vous savez, me raconta-t-elle. C'était facile de ne pas l'aimer, avec tout ce qu'on disait qu'elle avait fait. Mais dans le train pour Croydon, tout à coup, elle a arrêté de bouger, je l'ai regardée et j'ai pensé : mais quoi, c'est qu'une petite gamine. Tout à coup, elle était toute pâle, l'air épuisé, et je l'ai serrée contre moi, même si sa tête grouillait de poux. Elle est devenue toute molle... toute douce... "J'espère que ma mère ne devra pas payer une amende", elle a dit. Je ne pouvais pas le croire, mais c'est ce qu'elle a dit, c'est ça qui l'inquiétait. Et elle s'est mise à parler de retourner au tribunal la semaine suivante – c'est obligatoire chaque semaine avant l'ouverture du procès –, elle a dit : "Ma mère y sera. J'espère que ma mère ne sera pas trop retournée."

« Je lui ai dit que sa mère était bouleversée ce matin, qu'elle pleurait. "Je sais, mais c'était pour de faux. Je crois qu'elle ne m'aime pas. J'en suis sûre. Elle me déteste." J'ai répondu : "C'est ta mère, elle doit t'aimer." Alors elle a lancé : "Si elle m'aime, pourquoi est-ce qu'elle est partie ?" Je n'ai pas compris ce qu'elle voulait dire. »

On peut se demander si Mary elle-même, arrivée à ce point de confusion et de désespoir, savait ce qu'elle voulait dire. Un spécialiste des enfants aurait sans doute saisi tout ce que ses paroles révélaient, et peut-être aurait-il pu l'aider à se livrer davantage. Arrivée à ce stade effrayant de son cheminement, où elle commençait à comprendre qu'elle avait fait quelque chose d'affreux, et alors que d'autres choses affreuses étaient sur le point de lui arriver, elle a appelé au secours. Elle continuerait de le faire à plusieurs reprises, au travers de remarques lancées aux bénévoles et aux femmes policiers qui s'occuperaient d'elle durant les quatre mois de détention préventive et les neuf jours du procès.

L'une de ces femmes policiers m'expliqua que tous ceux qui la surveillaient avaient l'obligation de transcrire ce qu'elle disait. Je suis certaine que ce fut consciencieusement fait. Mais ces informations n'étaient destinées qu'à fournir à la police ou aux juges d'éventuelles preuves supplémentaires ; il ne s'agissait pas d'éclairer la personnalité et les tourments de l'enfant accusée.

Tout le problème, quand on juge un enfant dans un tribunal pour adultes, est que la procédure est uniquement fondée sur la recherche de preuves. Les motivations sont un sujet marginal : ni la police – comme me le dit James Dobson – ni l'accusation ne cherchent à comprendre ce qui a conduit un mineur à commettre un crime. Personne ne s'occupe d'observer, de connaître l'enfant et son contexte familial, personne ne considère que ce genre d'investigation pourrait entrer, comme les preuves, dans l'étude de son cas. Par-dessus tout, on ne différencie pas les enfants des adultes, pas plus dans leur appréhension du déroulement de la procédure et de la fonction du tribunal que dans leur compréhension du bien et du mal.

Chez les adultes, les notions de bien et de mal sont supposées être identiques à celles de leurs juges, de sorte qu'on peut, et qu'on doit, les considérer comme responsables devant la loi de ce qu'ils font ; le contraire conduirait au chaos. Mais il y a, chez les enfants, un gouffre entre ce qu'ils devraient savoir, ou ce que l'on croit qu'ils savent, et ce qu'ils ressentent et comprennent. La preuve de leur crime, une fois obtenue, devrait donc, à mon sens, devenir presque sans importance. Seules les données humaines devraient compter – la réponse à la question : « Pourquoi ? »

L'accusation Décembre 1968

Le procureur, Rudolf Lyons, passa la première journée du procès et la moitié de la deuxième à présenter l'affaire. « Ces deux très jeunes filles, dit-il, sont inculpées pour le meurtre, en l'espace d'un peu plus de deux mois, de deux petits garçons. Même si les similitudes dans le choix des victimes et les procédés utilisés tendent à indiquer que les deux garçons ont été tués par la ou les mêmes personnes, le jury devra considérer chaque cas séparément. »

L'enquête sur la mort de Martin Brown, deux mois avant celle de Brian Howe, avait été rouverte à la demande de l'inspecteur-chef Dobson. M. Lyons, durant les deux tiers de son exposé, présenta ce meurtre. L'accusation, expliqua-t-il, se fondait non sur les premières découvertes de la police au mois de mai, quand on avait conclu à une mort accidentelle, mais sur celles qui avaient été faites après le deuxième crime, au mois d'août, lorsque de nouveaux témoignages avaient établi l'implication des deux accusées dans certains des événements qui avaient précédé et suivi la mort de Martin. Convaincu que l'une des deux fillettes, ou les deux, était responsable de la mort de Martin, il commença à dérouler les faits qui, selon lui, le prouvaient.

Tout d'abord, l'après-midi de la mort de Martin, le 25 mai, Norma et Mary étaient arrivées sur les lieux du crime, 85 St. Margaret's Road, avant tout le monde, alors que le corps venait d'être découvert. Quelques instants plus tard, elles s'étaient précipitées chez Rita Finlay, la tante de Martin, pour lui apprendre la mort du petit garçon. Le jour suivant, elles étaient entrées par effraction dans l'école maternelle locale, où elles avaient laissé quatre billets sommairement rédigés commençant par « Nous avons tué... » et signés de faux noms, que la police avait trouvés le lendemain. Au bout de quatre jours, Mary avait sonné à la porte des Brown en souriant, pour demander à la mère de Martin, sous le choc, de lui laisser voir le petit garçon dans son cercueil.

À la fin du mois de juillet, elle s'était rendue chez Brian Howe et avait raconté à Pat, sa grande sœur de 14 ans qu'elle connaissait bien, et à une de ses amies, que « Norma avait pris le petit Martin à la gorge », puis elle avait montré aux deux adolescentes comment Norma était censée s'y être prise – cela, avant même que quiconque eût soupçonné que Martin était mort autrement que par accident.

En septembre, après l'arrestation des filles, poursuivit M. Lyons, un professeur avait trouvé un dessin dans un des cahiers de classe de Mary[1]. Sous

1. Voir Appendice, p. 587.

le titre *Mon journal*, la fillette avait dessiné le corps d'un enfant disposé exactement comme celui de Martin quand on l'avait découvert ; le mot « comprimé » était écrit à côté du croquis, non loin d'un ouvrier avec une casquette et un outil dans la main. Mary avait fait ce dessin lors d'un exercice dont la consigne était d'écrire une histoire sous forme d'article de journal. Il était daté du 27 mai 68, soit deux jours après la mort de l'enfant. À ce moment-là, précisa M. Lyons, la presse n'avait pas encore mentionné la découverte d'un tube de comprimés vide près du corps de Martin. De plus, lorsque Mary avait été interrogée, comme tout le voisinage, elle avait affirmé avoir vu pour la première fois le corps de Martin dans les bras de l'ouvrier qui l'avait découvert.

Enfin, deux semaines avant la mort de Martin, le dimanche 12 mai, Mary, venue jouer au bac à sable de l'école maternelle, avait attaqué et serré à la gorge trois petites filles de quatre ans plus jeunes qu'elle. Le jury devait comprendre que cet incident indiquait une propension évidente, « chez l'une de ces deux petites filles » (une fois encore, M. Lyons donnait le sentiment que Mary avait été seule), à serrer la gorge des jeunes enfants. « Une telle tendance, ajouta le procureur, alors qu'il n'y a pas d'autres mobiles que le plaisir, l'excitation, un sentiment de supériorité et le désir de se montrer plus maligne que la police, est un précieux moyen d'identifier la coupable. »

Dans sa description, en comparaison assez brève, de la mort de Brian Howe, il rappela que les deux fillettes avaient enchaîné mensonge sur mensonge lors de leurs dépositions. Mais, tandis qu'elles nièrent, quand l'enquête fut rouverte, avoir quelque chose à voir dans la mort de Martin Brown, toutes deux avaient admis avoir été présentes au moment de celle de Brian Howe, chacune accusant l'autre d'avoir commis le crime. Des fibres absolument identiques à celles d'une robe en lainage gris appartenant à Mary avaient été retrouvées sur les vêtements de Martin Brown et de Brian Howe. M. Lyons omit de noter que des fibres identiques à celles d'une robe marron appartenant à Norma avaient également été retrouvées sur les chaussures de Brian, alors qu'il insista sur le fait que Mary avait essayé d'impliquer un petit garçon totalement innocent dans le meurtre de Brian Howe – celui qu'on avait appelé « A. ».

Bien sûr, nous en savons beaucoup plus aujourd'hui sur ce que Mary a commis. On ne peut donc pas reprocher à M. Lyons la manière dont il présenta les faits, lesquels lui avaient été soumis par une équipe de policiers de grande qualité. La culpabilité de Mary ne fait aucun doute. Cependant, l'incidence des preuves sur un procès, comme nous le verrons, dépend non seulement de ce qui est dit et du ton utilisé pour le dire, mais également de ce qui, délibérément ou faute d'en savoir plus, est passé sous silence. Il était impossible de ne pas voir à quel point, dans ce cas précis, l'interprétation et l'utilisation des faits par M. Lyons devaient inévitablement affecter la cour, le jury, le public et l'existence de toutes les personnes concernées.

Un procès ne flotte pas dans le vide. Il est nécessaire de considérer son contexte, la manière dont il se déroule, ses conséquences sur la vie d'êtres humains. Je l'ai déjà dit, la première question qui aurait dû être posée est : comment des enfants peuvent-ils en arriver à un tel degré de dérèglement, sans qu'aucun membre de leur famille, aucune des personnes chargées de leur éducation, s'en rendent compte ? La deuxième question est : comment mesurer le degré de culpabilité ? Et la troisième, qui devrait se poser à chaque fois que des enfants commettent des actes si graves : comment la culpabilité est-elle interprétée – par la cour, par les différentes autorités responsables de l'enfant, par le public ?

M. Lyons avait énuméré sept incidents impliquant l'une des fillettes ou les deux dans la mort de Martin Brown. Plus tard, j'allais découvrir qu'il y en avait d'autres, tout aussi importants, que l'accusation avait ignorés ou choisi de ne pas mentionner. Afin de mieux comprendre comment les esprits déréglés, soumis à leurs fantasmes, de Mary et Norma s'étaient emballés au cours des mois de mai, juin et juillet, voici une liste de treize dates prises entre le 11 mai et le 31 juillet, jour de la mort de Brian Howe.

Les deux filles – et, à trois occasions, Mary seule – se conduisirent de façon provocante ou contrevinrent directement à la loi les 11, 12 et 25 mai (jour du meurtre de Martin Brown), les 26, 27, 29 et 31 mai, le 1er juin, les 8, 14, 16, 17 et 27 juin (approximativement pour cette dernière date). À cette liste s'ajoute un autre événement en juin ou juillet (Mary ne le sait plus), dont il n'existe aucune trace. Sur cinq de ces treize jours, les deux filles (Mary seule pour un sixième) agirent de manière à attirer l'attention des autorités.

Tôt dans l'après-midi du samedi 11 mai, deux semaines avant le meurtre de Martin Brown, la police fut appelée depuis le pub Delaval Arms, à Scotswood, où Mary et Norma venaient de déposer un petit garçon de 3 ans, John Best, cousin de Mary, légèrement blessé à la tête. En sanglotant, John raconta qu'il avait été poussé d'un talus, mais refusa catégoriquement de dire par qui. Naturellement, puisqu'elles l'avaient trouvé, on interrogea Mary et Norma le lendemain matin.

Leurs dépositions furent quasiment identiques. Ce samedi en fin de matinée, elles jouaient dans la rue lorsqu'elles avaient croisé le petit John et l'avaient emmené chez Davy's acheter des bonbons. Elles lui avaient ensuite dit de rentrer chez lui. Après avoir ramassé du bois dans les maisons abandonnées du coin et l'avoir apporté à leurs mères, elles étaient allées jouer sur le parking, près du Delaval Arms. Là, elles avaient entendu un enfant crier « Norma ! May ! ». Elles avaient alors couru jusqu'au talus tout proche et avaient vu John étendu en contrebas, dans un recoin, « saignant de la tête ». Elles avaient appelé un passant – « mais il ne nous a pas aidées » –, puis elles avaient sauté au bas du talus et, avec difficulté, avaient remonté l'enfant. Un autre passant l'avait transporté jusqu'au pub et une ambulance avait été appelée.

« Je n'ai jamais vu John jouer sur le talus avant, et je ne l'ai jamais amené là », déclara Norma à la fin de sa déposition. Et Mary : « Je ne sais pas comment John s'est retrouvé derrière le talus. Je ne l'ai jamais emmené jouer là-bas. »

Même s'ils savaient que le petit John avait dit avoir été poussé, il ne vint jamais à l'esprit des trois policiers qui interrogèrent les filles de se demander pourquoi le petit garçon, selon leur propre récit, les avait appelées, elles – comme n'importe quel enfant demande de l'aide à celui qui lui fait du mal. Étant donné que la mère de Peter pensait qu'il était tombé en jouant dans un endroit interdit, peut-être n'ont-ils pas imaginé autre chose qu'un simple accident ; après tout, il y avait des affaires bien plus importantes à Scotswood. Néanmoins, lorsque plus tard je vérifiai la date de l'« accident » avec la police, je découvris que tout avait été parfaitement bien enregistré, y compris le nom des fillettes. Le procureur n'en fit pourtant pas mention lorsqu'il retraça les différents événements dans lesquels les deux fillettes avaient été impliquées.

Il parla en revanche de ce qu'on appela par la suite « l'incident du bac à sable ». Le dimanche 12 mai au soir, la mère de Pauline Watson, 7 ans, déclara à la police que Mary avait attaqué sa fille et deux de ses amies l'après-midi même. Le lendemain matin, Pauline déclara à deux femmes policiers qu'elles étaient en train de jouer dans le bac à sable lorsque « deux grandes [étaient] arrivées ».

« La plus petite des deux filles m'a dit de sortir du bac à sable. J'ai dit non. Elle a mis ses mains autour de mon cou et a serré fort. La plus grande jouait derrière la cabane. La fille a retiré les mains de mon cou et elle a fait la même chose à Susan. La fille qui m'a serré le cou avait des cheveux bruns, courts. Je ne connais pas cette fille, je ne l'avais jamais vue avant. » D'autres filles plus âgées, qui jouaient près du bac à sable, identifièrent Norma et Mary comme étant « les deux grandes », et Mary fut désignée comme celle qui avait fait du mal aux fillettes.

Dans l'après-midi du lundi 13 mai, Norma et Mary firent, une fois de plus, deux dépositions similaires auprès de deux agents. Mais cette fois chacune, utilisant presque les mêmes mots, accusa l'autre, schéma qui se répéterait souvent au fil des mois. La seule variante dans leurs récits vint de Norma lorsque, après avoir raconté comment Mary avait attaqué les fillettes, elle termina sa déposition sur une péripétie nouvelle, dont elle parla avec une naïveté qui laisse, à la lecture, une impression de sincérité.

Après avoir serré les cous de Pauline et Cindy, expliquait-elle, Mary avait fait la même chose à Susan Cornish.

> Susan avait une pierre, et Mary la lui a prise. J'ai dit à Mary : « Va y avoir du grabuge » et là Mary m'a demandé si je voulais une pierre moi aussi. J'ai dit oui et elle m'en a donné

une. Là, je suis partie en courant et j'ai laissé Mary. On n'est plus copines maintenant.

Vingt-huit ans plus tard, Mary me confirma, en précisant certains détails, l'essentiel de l'histoire des petites filles, même si elle se débrouilla habilement pour éviter de prononcer le mot « cou » ; « Cindy m'avait lancé du sable, elle et les deux autres allaient me frapper, alors j'ai mis mes mains derrière leurs oreilles, ou leurs cheveux, ou quelque chose... »

L'affaire, cependant, en resta là. Le sergent Lindgren notait dans son rapport qu'il avait vu les trois petites filles le dimanche mais qu'« elles ne portaient aucune trace de violence pour appuyer leurs déclarations » et que les parents avaient refusé de porter plainte. Il ajoutait : « Vu le contexte familial, le département des enfants du service social a été alerté au sujet des filles Bell » et « elles ont été mises en garde, concernant leur conduite future ».

Je découvrirais plus tard que les services sociaux de Newcastle connaissaient les deux familles Bell depuis toujours : celle de Norma, avec onze enfants, avait un besoin presque constant d'aide matérielle ; celle de Mary se faisait souvent remarquer, du fait des problèmes répétés du père avec la police et des fréquentes absences de la mère.

Une assistante sociale essaya de m'expliquer pourquoi il n'y avait malgré cela, et alors même que la police le leur avait demandé, aucune trace de leur visite chez Mary et Norma après l'histoire du bac à sable : « Les enfants n'arrêtent pas de se quereller par ici. Et puis vous avez vu que la police n'avait trouvé aucune trace de violence sur les petites filles. Nous devons faire très attention à ne pas trop nous immiscer dans les familles. Si c'est le cas, elles le ressentent rapidement et alors on ne peut plus rien faire. Il faut qu'elles nous fassent confiance. » Elle ajouta que dans les deux familles Bell, les enfants semblaient bien nourris, convenablement vêtus, et qu'ils allaient à l'école ; on ne les considérait pas comme étant « à risque ».

Les travailleurs sociaux, comme on peut le voir, sont souvent extrêmement protecteurs de la vie privée de leurs « clients ». On peut comprendre pourquoi, mais dans la pratique, leur priorité étant, si les parents ne sont pas notoirement négligents ou abusifs, de maintenir les familles unies à presque n'importe quel prix, cette apparente bienveillance a pour résultat de mettre les enfants en danger.

Le 25 mai, vers 15 h 30, quand trois écoliers découvrirent Martin Brown mort à l'intérieur du 85 St. Margaret's Road, l'un d'eux, Walter Long, se sentit mal et alla prendre l'air à la fenêtre ; à ce moment-là, il vit deux fillettes brunes (il connaissait la plus petite, Mary) se glisser par un vasistas du sous-sol dans la maison abandonnée à côté, d'où, en empruntant des escaliers toujours praticables et en passant par un mur défoncé, il était possible de rejoindre le rez-de-chaussée muré du 85. Au procès, Walter certifia qu'il avait dit aux fillettes de partir lorsqu'elles montaient les escaliers et que Mary avait répondu par une de ses rodomontades habituelles : « C'est bon, la police sait que je suis là. » Quelques minutes plus tard, les deux fillettes toquaient à la porte de Mme Finlay pour lui dire que son neveu avait eu un accident.

Rita Finlay me raconta la suite plusieurs semaines après le procès : « On a frappé à la porte et c'était elles deux, Norma et Mary. Je leur ai demandé : "Qu'est-ce que vous voulez ?" et cette Mary... elle a dit : "Un de vos gamins a eu un accident... Non, je crois que c'est celui de June. Mais il y a du sang partout..." » Mme Finlay courut jusqu'à la maison abandonnée, suivie de Mary, qui lui proposa de lui montrer où était le corps. « J'ai failli devenir hystérique. Je lui ai dit de dégager et j'ai suivi un homme dans les escaliers jusqu'à une petite chambre, où j'ai vu Martin dans les bras d'un autre homme. Il avait l'air endormi. »

À partir de ce moment, le comportement des deux filles allait révéler à quel point elles étaient perturbées, mais on ne sut pas s'en apercevoir. Mme Finlay me raconta par exemple quelque chose que le procureur semblait ignorer. Le lendemain, dimanche 26 mai (le jour des 11 ans de Mary), « ces deux filles, Norma et Mary, sont venues et m'ont demandé si elles pouvaient emmener notre John ». Elle les connaissait bien, surtout Norma, qui avait souvent gardé John et qu'elle aimait beaucoup. « J'ai pensé que c'était vraiment gentil de leur part, j'étais tellement bouleversée. Elles sont venues tous les jours après ça, pour jouer avec lui ou pour l'emmener au magasin. Mais elles n'arrêtaient pas de me demander : "Est-ce que Martin vous manque ? Est-ce que vous le pleurez ? Est-ce qu'il manque à June ?"... Et elles souriaient tout le temps. À la fin, je ne pouvais plus les supporter. Je leur ai demandé de partir et de ne plus revenir. »

June Brown, la mère de Martin, me parla elle aussi de cet étrange sourire. Mary avait frappé à sa porte quatre jours après que Martin avait été trouvé et c'est en souriant qu'elle avait demandé à le voir. June se souvenait qu'il y avait une autre fille, ou peut-être plusieurs, qui ricanait dans l'allée du jardin. « J'ai dit : "Non, ma cocotte, Martin est mort." Et elle a répondu : "Oh, je sais qu'il est mort. Je voulais le voir dans son cercueil." Elle souriait toujours... »

Ce dont il fut largement question lors du procès, comme je l'ai esquissé, ce sont les effrayants billets laissés par les filles dans l'école maternelle, ce même 26 mai. M. Lyons insista sur cette scène avec emphase, bien que plusieurs membres du jury, déjà heurtés par la vision, un peu plus tôt, des photographies des deux petits garçons morts, parussent très réticents à examiner les photocopies des billets et les échantillons de l'écriture des fillettes qu'on leur tendait.

Ce lundi-là, le matin (à l'heure où, quelques rues plus loin, dans sa propre école, Mary dessinait un corps d'enfant étendu sur le sol), la police fut appelée par un instituteur qui avait découvert, au milieu d'un amoncellement de dessins d'enfants, de matériel scolaire, de produits de nettoyage jetés en vrac à travers la classe, quatre petits morceaux de papier griffonnés d'une écriture enfantine[1]. Les lettres semblaient avoir été formées alternativement par deux personnes différentes (de même que la lettre *N* serait changée en *M* par une autre main sur le ventre de Brian, dirait deux mois plus tard le médecin légiste).

Un billet disait : « Je tue pour que je puisse revenir. » Sur le deuxième, on lisait, en dessous des lettres *B. A. S.* : « Va te faire foutre nous tuons prenez garde Fanny et Faggot. » Le troisième : « Nous on a tué Martain Brown, va te faire foutre bâtard », et le quatrième : « Vous êtes bêta parce que nous avons tué Martain va-t'en Brown vous faire bien de faire attention il y a des meurtrieurs Par ici. Par fannyet et le vieu Faggot. » (Plus tard, Mary expliquerait qu'elle était « le vieux Faggot ».)

Les policiers estimèrent que ces billets ne pouvaient être qu'une mauvaise blague et n'enquêtèrent pas davantage, abandonnant les bouts de papier dans un tiroir de leur bureau. Il fut seulement décidé d'installer un système d'alarme pour protéger la maternelle, à l'avenir, de telles intrusions.

Ce que M. Lyons ne dit pas à la cour, c'est que cette alarme se déclencha dès le 31 mai et qu'arrivée sur place, la police tomba sur Mary et Norma. Emmenées au poste, elles jurèrent que c'était la première fois, et qu'elles ne recommenceraient plus jamais. N'ayant pas pris au sérieux les billets

1. Voir Appendice, p. 588-591.

« nous tuons », les policiers ne firent pas non plus le lien entre les deux effractions. Les filles furent inculpées et rendues à la garde de leurs parents jusqu'à ce que l'affaire soit entendue au tribunal pour enfants, ce qui, leur dit-on, aurait lieu dans plusieurs mois.

Cette école maternelle, en tout cas son bac à sable, était de toute évidence un lieu de rendez-vous stratégique pour les enfants de Scotswood. C'est en effet là que le 8 juin, une semaine après la seconde effraction, deux après l'assassinat de Martin, David McCready, âgé de 12 ans, fut témoin d'une bagarre entre Norma et Mary. Cela non plus, M. Lyons ne le mentionna pas devant la cour, qui ne découvrit cet incident que quelques jours plus tard, quand le jeune David fut appelé comme témoin.

« Mary traînait Norma sur le sol, raconta-t-il alors. Elle la frappait et la griffait. » Il avait entendu Mary crier : « Je suis un assassin ! » Puis, dit-il à la cour, elle avait tendu le doigt en direction de la maison où Martin avait été trouvé et avait crié : « Cette maison, là-bas, c'est là que j'ai tué Brown. » David raconta avoir ri parce que Mary Bell était tellement crâneuse. « Tout le monde sait qu'elle l'est. »

Le lendemain de la seconde effraction, samedi 1er juin, les deux petites filles fuguèrent. Autre omission de M. Lyons, mais celle-là se comprend davantage : dans le système judiciaire tel qu'il fonctionne, cela n'aurait pas pu faire partie des preuves. La police les récupéra dès le dimanche, dans la ville de South Shields, sur la côte, à une quinzaine de kilomètres de Newcastle.

Deux semaines plus tard, le 14 juin, elles s'enfuyaient à nouveau. Cette fois, on resta deux jours sans retrouver leur trace. Elles furent finalement interceptées dans un bus à Alnwick, à plus de soixante kilomètres au nord de Newcastle, alors qu'elles essayaient de gagner l'Écosse avec des billets périmés.

Mary me parla beaucoup de ces fugues, mais si elle gardait un souvenir précis de leurs retours dans des voitures de police et de la manière dont sa mère l'avait battue, elle ne se rappelait pas avoir été interrogée par les policiers ou les assistantes sociales sur ce qui l'avait poussée à partir.

« Les gens des services sociaux sont venus à la maison pour voir ma mère mais elle les a jetés dehors et ils ne sont pas revenus. S'ils nous avaient interrogées, qu'est-ce qu'on aurait pu dire ? Que notre rêve était de vivre en Écosse, dans la nature, avec des chevaux ? Qu'on pensait manger des carottes et creuser un trou s'il pleuvait ? Que le seul détail pratique auquel on réfléchissait était qu'il nous fallait voler suffisamment d'argent pour acheter des billets de bus et des allumettes pour allumer des feux ? On était juste des dingues. Ils n'auraient rien compris. Je le savais à l'époque, et je le sais aujourd'hui. »

À un moment de cette conversation sur les fugues, un autre souvenir revint à Mary. « C'était peu de temps après, même si tout ça est un peu flou maintenant, vous savez, comme si les images se confondaient les unes avec les autres. J'ai menti à Pat Howe, la sœur de Brian. Je lui ai dit que Norma avait tué Martin. J'avais eu cette horrible dispute avec Norma. On se bagarrait et on se menaçait tout le temps, c'était juste pour ça. »

Pat et son amie Irene, également présente ce jour-là, ne l'avaient, bien sûr, pas crue un instant. Martin était mort accidentellement, c'était une évidence pour tout le monde. Brian n'ayant pas encore été assassiné, qui aurait pu imaginer un crime aussi horrible ? On avait autre chose en tête, on protestait contre l'état de délabrement dans lequel les autorités laissaient des maisons comme celle où l'enfant était mort, on avait même organisé un défilé pour exiger leur destruction ; il y avait eu des centaines de manifestants.

Pat et Irene avertirent cependant Mary : si le père de Norma découvrait qu'elle racontait des histoires, elle aurait des problèmes. « Je suis allée m'excuser auprès de la mère de Norma », me dit Mary. Sentant qu'elle était dans un de ces moments où les souvenirs affluent, et où ce qui restait caché peut soudain resurgir, je lui demandai alors de but en blanc si elle pouvait se rappeler ce qu'elle avait en tête lorsque, quatre jours plus tard, Norma et elle avaient emmené le petit frère de Pat. Elle secoua la tête.

La petite fille de 11 ans en avait su davantage, même inconsciemment, que ce dont pouvait se rappeler la femme de 40 ans. Le plus important, quand on pense au dessin qu'elle avait fait quarante-huit heures après avoir tué Martin, aux mots déposés dans l'école maternelle, où elle criait « je suis un assassin », à tout cet étrange comportement décrit par M. Lyons aux membres du jury comme étant celui d'une enfant vicieuse, monstrueuse, ce n'est pas ce qu'elle a essayé de dissimuler, mais ce qu'elle a voulu révéler, et que personne n'a vu.

Dans un système différent, une autre cour tout aussi convaincue de la culpabilité de Mary – ce n'est pas la question – aurait pu comprendre ce que ces révélations signifiaient. Correctement informée sur la vie, la famille, le passé de l'enfant, elle aurait pu, avant de prendre des décisions qui engageaient tout son avenir, mesurer à quel point il était improbable qu'une petite fille aussi intelligente que Mary eût délibérément, après le meurtre de Martin, plusieurs fois attiré l'attention sur elle, si elle n'avait été poussée par le désir inconscient d'être stoppée et secourue.

À la fin de la première journée du procès, le point de vue du procureur ne pouvait faire aucun doute dans l'esprit de qui que ce fût. Il avait déjà déposé dans l'esprit des jurés les germes de ce que serait le verdict, deux semaines plus tard : non coupable pour Norma, coupable d'homicide involontaire pour cause de responsabilité atténuée pour Mary.

« Vous verrez, dit-il en achevant son long exposé, que Norma est une jeune fille immature, arriérée. Elle ne se serait jamais trouvée dans la terrible situation où elle est aujourd'hui si elle n'avait pas habité à côté de Mary. Celle-ci, en revanche, ainsi que plusieurs témoins le confirmeront, a une évidente propension à mettre ses mains sur la gorge des enfants plus jeunes qu'elle. Même si elle a deux ans et deux mois de moins que Norma, elle est la plus intelligente des deux, et c'est elle qui domine. C'est elle aussi, d'ailleurs, qui dans l'une de ses dépositions a utilisé la ruse pour tenter d'impliquer un petit garçon parfaitement innocent dans le meurtre de Brian Howe. »

Ses derniers mots furent pour désigner Mary, non pas comme une enfant malade ou perturbée, mais comme un être mauvais et, sans égard pour son âge, un monstre. Il dramatisa l'histoire du petit A. accusé à tort, puérile et pathétique tentative qu'elle avait faite pour se protéger, et donna à ce fait une importance démesurée par rapport à la vraie tragédie – la mort des deux petits garçons. Il en fit l'acte répréhensible par excellence, à l'aune duquel tout le reste devait se mesurer. « Cela vous donne une idée du genre de fille dont il s'agit », assena-t-il pour conclure.

Tard ce soir-là, dans le petit appartement au dernier étage du centre d'accueil de Fernwood où elle devait rester isolée sous la surveillance de la police pendant les neuf jours (et les deux week-ends) que durerait le procès, Mary demanda à l'agent, Barbara F., le sens du mot « immature ». Chaque agent réagissait à sa manière face à Mary. Barbara F., quand elle me raconta la scène, me dit franchement qu'elle ne l'aimait pas. « Elle me donnait la chair de poule, vous comprenez ? Mais bien sûr, lorsqu'elle m'interrogeait, j'essayais de répondre. »

« Alors, si Norma est immature, et si je suis la plus intelligente, tout va me retomber dessus ? » lui demanda Mary.

« J'ai juste haussé les épaules, conclut la jeune femme. Qu'est-ce que je pouvais dire ? »

Mary
Réflexions 3

Mary me parla maintes et maintes fois d'un « pacte » conclu entre Norma et elle. Elle essaya souvent de me l'expliquer, mais, incapable de me dire exactement quand et comment il avait été établi, elle n'y parvint jamais tout à fait. Une seule chose était sûre : elles s'étaient mises d'accord pour « tout faire ensemble ».

Que recouvrait ce « tout » ? Une autre idée revenait constamment à chaque fois que Mary tentait de se rappeler la série d'événements qui se conclut, une première fois, par l'assassinat de Martin Brown : il n'y avait jamais eu entre elles de plan visant à tuer un enfant, seulement des fantasmes à chaque fois plus terribles partagés par deux petites filles malheureuses.

« Ce que nous faisions de plus en plus, c'était nous défier l'une l'autre. J'étais mademoiselle "même pas peur" et Norma... eh bien... elle me défiait d'oser faire des trucs... Je les faisais et je la défiais à mon tour et bien sûr elle y allait. Elle ne voulait pas faire la poule mouillée. Elle disait "t'es pas cap de marcher sur les canalisations du pont" et j'y allais. Ensuite elle y allait elle, et tant pis si on risquait de tomber dans la Tyne. On faisait des choses toujours plus dangereuses et interdites... On espérait être arrêtées et emmenées ailleurs. C'est tout ce que je voulais et tout ce qu'elle voulait elle aussi... »

Le premier incident qui avait attiré l'attention de la police sur les deux fillettes, quand, au mois de mai, elles avaient poussé le petit John du talus, participait déjà de cette course folle.

« Nous voulions entrer dans l'usine [Vickers Armstrong] par le Delaval Arms. »

Quand je lui demandai ce qu'elles comptaient y faire, elle haussa les épaules.

« Je n'en ai aucune idée, mais certainement des bêtises. John était pendu à nos basques, il ne voulait pas nous lâcher, alors je lui ai dit de partir, je l'ai poussé et il est tombé d'une petite pente où il y avait une sorte de cabane d'ouvrier...

— S'est-il blessé ?

— Non... Il s'est relevé et il est revenu et je lui cria [les erreurs de grammaire et les répétitions sont toujours un signe de stress chez Mary, comme une rechute pour elle qui aujourd'hui parle le même anglais que la classe moyenne] : "Va-t'en !", et il était comme une petite chose toute trapue, et j'ai dit : "Je vais encore te pousser, je vais te pousser de là..." Il s'est assis, le petit con, alors je l'ai attrapé par le pied et je l'ai secoué, je le tenais au-dessus du vide, mais ce n'était pas haut, il pouvait presque toucher le bas de la pente, vous savez. Après, je l'ai juste lâché. J'ai dit : "Maintenant va-t'en et ne reviens pas." Je ne voulais pas lui faire de mal. C'était du genre : "Casse-toi, nuisible"...

De quoi vous souvenez-vous concernant l'incident du bac à sable ? Avez-vous brutalisé ces trois petites filles, comme on l'a dit au procès ?

— Il y avait plein d'enfants. Et Cindy Hepple m'a lancé du sable. Mais je n'ai pas mis mes mains autour de sa gorge comme ils l'ont dit. J'ai mis mes mains sur ses oreilles, ou ses cheveux, ou quelque chose comme ça... Je ne me souviens même plus des deux autres dont ils ont parlé, en fait deux autres grandes filles sont arrivées – elles devaient avoir 14 ans – et elles m'ont étranglée. L'une d'entre elles avait ses mains autour de ma gorge, j'ai cru que j'allais m'évanouir et elles m'ont jetée sur les orties. Elles ont dit que c'était parce que j'avais tapé Cindy. Ça se passait comme ça, peu importait l'âge, c'est comme ça qu'on était. Ces filles plus âgées, elles me paraissaient imposantes, mais je me souviens... je me suis tellement énervée... je leur ai sauté dessus, je les ai fait tomber et je leur ai cogné la tête sur le sol. Là, j'ai senti que je pouvais plus m'arrêter, mais d'autres grandes filles sont arrivées... Je me suis pris des coups de pied partout, je me suis fait taper partout, j'avais un œil au beurre noir et des bleus partout, mais ça, on n'en a jamais parlé...

— Est-ce que Norma est venue vous aider ?

— Elle était un peu plus loin. » Au tribunal, Norma avait dit qu'elle jouait derrière un abri, ce que les petites filles avaient confirmé. « Mon père disait quelque chose comme : "C'est toujours pareil, quelqu'un charge l'arme et appuie sur la gâchette mais toi tu es la balle qui sort. Tu es l'idiote qui sort." Vous voyez, c'est pour ça que Norma... C'est encore une chose qui demande une certaine dose d'intelligence, non ? Savoir rester au second plan ? C'était sa façon à elle de faire face, qui peut le lui reprocher ? Pas moi, pas à elle. »

Selon l'une des versions que Mary a données de la mort de Martin Brown (ce point a d'ailleurs été confirmé par Norma devant le tribunal), c'est quand elle était allée chercher Norma chez elle ce samedi après-midi, alors que cette dernière regardait sa mère repasser du linge, qu'elle lui aurait annoncé avoir tué le petit garçon. Norma aurait alors dit : « Tu l'as pas fait ? Tu l'as pas fait ? Montre-moi. » Et, comme, là aussi, elles l'affirmèrent toutes deux au procès, lorsqu'elles étaient retournées sur le lieu du meurtre ce jour-là, Norma ne l'avait pas suivie jusqu'à la chambre du premier étage où l'électricien, John Hall, tenait Martin dans ses bras après avoir essayé en vain de le réanimer.

« Elle a tourné les talons avant qu'on arrive, et elle est partie en courant. Après, elle continuait de dire... elle l'a fait pendant des semaines : "Tu l'as pas vraiment fait, c'était un accident. Il a eu un accident, tout le monde le dit." Et moi, je continuais de lui répondre que si, je l'avais fait, et que même si nous avions convenu de tout faire ensemble, elle n'avait pas été là. C'était une traîtresse, elle ne m'avait pas aidée. »

Le fait qu'il eut fallu à Mary, pour que l'on finisse par prêter sens à ses propos, plusieurs mois et quatre versions des quinze ou vingt minutes pendant lesquelles elle tua Martin, pourrait nous inciter à considérer comme mensongère la totalité de ce qu'elle a déclaré à l'époque. Personne ne peut ainsi nier que ses trois premières versions étaient, au moins en partie, une façon d'échapper par le fantasme à l'insupportable vérité. Mais sur ce point, elle n'a jamais changé d'avis depuis le début : Norma n'était pas avec elle quand elle a tué Martin, et à aucun moment elle ne s'était doutée qu'elle s'apprêtait à le faire. Ce qui se passait entre elles était d'une autre nature, et en revanche les témoignages entendus au tribunal, à quoi s'ajoutent désormais les souvenirs de Mary, confirment que Norma, une fois qu'il a été commis, s'est montrée fiévreusement excitée par ce meurtre.

Je demandai à Mary pourquoi elle était allée chez Martin quatre jours après sa mort. Au procès, lorsqu'on lui avait posé la question, elle avait répondu que ni Norma ni elle ne voulaient passer pour une « poule mouillée », et que ça avait été un de leurs nouveaux défis. Voilà maintenant plusieurs semaines qu'elle tentait, au cours de nos entretiens, de retrouver l'état d'esprit qui était le sien à l'époque. La réponse qu'elle me fournit se révéla beaucoup plus subtile : « Pour voir s'il était encore vivant. »

De fait, son incapacité, au moment où elle avait tué Martin Brown, à saisir le caractère irrémédiable de la mort imprègne chacune de ses tentatives d'expliquer son acte à ses propres yeux comme aux miens.

« Je ne comprenais pas le concept d'une mort définitive... C'était irréel, incompréhensible. Je n'avais rien contre Martin, ni lui contre moi. Je n'avais pas l'intention de le tuer pour toujours. Je voulais juste qu'on m'emmène ailleurs... Je l'ai étranglé, mais je pensais, vous savez, que les morts jouaient à être morts.

— C'était un jeu ?

— Non, je ne pensais pas que c'était un jeu... Je pensais simplement : "Je ne te fais pas vraiment mal"... Je lui ai dit de mettre ses mains sur ma gorge et j'ai mis mes mains sur la sienne... C'est sûr, il fallait que je sois dérangée, mais je n'ai jamais pensé à la suite... Je crois que pour moi c'était : "Tu seras rentrée à temps pour le goûter." »

Une autre fois, alors qu'elle tentait à nouveau d'évoquer la mort de Martin, Mary parla comme elle pensait l'avoir fait dans sa tête, cet horrible après-midi : « J'ai dû faire comme si... j'ai dû savoir... j'ai dû penser qu'il reviendrait : "C'est bon, tu reviendras ici, tu sais. Tu vas dormir et tu reviens, tu reviens pour le goûter..." » Des sanglots sans larmes entrecoupaient ses phrases.

La première effraction dans l'école maternelle aurait dû rendre manifeste aux yeux de tous l'espèce de dérèglement mutuel qui touchait les deux petites filles. Le souvenir que Mary en garde aujourd'hui montre à quel point la rédaction des billets était délibérée, et qu'elle n'ignorait rien du danger qu'ils représentaient pour elles.

« J'ai écrit de la main droite parce que je savais qu'ils étaient capables de reconnaître si quelqu'un était gaucher [c'est le cas de Mary]. Je n'avais jamais vu Norma écrire avant ça. Je ne savais pas comment elle travaillait. Elle avait deux ans de plus que moi, on n'était pas dans la même classe. Sur le billet qui disait "il y a des meurtrieurs par ici", elle avait écrit *meurtrieur* et j'ai dit : "Non, c'est *meurtrieurs*", alors elle a ajouté le *s* et c'est là qu'elle a dit : "Tu devrais en tuer un de chez toi", et j'ai répondu : "Non, je vais pas le faire, pourquoi tu en tues pas un de chez toi ? Il y en a tellement, personne s'en rendrait compte." »

Les deux fugues du mois de juin représentent une étape supplémentaire dans le même processus. D'après Mary – et comme semble le prouver la description du lieu où elles échouèrent –, le premier de ces deux « voyages » se fit pour une fois à l'initiative de Norma.

« Je ne m'étais jamais enfuie auparavant. Mais Norma l'avait déjà fait et elle disait que c'était facile. Elle a dit : "On va à South Shields, j'y suis déjà allée", et elle m'a parlé d'un homme là-bas qui l'aimait bien. On a volé de l'argent chez nous pour le bus. J'étais vraiment excitée à l'idée de m'enfuir, on l'était toutes les deux. Norma est arrivée, et avant de partir j'ai pissé par terre [ce qui est un symbole classique d'agression chez les enfants], et j'ai ri, ri, et Norma a ri aussi...

— Et après, vous avez nettoyé ?

— Oh ! non, j'ai tout laissé comme ça. Si j'avais pu vider mes intestins, je l'aurais fait aussi, c'est sûr. »

Elle se lança alors dans une digression au sujet de son lit à Whitehouse Road : « Je n'avais pas de draps ni de couvertures, juste des bouts de tissu et des trucs comme le vieux manteau que je portais, sur un matelas avec un creux au milieu, où l'urine faisait une flaque. Je me réveillais toujours très tôt et mon lit était toujours mouillé. Quand ma mère était là, elle frottait mon visage dessus et je devais transporter le matelas par la fenêtre pour que tout le monde puisse voir, parce qu'elle disait que je faisais ça uniquement pour l'embêter. »

Revenant à la fugue, elle me raconta comment elles avaient pris le bus pour South Shields, une ville à environ une heure de Newcastle, et comment là-bas Norma l'avait tout de suite emmenée dans une maison qu'elle connaissait visiblement bien.

« Je sais que plus tard les parents de Norma ont pensé que j'avais eu une mauvaise influence sur elle, mais c'est elle qui m'a emmenée à South Shields. Quand elle avait fugué avant, sans moi, elle s'était retrouvée chez cet homme qui abusait d'elle sexuellement.

— Elle vous l'avait raconté ?

— Oui. Elle m'avait dit qu'il y avait beaucoup de chambres dans la maison et une chouette cuisine, qu'on pourrait cuisiner si on voulait... L'homme nous laisserait faire tout ce qu'on voudrait. Elle m'a dit qu'il lui avait fait des choses et qu'elle avait bien aimé.

— Quel âge avait cet homme ?

— Oh, je ne sais pas. Pour une fille de 11 ans, tout le monde est vieux. J'ai dit que je voulais juste faire des gâteaux au caramel, il a dit d'accord mais qu'il fallait d'abord qu'on prenne un bain. Alors on est allées dans la baignoire et quand je suis sortie, il a essayé de mettre du beurre sur moi, vous savez, en bas, j'ai dit que je ne voulais pas, je l'ai poussé sur Norma et il le lui a fait à elle...

— Il a fait quoi ?

— Il l'a pénétrée.

— Comment savez-vous que c'était ce qu'il faisait ?

— J'ai regardé, et, plus tard, Norma a redit qu'elle aimait bien ça.

— Est-ce que cet homme vivait seul ?

— On n'a vu personne d'autre et vers cinq heures du matin, il nous a réveillées et emmenées en voiture jusqu'à des petites rues derrière, il nous a laissées là. C'est là que la police nous a trouvées.

— Avez-vous parlé de lui à la police ?

— Mon Dieu, non, on avait déjà assez d'ennuis comme ça. »

Le pacte qui liait les deux fillettes sortit encore renforcé de cette fugue. « On nous a ramenées à Newcastle dans une voiture de police et ils ont appelé le père de Norma et ma mère pour qu'ils viennent nous chercher au poste. Ma mère m'a battue et je suis certaine que Norma a eu des ennuis elle aussi, mais on était quand même fières de nous. Mon père avait toujours des ennuis avec la police, et là c'était mon tour de me retrouver au poste. Après ça, on s'est dit qu'on était deux criminelles et on a renouvelé notre promesse de tout faire ensemble...

— Mais vous êtes-vous clairement dit que vous tueriez quelqu'un ensemble ? »

Mary me regarda en silence.

« Comment expliquer ça maintenant ? Non, je ne crois pas, pas comme ça, mais oui, on a probablement prononcé ce genre de mots... Vous savez comment les gens – pas seulement les enfants, les adultes aussi – peuvent dire “je vais la tuer”, “je pourrais les tuer”... Mais quand vous me demandez ça comme ça, je ne sais pas quoi dire. Aujourd'hui, je pense qu'on était perdues dans des fantasmes horribles, grotesques. Je me souviens que j'avais demandé à mon père quelle était la pire chose qu'on pouvait faire et il m'avait répondu : “Tuer un policier.” Après ça, oui, on a continué de parler de tuer... quelqu'un...

— Un enfant ?

— Non, ce n'était pas... non, non, ce n'était pas... c'était juste... faire ce qu'il y avait de pire.

— Et, évidemment, vous ne pouviez pas tuer un policier. Mais pourquoi vouliez-vous faire ce qu'il y avait de pire ?

— Je ne sais pas. On parlait tout le temps de s'enfuir, de se retrouver en cavale quelque part en Écosse, de vivre avec des chevaux. C'était... C'était... »

Elle se mit à bégayer. « Vous ne comprenez pas... ? » Sa voix était nouée. « C'étaient des fantasmes, mais je pense que nous ne savions pas que c'étaient des fantasmes, on s'est monté le bourrichon, jusqu'à ce que... Maintenant ça semble... On ne parlait jamais de rien, excepté de faire des choses terribles et d'être emmenées. Mais on s'était mises d'accord pour dire que jamais... pas nos frères et sœurs, pas nos cousins...

— Donc, dans votre esprit, il y avait "tuer" et "enfants" ? »

Elle secoua la tête. « Ça ne marchait pas comme ça. Ce n'était pas... réel... pas comme ça. »

Ce dont Mary garde un souvenir extrêmement vivace (vu le manque de communication entre les différentes autorités de Newcastle, il est quasiment certain que M. Lyons n'en entendit jamais parler), c'est un séjour qu'elle fit, fin juin ou début juillet, en tout cas après la seconde fugue, celle du 14 juin, dans une maison de convalescence pour enfants énurétiques, à environ quatre-vingts kilomètres au nord de Newcastle. Elle me dit qu'elle avait fait « pipi au lit » depuis l'âge de 4 ans à peu près. Elle était déjà allée plusieurs fois dans cette maison.

« J'adorais. C'était dirigé par un jeune couple, ils étaient très gentils. Je ne me souviens pas de leur nom. On faisait des choses physiques toute la journée, toutes sortes de sports, et tout était si propre, si joli. Ça faisait un tel contraste, ce côté tellement soigné et accueillant, par rapport à chez nous, à Whitehouse Road, où tout était sale, l'ambiance toujours chargée, électrique quand ma mère était là. Alors, lorsqu'un soir ils m'ont annoncé que je rentrerais chez moi le lendemain, je leur ai dit que je ne voulais pas. Est-ce que je ne pouvais pas vivre avec eux ? Et ils... ils m'ont posé des questions auxquelles je ne pouvais pas répondre.

« Mais ils ont parlé de moi, et lorsqu'ils m'ont raccompagnée à Newcastle, on m'a emmenée dans un bureau, une sorte de service pour les enfants, avec des magistrats ou je ne sais quoi, et il y avait une femme... Je devais rester devant elle, de l'autre côté de la table... Elle a demandé si vraiment je ne voulais pas rentrer chez moi. Je n'ai pas répondu parce que ma mère était juste derrière moi et la dame a dit : "Qu'est-ce que c'est que ça ? Tu veux être retirée à ta famille ?" Et j'entendais ma mère respirer derrière moi, alors j'ai pris une carafe qui était sur la table et j'ai envoyé l'eau au visage de la dame. Ma mère m'a giflée et on est rentrées à la maison.

« C'était si bête, de me demander devant ma mère si "*vraiment* je voulais quitter la maison". Dès qu'on a été à la maison, ma mère m'a attrapée par les cheveux et m'a secouée. Elle avait le ventre à l'air, elle portait une jupe à carreaux, et il se dégageait d'elle cette odeur féminine, une sorte d'odeur de règles, quelque chose de dégoûtant, et je me suis mise à pleurer, je me suis balancée dans tous les sens et j'ai hurlé : "Je veux pas être là !"

« Après j'ai couru dehors, j'ai sauté sur la barrière entre la maison de Norma et la nôtre, je montais, je descendais, je faisais des bonds, j'étais comme dans la chanson *Puppet on a String* ["Pantin sur un fil"], qui était numéro 1 du Top 50 à l'époque, je la chantais à tue-tête, j'avais envie que tout le monde me remarque, j'imagine. La mère de Norma est sortie et s'est mise à chanter avec moi, puis elle m'a demandé de chanter *Congratulations*, la version de Cliff Richard, elle a dit qu'elle trouvait que je me débrouillais bien et que peut-être, un jour, je serais chanteuse. Ça m'a fait tellement de bien.

— Est-ce que vous vous êtes demandé, à l'époque, pourquoi Norma disait détester sa maison alors que sa mère était si gentille ?

— Non, j'étais trop petite pour penser à ça. Je pensais à moi. »

Lorsque, vers le 27 juillet, Mary se rendit chez Brian Howe et mentit à Pat, sa sœur de 14 ans, en prétendant que Norma avait tué Martin Brown, on peut dire que ce fut son dernier appel à l'aide.

Il s'adressait, circonstance tragique et grotesque, à la sœur du petit garçon qui allait mourir quatre jours plus tard.

Le verdict
Décembre 1968

À mesure qu'avançait le procès, les larmes de Norma et le sang-froid de Mary créèrent une atmosphère presque tangible, pour l'une de compassion, pour l'autre d'animosité. Le ton employé par la presse, les remarques de couloir pendant les pauses et même les réactions de la cour montraient clairement que la plus petite des deux filles était de plus en plus regardée comme un monstre terrifiant dont on ne savait que faire.

Du vendredi 6 décembre dans l'après-midi au mardi 10 décembre, la cour entendit les témoins de l'accusation ; la mère de Martin, June Brown, et sa tante, Rita Finlay ; la sœur de Brian, Pat Howe, et son amie, Irene Frazer ; Roland Page, un expert graphologue ; les deux médecins légistes, le docteur Bernard Knight (pour Martin) et le docteur Bernard Tomlinson (pour Brian) ; un expert en médecine légale, Norman Lee ; l'instituteur de Mary, M. Eric Foster ; l'inspecteur-chef Dobson et plusieurs membres de son équipe.

Pauline Watson, 8 ans, fut interrogée à propos de l'incident du bac à sable ; puis Susan Bell, la sœur de Norma, qui affirma que Mary avait essayé de l'étrangler elle aussi dans un moment de colère, ce que les parents de Norma confirmèrent. « Je lui ai donné une taloche sur l'épaule », me raconta plus tard le père de Norma, en décrivant comment il avait séparé Mary et Susan. Sa femme me dit qu'elle avait essayé d'interdire à Norma de revoir Mary : « Mais je ne pouvais pas les forcer à se séparer. »

David McCready, 12 ans, fut le trente-neuvième témoin de l'accusation. Il raconta la bagarre qui avait éclaté entre Mary et Norma au bac à sable, deux semaines après la mort de Martin ; il dit qu'il avait ri, parce que tout le monde savait quelle frimeuse était Mary.

Plus tard, le juge fit remarquer que plusieurs de ces témoignages, pris individuellement, posaient problème. On pouvait bien sûr soupçonner la sœur et les parents de Norma d'être de parti pris ; quant à Pauline, elle était trop jeune pour prêter serment. Il indiqua néanmoins au jury que s'il considérait, d'une part, les éléments de preuve qui lui avaient été présentés à propos de l'incident du bac à sable, d'autre part le témoignage de Norma, enfin celui de Pauline Watson, il pouvait, constatant que l'ensemble convergeait vers une même version des faits, tenir compte de ce dernier, même s'il fallait le traiter avec un soin particulier.

Il ajouta : « Norma affirme qu'elle était effectivement présente, et même si elle n'entre pas dans les détails, son compte rendu est en substance le même que celui de Pauline. Si, après avoir dûment pesé mes avertissements, vous pensez que cela a eu lieu, alors vous êtes face à quelque chose dont dépendent l'accusation et la défense, un élément qui indique l'identité de l'assassin des deux petits garçons. En effet, voilà une petite fille du quartier qui avait accès aux deux petits garçons, et qui agissait avec d'autres enfants exactement de la même façon que celui ou celle qui causa leur mort. »

Plus qu'à n'importe quel autre moment, c'était lorsque les petites accusées se trouvaient à la barre des témoins que se faisaient le plus désespérément sentir les lacunes d'un système judiciaire appliquant à des enfants les procédures prévues pour des adultes. On attendait de jurés peu familiers des enfants traumatisés, et sans qu'ils y soient en rien préparés, qu'ils évaluent leur pensée tortueuse, leurs mots parfois confus. Le système ne demande ni ne fournit aucun outil de compréhension, de sorte que la cour n'était absolument pas au courant des fantasmes qui emplissaient et réglaient les vies de Norma et Mary. Comme nous le verrons, lorsque la vérité émergea accidentellement, par intermittence, la cour avec constance l'ignora, la rejeta ou la fuit.

Le quatrième jour du procès, le 10 décembre, Norma fut appelée à la barre en début d'après-midi. Son interrogatoire principal dura un jour et demi ; il fut suivi, le matin du 12 décembre, par celui de Mary. Le juge Cusack prenait toujours soin de s'adresser aux enfants, qu'ils soient accusés ou témoins, d'une manière particulière. Il ne parlait pas plus lentement, il n'élevait pas la voix, mais il changeait de position dans son imposant siège rouge pour que son corps fût entièrement tourné vers l'enfant et que celui-ci pût fixer toute son attention sur lui. Cependant, il se comportait très différemment selon qu'il parlait à Mary ou à Norma. Tout le monde pouvait remarquer qu'il prenait avec cette dernière un ton beaucoup plus protecteur.

« Norma... », dit-il très doucement, cet après-midi-là. Elle se tenait à la barre, très pâle et déjà en train de pleurer. Comme à chaque fois, la gardienne qui se tenait à côté d'elle lui tendait un mouchoir, que la petite fille lui rendait, après s'être mouchée, plié et mouillé, dans un geste enfantin et touchant qui n'échappait pas au public.

« Je veux te parler de quelque chose avant que tu commences à nous faire part de ce que tu as à dire. À l'école, t'a-t-on parlé de Dieu ?

— À l'école et à l'église, murmura-t-elle.

— On t'a parlé de Dieu. Sais-tu ce que c'est que la Bible ?

— Oui.

— Et si tu prends la Bible et dis que tu jures devant Dieu de dire la vérité, qu'est-ce que cela signifie ?

— Je dois dire la vérité.

— Oui, tu dois dire la vérité. Elle peut prêter serment... »

Ce n'est pas le fait de prêter serment qui décide un enfant à dire ou non la vérité, mais quelque chose de plus insaisissable : à quel point mentir le met ou non mal à l'aise. L'intensité de ce malaise dépendra avant tout du degré de vérité dans lequel il aura été élevé. Ainsi, les parents de Norma, bien que leur situation économique eût toujours été tendue, et qu'ils ne fussent pas équipés pour satisfaire les besoins psychologiques de onze enfants (qui le serait ?), avaient créé un environnement fondamentalement « tourné vers la vérité », selon la note d'un policier en marge d'une déposition. Chez Mary, comme elle allait si clairement me le décrire vingt-huit ans plus tard, c'était l'opposé.

Cependant, quel que soit leur entourage, les enfants mentent s'ils savent ou sentent qu'ils ont commis quelque chose de répréhensible dont ils craignent les conséquences. Ce qui était le cas de Norma, même si elle avait du mal à anticiper les réactions des autres, et notamment de la cour. Mais elle savait trois choses. Premièrement, que ses parents étaient absolument convaincus que seule Mary était coupable. Deuxièmement, que par conséquent ils voulaient qu'elle dise la vérité. (« On le lui a dit dès le début, m'expliqua la mère de Norma quelques mois après le procès : "Dis la vérité sur chaque point, dis-leur tout." ») Et troisièmement que, quoi qu'elle eût fait, sa famille serait toujours son refuge. (« La différence entre Norma et moi, me dit Mary, était qu'elle pouvait toujours retourner chez elle et être protégée, alors que je ne savais jamais à quoi m'attendre. »)

Lorsque le juge Cusack l'avait appelée à la barre, cela faisait quatre jours que Norma, avec un sentiment d'horreur croissant, était obligée de replonger dans l'ambiance des quatre mois (de mai à août) pendant lesquels Mary et elle avaient, si tragiquement, été amies. Jusqu'à présent, confinée à l'hôpital, loin de l'anxiété de ses parents, sa participation aux événements de l'été était devenue littéralement inconcevable pour elle. Désormais, alors qu'elle, ou *a minima* une petite partie de son cerveau, ne pouvait éviter d'écouter l'interminable litanie des événements qui avaient abouti à la mort des deux garçons, son rôle lui paraissait si écrasant qu'elle ne pouvait y faire face. Les pires moments de l'interrogatoire furent ceux où, confrontée aux preuves qu'étaient les billets « nous tuons... » et les visites exaltées à la famille de Martin, elle fut contrainte d'admettre son implication.

La mort de Brian Howe était toutefois un autre sujet. Le jury avait en main ce qu'on appelle une « liasse » dans laquelle se trouvaient entre autres les différentes dépositions faites par les fillettes, auxquelles on revint souvent durant leurs témoignages. Bien que Norma ne pût saisir que très peu de chose des discussions qu'avaient entre eux ou avec les jurés les trop savants hommes en perruques, elle parvint à comprendre qu'ils connaissaient ses mensonges et n'ignoraient rien de sa présence lorsque Brian avait été blessé, et surtout alors qu'il était déjà mort.

Il n'y avait que deux détails dont elle supportait de parler, et uniquement parce qu'ils avaient trait à Mary et non à elle : la lame de rasoir que, à cause de son incapacité à anticiper, elle avait elle-même portée à l'attention de la police, ce qui avait mis cette dernière sur la piste des deux fillettes, et les ciseaux qu'elle avait fini par admettre avoir elle-même pris à Norman, le frère de Brian, et apportés au Tin Lizzie le jour où elle et Mary y avaient amené Brian (à moins que ce ne fût Mary et elle, chacune des deux filles accusant l'autre d'avoir pris cette initiative). Le fait que Brian avait été « coupé » avec la lame de rasoir et « fait chauve » avec les ciseaux était plus concret pour elle que sa mort. Que cela fût vrai ou faux, et hors toute question de culpabilité ou d'innocence, il semblait essentiel pour elle, en tant que personne, c'est-à-dire en tant que petite fille ne pouvant faire du mal à un enfant, de se dissocier de l'utilisation de ces outils.

Quant à ses réponses au sujet de Martin Brown, elles étaient franches, sauf quand les questions concernaient ce que Mary lui avait dit de sa mort, ou qu'en tout cas elles la forçaient à y réfléchir. Elle regardait sa mère repasser, déclara-t-elle à son avocat, R. P. Smith, lorsque Mary l'avait appelée par le trou dans la clôture entre leurs deux maisons.

« Que voulait-elle ? lui demanda-t-il.

— Que j'aille au numéro 85.

— Te souviens-tu de ce qu'elle a dit ?

— "Il y a eu un accident."

— Est-ce qu'elle a dit autre chose ? »

Norma ne répondit pas et M. Smith n'insista pas. (C'est quand je lui eus rappelé ce dialogue que Mary m'avait dit : « J'ai tout de suite dit à Norma que j'avais tué Martin, et Norma a dit : "Tu l'as pas fait ? Tu l'as pas fait ? Montre-moi." »)

« Eh bien, on y est allées, reprit Norma. Elle m'a emmenée jusqu'au 85... Il y a un trou dans les toilettes. [Elle parlait du 83 St. Margaret's Road, la porte à côté.] On est passées par là... et on a monté les escaliers. » [L'excellent sténographe qui notait soigneusement les réactions des enfants écrit ici : « Le témoin s'agite. »]

« Est-ce que Mary t'a dit quelque chose d'autre à propos de l'accident, avant que vous ne traversiez la maison et que vous ne passiez par le trou dans le mur ?

— Non, mais elle connaissait le nom parce qu'elle a dit "Martin Black" : "C'est Martin Black qui a eu un accident..." Mais je sais pas qui elle voulait dire... Je connais pas Martin Black. »

Le fait est que Norma savait très bien qui était le petit Martin (Brown) ; elle l'avait souvent vu lorsqu'il passait voir sa tante, Rita Finlay, dont elle gardait souvent le petit garçon, John. Mais curieusement Mary, qui ne s'intéressait pas particulièrement aux petits, ne connaissait pas bien Martin, et ignorait peut-être son nom de famille.

Norma expliqua qu'elle n'avait monté que quelques marches du 85.

« Étais-tu déjà montée à l'étage, jusqu'à la chambre du 85 ? demanda M. Smith.

— Je n'y suis jamais allée. Il y avait plein de monde... Ils voulaient savoir qui était le petit garçon et Mary est montée – mais pas moi. Elle est montée dans la chambre et elle a dit son nom.

— Comment sais-tu qu'elle est montée, Norma ?

— Je l'ai vue passer par le trou et elle m'a dit... » [Note : « Le témoin se trouble... »]

« As-tu vu Mary ressortir ?

— Non. »

Il était pourtant évident qu'elle l'avait vue très peu de temps après, puisqu'elle-même déclara qu'elles étaient allées chez Rita Finlay : « May voulait dire à Rita qu'il y avait eu un accident, parce qu'elle a dit qu'il y a eu un accident, et Martin, et quelque chose à propos du sang partout... » [Note : « Le témoin s'agite. »]

À plusieurs reprises, durant les deux jours de son interrogatoire, le juge ordonna des pauses pour permettre à Norma de se reposer, même si la dernière question restait sans réponse, ou que sa réponse nécessitait des éclaircissements. Ce fut en particulier le cas lorsqu'on interrogea la fillette sur leur visite choquante à la mère de Martin, June Brown, quatre jours après la mort du petit garçon.

« Norma, avais-tu envie de voir le petit Martin dans son cercueil ? » demanda M. Smith. « Le témoin hoche la tête, "non" », écrit le sténographe, par erreur, car en réalité elle avait fait oui de la tête.

« Non, reprit l'avocat, commettant la même erreur. Étais-tu avec Mary lorsqu'elle est allée voir la mère de Martin pour demander si elle pouvait le voir ? Tu y étais ?

— Oui, chuchota Norma.

— Oui ou non ?

— Oui. »

Personne ne tint compte de cet aveu. La thèse selon laquelle la visite à June était encore une révoltante initiative de Mary correspondait davantage au schéma qui était désormais celui du procès.

Au demeurant, ce qui déroutait le plus la cour et le jury dans le comportement des deux filles le week-end du 25 mai étaient les billets qu'elles avaient écrits, d'abord chez Mary, dans l'arrière-cuisine, puis à l'école maternelle. Selon l'accusation, ces billets constituaient un aveu explicite de leur culpabilité dans le meurtre de Martin Brown. Pour la défense, en revanche, ils relevaient, aussi grossiers et déplaisants fussent-ils, d'une imagination puérile.

Les deux hypothèses allaient se révéler fausses. Mary et Norma confirmèrent qu'elles avaient toutes les deux participé à l'écriture des billets, comme l'avait affirmé l'expert graphologue, Roland Page. Norma avoua d'elle-même avoir écrit « une première lettre » que Mary avait « mise dans sa chaussure » – elle ne dit pas ce que contenait la lettre et on ne la questionna pas à ce sujet –, tout en certifiant que l'idée venait de Mary. De son côté, Mary déclara, et elle le maintient toujours aujourd'hui, que c'était « une idée commune ».

Toujours interrogée par son avocat, Norma expliqua qu'elles étaient ce jour-là chez Mary, où elles avaient d'abord joué de la flûte, puis dessiné.

« Et lorsque vous avez fini de dessiner, qu'est-ce que vous avez fait ?

— On a écrit des billets.

— Avec quoi ?

— Un feutre rouge.

— À qui appartenait-il ?

— À Mary Bell.

— S'il te plaît, Norma, je voudrais que tu regardes quatre billets, les pièces 12 à 15. Tu as bien les billets devant toi, Norma, n'est-ce pas ?

— Oui.

— Tu vois celui où il est écrit "Je tue pour que je puisse revenir" ? La pièce 12 ?

— Oui, j'ai écrit celui-là.

— Montre-le. L'original est écrit en rouge. Pourquoi as-tu écrit cela, Norma ?

— Juste pour Mary et moi.

— Qui en avait eu l'idée ?

— Mary. Elle voulait qu'on prenne des feuilles pour écrire des billets, mais elle a écrit un peu et a mis quelque chose... » [« Le témoin devient inaudible et s'agite. »]

« Peux-tu répéter, Norma ?

— Mary voulait qu'on écrive des billets... pour mettre dans sa chaussure... »

Après une longue discussion au sujet d'un autre billet, la pièce 15, qui d'après Norma avait été écrit par Mary et également « mis dans sa chaussure », M. Smith demanda une nouvelle fois qui avait eu l'idée de rédiger ces billets.

« C'est Mary. Parce qu'elle a d'abord pris du papier brouillon et j'ai commencé à écrire une autre lettre, et je l'ai écrite et elle l'a mise dans sa chaussure. Je sais pas pourquoi. Je savais pas ce qu'elle allait faire... »

Tout cela dura des heures et Norma termina sa déclaration dans une totale confusion, en prétendant d'abord qu'elles n'avaient rien fait d'autre dans la maternelle, qui en réalité avait été complètement saccagée, et que la police les avait interceptées dans la cour, ce qui se passa en effet, mais la semaine suivante.

Les parents de Norma ignoraient tout des histoires que les deux amies se racontaient, et l'idée qu'ils puissent les découvrir terrorisait Norma, comme le montre de façon évidente son refus de la présence de son père au poste de police, de peur qu'il ne vît son « étrange excitation », selon les mots de l'inspecteur-chef Dobson.

Il est difficile de savoir si cette excitation était provoquée par l'attention soudaine dont elle faisait l'objet, elle qui attendait sans doute depuis des années qu'on la remarque, ou si elle révélait quelque chose de plus profond, que ses récentes expériences auraient mis au jour. Son comportement après les deux crimes va plutôt dans le sens de la seconde hypothèse. D'autant que, à en juger par le rapport que fit devant la cour le docteur Ian Frazer, chef du département psychiatrique de l'hôpital Prudhoe Monkton, elle se montra beaucoup moins agitée pendant sa détention préventive où, dans le cadre paisible et protecteur de l'hôpital, on l'aida à évacuer les crimes de son esprit.

Le docteur Frazer fut le seul expert médical appelé à la barre. De manière très inhabituelle, le juge allait d'ailleurs citer son rapport mot à mot dans l'exposé de ses conclusions. Psychiatre de Norma depuis le 28 août 1968 (trois semaines après son arrestation et trois mois et une semaine avant le procès), l'expert déclara que son comportement était correct et qu'elle ne présentait aucun trouble. À son arrivée, expliqua-t-il, elle avait d'abord eu du mal à exprimer ses émotions, mais après s'être habituée à l'environnement, elle y était parfaitement parvenue.

Elle n'avait pas essayé de s'enfuir. Ses relations avec les autres enfants et avec l'équipe étaient bonnes ; jamais elle ne s'était montrée physiquement agressive. Elle suivait des cours et faisait correctement son travail, même si sa compréhension, sa capacité à raisonner étaient limitées – les tests d'intelligence lui attribuaient l'âge mental d'une fillette de 8 ou 9 ans. Elle était capable de donner une description physique des choses, mais éprouvait une grande difficulté devant les termes abstraits et complexes utilisés pour traduire les sentiments, les motivations et toute forme de réflexion autre que concrète.

« D'un point de vue morphologique, Norma est petite et d'une force physique réduite pour son âge », continua le docteur Frazer. Je trouvai cette assertion curieuse, et déplacée au regard des faits. Que voulait-il dire ? Je notai ma surprise en écrivant sur mon bloc : « Est-ce qu'il est en train de nous expliquer qu'elle n'aurait pas eu la force de tenir un enfant de 3 ans et de lui appuyer sur le cou ? » Comme tout le monde dans le tribunal, j'observais la fillette de 13 ans chaque jour et, comme tout le monde, j'étais au contraire frappée par le contraste entre sa vigueur physique et son évidente fragilité émotionnelle. Nous étions tous émus par sa tendresse envers ses jeunes frères et sœurs, qu'elle prenait dans ses bras chaque fois qu'ils se précipitaient sur elle, et qu'elle soulevait pour les balancer joyeusement en l'air, bien serrés contre elle.

Je fus moins étonnée par la description que fit le docteur Frazer de l'immaturité psychologique de

Norma. C'était, dit-il, « une petite fille anxieuse », qui n'avait pas la capacité de « s'exprimer aisément », et encore moins d'être « une meneuse ». « La plupart de ceux dont l'intelligence est inférieure à la moyenne sont influençables, et cela est vrai dans le cas de Norma. Elle est plus malléable qu'une enfant d'une intelligence normale ou supérieure. Si quelqu'un se montre déterminé en sa présence, elle aura tendance à faire ce que cette personne lui dit, même si une demi-heure plus tôt elle était prête à écouter ce que lui disait une autre. Et si vous lui demandez pourquoi, elle ne parviendra pas à trouver les mots pour s'expliquer, bien que sa capacité de concentration soit plutôt bonne relativement à son intelligence. »

Lors du contre-interrogatoire mené par le procureur, le docteur Frazer déclara que Norma avait une capacité limitée à discerner le caractère mauvais de certains actes.

« Est-elle capable de savoir qu'il est mal de tuer ? lui demanda M. Lyons.

— Elle ignore probablement que presser fort la gorge d'un enfant peut le tuer. Elle n'a pas la capacité de comprendre que les gens peuvent mourir par strangulation. Lorsqu'elle se trouve dans un contexte rassurant, Norma pose des questions et répond rapidement et pertinemment à celles qu'on lui pose, mais sous l'effet du stress, bien sûr, la situation est tout autre. »

Il ne fait aucun doute que dans le cadre hospitalier, en compagnie d'enfants malades et souvent plus jeunes qu'elle, Norma s'était présentée exactement telle que le docteur Frazer venait de la décrire. Il était cependant trop convaincu de son innocence dans la mort des deux petits garçons, trop certain qu'elle était incapable de s'attaquer à des enfants, comme il le dit à plusieurs de ses collègues avec qui je m'entretins plus tard, pour qu'on ne soupçonne pas Norma de lui avoir caché une partie de ses sentiments. S'il avait connu sa vie imaginaire avec Mary, son jugement aurait été différent. Il aurait sans doute, et peut-être à raison, continué à estimer Norma inoffensive, mais en apprenant les rêves terrifiants que les deux fillettes faisaient ensemble, il aurait nuancé ses propos, dont il ne pouvait ignorer qu'ils exerçaient une influence décisive sur le jury.

Mary était incomparablement plus perturbée, plus gravement atteinte sur le plan moral et plus seule que Norma. Elle ne la rejoignait que sur un point : ses crimes n'avaient pas plus de réalité pour elle que pour son amie. Ce n'étaient pas des actes qu'elle avait commis ; c'était quelque chose qui s'était produit en elle, ou qui lui était arrivé – elle ne savait toujours pas, vingt-huit ans plus tard, laquelle de ces formules était la bonne.

La question fondamentale de ce procès portait sur la signification, pour les deux enfants, du verbe « tuer ». Le mot, bien sûr, leur était familier, mais aucune des deux n'entendait « mort » dans le sens de « pour toujours » ou de « perte », même si, bizarrement, Norma reconnaissait les signes physiques de la mort, qu'elle avait identifiés lorsqu'elle y avait été confrontée. De son côté, Mary, incapable de faire le lien entre son besoin compulsif

« d'agir contre » et la conséquence de ses actes, ne pouvait tout simplement pas admettre que chaque action a un résultat ; il lui faudrait des années pour parvenir à le comprendre.

Son évolution allait pour l'instant dans la direction opposée. Elle s'ingéniait, depuis le début de sa détention préventive, à dissocier sa personne de ses actes, d'abord délibérément, avec une surprenante dextérité, comme le disait l'inspecteur-chef Dobson, puis d'une manière de plus en plus inconsciente et profonde, le mécanisme d'obstruction psychologique, qui agissait comme un barrage contre l'insupportable, ayant fini par rendre « réelle » cette dissociation.

Au long des trois décennies qui suivirent, Mary nierait avoir pris une part active dans le meurtre de Brian Howe. Ce ne fut qu'en 1996, lors de nos discussions, qu'elle finit par admettre, brièvement, en être l'auteur. Elle passa, de même, par différentes étapes avant de regarder en face ce qu'elle avait fait à Martin Brown.

Il lui fallut six ans pour admettre avoir au moins un lien avec sa mort : rédigeant, quand elle avait 14 ans, des bribes de souvenirs pour un professeur dont elle cherchait l'approbation, elle parla d'un accident qui serait arrivé alors qu'elle était avec le petit garçon. En 1975, âgée de 18 ans, lors d'une brève thérapie de groupe à la prison de Styal où, pour la première et unique fois, elle avait noué une relation positive avec un psychiatre, elle précisa son récit. Elle aurait, au cours d'un jeu innocent, attrapé Martin par les oreilles et il aurait glissé. « C'était un accident », concluait-elle encore.

En 1983, trois ans après sa remise en liberté, lors d'une discussion avec son agent de probation, Pat Royston, elle modifia de nouveau l'histoire : elle et Norma auraient étranglé les garçons ensemble. En 1985 enfin, dans son brouillon autobiographique, elle fit un autre récit non moins faux et simpliste, selon lequel elle aurait tué Martin dans une crise « de colère ». (Elle m'expliqua plus tard qu'elle avait pensé que la description d'« un meurtre ordinaire » rendrait la chose « plus facile à supporter » pour les gens.)

Après, me dit-elle, elle n'en parla plus jamais, si ce n'est à son compagnon, jusqu'à nos conversations, où elle admit presque tout de suite avoir tué Martin Brown seule. Mais, comme je l'ai dit, il fallut des mois et différentes versions, toutes racontées avec une difficulté extrême, pour qu'elle finisse par me convaincre qu'elle s'approchait de la vérité autant qu'il lui était possible. Même alors, elle se révélerait d'ailleurs incapable de m'expliquer pour quelles raisons elle pensait avoir agi comme elle l'avait fait.

« Mary, dit le juge le 12 décembre à 10 h 30, je veux te poser des questions. »

Elle se tenait très droite devant lui, plus pâle que d'habitude, vêtue de la robe jaune dont elle avait dit à la femme policier F., la veille au soir, que c'était sa mère qui l'avait faite.

« Est-ce qu'on t'a parlé de Dieu ?

— Oui m'sieur », répondit Mary avec son accent chantant, le « m'sieur » deux tons au-dessus du

« oui ». Jamais elle n'oublia d'ajouter ce respectueux « monsieur » pendant les heures qui suivirent, sauf pour montrer sa colère ou son mépris envers celui qui l'interrogeait.

« Vas-tu quelquefois à l'église ?

— Parfois m'sieur, à la mission.

— Parfois à la mission. Sais-tu ce qu'est la Bible ?

— Oui m'sieur.

— Et si tu prends la Bible et jure devant Dieu de dire la vérité, qu'est-ce que tu crois que cela signifie ?

— Qu'il faut dire la vérité, m'sieur.

— Qu'il faut dire la vérité. Très bien, elle peut prêter serment. »

Je retrouve sans peine, en écrivant ces lignes, l'atmosphère un peu haletante qui, pour la première fois depuis le début du procès, imprégnait le tribunal ce jour-là – cette attente nerveuse, cette sorte d'avidité, de curiosité morbide sous-jacente qui, dans les affaires de meurtre particulièrement horribles, transforme les spectateurs en voyeurs. Je ne sais pas ce que ressentaient les gens autour de moi, mais j'ai rapidement éprouvé un profond malaise. Les chuchotements et les sanglots de Norma ne m'avaient pas gênée à ce point. Le dos droit de Mary, la blancheur de son visage, son effrayant contrôle d'elle-même, si facile à interpréter comme une absence d'émotions, suscitaient en moi une curieuse résistance, une répugnance à regarder, presque une honte à être présente.

En évoquant la détresse qui me gagnait, en particulier devant la partialité instinctive de tous ceux qui penchaient en faveur de la malheureuse, enfantine petite Norma et rejetaient d'une façon presque passionnée l'insensible Mary, trop pleine de sang-froid, je tiens cependant à n'induire personne en erreur. J'étais, comme eux, quasiment certaine que Mary avait tué et, quel que fût le rôle joué par l'autre enfant, qu'elle était la figure dominatrice de cette triste alliance. Mais mon opinion divergeait de la leur, en dehors même de ce que je pouvais penser de Norma, dans la mesure où, si je voyais, évidemment, le caractère monstrueux de ce qui était arrivé aux petits garçons, je ne considérais pas un seul instant cette petite fille de 11 ans comme un monstre, et j'étais consternée de voir que les autres le faisaient.

Je n'avais pas alors une connaissance plus grande que la leur du passé de Mary – ce ne fut le cas que bien plus tard –, mais je demeurais marquée par mon travail, dans l'immédiate après-guerre, auprès d'enfants traumatisés par leur passage dans les camps de travaux forcés en Allemagne. La majorité d'entre eux avaient entre 4 et 12 ans. Certains étaient silencieux au point d'en être catatoniques. D'autres étaient hyperactifs, parlaient toute la journée, mais aussi la nuit, pendant leur sommeil. Certains voulaient qu'on les porte, d'autres tremblaient au moindre contact physique et s'écartaient quand on les approchait.

S'il y avait une constante chez la plupart d'entre eux lorsqu'ils arrivaient, et parfois pour des semaines encore, c'était leur rejet absolu de tout concept moral. Les mots « bien » et « mal » n'avaient pas de sens pour eux ; leurs visages se figeaient, leurs yeux se vidaient de toute expression chaque fois que l'on tentait de leur expliquer la nécessité, pour leur propre sécurité, de respecter certaines règles. Celles-ci étaient, en l'occurrence, minimales, mais ils explosaient au plus petit signe de désapprobation ou d'impatience exprimé par un adulte, nous forçant à les regarder jouer la comédie (car il s'agissait bien de ça) de leur délire, de leurs exploits de mauvaises graines qui n'avaient, semble-t-il, que ce moyen de nous faire voir ce qu'il y avait au plus profond d'eux-mêmes.

La similitude entre ces enfants de 1945 et Mary, à qui l'on demandait, en 1968, dans un tribunal anglais, de prêter serment au nom de concepts moraux face auxquels elle était totalement perdue, me frappa beaucoup. Dès le premier jour, en entendant ses histoires, ses mensonges tellement évidents, en la voyant immobile faire avec ses mains et ses doigts des gestes déroutants mais significatifs, en percevant son étrange intelligence, et son isolement, il me sembla qu'elle n'était rien d'autre qu'une enfant désorientée à qui un jour on avait fait quelque chose d'affreux.

Comme Norma, elle fut d'abord interrogée sur la mort de Martin Brown. Dans leurs dépositions, les fillettes avaient toutes deux admis avoir vu le petit garçon dans la rue la veille des faits, mais aucune ne se reconnaissait de responsabilité dans sa mort, ni n'accusait l'autre. D'une façon qui avait d'abord paru sincère aux policiers, Mary avait commencé par déclarer qu'elle n'avait jamais joué avec lui. Mais, quatre mois plus tard, au tribunal, lors de l'une des multiples démonstrations de son exceptionnelle agilité mentale, qui avait pour effet de jeter la confusion aussi bien dans le public que chez les avocats et le juge, elle adapta avec soin sa réponse aux témoignages qu'elle avait entendus.

Après qu'un expert judiciaire eut certifié que les fibres trouvées sur les vêtements de Martin correspondaient à celles prélevées sur la robe qu'elle portait ce jour-là, elle répéta que, non, elle n'avait jamais joué avec Martin, mais, insistant sur la différence entre les deux actions, elle ajouta qu'elle l'avait « fait se balancer » avant le repas, peu avant 13 heures, le jour où on l'avait trouvé mort. (« J'ai inventé, me dit-elle, quand la police a dit qu'ils avaient trouvé des fibres. »)

Interrogée sur leur visite chez les Brown quatre jours après la mort de Martin, Mary répondit assez honnêtement à la question de son avocat, Harvey Robson.

« J'ai demandé à sa mère si je pouvais voir Martin. Moi et Norma, on se défiait l'une l'autre...

— Vous vous défiiez l'une l'autre ? Pourquoi vouliez-vous voir Martin ?

— Je sais pas, m'sieur, parce que... euh... on se défiait et l'une de nous voulait pas être une poule mouillée, genre. »

Cette fois encore, on put noter à quel point les réactions de la cour aux témoignages des deux fillettes étaient différentes, non à cause de ce qu'elles disaient (elles passaient l'essentiel de leur temps à s'accuser mutuellement), mais de la façon dont elles s'exprimaient. Norma, en répondant avec réticence, sur un air de détresse, provoquait toujours la compassion et la sympathie. Mary, qui parlait avec aplomb, et en enrobant souvent ses réponses d'une masse d'informations supplémentaires afin de se donner le temps de la réflexion, embrouillait et irritait la cour.

« Je voudrais t'interroger à propos des billets, reprit M. Robson. Comprends-tu à quoi je fais référence ?

— Oui m'sieur.

— Te souviens-tu de la façon dont ces billets ont été écrits ?

— Eh bien, on a écrit... C'était une idée commune.

— Oui. Où étiez-vous ?

— Chez moi. On en a écrit seulement deux... euh... deux chez nous, je crois.

— Comment est-ce que ça a commencé ? Norma, je crois, a dit que tu étais en train de jouer de la flûte.

— Oh, eh bien...

— Est-ce que c'est juste ? »

Involontairement, l'avocat avait ouvert la porte à l'une de ses diversions.

« Oui, commença-t-elle, je sais jouer de la flûte. Je jouais de la flûte. Je jouais *Fais dodo, petit Pierre*. Je jouais ça ou *Trois souris aveugles*. J'ai joué un de ces airs et je l'ai rangée dans l'étui parce que si on en joue trop, ça se rouille dedans, ou... On est allées dans l'arrière-cuisine je crois – non... J'avais un chat en haut, un chat errant, il était noir et moi et Norma on essayait de lui trouver un nom, on pensait à des noms, et c'était un chat noir...

— Est-ce que vous êtes montées ? »

M. Robson essayait en vain de la remettre sur le sujet des billets – en particulier, le bout de papier que, selon Norma, Mary avait pris dans sa chambre.

« Oui.

— Dans quelle chambre ?

— Ma chambre.

— Et qu'avez-vous fait dans ta chambre ?

— On cherchait un nom pour le chat.

— Oui ?

— Mais le chien, il est monté et il reniflait sous la porte parce qu'il sentait le chat.

— Et comment avez-vous décidé d'écrire les billets ?

— Eh bien, la poussette de la poupée était à côté de mon lit et Norma s'est approchée et a regardé dedans. Elle a... Je crois que la capote est rouge, je ne suis pas sûre de la couleur de la capote, mais il y a quelque chose pour recouvrir et il y a les deux boutons à un bout... et Norma a regardé dedans parce qu'elle a vu... elle regardait la poupée... et elle a vu qu'il y avait un feutre rouge et elle l'a pris et elle a fait des dessins et on a eu l'idée d'écrire des billets, alors on les a écrits ensemble, mais on les a jamais écrits dans la chambre, on les a écrits dans l'arrière-cuisine.

— Est-ce que tu te rappelles combien de billets vous avez écrits dans la chambre ? demanda M. Robson, de toute évidence assez perdu.

— On n'a jamais écrit de billets dans la chambre, répéta-t-elle patiemment. On les a seulement écrits dans l'arrière-cuisine parce qu'on peut pas le faire dans la chambre parce que si on s'appuie sur le lit, le feutre va passer au travers parce que le lit est mou, et il y a quelque chose comme une commode et dessus il y a un truc rond avec des plis dessus.

— Vous n'avez écrit aucun billet dans la chambre. Combien en avez-vous écrit dans l'arrière-cuisine ?

— ... Deux.

— Et quand vous avez terminé les billets, êtes-vous restées ou êtes-vous allées quelque part ?

— On est allées... euh... Norma a dit : "Tu viens à la maternelle ?" J'ai dit : "Oui, allons-y", parce qu'on était déjà entrées une fois là-bas. »

Mary mélangeait les deux effractions, mais tout le monde en avait tellement assez des billets que personne ne sembla s'en rendre compte.

« Oui ?

— On y était allées une semaine avant... la semaine avant ça. »

De nouveau, la discussion sur les billets s'éternisa. À la fin, j'eus l'impression que les billets, bien qu'ils eussent sans doute fait partie d'un jeu morbide, avaient été, au moins en partie, un classique appel au secours et que les deux fillettes étaient alors tout près de dire la vérité.

La veille au soir, après l'interrogatoire de Norma, Mary avait montré à la femme policier qui la gardait, l'une de celles qu'elle aimait bien, Pauline J., qu'elle commençait vraiment à avoir peur. « Ils seront pas capables de faire quelque chose à l'une et pas à l'autre... Après tout, on était toutes les deux... » Elle hésita. « ... Toutes les deux dedans.

Ce serait injuste de punir l'une sans l'autre. » Et à la fin de cette nuit durant laquelle elle n'avait pas dormi, elle ajouta : « Ils vont dire que tout est de ma faute, parce qu'ils disent que Norma est stupide... »

À la fin de cette matinée, lors de son contre-interrogatoire, Mary, une fois de plus questionnée au sujet des billets, mais cette fois par l'avocat de Norma, laissa apparaître la colère que provoquait en elle l'évidente partialité de la cour – et, par la même occasion, sa peur de ce qui allait lui arriver. Elle répondit en partie par des mensonges, tout en glissant au milieu, je le sais maintenant, une vérité qui jetait un peu de lumière sur le trouble de sa relation avec Norma, sur la frénésie grandissante de leurs fantasmes.

« Qu'est-ce que cela signifie "une idée commune" ? lui demanda M. Smith.

— C'était nous deux.

— Vous deux quoi ?

— Qui avons écrit les billets.

— Oui, mais qui a décidé qu'il fallait écrire les billets ?

— Elle.

— Vraiment ?

— Oui.

— Qu'est-ce qu'elle a dit ?

— Elle a dit : "On le fait pour se marrer." Je l'ai dit à M. Robson [elle voulait dire l'inspecteur-chef Dobson] et tout, c'était nous deux.

— Lui as-tu demandé pourquoi elle pensait que ce serait marrant ?

— Elle voulait se faire prendre. »

Mary employait maintenant un ton exaspéré.

« Est-ce que c'est vrai, ce que tu es en train de dire à la cour ?

— Oui parce qu'après, elle m'a demandé de m'enfuir avec elle.

— Où ça ?

— Elle a juste dit : "Enfuis-toi avec moi."

— Pourquoi ça ?

— Je ne sais pas. Je me suis enfuie avec elle une fois. »

Ici le juge intervint.

« Mais a-t-elle dit pourquoi elle voulait se faire prendre ?

— Parce qu'elle pourrait tuer des petits, voilà pourquoi.

— Parce que *quoi* ? demanda le juge, ahuri.

— Et fuir la police », poursuivit Mary, la voix maintenant stridente, à cause de l'hystérie contenue.

« Elle allait aller... »

Le juge Cusack referma son bloc-notes d'un coup sec et se leva, forçant la salle à l'imiter aussitôt. « Je pense que nous allons maintenant ajourner la séance jusqu'à 14 h 15 », annonça-t-il.

« Je lui casserai la figure », cria Mary, mais tout le monde se mit à parler comme pour étouffer sa voix. Pour la première fois, elle venait d'essayer d'évoquer les fantasmes qu'elle partageait avec Norma, mais c'était évidemment resté incompréhensible à cette assemblée de gens bien sous tout rapport, pour qui comprendre la pathologie des enfants perturbés ne correspondait à aucune qualification, ni à aucune nécessité.

« J'ai l'impression que tout ça n'est qu'un rêve, dit-elle à Susan L., l'agent qui la garda ce soir-là. Ça n'est jamais arrivé. Croyez-vous que je retournerai chez moi un jour ? Je voudrais retourner dormir dans mon lit. Est-ce que vous croyez que je vais prendre trente ans ? Je pense que c'est un horrible juge s'il me donne trente ans. Si j'étais juge et qu'une petite fille avait fait ça... »

« J'ai réalisé qu'elle avait dit "fait ça", me rapporta Susan plus tard. Mais je n'en ai pas parlé. J'ai senti que je ne devais pas le faire. »

« Je lui donnerais... dix-huit mois, poursuivit Mary. Tuer n'est pas si grave. On finit tous par mourir de toute façon. » Et elle ajouta sans transition : « Maman me donne des bonbons tous les jours... »

Tout cela voulait dire quelque chose : l'évocation des bonbons donnés par sa mère aussitôt après avoir mentionné la mort et le meurtre, et bien plus encore son emportement explosif à propos de Norma, à propos de « fuir la police », « fuir loin de la maison » et « tuer des petits ». Tout était vrai, mais de manières différentes. La fuite loin de chez elles était un fait avéré ; le reste appartenait au terrible fantasme devenu réalité. Seulement, personne ne regardait, personne ne posait de questions, et par conséquent personne n'était en mesure d'établir des liens entre les événements.

Si le comportement des filles avait été observé plus tôt, peut-être quelqu'un aurait-il pu mesurer l'ampleur des troubles en germe dans leurs esprits et – c'est la pensée la plus cruelle – peut-être les deux petits garçons auraient-ils vécu. Mais peut-être aussi cet effort pour chercher à comprendre comment on vivait dans ces familles, et quelle avait vraiment été l'enfance de Mary, s'il avait été accompli par les mêmes travailleurs sociaux dont on avait pu voir, pendant ces mois tragiques, à quel point ils pouvaient être déficients, aurait-il montré une nouvelle fois que les hypothèses des adultes peuvent se révéler fausses, et l'on serait parvenu aux mêmes résultats.

Quelques minutes après la fin des trois heures d'interrogatoire de Mary, cet après-midi-là, son avocat appela à la barre les deux psychiatres qui l'avaient examinée. Selon la loi anglaise, les enfants accusés sont vus par des psychiatres à la demande de la défense, pour démontrer qu'ils sont « incapables d'intention criminelle », et à la demande de l'accusation, pour réfuter cet argument.

Le docteur Robert Orton avait vu Mary deux fois, en août et en novembre. D'après lui, elle présentait une « personnalité psychopathique », ce qu'il définit comme étant « un trouble ou un dérangement persistant de l'esprit, les premiers symptômes étant : 1. une absence de sentiments à l'égard des autres êtres humains, 2. une disposition à agir de façon impulsive et sans préméditation, 3. l'agressivité, 4. une absence de honte ou de remords, 5. une incapacité à tirer profit de l'expérience, y compris une absence de réaction face au châtiment, et 6. la présence d'une certaine malveillance et d'un désir de dégrader les choses ou les personnes ».

Dès les premières visites qu'elle avait rendues à Mary pendant sa détention préventive, sa mère lui avait dit : « Ne parle jamais à un psychiatre. Jamais. » Betty elle-même n'était pas étrangère à la psychiatrie ; elle avait fait de fréquents séjours dans des hôpitaux pour soigner ses dépressions nerveuses réelles ou imaginaires. À une occasion au moins, elle avait été internée à la demande de sa sœur aînée.

Sa peur des psychiatres paraît cependant avoir avant tout été motivée par la crainte de ce que Mary aurait pu révéler. « Une fois seulement, elle et mon père sont venus ensemble, me dit Mary. Elle m'a expliqué que je devais juste dire que je ne parlerais pas aux psychiatres : ces docteurs pouvaient me mettre des choses dans la tête et m'envoyer dans l'espace, "dans un univers parallèle", elle a dit. Mon père lui a dit de ne pas raconter des sornettes pareilles, mais ça m'a terrifiée. » Elle avait déjà pris l'habitude de rejeter les questions concernant sa famille et son enfance ; après cette mise en garde, elle refusa totalement de coopérer.

Le docteur David Westbury avait rencontré Mary quatre fois avant le procès, mais il n'avait pu discuter avec elle que deux fois – en octobre et début novembre. Même alors, dit-il à la cour, « elle s'était montrée maussade et peu disposée à parler ». Bien qu'il fût moins radical que le docteur Orton, lui aussi pensait que, si elle « ne présentait pas de signe de maladie mentale, ni de déficience sévère, ni de déficience intellectuelle », elle souffrait d'un « trouble important de la personnalité qui nécessitait un traitement médical ». Il ajouta que l'anomalie mentale de Mary provenait, d'une part, de facteurs génétiques, de l'autre de facteurs environnementaux. Lorsqu'il répondit aux questions de l'avocat de Norma, M. Smith, il confirma que Mary était « violente » et « très dangereuse ». (Trois ans plus tard, en 1971, lorsqu'il réexamina Mary pour le ministère de l'Intérieur, il fit un compte rendu totalement positif à son sujet et recommanda que l'on considère la possibilité de sa libération en 1975.)

Lorsque, à la fin du témoignage de Mary, la cour se retira, ni le public ni les médias n'avaient plus le moindre doute. Tout le monde avait entendu le juge expliquer à un jury impressionné que la manière dont un accusé s'exprimait avait autant d'importance que ce qu'il disait. Tout le monde avait été témoin du désespoir de Norma, de l'affection et de la confiance de sa famille. Et tous avaient vu le visage impassible de la plus petite des deux enfants et en avaient conclu qu'au fond elle était telle que le procureur, M. Lyons, la décrivit le jour suivant : « Une enfant anormale : agressive, vicieuse, cruelle, incapable de remords... Une personnalité dominatrice à l'intelligence quelque peu inhabituelle avec une dose de ruse diabolique presque terrifiante. » Elle avait eu, dit-il, « une influence irréfutable et néfaste sur Norma, semblable à celle du Svengali de la légende... ».

À ce moment-là, plus personne ne pouvait douter que Mary avait tué Martin Brown, et qu'elle l'avait fait seule. Moi aussi, je fus convaincue et c'était le cas. Quant à Brian Howe, personne ne doutait non plus que l'une ou l'autre, ou les deux filles ensemble, l'avaient tué.

En s'en tenant aux seules preuves, rien ne permettait d'ailleurs de savoir si c'était l'une ou l'autre ou les deux, les questions qu'on leur avait posées à ce sujet pendant des heures n'ayant pas permis de trancher. Des fibres, provenant de leurs vêtements à chacune, avaient été trouvées sur Brian, même si, dans le cas de Norma, c'était uniquement sur ses chaussures. Devant la police puis au procès, elles s'étaient mutuellement renvoyé la charge de l'ensemble des autres preuves qui avaient été présentées : l'utilisation des ciseaux et de la lame de rasoir, les coupures sur le corps de Brian, les traces de pression sur son nez et son cou. La seule chose que les deux filles reconnaissaient avoir faite ensemble était le tapis de fleurs sauvages qui recouvrait l'enfant.

Excepté le fait que les mensonges de Mary, pour la plupart fondés sur les preuves en question, étaient plus intelligemment agencés et par conséquent plus flagrants, la seule certitude que la cour pouvait avoir était que les deux fillettes s'étaient rendues aux « blocs » avec Brian cet après-midi-là, une première fois quand il était encore en vie, et à deux reprises alors qu'il était déjà mort.

Parmi tous les personnages officiels présents au tribunal, Mary n'avait qu'un seul allié, le jeune assistant de son avocat, David Bryson. C'était un homme modeste qui fut ensuite très affecté par le sentiment d'avoir abandonné Mary.

« Je crois qu'il est bête, avait dit Mary à l'une des femmes policiers. Il ne sait pas ce qu'il fait. » Presque trente ans après, l'analyse qu'elle fit de lui au cours d'une de nos conversations s'approcha davantage de la vérité : « Il était jeune, sans doute trop jeune pour s'occuper d'un cas comme celui-ci. »

Je crois qu'elle avait raison, mais c'est aussi parce qu'il était jeune qu'il ressentait de la compassion pour elle. « Je ne pouvais tout simplement pas la voir comme le monstre, "la mauvaise graine" que l'on décrivait, me dit-il. C'était une enfant malade. Je ne savais pas quel était son problème, mais je savais que ce qui se passait dans ce tribunal n'était pas juste. Dès le début, M. Harvey Robson avait été convaincu [à juste titre, comme la suite le montra] qu'elle serait déclarée coupable, c'est pourquoi il a fait en sorte qu'elle bénéficie de la responsabilité atténuée, il pensait que cela lui donnerait plus de chance. »

Cela aurait en effet dû être le cas. Mais cela ne fit aucune différence.

Le lendemain, vendredi 13 décembre, M. Smith, dans sa plaidoirie, conclut que sa cliente était « une innocente spectatrice » qui avait proféré des mensonges puérils pour s'éviter des ennuis. En revanche, les mensonges de Mary, qui avaient été destinés à créer des ennuis à un petit garçon innocent (A.), étaient « vicieux ». « On est tenté de la décrire comme le diable, continua-t-il. Mais il ne me revient pas de charger Mary. Même s'il s'agit d'une affaire terrible, et que certains témoignages ont pu vous rendre malades, il est possible d'éprouver de la pitié pour elle. Sa maladie – la psychopathie de sa personnalité – est, paraît-il, la conséquence de facteurs génétiques et environnementaux. Ce n'est pas sa faute si elle a grandi de cette façon, ce n'est pas sa faute si elle est née. »

« Elle n'a pas du tout dormi ce week-end-là, me raconta l'agent Valérie M. Nous étions quatre à nous relayer pour la garder et à chacune d'entre nous, elle a demandé : "Qu'est-ce qu'un psychopathe ?" Que pouvait-on lui répondre ? »

En 1970, j'en discutai avec une autre femme policier qui avait beaucoup réfléchi à toute l'affaire. « J'ai pris des cours de criminologie à l'université et j'ai beaucoup lu sur la psychopathie et les tueurs en série, me dit-elle. J'avais été ébahie lorsque les psychiatres avaient déclaré que Mary était une psychopathe, c'est une maladie extrêmement difficile à traiter, sans parler de la soigner. Je sais – je l'ai lu – que d'autres ont essayé d'appliquer le terme à des enfants, mais je trouve ça absurde, n'importe quoi, ce terme n'aurait pas dû être employé par des psychiatres à propos d'une enfant qu'ils connaissaient à peine, qu'ils avaient à peine examinée. » « Ça m'a dégoûtée », ajouta-t-elle avant de me demander de ne pas la nommer.

Par comparaison aux autres discours, le dernier, celui d'Harvey Robson, fut court. « Que pouvait-on dire ? » soupira-t-il tristement quelques mois plus tard. L'avocat semblait résigné à l'inévitable mais, bizarrement, sa conclusion recelait le grain de sagesse qui jusqu'à présent avait manqué aux débats. « Il est très facile de vilipender une petite fille, déclara-t-il, de la comparer à Svengali sans un instant réfléchir à la manière dont on en est arrivé à cette situation. Cette dernière pensée peut sembler troublante, mais je suis convaincu que lors de vos délibérations, vous serez capables, en tant que jurés, de faire preuve d'une certaine pitié. »

Les conclusions du juge durèrent quatre heures. Bien que ses arguments juridiques fussent justes, peu de personnes dans l'assemblée furent capables d'en suivre la logique, ou même d'en déceler une. En revanche, il exposa très clairement ce qu'il attendait de la part des jurés à propos de chaque enfant. En énumérant les preuves, il leur rappela que, même si Norma avait dit ignorer dans quel but elles avaient conduit Brian aux « blocs », elle admettait, « et c'est un point important de l'affaire, qu'à ce moment-là elle pensait que Mary avait tué Martin Brown puisque, nous a-t-elle dit, Mary le lui avait avoué ».

Quand il précisa : « Le fait que Mary eut dit à Norma qu'elle avait tué Martin signifie que Norma n'a rien fait pour protéger Brian Howe », on eut le sentiment qu'il incitait le jury à se fonder sur les faits plutôt que sur leurs émotions. Il ajouta d'ailleurs : « Si un acte illégal est commis et que deux personnes y participent, peu importe laquelle des deux commet effectivement l'acte. Si une personne commet l'acte qui cause la mort et que l'autre est présente, sait ce qui se prépare, ce qui est en train de se passer, et ne fait rien, ni pour aider ni pour essayer d'aider la victime, cette personne est également coupable. »

Peu de temps après, cependant, on vit plus précisément où il voulait en venir, quitte à paraître se contredire : « Mais si la personne est présente en simple spectatrice et non pour aider [le tueur], et qu'elle n'aide pas en effet, cette personne ne peut être tenue pour responsable sur un plan criminel. »

C'était difficile à comprendre. Nous avions tous entendu Norma dire qu'elle « n'avait jamais touché Brian », et nous l'avions aussi entendue admettre qu'elle avait soulevé « les épaules et la tête de Brian, tapoté un peu son dos, mais sa main est tombée sur le côté et je l'ai reposé sur le sol ». Nous l'avions entendue dire qu'elle avait « écouté son pouls mais il ne battait pas », et nous avions entendu les experts dire à la cour – ce qui nous avait remis en mémoire les billets de la maternelle « écrits alternativement par les deux filles » – que les petites coupures sur le ventre du garçonnet avaient « la forme d'un *N* à laquelle une main différente avait ajouté un trait vertical formant la lettre *M* ». « Comment, dans ces conditions, peut-on parler d'elle comme d'une "simple spectatrice" ? » notai-je à l'époque.

Mais le juge alla plus loin : « Deuxièmement, et encore beaucoup plus important, si vous concluez que l'une des filles a tué, ou participé au meurtre, mais qu'à ce moment-là elle était dominée par l'autre au point de n'avoir plus de volonté ni d'avis propre, de sorte qu'elle n'a pas agi "volontairement", vous ne devez pas la condamner. »

Les choses étaient désormais claires comme de l'eau de roche : si Norma n'avait pas seulement été présente, mais avait, même de façon marginale, participé au meurtre (peut-être uniquement en tant que présence encourageante), le fait que Mary avait été selon toute vraisemblance la meneuse induisait que Norma n'était pas coupable.

La suite s'imposait. Il était évident, dit-il aux jurés, que ce qu'il allait maintenant leur expliquer ne s'appliquait qu'à Mary – ce qui revenait à dire que l'autre enfant devait être acquittée. Il leur présenta, en précisant le sens de chaque mot, les deux incriminations qui pouvaient se substituer à celle de meurtre dans les deux cas qu'ils avaient à juger : l'homicide involontaire, et d'autre part l'homicide involontaire « pour responsabilité atténuée ». Or, ajouta-t-il, ils avaient entendu deux experts expliquer que Mary souffrait « de troubles psychopathiques de la personnalité qui altéraient sensiblement la responsabilité mentale de ses actes ou de ses omissions », lesquels entraient dans la définition légale de la responsabilité atténuée ; ils pouvaient d'ailleurs être traités médicalement.

« Le meurtre, conclut-il, implique une intention de tuer ou de porter sérieusement atteinte au corps en sachant que cela peut entraîner la mort. L'homicide involontaire n'implique pas cette intention. Il suffit qu'un acte illégal, dangereux et entraînant la mort soit commis. Le degré de compréhension nécessaire pour qu'un enfant de cet âge soit considéré comme responsable devant la loi est parfois appelé "coupable en esprit". Le simple fait qu'un enfant commet un acte qui chez un adulte serait un crime n'est pas, en soi, une preuve que l'enfant est coupable en esprit. Il vous faut regarder au-delà de l'acte pour voir si l'enfant comprenait ce que sont le bien et le mal, s'il savait apprécier ce qui est bon et ce qui est mauvais, afin de savoir si cet enfant est responsable aux yeux de la loi. »

Cet après-midi-là, dans les couloirs, ceux qui avaient suivi tout le procès n'avaient aucun doute : nous savions tous, je crois, que le jour suivant Mary serait déclarée coupable d'homicide involontaire avec responsabilité atténuée, et la plupart des gens avec qui je parlai pensaient ou espéraient que Norma serait acquittée. De mon côté, j'étais également certaine que quoi qu'il se fût passé avant et pendant les meurtres, Mary avait été la meneuse. Néanmoins, le point de droit mentionné par le juge : « si la personne est présente en simple spectatrice et non pour aider, et qu'elle n'aide pas en effet, cette personne ne peut être tenue pour responsable sur un plan criminel », me dérangeait.

Peut-être les capacités intellectuelles de Norma étaient-elles limitées, mais il me semblait qu'elle avait montré lors de son témoignage qu'elle possédait, tout comme ses parents, un sens moral, et qu'elle terminerait extrêmement perturbée par sa participation à la mort de ces enfants, quand bien même cette participation avait été passive, ce dont on pouvait douter. Je pensais donc que son acquittement total – qui semblait presque certain – ne serait pas seulement injuste envers Mary mais, en fin de compte, préjudiciable à Norma.

Un autre point m'intriguait : comment les psychiatres en étaient-ils venus à la conclusion que

Mary souffrait « d'un trouble psychopathique de la personnalité » ? Qu'est-ce que c'était que ça ? Qu'est-ce qui avait causé ce trouble ?

« Cela signifie-t-il qu'elle est mentalement malade ? » demandai-je au Dr Westbury après son témoignage. Il secoua la tête : « Ce n'est pas une maladie mentale, répondit-il. C'est un état.

— Peut-on la guérir ? »

Le psychiatre secoua de nouveau la tête. « Mais on peut la traiter », dit-il.

Je fus, je l'admets, momentanément rassurée. Le procès m'avait semblé désastreux, mais finalement, me disais-je, ils feraient ce qu'il fallait. Mary n'était pas mentalement malade, mais elle s'était retrouvée d'une manière ou d'une autre dans un état de trouble profond et, par conséquent, avait causé d'affreuses souffrances aux familles de ses victimes ; plutôt que de la punir, on enverrait cette enfant malheureuse à l'hôpital où l'on s'occuperait d'elle. Le docteur Westbury m'avait dit qu'il avait déjà commencé à chercher l'endroit où Mary – ou le cas échéant les deux fillettes – pourrait être envoyée.

Le 16 décembre au soir, Mary savait que le lendemain le jury déciderait de son sort. « Quelle est la pire chose qui puisse m'arriver ? demanda-t-elle à l'agent Pauline J. Est-ce qu'ils me pendront ? » Pauline J. me dit en avoir été malade. « Je n'étais pas censée parler de l'affaire avec elle... Mais je ne pouvais pas ne pas répondre à ça, qui aurait pu ? J'ai dit : "Non, on ne pend pas les petites filles." Un peu plus tard, elle me demanda si on l'enverrait en prison pour trente ans, "comme Harry Roberts". Je lui ai dit qu'on n'envoyait pas non plus les petites filles en prison, mais alors elle a commencé à parler de revenir à la maison comme si on allait juste la laisser rentrer chez elle. Alors, je lui ai dit qu'on l'enverrait quelque part où on... s'occuperait d'elle... C'était mieux de le lui dire, de la préparer un peu. »

Mary, téléspectatrice avide de westerns, avait vu des hommes se faire pourchasser, attraper puis pendre. Elle connaissait l'histoire de Harry Roberts qui avait été condamné à trente ans ; c'était une sorte de héros dans sa famille. Mais pour elle il n'y avait pas de lien entre les images de poursuite, de meurtre, de violence et de mort qu'elle avait en tête et ce qu'elle avait fait.

Comme elle l'avait dit à Pauline, on devait juste la laisser rentrer à la maison. Pourquoi pas ? Qu'avait-elle fait de si mal ?

Il était 14 h 15, le lendemain, lorsque le jury revint avec le verdict. Le juge avait prévenu qu'il ne tolérerait ni éclats ni démonstrations dans le tribunal. Le silence était total lorsque le greffier, M. Peter Robinson, demanda la décision.

« Déclarez-vous Norma Bell coupable ou non coupable du meurtre de Martin Brown ?

— Non coupable.

— La déclarez-vous coupable ou non coupable du meurtre de Brian Howe ?

— Non coupable. »

Le seul bruit fut le brusque claquement de mains de Norma, interrompu tout aussi brusquement lorsque sa mère, avec le mouvement doux qu'on avait si souvent noté, la fit se retourner, radieuse, face à la cour.

Les visages de la famille de Mary – sa mère, sa grand-mère, Billy, les trois tantes, Cath, Isa et Audrey, et certains de ses oncles – étaient figés quand le greffier demanda :

« Déclarez-vous Mary Flora Bell coupable du meurtre de Martin Brown ?

— Coupable d'homicide involontaire pour cause de responsabilité atténuée », répondit le président du jury.

Et de nouveau, quelques instants après, à propos de Brian Howe : « Coupable d'homicide involontaire pour cause de responsabilité atténuée. »

Betty éclata en sanglots bruyants, d'une façon tellement attendue que personne ne réagit ; Billy était penché en avant, le visage dans ses mains, ainsi qu'on l'avait souvent vu au cours du procès ; Mme McC. semblait pétrifiée. Mary avait écouté avec cette étrange immobilité que j'ai déjà décrite. Elle ne réagit – je le vis parfaitement – que lorsqu'elle regarda sa famille en face. Alors elle se mit à pleurer et l'assistant de son avocat, M. Bryson, l'entoura de son bras.

Dix minutes plus tard, le juge prononça la sentence.

« L'enfant n'a pas besoin de se lever et je vais présenter les attendus sans m'adresser particulièrement à elle.

« D'après le verdict du jury, Mary Bell est déclarée coupable par deux fois d'homicide involontaire, et non de meurtre, le jury ayant estimé qu'au moment des faits sa responsabilité était diminuée. Ce qui signifie néanmoins que cette enfant, aujourd'hui âgée de 11 ans seulement, a été reconnue coupable d'avoir tué deux autres enfants.

« La difficulté est maintenant de décider quel doit être l'arrêt de la cour.

« Eu égard au témoignage médical présenté devant moi, j'aurais souhaité rendre une ordonnance d'hospitalisation, de sorte qu'elle puisse être prise en charge dans une institution psychiatrique pour y recevoir le traitement approprié, accompagnée d'une ordonnance de restriction, qui l'aurait empêchée de sortir de l'hôpital sans autorisation spéciale.

« Malheureusement, je ne suis pas en mesure de rendre une telle ordonnance. La loi sur la santé mentale stipule entre autres que je dois m'assurer, premièrement, qu'il y a un hôpital où elle pourrait aller, deuxièmement, qu'elle pourrait y être admise dans les vingt-huit jours.

« Le docteur Westbury a affirmé lors de sa déposition qu'il n'a pas été possible de trouver une institution pour l'accueillir et lui faire suivre un traitement conformément à la loi sur la santé mentale.

« L'administration responsable a besoin de temps pour décider de ce qu'il faut faire. Je ne critique pas cette administration. Mais il est particulièrement fâcheux qu'avec toutes les ressources dont dispose ce pays, il s'avère que ni le ministère des Affaires sociales ni le ministère de l'Intérieur n'est en mesure de désigner un hôpital adapté aux besoins de cette fille.

« Hormis celle que j'ai mentionnée, toutes les conditions requises par la loi sur la santé mentale sont remplies et seul le fait qu'un tel hôpital n'existe pas m'empêche de faire ce que je ferais autrement.

« Je n'ai reçu aucune déposition qui me permette de prendre l'arrêt que j'aurais souhaité prendre. En conséquence, je dois me tourner vers d'autres solutions.

« Si nous nous étions trouvés face à un adulte, eu égard aux témoignages entendus ici, et que j'accepte pleinement, selon lesquels cette enfant est dangereuse, je me serais vu contraint d'imposer une peine d'emprisonnement à vie non seulement en raison de la gravité des faits, mais aussi parce qu'il a été démontré qu'elle est atteinte d'une maladie mentale ou d'une anormalité qui rend impossible de dire quand elle pourrait être libérée sans danger.

« Il est épouvantable, dans le cas d'une enfant aussi jeune, de devoir prendre de telles décisions, mais je suis absolument convaincu, quel que soit mon désir de tout faire pour son bien, que mon devoir est avant tout de protéger la société.

« Mon opinion est qu'il existe un risque très grave pour les autres enfants si elle n'est pas surveillée de près et si on ne prend pas toutes les dispositions nécessaires pour empêcher qu'elle ne refasse ce qu'il a été établi qu'elle a fait.

« Dans le cas d'une enfant de cet âge, il n'est pas question d'emprisonnement, mais j'ai le pouvoir d'ordonner la détention et il me semble qu'au vu des circonstances, il n'y a pas d'autres moyens de statuer sur son cas.

« Je dois donc maintenant décider de la durée de la détention. Je précise tout de suite que lorsque la détention est infligée pour une durée indéterminée, comme dans le cas de la condamnation à perpétuité, cela ne signifie pas que la personne sera emprisonnée indéfiniment, ou pour le restant de ses jours. Cela signifie que la situation peut être reconsidérée à intervalles réguliers, et s'il s'avère qu'il est possible de libérer la personne en toute sécurité, la personne peut être libérée.

« Pour cette raison, la sentence prononcée par la cour concernant les deux chefs d'accusation qui pèsent sur Mary est une sentence de réclusion, et cette réclusion sera une réclusion à vie.

« L'enfant Mary Bell peut être emmenée. »

Mary
Réflexions 4

Il est très rare, d'abord parce que c'est illégal, qu'un juré se permette de faire des commentaires sur un procès où il a siégé. Pourtant, le 13 mai 1995, un an et demi après le procès des deux garçons de 10 ans qui avaient assassiné le petit James Bulger en février 1993, un professeur d'université à la retraite, membre du jury qui les condamna, Vincent Moss, critiqua vigoureusement la comparution d'enfants devant un jury populaire dans une émission de la BBC, « Histoires de jurés ».

Une polémique ayant éclaté après que les deux enfants avaient été déclarés coupables et emprisonnés, l'affaire continuait de faire la une des journaux. Le juge, M. Morland, s'était prononcé pour une peine minimum de huit ans à l'issue de laquelle leur cas devait être reconsidéré. Deux jours plus tard, le président de la Haute Cour de justice avait prolongé leur détention de deux ans, ce qui n'avait d'ailleurs pas suffi à calmer le jeu. Une pétition lancée par les parents de James Bulger et largement soutenue par le *Sun* avait recueilli 250 000 signatures en faveur d'une condamnation à vie. Au mois de juillet 1994, le ministre de l'Intérieur, Michael Howard, annonça qu'étant donné les « circonstances particulières et la nécessité de maintenir la confiance dans le système judiciaire », il avait décidé d'imposer un « tarif » aux deux garçons ; soit une peine minimum de quinze ans.

Ainsi deux enfants de 10 ans – 11 au moment du procès – se préparaient-ils à passer quatre ans dans une unité spéciale, trois dans un établissement sécurisé pour mineurs avant, à l'âge de 18 ans, d'être transférés pour huit années supplémentaires dans une prison pour adultes. Une libération conditionnelle pourrait être envisagée quand ils auraient 26 ans. Leurs avocats lancèrent un appel à la Cour européenne des droits de l'homme de Strasbourg. L'intervention d'un ministre dans une telle décision, alors qu'un jugement équitable avait été rendu, violait, de leur point de vue, plusieurs articles de la Convention européenne des droits de l'homme.

Le 6 mars 1998, la Cour jugea leur demande recevable. Un an plus tard, elle rendit un avis selon lequel le procès, bien qu'il n'eût pas induit de traitements inhumains ou dégradants, n'en avait pas moins été injuste – alors même qu'entre-temps l'intervention du ministre avait été annulée par la Cour suprême anglaise. C'était ainsi la procédure qui était visée, non des circonstances particulières. La Grande-Bretagne, signataire de la Convention des droits de l'homme, se retrouvait dans l'obligation d'opérer des changements radicaux.

Au cours de l'émission, le juré, Vincent Moss, mit d'ailleurs l'accent sur un problème d'après lui plus important que la durée de la détention : ces enfants de 10 ans distinguaient-ils le bien du mal et pouvait-on les considérer comme responsables de leurs actes ? À son avis, leur degré de responsabilité ne pouvait être le même que celui d'adultes en pleine possession de leurs facultés mentales. Dès lors, les choix offerts à un jury lors d'un procès d'adultes – coupable ou non coupable, meurtre ou homicide involontaire – devenaient trop restrictifs quand il s'agissait de mineurs.

« Nous aurions dû retourner devant la cour, et dire : "Oui, nous avons un verdict : ces enfants ont un besoin urgent d'aide psychiatrique et sociale." Ces deux enfants ont passé un mois [en réalité, dix-sept jours] assis, en s'ennuyant, sans rien comprendre, complètement affolés quand la cour a écouté à plein volume des enregistrements où on les entendait pleurer et réclamer leurs mères. » Il confia avoir été horrifié par la façon dont le juge avait présenté les deux garçons comme « des criminels endurcis, vicieux ». Lui et les autres jurés n'avaient pas réellement eu la liberté de dire si les garçons étaient coupables ou innocents. On ne leur avait même pas donné la possibilité d'opter pour la culpabilité avec responsabilité atténuée. « Nous n'étions là que pour approuver un verdict », conclut-il.

Puisque nous nous intéressons aux réflexions d'un intelligent juré en 1993, et avant d'en apprendre davantage sur les sentiments d'une enfant pendant et après son procès en 1968, il peut être pertinent de se pencher sur un article paru dans le *Times* plus de cent ans auparavant, le

10 août 1861. Il s'agit d'une affaire similaire : le jugement de deux enfants de 8 ans qui, le 11 avril 1861, à Stockport, dans le Cheshire, battirent à mort George Burgess, deux ans et demi, totalement inconnu d'eux. Le journaliste écrivait notamment :

> Les enfants de cet âge ne peuvent pas être tenus pour responsables devant la loi comme des adultes. Pourquoi, nous dira-t-on, aurait-il été absurde et monstrueux que ces deux enfants soient traités comme des meurtriers ? Pour autant que l'on sache, leur conscience semblait aussi solide que celle d'un adulte : elle leur disait où était le mal. Mais la conscience, comme les autres facultés naturelles, fonctionne par degrés : chez les enfants, elle est faible et n'a pas encore atteint sa forme définitive ; sans doute a-t-elle déjà une existence et une voix, mais cette voix ne s'exprime pas avec la force et le sérieux qui justifieraient que nous traitions un enfant comme un être légalement responsable.

« Qu'est-ce qui vous a le plus marquée dans le déroulement du procès ? demandai-je à Mary.

— Le sentiment d'irréalité. Ils parlaient tout le temps des deux petits garçons morts, c'était irréel pour moi. Bien sûr, je savais que j'avais fait quelque chose de mal, mais personne ne m'a jamais parlé... à moi, directement... des deux petits garçons de manière à ce que je puisse... réagir...

— Le fait qu'ils soient morts avait-il un sens pour vous ?

— Non, pas du tout, parce que je n'avais pas voulu... Bon, comment est-ce que je peux dire ça maintenant ? Je ne *savais* pas que j'avais voulu qu'ils meurent... pour toujours. Pour moi, à ce moment-là, "mort", ce n'était pas pour toujours. »

C'est difficile à comprendre, et même à croire. La plupart d'entre nous, si nous avons eu des enfants de 11 ans, imaginons qu'ils connaissaient la mort. Mais peut-être avons-nous tort. Peut-être les enfants ne ressentent-ils son caractère irrémédiable qu'à travers le chagrin éprouvé par leurs proches et non par une compréhension réelle, par une vraie connaissance de ce dont il s'agit. L'idée est convaincante et séduisante ; c'est peut-être le meilleur moyen, et le plus doux, de se familiariser avec la mort.

Cela peut sans doute aussi expliquer comment, à l'époque, son caractère définitif a pu échapper à Mary. À 11 ans, elle n'avait perdu aucun être aimé et, aujourd'hui encore, incapable de comprendre ce qu'elle a fait, elle ne peut, lorsqu'elle revient sur son passé, exhumer que des anecdotes enfantines.

« Vous savez, mon chien, mon berger allemand, il est mort deux ou trois fois, je crois, je ne me souviens pas parce qu'à chaque fois, mon père me rachetait le même le lendemain... Enfin, je croyais que c'était le même. Je sais que ça n'explique rien pour personne d'autre que moi, mais c'est une des choses que j'ai trouvées.

« Au tribunal, pendant qu'ils parlaient et parlaient encore, je me souviens que je me demandais ce que je dirais quand ce serait mon tour. Je leur dirais que je voulais mon chien, que je voulais qu'il soit avec moi quand ils m'enverraient me faire pendre. C'est ce que je pensais : ils allaient m'envoyer à l'échafaud, et je ne comprenais pas qu'il ne me le disent pas tout de suite. Ça n'avait pas plus de sens pour moi que la prison à vie ou... eh bien... la mort. Tout cela ne signifiait rien pour moi, rien...

— Vous aviez quand même peur ?

— Je pense que c'est l'ensemble qui me faisait peur, l'atmosphère feutrée, la réaction des adultes... les adultes... »

Comme toujours dans les moments de stress, elle répéta les mêmes mots ; son discours se défaisait, perdant toute structure et tout rythme.

« ... Les adultes, vous savez, ils m'évitaient littéralement... Ils me regardaient comme... comme... comme un spécimen.

— Ce n'est pas un mot que vous auriez pu connaître à l'époque, si ?

— Non, sans doute pas. »

Chercher une réponse intelligente lui permit de remettre de l'ordre dans ses idées.

« C'est une question que je me pose maintenant. Je pense que tout se mélange dans ma tête : ce que je ressentais alors, ce dont je me souviens, ce que l'on m'a dit depuis. Je me demande si c'est ça qu'on appelle la "mémoire sélective". Comment savoir ? Qu'est-ce que la mémoire ? J'essaie de vous dire, de trouver en moi la vérité sur... sur une centaine de choses. Mais qu'est-ce que la vérité, si elle se mélange à d'autres vérités liées à des fantasmes ?

— Pendant le procès, lorsque vous entendiez ce qui se disait, l'idée vous a-t-elle traversée que vous aviez fait quelque chose parce que l'on vous avait fait d'autres choses à vous ? Parce que vous aviez été maltraitée ?

— Non, jamais, répondit-elle immédiatement. Mais, vous voyez, on parle de tout ça comme si ça s'était passé aux débuts de la civilisation. Où... où étaient tous les professionnels ? »

Je lui rappelai que, malgré tout, quelques psychiatres avaient tenté, en vain, de la faire parler. Pensait-elle aujourd'hui qu'en faisant plus d'efforts, ils auraient pu y parvenir ?

« Bien sûr. Avant que ma mère me terrorise en me décrivant tout ce qu'ils pouvaient me faire, n'importe qui aurait pu découvrir, avec un peu de gentillesse... peut-être pas tout, non, parce que je crois maintenant que j'avais moi-même tout enfoui dans mon esprit, mais... suffisamment.

— Suffisamment pour quoi ?

— Je ne suis pas certaine. Peut-être que rien n'aurait pu aider. Mais quand j'y songe maintenant, c'est vraiment drôle de penser que personne, vraiment personne ne m'a jamais parlé d'une manière qui aurait pu rendre réel, pour moi, ce que j'avais fait.

— Mais tous ces médecins – Orton, Westbury, Gibbens, Rowbotham[1] vous parlaient des enfants morts, n'est-ce pas ?

— Ce dont je me souviens, c'est de questions

1. Le professeur Terence Gibbens vit Mary après le procès, au centre d'évaluation de Gumberlow Lodge. Le professeur Monica Rowbotham l'avait vue plus tôt, pendant la préventive à Newcastle.

– des questions impossibles. Aujourd'hui je comprends que ce qu'ils attendaient ou espéraient, c'était que j'éclate en sanglots, que j'exprime du remords, de la honte, des regrets. Mais comment pouvais-je, puisque rien de tout cela n'était réel pour moi ? Ça, je m'en souviens parfaitement. À mes yeux, ce qui comptait était de bien mentir. Après tout, j'étais en train de prétendre que je n'avais rien fait, et que Norma avait tout fait. Pour une enfant de mon âge, ça n'a pas dû être facile de continuer à mentir.

— Mais pourquoi mettiez-vous tout sur Norma ?

— Parce qu'elle mettait tout sur moi. J'étais très en colère. Elle m'avait trahie. »

De tous les psychiatres qui furent brièvement lâchés sur Mary, le docteur Monica Rowbotham – la seule femme, et le seul psychiatre à noter dans son rapport l'étroitesse de sa relation avec Norma – fut la plus près de réussir à établir un contact avec elle. Mais, bien que le but de Mary fût, comme elle venait de le confirmer, de « tout mettre sur Norma », les causes de son ressentiment envers elle – leurs fantasmes et la « trahison » par Norma du pacte selon lequel elles devaient devenir criminelles ensemble – n'apparurent jamais. Par hasard, il arrivait que quelques bribes d'informations surgissent des rapports psychiatriques. Une fois citées au procès, elles apparaissaient totalement hors contexte et ne faisaient qu'embrouiller la cour, le jury et le public.

Parmi ces bribes, les plus significatives, celles qui auraient pu fournir des explications si les questions avaient été correctement posées et les réponses correctement évaluées, revenaient toujours au lien étrange qui existait entre les deux filles. Malgré l'enchevêtrement désespéré de mensonges et de vérités formulés par Mary, ses tentatives pour s'approcher de l'essence des événements – au moins en partie – restaient cohérentes. Ainsi, à chaque déposition, à chaque description, et jusque dans le contre-interrogatoire à propos de la mort de Brian, elle mentionna, en utilisant systématiquement les mêmes mots, les cris de Norma. « ... Elle est devenue folle, elle s'est mise à crier... »

« Est-ce qu'elle a dit, ou crié, ou hurlé quelque chose de particulier, ou a-t-elle juste poussé un hurlement ? avait interrogé son avocat.

— Juste poussé un hurlement. »

Que Norma, choquée à la vue du petit garçon étendu sur le sol, eût crié sans prononcer de mots, ou qu'elle eût hurlé des paroles de reproche et d'effroi, le cri, resté au tout premier plan des souvenirs de Mary, avait bien existé. À une occasion, alors qu'elle avait baissé la garde pendant qu'elle parlait avec le docteur Rowbotham, des souvenirs, de nouvelles images avaient en partie refait surface. Et cette partie resurgit à nouveau des semaines plus tard, au tribunal, lorsque Mary dit à propos de la mort du petit Brian : « J'étais pleine de rires ce jour-là. »

Quand ces mots furent prononcés, le silence se fit dans la salle, suivi par des murmures d'indignation rapidement réprimés par le juge. Il allait falloir près de trente ans avant que Mary ne se montre capable de faire un récit précis du jour de l'assassinat de Brian. N'ayant plus besoin de mentir ni d'« embellir » l'histoire, elle ajouta alors – explicitant ce qu'elle avait voulu dire à Monica Rowbotham avant le procès – que Norma avait soudainement arrêté de hurler et « commencé à rire, à rire hystériquement, et j'ai commencé à rire moi aussi ».

« Donc vous étiez très fâchée contre Norma, lui fis-je remarquer.

— À cet instant, oui. Plus tard, j'ai compris que ce n'était pas vraiment contre elle, même pas contre sa famille. Le problème, c'étaient ses avocats si malins qui lui disaient ce qu'elle devait dire et comment elle devait le dire.

— Mais ce n'était pas vraiment le cas. Norma avait déjà raconté tout ça lors de ses dépositions, avant que les avocats n'interviennent. Son histoire n'avait pas beaucoup changé.

— Pas son histoire, mais la façon de la raconter. Ses avocats se comportaient avec elle comme les miens avec moi, mais les siens étaient bien plus malins. Je me souviens que M. Bryson m'avait dit et répété que je devais rester silencieuse. J'étais juste assise... Peut-être que j'écoutais... Je ne sais pas si je comprenais... Je pense qu'il y avait des mots ou des expressions, des passages que je saisissais parce qu'ils étaient faux ou contre moi : là, ça signifiait quelque chose. Mais en fait je m'ennuyais, parce que je ne comprenais pas la moitié des mots qu'ils utilisaient. M. Bryson m'avait dit que le juge était la personne la plus importante, et je me souviens que je l'appelais d'un nom genre "votre honneur", ou "vénéré", ou "seigneur"... Oh je ne sais plus comment je l'appelais, mais j'essayais de ne m'adresser qu'à lui parce que le jury... le jury...

— Quoi le jury ?

— Ils me regardaient tous avec de tels yeux, je ne voulais pas les regarder. Vous savez, tout le temps que ça a duré, ce dont j'avais le plus peur, c'était que les avocats disent... qu'ils racontent à tout le monde... qu'à Seaham, où je suis restée pendant presque toute la préventive, je m'étais battue avec une fille et que je l'avais traitée de prostituée. J'avais moi-même été surprise au moment où c'était sorti de ma bouche, parce qu'elle ne l'était pas, et j'avais peur que ça se sache. Mlle Alexander, la directrice là-bas, m'avait dit qu'elle devait noter sur un rapport tout ce que je faisais... Alors j'avais peur qu'ils me demandent comment je savais ce qu'était une prostituée. C'était la chose la plus terrifiante pour moi... Ça, ça signifiait quelque chose pour moi, tout le reste ne signifiait réellement rien.

— Vous aviez plus peur de ça que d'être pendue ?

— Ça faisait partie de ce qui n'était pas réel... l'autre côté. L'histoire de la prostituée, c'était réel. C'était quelque chose que je savais avoir dit. Et comment pouvais-je expliquer que je savais ce que c'était ? Je n'avais jamais utilisé ce mot auparavant, même si j'utilisais l'autre mot lorsque je me battais ou que je me disputais avec une fille : "traînée". J'ai traité ma mère de traînée une fois, non, deux. Je savais que les prostituées prennent de l'argent, et pas les traînées.

— Donc votre crainte était qu'on vous demande si vous connaissiez le mot "prostituée" à cause de votre mère ?

— Je ne me souviens pas du tout si je me le suis formulé comme ça. Je me souviens seulement que j'avais tout le temps peur de ça. Je n'arrêtais pas de penser : "Maintenant ça va arriver, maintenant ça va arriver." Jusqu'à la fin, je n'ai jamais cessé de penser que ça allait arriver. »

De Fernwood, le centre de détention provisoire pour enfants de Newcastle, où elle fut enfermée dans une mansarde sous la surveillance permanente de la police pendant la période du procès, Mary garde un souvenir particulièrement sombre.

« Je m'ennuyais, je m'ennuyais vraiment. Je crois que c'est à cause de Fernwood que j'ai eu le sentiment que le procès n'en finissait pas. J'étais une prisonnière de catégorie A [accusée d'un crime grave]. Maintenant je sais ce que cela signifie, mais bien sûr à l'époque, je l'ignorais. Je savais juste que la lumière devait tout le temps rester allumée, avec quelqu'un pour me surveiller. Le week-end, il n'y avait aucune raison de se réveiller, je pouvais rester couchée à ne rien faire, parce qu'il n'y avait rien à faire. Je demandais à prendre des bains. Je me souviens que je le demandais très souvent. » (« Elle voulait tout le temps prendre des bains, me confirma une des femmes policiers chargées de la surveiller, certaines d'entre nous restaient dans la salle de bains avec elle, d'autres gardaient la porte ouverte mais la laissaient seule pour qu'elle puisse respirer. »)

« Une fois, j'ai éteint la lumière, je me suis allongée dans l'eau et la minute d'après, ça a bardé. Je ne sais pas ce qu'ils ont cru que j'allais faire. J'étais... eh bien, j'avais ma tête sous l'eau, c'était simplement une autre façon d'être toute seule...

— Peut-être ont-ils cru que vous vouliez vous noyer ?

— Je crois que ça aurait été impossible et ils devaient le savoir. C'est drôle, c'est le seul bain dont je me souviens. Je veux dire, dans le sens où je me souviens de la sensation, la sensation de l'eau, le calme... Vous voyez ce que je veux dire ? C'était si long, mon Dieu, si long. Je ne pouvais pas sortir, je ne pouvais même pas me pencher à la fenêtre. Il s'est passé quelque chose avec un chat que j'ai vu par la fenêtre, je ne me souviens plus quoi. J'ai cru que c'était une poule naine et après ça, on m'a dit que je ne pouvais même pas *regarder* par la fenêtre. »

« Ça s'est passé le premier week-end », me raconta l'agent Mary S. Elle avait autorisé Mary à attraper un chat qui était sur le toit devant la fenêtre. « Je lisais un magazine ou autre chose et là j'ai réalisé qu'elle tenait le chat si serré qu'il ne pouvait pas respirer. Sa langue pendait. J'ai enlevé ses mains et j'ai dit : "Il ne faut pas faire ça. Tu vas lui faire mal." Elle a répondu : "Oh, il s'en rend pas compte, et de toute façon j'aime bien faire mal aux petites choses qui peuvent pas se défendre." »

Mary ne parvenait pas à se rappeler cet incident.

« Je me souviens que j'étais à fleur de peau. Je devais être exaspérante. Je me sentais tellement enfermée, je voulais courir. Ça m'étonne que je n'ai pas réellement explosé, hurlé, crié, je ne sais pas... J'ai dû énormément me contenir, j'étais tellement physique.

— Ils savaient que vous aviez des journées fatigantes, ils vous donnaient votre repas dès que vous reveniez du tribunal, et on m'a dit que vous aviez la télé.

— Oui, je me souviens, mais elle était dans un coin de la mansarde, et, pour pouvoir regarder, ça dépendait de l'agent. Je me souviens que j'avais très souvent mal à la tête. Je ne le disais à personne. Je ne dors pas beaucoup de toute façon, mais c'était très difficile de dormir avec la lumière allumée et l'agent assise là. C'était tout... tout vide. J'étais contente que le week-end se termine. Aller au tribunal était un soulagement, comme une pause, quelque chose, non pas pour m'amuser, mais pour me distraire. Je n'aimais pas être seule. Je n'aimais pas ne rien faire de *physique*. La police au tribunal... Ils étaient gentils avec moi. Ils me demandaient : "Est-ce que tu veux ceci ou cela ? Est-ce que tu veux quelque chose à manger, quelque chose de spécial ?" Il y en avait un, je ne me souviens plus de son nom, mais il était très gentil. Quand j'avais un peu le cafard, il me demandait si je voulais quelque chose... et je demandais mon chien. Il m'appelait toujours "Yeux bleus" et il me chantait des airs rigolos à la fin de la journée, il m'ébouriffait les cheveux. J'adorais ça...

— Votre famille venait vous voir, non ?

— Je les voyais au tribunal. Parfois, quelques minutes, pendant les pauses, je pouvais les retrouver dans une petite pièce derrière.

— Vous ne vous souvenez pas qu'ils vous apportaient des choses, des chocolats, des jouets ? Parce qu'ils le faisaient, vous savez.

— Ah bon ? Non, je ne m'en souviens pas. Seulement au tout début, et à la fin aussi, je me souviens que tante Cath est venue me dire que tout se passerait bien. Et tante Isa m'a prise dans ses bras, je m'en souviens. C'est la seule qui l'ait fait... La veille, quelqu'un avait dit quelque chose à propos des conclusions, et j'ai pensé que ça avait à voir avec les vacances. Je me rappelle avoir pensé : "Hum, les vacances..." Une sorte d'endroit pour se reposer, comme Rothbury.

— Avez-vous attentivement écouté les conclusions ?

— Je ne crois pas. C'était toujours la même chose. Et alors je... je ne me souviens pas très bien mais il me semble qu'une fois que le jury est sorti, on m'a emmenée... Non, je ne me souviens pas.

— De quoi vous souvenez-vous ?

— Je me souviens seulement un peu... Je pense qu'on a dit le nom de Norma et c'était pas coupable, pas coupable et puis ça a été mon tour et il y a eu beaucoup d'agitation. Ma mère a commencé à crier et moi, je pensais seulement : "Bon maintenant, qu'est-ce qui va se passer ?" Du genre, bon alors, il s'est passé ça aujourd'hui, qu'est-ce qui va se passer demain ? J'attendais toujours que quelque chose se passe. J'attendais encore qu'on me mette les menottes, qu'on me fasse mal physiquement. Je crois que j'attendais... tout le temps, je me suis attendue à ce qu'on me batte à mort.

« La plus grande discussion que j'aie eue avec ma famille, c'est après que la sentence a été prononcée, lorsqu'on m'a emmenée dans cette grande pièce. Là, il n'y avait que moi, Norma n'était pas là. Tout le monde pleurait. Mon père pleurait, tante Cath était là, elle pleurait, et j'ignorais ce qui se passait. J'attendais de retourner...

— Mais vous aviez entendu le juge ?

— Ça ne voulait rien dire... Je pensais encore que quelque chose de concret allait se passer. Quand ils sont tous partis, j'ai demandé au policier – celui qui était gentil – et il a commencé à pleurer lui aussi... Un homme, oui, il avait des larmes dans les yeux et quand j'ai dit : "Qu'est-ce qui se passe ?" il a seulement répondu : "Tu vas aller dans un endroit mieux." Et alors ils sont entrés, ils m'ont mis une couverture sur la tête et ils m'ont emmenée dans... je suppose que c'était une voiture. Je pensais que j'allais à l'échafaud. Ils m'ont assise parce qu'ils devaient voir que je paniquais. J'ai entendu quelqu'un parler. Visiblement ils essayaient de me rassurer. Mais je n'en pouvais plus et ils n'ont enlevé la couverture qu'une fois que nous sommes arrivés à l'intérieur de Low Newton [dans le comté de Durham], une prison pour adultes.

« La première chose dont je me souviens, quand ils ont enlevé la couverture, c'est de l'odeur d'urine et de chou. Maintenant je sais que c'est l'odeur des prisons, mais alors je ne le savais pas. Il y avait des agents d'accueil et un gardien et ça s'est passé comme ça se passe pour tous les prisonniers : j'ai été déshabillée et fouillée. Il n'y avait pas de médecin. J'avais vu beaucoup de médecins avant. Il y avait une dalle de béton. Rester debout après avoir été lavée au jet... était comme... je ne sais pas : pas moi, pas May, pas réel, ça n'arrive pas... Vous savez, cet étrange son de portes qu'on claque, de clés qu'on tourne, fermé, ouvert, fermé, ouvert, et les cris, c'était quelque chose... des sons... que je connaissais, mais...

— Vous les connaissiez par les films à la télé ?

— Peut-être. Je ne me souviens pas de ce que j'ai ressenti.

— Vous deviez être très fatiguée ?

— Je ne me souviens pas. Ils ont pris mes vêtements et je me suis retrouvée enveloppée dans une blouse verte, une blouse de prison. Bien sûr, ça pouvait aller à la plupart des gens, mais pour moi elle était deux fois trop grande, elle traînait par terre, alors ils m'ont rendu mes vêtements.

— Et vos sous-vêtements ?

— Je ne sais plus vraiment. Je crois me rappeler que je portais une chemise de nuit. Ils parlaient tous de la directrice. Il y avait pas mal de monde là-bas, je me souviens que j'étais entourée de gens. Je suppose qu'ils étaient curieux. J'ai demandé qui était la directrice et on m'a dit que c'était la chef de l'établissement, que c'est elle qui déciderait de ce qu'on allait faire de moi. On m'a envoyée à l'infirmerie – juste une petite cellule toute vide avec un lit sur lequel je ne pouvais pas monter parce qu'il était trop haut, et un tapis en caoutchouc. Quelqu'un est venu et a regardé par le judas et j'ai sauté sur le lit, ou par terre plutôt, comme un footballeur, en cognant ma tête sur le rebord du lit, et j'ai craché sur le judas. Tout était vert : les murs, le couloir aussi...

— Y avait-il des toilettes ?

— Non, un pot de chambre en plastique.

— Pas d'évier ?

— Non, ils m'emmenaient me laver deux fois par jour. Il y avait une très, très vieille douche et des petites savonnettes, "Windsor" elles s'appelaient, cinq centimètres de long, comme les savons d'hôtel. Je n'avais jamais pris une seule douche de toute ma vie. Je me sentais bien, j'étais toute propre.

« La directrice est venue me voir. Je ne sais plus quand, le premier matin, je crois, c'était une femme très gentille avec un joli visage et elle ne portait pas d'uniforme. Elle me paraissait très vieille – je pense maintenant qu'elle devait avoir moins de 50 ans, mais ça me paraissait beaucoup. Elle m'a dit que je devais boire un litre de lait par jour, c'était la règle pour les jeunes délinquants, que je devais vraiment le boire. Est-ce que j'aimais le lait ? Alors je lui ai dit que j'adorais ça et je lui ai parlé de mon chien, elle est revenue un peu plus tard pour me donner une photo de son chien, un berger allemand lui aussi, je ne me souviens plus de son nom...

— Le nom du chien ?

— Non, le nom de la dame, répondit-elle en riant. Elle m'a aussi dit que j'étais autorisée à écrire deux lettres par semaine, mais que je n'aurais pas le droit de me mêler aux autres détenues. Je lui ai demandé combien de temps j'allais rester, elle a répondu qu'elle ne savait pas, que ce ne serait pas pour longtemps.

— Lui avez-vous dit que vous pensiez qu'on allait vous pendre ?

— Je ne sais plus comment je lui en ai parlé, mais je me souviens qu'elle m'a dit que je ne serais pas pendue. Il n'y avait rien d'organisé pour l'école, mais elle m'a appris que le règlement exigeait que je suive des cours. Alors elle... la directrice... devrait se coltiner ça une heure par jour. On lisait et on écrivait ensemble, ce genre de choses. Je lui faisais la lecture. Je me souviens qu'elle m'avait apporté un livre, *Black Beauty*, et, sauf le jour où j'avais volé le livre de ma mère et qu'elle m'avait rouée de coups lorsqu'elle s'en était rendu compte, c'était la première fois que je lisais un livre en entier. J'ai adoré ça. Elle essayait de trouver les parties qui m'intéressaient et je les lui lisais à voix haute. Je lisais très bien, elle me le disait. Elle disait qu'elle était désolée que je sois obligée de rester enfermée dans ma cellule. »

Mary évoquait souvent le « livre » de sa mère. Elle y pensait toujours comme au « livre de maman ». C'était la chose que Betty conservait le plus soigneusement et le plus jalousement.

« Elle pouvait rester des heures à le tenir sur ses genoux, presque en le câlinant, m'avait raconté

Mary. J'étais tellement curieuse de savoir ce que c'était. Quand j'étais petite, ça me démangeait. »

À 11 ans, elle avait bien sûr plusieurs fois réussi à satisfaire sa curiosité et l'avait lu de long en large. La rumeur courait au tribunal qu'il s'agissait d'une bible et que Mary était fascinée par la liste des membres de la famille décédés collée à l'intérieur. En réalité, ce n'était ni la Bible ni même un vrai livre, mais un classeur de format A4, d'à peu près trente centimètres d'épaisseur, que le père de Betty avait gagné à une tombola.

« Il contenait toutes sortes de choses que ma mère découpait, ou qu'elle écrivait : des lettres, des poèmes... Il était rempli de photos de Jésus, de la Vierge Marie, de crucifix, de gens inclinés sur des tombes... Il y avait des images en relief. Je crois qu'il s'agissait d'un conte de Grimm que son père lui avait donné et, dès qu'elle avait commencé ce gros classeur, elle l'avait rangé dedans. Elle transportait toujours ce gros truc partout où elle allait. Je ne sais même pas comment elle pouvait réussir à le porter et à le tenir, il était tellement lourd. À la maison, elle le cachait. Naturellement, je le trouvais à chaque fois et je le regardais quand elle sortait. J'étais fascinée par les images en relief, je lisais le conte de fées et les autres choses, des poèmes à son père... vous n'allez pas me croire... des poèmes d'amour [à son *père* ?], et des avis de décès, des mèches de cheveux... »

Ainsi, les rumeurs à propos de la liste de morts étaient partiellement vraies. L'une des sœurs de Betty m'a confirmé en 1970 que Betty gardait à l'intérieur du classeur la liste de tous les défunts de la famille.

« Il contenait aussi beaucoup de dessins de quand nous étions enfants, me raconta Isa, une autre sœur de Betty. Ils représentaient toujours des choses religieuses. Elle ne dessinait que des nonnes, des autels, des tombes et des cimetières. » « Betty était très religieuse, elle était bonne, ajouta sa mère, Mme McC. Elle s'entourait toujours d'images saintes, de chapelets. On pensait tous qu'elle deviendrait nonne. »

Je revins aux cheveux que Mary avait mentionnés.

« C'étaient des cheveux d'enfants ?

— Oh ! non... Je suis sûre que c'étaient ceux de mon grand-père. Je crois maintenant que c'est la seule personne qu'elle ait jamais aimée. En tout cas, la première fois qu'elle m'a surprise en train de regarder le classeur, elle m'a attrapée par les cheveux et m'a secouée, secouée, j'ai cru que ma tête allait se détacher. Et puis, il y a huit ans [en 1988], quand j'ai brièvement vécu chez elle, j'ai revu le livre. Il était encore plus gros qu'avant, il y avait d'innombrables coupures de journaux à mon sujet. C'était... c'était tellement triste. Puis, quand elle est morte, le livre a tout simplement disparu. Tout le monde l'a cherché. Peut-être l'a-t-elle brûlé avant de mourir. »

Même durant l'éprouvante période de la détention préventive et du procès, Mary garda la faculté de se lier d'affection avec les gens. Celle dont elle me parla avec le plus de plaisir était la directrice de Low Newton, dont elle ne connut jamais le nom.

« Oui, je l'aimais vraiment bien, mais je ne me rappelle pas à quoi elle ressemblait... J'ai juste une vague image en tête, très floue, je ne sais pas pourquoi.

— Low Newton n'est donc pas un si mauvais souvenir ?

— Vous avez raison. C'est drôle, n'est-ce pas ? C'est grâce à elle, je pense. En plus, même si j'étais enfermée et que je ne pouvais pas fréquenter les autres, c'était comme si... je ne sais pas comment dire... comme s'il y avait un but précis, comme si j'allais quelque part.

— Mais quel but ? Être, enfin, un peu seule ? Ou la possibilité d'aller bientôt quelque part ?

Peut-être les deux ? La directrice et les gardiens de prison parlaient tout le temps du fait que j'allais être transférée, et pour moi ce n'était pas seulement changer de maison ou de région... Ça signifiait plus que ça. Et puis je m'étais habituée au bruit des clés, aux ordres... La nuit, je voyais la lumière du dehors et même si j'étais toute seule, je n'avais pas peur. Je me suis peut-être sentie plus libre à Low Newton que n'importe où ailleurs, je ne sais pas pourquoi. Je criais beaucoup, je chantais, je donnais des coups de pied dans les portes, la plupart du temps je faisais beaucoup de bruit. Ils me demandaient de baisser le son mais gentiment, vous voyez... il n'y avait pas d'autres enfants là-bas, n'est-ce pas ? « Maintenant que je repense à eux, particulièrement à la directrice, je crois qu'ils étaient... comment dire ça ? *mal à l'aise* avec tout ça. Bon, vous ne le seriez pas, vous ? Moi, je le serais si j'étais directrice de prison ou gardienne. Je faisais le poirier dans ma cellule. Il y avait une cour, on m'y emmenait quinze minutes tous les jours, je devais faire le tour, sans courir, juste en marchant. Je ne sais pas combien de temps je suis restée là-bas. Je crois que je ne savais jamais combien de temps je restais quelque part. Mais on m'a emmenée à Cumberlow Lodge avant Noël, alors ça n'a pas dû être très long, moins de deux semaines je pense. »

Cumberlow Lodge était une maison d'arrêt de haute sécurité, près de Londres, que l'administration utilisait comme centre d'évaluation. Les jeunes filles y étaient observées par une équipe de professionnels, dont des psychiatres, avant d'être envoyées dans l'institution la plus appropriée à leur cas. Lorsque Mary y fut transférée en 1968, environ une semaine avant Noël, elle avait quatre ans de moins que la plus jeune des autres détenues, situation qui se répéterait presque partout où elle irait. « On faisait réunion sur réunion à son propos, me dit une des personnes présentes. Personne ne savait quoi faire. »

De son séjour là-bas, Mary garde également quelques souvenirs.

« Le lieu était dirigé par un couple, Mme et M. Hart. M. Hart me faisait penser à David Niven. Mais il ne me reste que quelques bribes de cette époque... Quatre, cinq semaines, c'est ça ? C'est très flou dans mon esprit. J'avais été placée dans une unité de sécurité avec quatre autres filles, ce qui veut dire qu'on passait l'essentiel de notre temps ensemble, dans une petite chambre. Elles étaient toutes beaucoup plus âgées que moi. Elles pouvaient fumer après les repas. Je trouvais ça classe. Dehors, il y avait de la verdure. Je me souviens, le premier matin, j'ai regardé par la fenêtre – elles étaient fermées et les vitres étaient sécurisées mais il n'y avait pas de barreaux comme en prison –, j'ai vu des écureuils. Il y avait des courts de tennis. Une fois, j'ai essayé de jouer. On était très surveillées et la nuit on nous enfermait dans des pièces séparées, je détestais ça, j'ignore pourquoi.

« Je me souviens que je me comportais épouvantablement mal. Avec une autre fille d'environ 14, 15 ans, on avait une tutrice. Elle devait rester avec nous de 10 à 16 heures environ, elle essayait de nous apprendre des choses, toujours dans cette petite pièce. Je ne sais plus ce qu'elle nous enseignait, ni comment. Ça ne devait pas beaucoup m'intéresser. Je ne voulais jamais m'asseoir. J'étais comme un singe. Aujourd'hui, il me semble que c'est parce qu'il n'y avait pas d'interdits, pas de limites à respecter, personne n'était jamais puni ou réprimandé. Maintenant, je sais que c'était leur méthode, une façon de nous observer. Mais je pense qu'ils avaient tort. Je sais seulement que pour moi c'était... ça me hérissait. Je me souviens de M. Hart, il était gentil, il a essayé plusieurs fois de me parler, évidemment sans succès. J'étais comme... je ne sais pas... hors de moi, je suppose. Je crois vraiment que j'avais essentiellement besoin de limites et il n'y en avait aucune. »

Ceux qui la rencontrèrent à Cumberlow Lodge éprouvèrent malgré tout de la compassion pour elle.

« Nous savions toutes qui elle était, me raconta plus tard une des filles enfermées en même temps qu'elle. Mais nous ne réalisions pas à quel point elle était jeune. La plupart des filles là-bas avaient entre 15 et 17 ans, et toutes sortes de problèmes importants – des histoires de famille, des problèmes de comportement... – mais pas d'histoires de meurtres. L'endroit avait pour philosophie de nous traiter le plus possible en adultes. C'était une bonne chose pour nous, mais pas pour elle. Ça ne lui convenait vraiment pas du tout. Elle n'était pas... oh, physiquement agressive. Je crois honnêtement qu'elle n'aurait pas osé, nous étions toutes tellement plus grandes qu'elle. Elle était juste terriblement méchante, un peu comme si un besoin, ou des besoins, ou je ne sais quoi, la consumait.

« Je me souviens qu'une fille de mon unité – une fille très intelligente et qui plus tard a eu A au test psychologique – avait demandé à M. Hart : "Pourquoi vous lui donnez pas tout simplement une fessée ? Elle veut juste qu'on l'arrête, c'est tout, c'est pas la peine de lui parler." Et M. Hart de répondre que c'était vrai, mais que, comme nous le savions parfaitement, parler était tout ce qu'il pouvait faire... Honnêtement, même si nous étions horrifiées par l'assassinat des deux petits garçons, pour la plupart, nous étions désolées pour elle. »

Rétrospectivement, Mary tombait d'accord avec ces descriptions.

« Je crois que notre professeur était une psychiatre, et je me demande ce qu'elle a bien pu apprendre de moi, ou de n'importe qui dans ces conditions ? Rien, je parie. Ils faisaient un gros effort à Noël. Tout le monde venait, on aurait dit qu'il y avait des centaines de filles, et, à la veillée, tout le monde avait un chapeau en papier sur la tête, et il y avait des cadeaux pour tout le monde. Je me souviens m'être sentie bien ce jour-là. J'étais une parmi les autres et ça ne dérangeait personne.

— Avez-vous eu un cadeau ?

— Je crois que j'ai eu une poupée.

— Des cadeaux de votre famille ?

Je ne me souviens pas. Peut-être que tout ce qui arrivait était mis en commun. Je ne sais vraiment pas. On m'a ramenée en haut et enfermée, mais je me sentais mieux. Peu de temps après Noël, ma mère est venue me voir. Son visage était tout gonflé. Elle m'a dit qu'elle avait une rage de dents. Elle était comme ça, elle avait toujours quelque chose, en tout cas, elle disait qu'elle avait quelque chose, alors je m'inquiétais pour elle ou je me sentais coupable.

— Étiez-vous contente de la voir ?

— Je ne me rappelle pas vraiment. M. Hart est resté tout le temps présent avec nous et elle lui a dit – et à moi aussi, sur un ton furieux qu'elle avait fait tout ce chemin et que maintenant elle se sentait observée. Elle lui a dit qu'elle aimait pas ça. Elle est restée très peu de temps. »

Comme souvent lorsqu'elle parlait du passé, Mary s'était remis à parler geordie et sa voix était étrangement triste.

« Est-ce qu'elle vous a répété de ne pas parler aux psychiatres ?

— Je ne crois pas. Je pense qu'elle n'aurait pas dit ça avec quelqu'un dans le coin. Elle me l'avait répété la dernière fois qu'on s'était vues, à Newcastle : qu'ils pouvaient entrer dans ma tête, vous voyez, tout ce qu'elle m'avait déjà dit avant. Je ne m'en suis souvenue que beaucoup plus tard... Je n'écoutais pas vraiment qui que ce soit ce jour-là.

Et vous souvenez-vous des psychiatres, comme le professeur Gibbens, que vous avez vus à Cumberlow Lodge ? »

Elle hocha la tête.

« Je crois que je n'ai parlé à aucun d'eux, je veux dire : vraiment dit quelque chose. Je n'avais rien à dire. Il a fallu des années avant que je commence à parler... même à Red Bank, même à M. Dixon je ne disais pas grand-chose. »

Quelques jours avant son transfert, M. Hart mentionna Red Bank.

« Il m'a dit que j'allais retourner vers "les usines de charbon". Je lui ai demandé ce qu'il voulait dire et il a dit : "Ouais... le Nord", en se moquant gentiment de mon accent, vous voyez. C'est seulement à ce moment-là que j'ai saisi que j'avais un accent pour les gens du Sud. Il m'a parlé de Red Bank, mais il ne m'a pas dit où c'était... Ni qu'il n'y aurait que des garçons », ajouta-t-elle en riant.

Deuxième partie

RED BANK
FÉVRIER 1969-NOVEMBRE 1973

Oublier
1969-1970

C'est le 4 février 1969 que James Dixon et sa femme Jean firent le voyage pour aller chercher celle qui allait devenir, comme M. Dixon me le dira en 1970, le plus grand défi, mais aussi la plus lourde charge, de leur carrière.

Mary parle toujours des Dixon avec une précision touchante.

« Il portait tout le temps sa veste en tweed à carreaux, son pantalon beige et ses gros godillots. Mme Dixon ressemblait à une petite boule, elle était câline, gaie, son visage rond et doux avait ce qu'on appelle, je crois, un "teint anglais". Elle portait des robes à fleurs, M. Dixon était grand, environ 1 m 90, je pense. Je devais lever les yeux pour le regarder. Son visage était buriné, ses yeux sympathiques pétillaient en permanence et sa moustache en forme de guidon de vélo donnait l'impression qu'il souriait sans arrêt. Ma première rencontre avec eux a été plutôt formelle. Il était très militaire, il se référait sans cesse à l'armée mais, comment dire ? vous regardiez M. Dixon et vous saviez qu'il ne mentait pas. Le monde devrait être rempli de MM. Dixon. »

Mary se souvenait qu'au moment de son départ, les formalités prirent beaucoup de temps, « M. et Mme Dixon sont arrivés à Cumberlow Lodge vers dix heures du matin je pense et il y a eu beaucoup de palabres, des heures avant qu'on parte. M. Dixon a passé un long moment avec M. Hart. En tout cas, ça m'a paru très long. »

Le voyage en voiture jusqu'au Lancashire – « ça a duré sept heures à peu près » – fut très excitant au début.

« Les maisons, les gens dans la rue, la circulation, tout était comme... oh ! je ne sais pas... la liberté... non, pas la liberté, je crois que je savais que je n'allais pas être libre, ce qu'on entend par *libre*. Mais c'était... voir la vie ordinaire. Vous comprenez, ça me faisait me sentir plus... ordinaire.

— Vous êtes-vous arrêtés pour déjeuner ?

— Ils se sont arrêtés à des stations-service sur l'autoroute pour prendre de l'essence et acheter quelque chose à manger, je suppose, mais je ne m'en souviens pas. Mme Dixon m'a accompagnée aux toilettes. Bien sûr, pour eux, j'étais une inconnue, ils devaient craindre que je me sauve. Et M. Dixon n'était plus un jeune homme. Je veux dire, si je m'étais sauvée, je ne sais pas s'il aurait pu me rattraper.

— Vous a-t-il traversé l'esprit de vous sauver ?

— Non, pas du tout. J'ai tout de suite aimé M. Dixon. Je ne me serais pas sauvée loin de lui. »

Elle pensait avoir dormi un moment dans la voiture.

« Quand je me suis réveillée, il faisait noir dehors. Ils ont dit qu'on était presque arrivés, et je me suis sentie très excitée.

— Est-ce que les Dixon vous ont parlé de Red Bank ?

— Lorsque nous avons commencé à nous approcher, M. Dixon a dit que j'allais découvrir un "bon paquebot, bien rodé" et que là-bas, il n'y avait aucun traitement de faveur. "Je veux dire par là que nous sommes tous égaux, l'équipe et les enfants : nous mangeons tous ensemble, la même nourriture, et nous travaillons ensemble." Il a ajouté que j'allais découvrir des gens qui discutaient beaucoup et prenaient les décisions en commun. Mais jamais il ne m'a dit qu'il n'y avait que des garçons, pas avant que l'on soit vraiment tout près d'arriver. Là, il s'est tourné vers moi les yeux pétillants de malice et il a annoncé en riant : "Au fait, tu sais qu'il n'y a que des garçons ? Ils attendent une grande blonde à grosse poitrine. Ils vont être surpris, tu ne crois pas ?" J'ai vu Mme Dixon le pousser du coude et secouer la tête. Je ne savais pas quoi penser. »

La section spéciale de Red Bank est la partie sécurisée de ce qui, en 1969, était encore appelé un « établissement d'éducation surveillée ». Au début des années 70, des batailles allaient éclater au sein du ministère entre partisans de deux approches opposées ; on pourrait dire entre, d'un côté, les « disciplinaires » et, de l'autre, les « soignants ». Ces établissements, destinés aux enfants particulièrement difficiles et aux délinquants, dont on disait communément qu'ils étaient des lieux d'isolement aux méthodes victoriennes, deviendraient alors idéologiquement inacceptables et seraient rebaptisés « foyers communautaires ».

Le credo optimiste et sans doute idéaliste de l'époque était « liberté ». Liberté pour les employés de ces institutions face à l'ingérence du gouvernement, liberté pour les adolescents jusqu'à présent soumis à une discipline sévère. L'idée était que ces foyers communautaires, désormais placés sous le contrôle des administrations locales sur le plan matériel, fissent, d'une manière ou d'une autre, partie de la collectivité ; on espérait que les adolescents, confrontés à des modèles extérieurs à l'institution, sortiraient de leur isolement.

L'honnêteté oblige à dire que l'expérience allait échouer. Premièrement parce que les administrations locales n'étaient adaptées ni financièrement ni structurellement à de telles responsabilités, deuxièmement parce qu'elles ignoraient comment répondre à des besoins éducatifs nécessitant une approche strictement professionnelle, des équipements coûteux et du personnel hautement qualifié.

Les dix années suivantes, la plupart des anciens établissements d'éducation surveillée fermeraient. Les adolescents seraient soit renvoyés dans leurs familles et vers des écoles qui ne parviendraient pas plus qu'auparavant à s'en occuper ; soit laissés aux bons soins des différents services de l'État et des communes, pour terminer le plus souvent dans les agences de chômeurs ou au tribunal.

À l'heure où j'écris, l'établissement d'éducation surveillée Red Bank, spécialement conçu pour accueillir un centre d'orientation, une école professionnelle, offrir un grand espace, du confort et un bon niveau de formation et d'éducation à environ cinq cents garçons, n'existe plus. En revanche, la section spéciale dans laquelle fut envoyée Mary fonctionne toujours.

Cette section pouvait recevoir vingt-six garçons nécessitant un haut niveau de sécurité. Elle était fermée en permanence, mais volontairement située au centre de ce grand complexe, de sorte qu'on y restait en contact avec la vie quotidienne, ce qui évitait aux enfants d'éprouver un trop fort sentiment d'isolement. Le cadre était agréable. Les pièces étaient lumineuses, colorées, meublées dans un style moderne ; de nombreuses petites fenêtres pouvaient s'ouvrir pour laisser entrer l'air, et en hiver tout le bâtiment était chauffé.

Au rez-de-chaussée se trouvaient la bibliothèque, des salons avec des fauteuils confortables, une vaste salle à manger pourvue de petites tables et de nombreuses salles de classe où les enfants travaillaient par groupes de trois à six, selon leur âge, sur des pupitres de bois clair. Il y avait également une salle d'arts plastiques fort bien équipée, avec de longues tables, aux murs de laquelle étaient exposés les peintures et les dessins des pensionnaires (Mary me montra une de ses œuvres lorsque je vins lui rendre visite en 1970). Comme me le dit sa tante Cath en 1971 : « May a probablement suivi une meilleure scolarité que nos enfants. »

Au deuxième étage, deux dortoirs, chacun prévu pour quatre garçons parmi les plus âgés, et des chambres individuelles pour les autres. L'unité comprenait également un jardin, une serre et un abri pour les animaux domestiques. À l'extérieur, dans le parc de l'institution, il y avait une piscine construite par des garçons de l'école d'éducation surveillée dont les enfants de la section spéciale pouvaient jouir chaque jour pendant les mois d'été.

« Plus tard, me raconta Mary, le directeur adjoint m'a dit que lorsqu'il a été décidé que je viendrais là, ils ont séparé sept chambres pour y accueillir des filles. Mais pendant les presque cinq ans où j'y ai vécu, cinq filles seulement sont venues, toutes beaucoup plus âgées que moi, et une seule est restée trois mois, les autres partaient au bout de quelques semaines. »

Quand Mary arriva, et lors de ma visite en 1970, si la totalité de l'équipe de nettoyage était féminine, la grande majorité des dix-huit éducateurs étaient des hommes – la proportion s'apprêtait à changer. Parmi eux, il y aurait bientôt Carole et Ben G., qui allaient tomber amoureux l'un de l'autre à Red Bank. C'était leur premier emploi à tous les deux. Ben débuta en août 1970, un an et demi après l'arrivée de Mary, et Carole en 1972. Quand je les rencontrai, des années plus tard, ils travaillaient dans une grande collectivité locale, chacun à la tête d'un département différent. L'un gérait le personnel d'écoles spécialisées, l'autre s'occupait des problèmes des enfants.

« Nous avons continué à nous former depuis, me dit Ben, mais – et je pense que c'est également le cas de Carole – quand nous sommes arrivés à Red Bank, juste après avoir terminé nos études, on ne connaissait absolument rien des besoins de ces enfants. Et, pour être honnête, même si la plupart des autres membres de l'équipe avaient beaucoup plus d'expérience que nous, aucun d'entre eux n'avait de formation spécifique, ni sur le plan éducatif, ni sur le plan psychologique, pas même Jim Dixon, même si c'était un homme tout à fait exceptionnel, une vraie source d'inspiration.

— Je ne suis pas surprise que Mary se souvienne de lui avec tant d'amour, ajouta Carole. Les garçons l'aimaient aussi. » Elle sourit. « Il était juste... eh bien... peut-être un peu naïf. Il savait que ces enfants étaient très perturbés, certains presque autant que Mary. Mais il pensait que l'amour était plus fort que tout et c'est vrai, l'amour peut faire beaucoup. Sans l'atmosphère qu'il avait créée à Red Bank, rien n'aurait pu être accompli. Le problème, c'est qu'on peut avoir tout l'amour du monde, ça ne suffit pas, ça ne fournit pas à des gens comme nous la base indispensable pour aider des enfants à déverrouiller leurs esprits. Pour cela, il faut apprendre et pratiquer.

— On ne réalisait pas ça à l'époque, dit Ben, nous le savons maintenant. Mais soyons justes, même tel qu'il était, l'endroit a été bénéfique à beaucoup de garçons. Il était structuré et il y avait des règles très précises pour maintenir cette structure. »

Red Bank restait très présent dans l'esprit de Carole et Ben G., non seulement parce que leur vie commune y avait débuté, mais parce que c'est là qu'ils avaient décidé du tour qu'allait prendre leur carrière. Après leur départ, ils travaillèrent quelque temps encore dans des établissements pour adolescents en difficulté, puis ils s'orientèrent vers des postes administratifs quand leur premier enfant naquit, et qu'ils comprirent qu'ils ne pourraient pas indéfiniment travailler dans de tels lieux.

« Je l'ai fait pendant sept ans, depuis l'âge de 20 ans, raconta Carole, et Ben a commencé à 21 ans. On change lorsqu'on a un enfant. On devient plus vulnérable et on se rend compte que l'enfant a lui aussi besoin d'être protégé. On réfléchit davantage à soi, à ses actes et à ses réactions. »

James Dixon, m'expliquèrent-ils, choisissait lui-même le personnel de Red Bank.

« Il sélectionnait délibérément des personnalités d'âges et de parcours très différents, se souvenait Ben, comme s'il essayait de présenter aux enfants une société miniature. Bien sûr, presque tout à Red Bank trouvait son origine dans la personnalité de Jim Dixon. Et, les hommes et les femmes comme lui étant très rares, vous pouvez toujours tenter de reproduire ce qu'ils ont mis en place, mais il est tout à fait inutile de chercher à imiter leur mode de fonctionnement.

— Il se dégageait une forme de pureté dans ce qui était apporté aux enfants, dit Carole. Disons, si vous voulez, que rien n'était influencé par ce qu'ils avaient pu vivre avant d'arriver.

— Jim Dixon était lui-même si bon qu'il donnait l'impression que rien de mal ne pouvait arriver, poursuivit Ben. Bien sûr, des choses désagréables se produisaient, comme l'épisode de Mary avec le maître d'internat, mais, dans un tel environnement, l'impact de ces événements sur l'ensemble de la communauté restait plutôt minime. »

Aujourd'hui, ils pensaient que d'autres enfants de Red Bank étaient aussi gravement atteints que Mary, et que les lacunes dans la formation de l'équipe et son manque de connaissances professionnelles ne permettaient pas de les prendre en charge comme ils auraient dû l'être.

« Mais il faut aussi voir l'autre côté des choses, précisa Ben. Quelles qu'aient été les lacunes, ils bénéficiaient de cette parenthèse de protection, d'affection et de chaleur dans un environnement soigneusement structuré. Et ils profitaient de la forte influence morale que Jim Dixon exerçait sans aucun doute sur eux. La démarche de May pour se comprendre elle-même en est la preuve. Cela les a aidés à grandir. »

« M. Dixon expliquait toujours tout très ouvertement, me raconta Mary. Particulièrement lorsqu'il sentait de l'hostilité envers les règles. Sauf quand j'étais enfermée dans ma chambre, la nuit et pendant la sieste d'une demi-heure ou d'une heure après le déjeuner, je n'avais pas le droit de rester seule, même pour aller aux toilettes. » Elle haussa les épaules. « Au début, ça me dérangeait beaucoup, mais M. Dixon m'a expliqué pourquoi et je l'ai accepté. Au bout d'un moment, je n'y faisais plus attention. Je pense maintenant que ça devait même me rassurer... On s'occupait de moi. »

À son arrivée, l'odeur de propre l'avait frappée.

« Tout était si soigné et si joli, si différent de ce que j'avais connu. Les Dixon m'ont emmenée dans une salle commune, et j'ai pu voir ce qu'il avait en tête quand il avait dit que tout le monde serait surpris de me voir. Même le personnel avait l'air stupéfait en voyant le petit bout de fille qu'il avait ramené. Il a annoncé : "Voici May – c'est comme ça qu'elle aime qu'on l'appelle." »

Après ça, M. Dixon l'emmena à la bibliothèque et Mme Dixon lui apporta des œufs brouillés.

« Je ne pouvais pas manger. Je ne me sentais pas très bien après ce long voyage en voiture. M. Dixon a dit : "D'accord, mais tu n'auras rien d'autre". Ils m'ont emmenée à l'étage et j'ai vraiment été étonnée de voir comment ils fermaient chaque porte derrière eux une fois entrés. »

Je l'interrompis : « Étonnée ? Pourquoi était-ce étonnant ? »

Mary fut elle-même interloquée par ma question.

« Eh bien, c'était une école, non ? Ils m'ont emmenée dans ma chambre et M. Dixon m'a dit que je serais enfermée à l'intérieur, comme tout le monde. "Pas de traitement de faveur", a-t-il répété. Et il a dit que Mme Dixon allait me présenter à la gouvernante, Mlle Hemmings, puis que je devais prendre une douche et m'installer pour la nuit. Je lui ai demandé combien de temps j'allais rester ici et il a répondu : “Nous verrons. Ça dépend beaucoup de toi.” Il a ajouté qu'il était fatigué et qu'il n'avait pas toutes les réponses. »

Mlle Hemmings lui donna alors l'emploi du temps : réveil à 7 heures, prendre sa douche, faire son lit, descendre et, avant le petit déjeuner de 8 heures, se mettre en rang pour l'inspection des chaussures et des ongles.

« Tout était très organisé. Évidemment, M. Dixon était un ancien de la marine et ça se sentait.

— Mouilliez-vous encore votre lit ?

— Oh ! oui, ça a duré pendant des années. Mlle Hemmings le savait déjà quand je suis arrivée. Ils avaient installé une de ces protections plastifiées et une sonnerie près du lit. Elle m'a dit de sonner si je me réveillais mouillée, que quelqu'un m'apporterait un drap sec. Personne, à Red Bank, ne m'a jamais fait de remarque lorsque le lit était mouillé. Le matin, moi ou Mlle Hemmings, on enlevait les draps et elle les emmenait. Un jour, elle m'a dit : “T'inquiète pas pour ça, je suis habituée : beaucoup de garçons ont ce problème.” C'était... comme à Rothbury... Ça m'a aidée à me sentir à l'aise, vous comprenez. »

Selon Carole G., « Mlle Hemmings, la gouvernante, était une personne singulière. Au premier abord, le genre pas souriant, porte de prison, mais elle avait un cœur d'or, c'était un pilier indestructible pour les enfants.

— Aimait-elle Mary ? demandai-je.

— Beaucoup plus : elle l'adorait. Mary est devenue l'enfant qu'elle n'avait jamais eu. On a tendance à oublier à quel point May était jeune et... eh bien, petite. Pour Mlle Hemmings, qui n'avait jamais eu à s'occuper d'une petite fille à Red Bank, ça a dû être un véritable choc lorsqu'elle l'a vue pour la première fois ».

Si la plupart des souvenirs de Mary concernant ses années à Red Bank baignent nettement dans le rose, elle devient presque lyrique lorsqu'elle parle de James Dixon. Elle aime citer ses paroles – presque mot à mot selon elle – quand il s'adressait aux enfants sur un ton volontairement formel, avec le plus souvent un vocabulaire d'officier de marine.

Ce premier jour, à la réunion matinale après le petit déjeuner et la gymnastique (« au bout d'environ deux ans, dit-elle en riant, lorsque je... vous savez... me suis développée, j'ai été exemptée de gym »), M. Dixon présenta officiellement May aux garçons.

« Il a dit : "Comme vous pouvez voir, nous avons un nouveau membre parmi nous, de la plus délicate espèce. Je sais que vous allez la traiter avec respect comme elle le fera avec vous. Elle s'appelle May et c'est tout ce que vous devez savoir." Il parlait comme ça. Je ne pourrai jamais l'oublier.

— Les garçons savaient-ils pourquoi vous étiez là ?

— Oh ! oui. Tout le monde savait toujours tout d'une façon ou d'une autre sur ceux qui arrivaient. Les professeurs nous parlaient...

— Ils vous parlaient des autres enfants ? »

Une fois encore elle fut décontenancée par ma question, qui semblait comporter une critique.

« Eh bien, oui, répondit-elle, sur la défensive. Ils nous faisaient confiance... enfin, à certains d'entre nous. Il faut dire aussi que les garçons allaient et venaient, alors les gens arrivaient en ayant appris des choses. Mais personne n'en a jamais parlé, jamais devant moi en tout cas, pas avant longtemps. »

Les cours avaient lieu de 9 heures à 12 h 45 et de 14 heures à 16 heures.

« Les plus grands avaient plus de travaux pratiques – le bois et le métal. J'ai passé des tests et on m'a mise dans un groupe de quatre où l'enseignement, pour l'essentiel, était classique. J'avais un brillant professeur d'anglais, M. Shaw, mais on étudiait tous les sujets. On passait les examens sous la surveillance de la collectivité locale. »

« May était très douée, incroyablement douée vraiment, dit Ben G. Mais pas tant sur le plan scolaire : elle apprenait à travers les gens davantage qu'à travers les livres. Les livres, elle puisait dedans. Elle picorait, des pages par-ci, par-là, mais rarement des chapitres, sans parler de livres entiers. Ce qu'elle faisait, c'était puiser dans la vie des gens pour enrichir son imaginaire sur ce que pouvait être l'existence. Elle l'a fait avec nous et nous l'avons observée agir ainsi avec les autres. "Raconte-m'en plus. Parle-moi. Et puis après ? Qu'est-ce que tu as fait ? À quoi ça ressemblait ? Décris-le." C'était épuisant, mais d'une certaine manière, nous trouvions qu'il y avait quelque chose de merveilleux dans sa façon de vouloir boucher les trous. »

« Le déjeuner, poursuivit Mary, était à 13 heures, puis on nous enfermait dans une pièce pour la sieste. Entre 16 et 17, on pouvait jouer aux dames ou aux échecs. À 17 heures, c'était le thé, le dernier repas chaud de la journée. À 18 heures, quel que soit le temps ["uniquement l'été", me dit Ben G.], on passait une demi-heure à la piscine. Le week-end, on y restait une heure, deux fois par jour. Après la piscine, il y avait du football, de l'athlétisme ou autre chose. Tout était organisé en groupes, le programme était très serré, pas le temps de rêvasser. À 20 heures, c'étaient les douches, puis le souper avec une tasse de cacao et des sandwichs...

— Deviez-vous vous rhabiller après les douches ? »

Elle rit. « Après mon arrivée, oui. Avant, je crois qu'ils pouvaient descendre en pyjama. Et de 20 h 30 à 21 heures, l'heure du coucher... Les lumières étaient éteintes à 21 h 30... On pouvait regarder la télé s'il y avait quelque chose, un documentaire ou du sport. S'il y avait un bon film, le responsable pouvait décider que l'on reste plus longtemps. Je me souviens de l'atterrissage sur la Lune : on a pu regarder jusqu'au bout. Toute l'équipe a regardé avec nous. M. Dixon disait que c'était historique.

— À partir de quand avez-vous su que vous resteriez à Red Bank plusieurs années ?

— Je crois que je ne l'ai jamais su. Les années ne comptaient pas, vous savez, le temps filait. Les garçons restaient en moyenne cinq mois. Il y avait un système de "bons points" grâce auxquels on pouvait obtenir toutes sortes de privilèges, des sorties, des congés et une libération anticipée. Pas moi, évidemment, en tout cas, pas pendant un moment.

— Est-ce que M. Dixon vous encourageait à parler de vos crimes, des petits garçons que vous avez tués ?

— Non. Oh ! non. Pendant des années, j'ai prétendu que je ne les avais pas tués, alors comment aurait-il pu en parler ? »

Je lui rappelai qu'une fois par semaine un psychiatre venait dans l'unité spéciale. « Je l'ai rencontré à ce moment-là. Il était gentil, non ?

« Je ne sais pas s'il était gentil ou pas, répondit Mary avec raideur. Je n'aimais aucun psychiatre, mais, lui, je ne l'aimais pas du tout parce qu'il restait assis là et qu'il ne prononçait pas un mot...

— Ça vous mettait mal à l'aise ?

— Je ne savais pas ce qu'il voulait... J'aime bien savoir où j'en suis avec les gens... Ce n'est pas vraiment que je ne l'appréciais pas, mais je ne pouvais tout simplement pas lui parler. Je ne voyais vraiment pas comment j'étais censée me laisser aller, alors qu'il restait juste assis à m'observer. S'il avait posé des questions, comme les autres avaient fait, j'aurais au moins pu lui dire d'aller se faire foutre, mais, là, je n'avais pas grand-chose à dire...

— Les gros mots étaient-ils autorisés à Red Bank ? »

Elle rit, soudain joyeuse. Elle aimait décrire Red Bank.

« Oh ! non, pas du tout. On avait vraiment des problèmes si on jurait. On était punis et, bien sûr, on pouvait perdre des points. Au bout d'un moment, je n'ai plus juré du tout. »

Sauf pour deux garçons qui, comme elle, avaient été condamnés à perpétuité, les bons points étaient très importants, À partir de quarante, vous pouviez être libéré.

« Du coup, ça donnait un but aux garçons. Je ne m'attendais pas vraiment... à ce que j'ai commencé à ressentir pour M. Dixon. Il a essayé de faire fonctionner le système des bons points pour moi aussi, dans la limite du possible. Si je me comportais bien, j'avais le droit de choisir un cours sympa, d'y aller à la place de mon programme habituel, ou bien, pendant un jour ou deux, je n'étais pas obligée de me lever tôt. Une fois, un professeur, M. P., m'a emmenée avec lui et sa famille voir un film, *Les Hauts de Hurlevent*, et un autre, M. Roberts, et sa femme m'ont emmenée voir *Godspell*. Et puis il y a eu Ben G. Il draguait Mlle Jeffries [Carole], ils étaient très jeunes tous les deux et ils m'ont emmenée faire une sortie au bord d'un lac, ils avaient une bouteille de vin et ils l'ont mise dans le lac pour la rafraîchir, c'était chouette. »

Pour l'essentiel, Ben et Carole G. confirmèrent les récits de Mary au sujet de Red Bank. C'est seulement dans les détails que sa mémoire lui jouait parfois des tours.

« Quand je suis arrivée, raconta Carole, May avait 15 ans et moi tout juste 20. Ça a dû être très étrange pour elle d'avoir soudain face à elle quelqu'un... eh bien, de féminin, presque du même âge, et pour qui, de toute évidence, ce qui se passait dans un endroit comme Red Bank était totalement nouveau. Nous avons vite été proches. On était davantage comme des sœurs que comme un professeur et son élève. Je la laissais m'appeler par mon prénom, pas en cours bien sûr, mais lorsque nous étions seules. Je pense que si ça s'était su, cela n'aurait peut-être pas été autorisé. M. Dixon était très strict sur la question du respect des distances. Mais ça semblait important pour elle et ça ne me dérangeait pas.

« Quelque temps après mon arrivée, on m'a permis de l'emmener à l'extérieur. Mes parents tenaient un pub tout près et je l'ai emmenée... eh bien... dehors, dans mon monde, pour les rencontrer. Quelquefois je la sortais pour qu'elle se fasse couper les cheveux ou juste pour s'asseoir et parler. Effectivement, une fois, Ben et moi avons fait un pique-nique avec elle près d'un lac, ensuite on a dîné au restaurant. Elle nous a souvent écrit après son départ et c'est vrai, elle mentionnait toujours ce pique-nique. Ça avait été un jour spécial pour elle. »

Ben précisa : « Mais la bouteille de vin à rafraîchir dont elle se souvient, c'était au restaurant. On nous l'a sans doute apportée dans un seau de glace. Je n'aurais jamais consommé d'alcool à un pique-nique avec un enfant. Au restaurant, oui, c'était possible. »

Il ignorait, me dit-il, comment Mary avait pu imaginer cette bouteille de vin qu'elle m'avait décrite avec tant de précision plongée dans le lac, tenue par une ficelle. Il secoua la tête. « Cela n'est tout simplement jamais arrivé. »

Carole : « Mais elle a adoré cette sortie. Elle portait une de mes robes : nous étions allées fouiller mon placard et elle l'avait choisie. C'était la première fois qu'elle allait dans un restaurant comme celui-là, avec une table bien mise, des fleurs, plusieurs couverts et plusieurs verres. Elle a adoré ça. Elle posait des questions sur tout... "À quoi sert cette cuillère ? Et cette fourchette ? Comment on ouvre une bouteille ?" Elle absorbait les informations comme une éponge. »

Et, selon eux, tout s'était passé de la même manière avec les autres professeurs, quand ils l'avaient emmenée pour une sortie.

« Un jour, me dit Mary, M. Dixon, Mme Dixon et Mlle Hemmings m'ont emmenée à Blackpool. Je crois qu'ils sortaient aussi les deux autres... condamnés à perpétuité... Mais là j'étais seule avec eux. Il y a vraiment eu des moments heureux et je pensais vraiment que je m'en tirerais, et je sais que M. Dixon le pensait aussi.

— Il est devenu comme un grand-père pour vous, n'est-ce pas ?

— Non, pas la famille... Plus que ça. Quand vous rencontrez quelqu'un que vous aimez, vous pouvez dire que vous l'aimez bien, mais je ne l'aimais pas *bien* : je l'aimais tout court. On n'aime jamais personne tout de suite, sauf quand on tombe amoureux ou qu'on a un enfant. Arriver à aimer quelqu'un comme j'aimais M. Dixon prend du temps, beaucoup de temps...

— Puisque vous en êtes venue à l'aimer, n'avez-vous jamais eu envie de lui parler... de cette "petite idée", de ce sentiment que vous aviez fait quelque chose de terrible, dont vous m'avez dit qu'il grandissait en vous avec le temps ? »

Elle fit un signe affirmatif de la tête. Mais comme si deux pensées simultanées la traversaient, elle dit :

« Non, non. Je ne voulais pas, parce que je ne voulais pas qu'il soit déçu...

— Par quoi ?

— Par moi. »

Lors de mes deux visites à Red Bank, j'avais été étonnée de voir que la chambre de Mary était pleine à craquer, contrairement aux autres qui, pour la plupart, en dehors de quelques photos éparses, d'affiches et d'affaires de toilette, étaient presque vides. « Sa famille la submerge tellement de cadeaux qu'on ne peut pas tous les lui donner, on en rend certains », m'avait expliqué James Dixon, qui me guidait dans ma visite. Il y avait des poupées, des savons de toutes les formes et de toutes les couleurs, des pots de talc et de sels de bain, des flacons d'eau de toilette et de parfum, des calendriers, des cartes de vœux...

Chaque parcelle de la chambre était recouverte ; les présents s'empilaient dans tous les coins. Les trois quarts de ces cadeaux, soigneusement disposés comme dans une vitrine, n'avaient même pas été déballés. « C'est comme une exposition, pas vrai ? » m'avait dit le docteur Dewi Jones, le psychiatre dont Mary devait me dire qu'elle n'avait jamais réussi à lui parler. Un autre membre du personnel avait précisé : « Elle ne les utilise pas, elle se contente de les regarder. »

« Quand j'ai rencontré May, me raconta Carole G., elle avait plus de choses que j'en ai jamais eu. Elle adorait ses affaires, elles étaient très importantes pour elle. Elle en prenait grand soin, elle était très soignée et très ordonnée. »

Ben : « Elle prenait tout le temps des bains. Elle montait souvent se coucher avec le premier groupe pour avoir le temps d'en prendre un. J'entends encore Mlle Hemmings tambouriner à la porte de la salle de bain en disant : "Sors, sors *maintenant* !" »

Carole : « Elle annonçait : "Ce soir, j'ai l'intention de prendre un bains, et j'ai tous mes sels et mes bains moussants." Il y avait peut-être une raison psychologique profonde derrière toute cette histoire de bains... mais je l'ignore... En fait, on ne pouvait pas savoir, personne là-bas ne pouvait savoir. »

Le docteur Dewi Jones, un jeune médecin, particulièrement attentionné, de l'hôpital pour enfants de Liverpool, m'avait dit, avant même que je lui rapporte ce que la famille de Mary m'avait raconté, qu'il était convaincu qu'elle restait fixée sur des événements et des impressions de son passé. Si l'on voulait qu'elle devienne un jour une adulte normale, il fallait l'aider à les dépasser, ce qui ne pouvait se faire que dans un environnement psychiatrique, lequel, admettait-il, n'existait pas en Angleterre pour des enfants dans sa situation.

Selon lui, Red Bank, malgré son équipe bien intentionnée, son cadre agréable et rassurant, n'était pas bon pour Mary. Mis à part quelques enseignements ponctuels sur le traitement des enfants inadaptés, les professeurs n'avaient aucune formation psychologique. Il soulignait le fait qu'avant l'arrivée de Mary, ils avaient reçu des directives écrites sur la façon de s'occuper d'elle, mais dans lesquelles on leur demandait de ne pas s'intéresser à ses antécédents. Il espérait qu'en agissant ainsi on avait simplement voulu éviter de les surcharger d'informations dont ils n'auraient su quoi faire – mais au fond il doutait que ce fût la raison.

En réalité, les auteurs de la directive, par commodité et à l'instar de tant d'autres gens, croyaient qu'un passé malheureux, qu'ils réduisaient le plus souvent à une enfance pauvre et négligée, c'est-à-dire à un problème de classe sociale, se surmontait par une approche positive du présent. Ce rejet de la petite enfance et par là des principes fondamentaux de la psychiatrie se retrouvait, pensait-il (en 1970), dans l'état d'esprit qui régnait à Red Bank, au détriment des enfants.

Son propre rôle dans la section découlait de ces erreurs. Il n'était pas là pour s'occuper des pensionnaires mais pour aider l'équipe, au cours d'une réunion hebdomadaire, à résoudre les problèmes qui se présentaient. Dès lors, son travail dépendait de l'évaluation faite par les membres du personnel. Or, si la plupart d'entre eux étaient dévoués aux enfants, voire passionnés par leur métier, leurs observations relevaient au mieux du jugement d'un profane éclairé, tout à fait insuffisant pour s'occuper d'enfants gravement perturbés.

En 1970, très peu de temps après que la mère de Mary eut commencé à venir la voir, le docteur Jones remarqua que ses visites avaient un effet négatif. « Mais, bien sûr, je ne l'ai su que parce qu'on m'a décrit le comportement de Mary à l'issue de ces rendez-vous, et non en l'observant moi-même. » Il recommanda alors que les membres de la famille de Mary fussent soigneusement sélectionnés avant d'être autorisés à la voir. « J'ai proposé que la mère soit exclue, au moins pendant un temps, mais on m'a répondu qu'on ne pouvait interdire à une mère de voir son enfant. » (J'aurais droit à la même réponse lorsque, après avoir découvert ce que Betty avait fait à Mary, je suggérerais la même chose au département concerné du ministère de l'Intérieur.)

Le docteur Jones finit par insister pour être autorisé à voir Mary régulièrement, et seule, ce qui lui fut accordé. Mais, admit-il, la démarche se révéla inutile. La voir une demi-heure par semaine, une heure tout au plus, et dans l'enceinte de Red Bank, ne permettait pas de l'aider. Il suggéra alors que Mary vienne, elle, le consulter à l'hôpital. L'idée fut rejetée.

« Je ne crois pas que le désagrément du déplacement ou les questions d'argent étaient la cause de ce refus. De même que les autorités avaient été sincèrement convaincues, au début, que la connaissance du passé de Mary n'avait pas d'utilité pour l'équipe, de même elles pensaient maintenant tout aussi honnêtement qu'elle n'avait pas besoin d'aide psychiatrique. Mais avec une enfant aussi perturbée, on ne peut pas faire de traitement à temps partiel dans une institution non spécialisée, quelles que soient la qualité de son organisation et les bonnes intentions de ceux qui la dirigent.

« Il y a de plus en plus d'enfants aussi perturbés que Mary, partout dans le monde, même si tous ne vont pas jusqu'au crime. Tant que nous n'aurons pas d'unités éducatives à orientation médicale, thérapeutique – peu ou prou comme Red Bank mais dirigées par des équipes spécialisées –, ces enfants ne trouveront pas ce dont ils ont besoin. Ils risquent de rester toute leur vie un fardeau pour la société, et ils paieront par leur malheur les déficiences de notre système. »

Depuis maintenant trente ans que je m'intéresse d'une façon plus ou moins intense selon les moments au cas de Mary, j'ai parlé d'elle et du traitement des enfants instables en général avec de nombreux travailleurs sociaux et psychiatres de premier plan. En 1995, j'ai discuté de Mary et des deux jeunes assassins de James Bulger avec le professeur Guy Benoît, un pédopsychiatre français renommé. Ce qu'il me dit faisait écho aux propos que m'avait tenus en 1969, lors de mes recherches pour *Meurtrière à 11 ans*, Christopher Oustead, pédopsychiatre à Oxford, où il dirigeait l'établissement pédiatrique Park Hospital.

Selon Guy Benoît, dans ces deux cas de criminalité infantile, le lien entre les crimes et l'état mental ou émotionnel des enfants qui en étaient les auteurs n'avait pas été assez établi. « La violence entre frères et sœurs, par exemple, est fréquente, mais ce type d'explosion, qui conduit un enfant à tuer, sans raison, un enfant plus petit que lui et qu'il ne connaît pas, est très rare. Cependant, la colère contenue et le stress intolérable refoulé [le docteur Benoît, avec sagesse, je crois, évitait en l'occurrence d'utiliser le terme "psychopathie"], qui vous ont paru si évidents dans ces deux cas, eux ne sont pas du tout rares.

« Mes dossiers et, j'en suis sûr, ceux de mes collègues pédopsychiatres engagés sur ce terrain, sont remplis d'enfants au bord de l'explosion ou du point de rupture. S'ils ne sont pas aidés, ils l'atteindront tôt ou tard, et cette explosion deviendra plus violente, qu'elle soit tournée vers les animaux ou les humains, vers les autres ou vers l'enfant lui-même. »

Le suicide des enfants, le plus souvent après un ultime appel au secours sous forme d'automutilations répétées, est une des formes les plus extrêmes que peut prendre l'explosion en question. Il est devenu horriblement fréquent.

En 1996, Mary se souvenait uniquement des bons côtés de Red Bank. Je lui demandai s'il lui était arrivé d'éprouver de la colère à l'idée d'être enfermée dans la section spéciale.

« Oh ! non, non, non. J'étais vraiment un garçon manqué, vous savez et... Bon, je suppose que peut-être, c'était mauvais pour moi de n'être entourée pratiquement que de garçons pendant toutes ces années. Mais j'aimais vraiment être la seule fille.

Rapidement, je me suis fait quelques très, très bons amis là-bas, des amis sûrs que je n'oublierai jamais. Et des professeurs que je n'oublierai jamais non plus. Pour la plupart, ils ne sont jamais loin dans mon esprit...

— Si c'est le cas, pourquoi n'avez-vous pas essayé d'en revoir certains après votre libération ? »

Mary haussa les épaules. « Ils étaient trop occupés. »

Je lui rappelai que tout n'avait pas toujours été si agréable. Je savais qu'elle avait eu des ennuis, que certains membres de l'équipe ne l'aimaient pas et qu'elle ne les aimait pas non plus. En 1970, pour *Meurtrière à 11 ans*, plusieurs professeurs m'en avaient très librement parlé, à condition de rester anonymes, après que je leur eus dit, comme je le fis avec le docteur Jones, ce que j'avais découvert à Newcastle à propos de l'enfance de Mary.

« Dans ses relations avec les adultes, c'est toujours Mary qui décide de la tournure des événements, m'avait déclaré l'un d'eux. Elle arrive même à les persuader que leurs sentiments pour elle ne diffèrent en rien de ceux qu'ils éprouvent envers les autres enfants. »

Un autre professeur m'avait expliqué que, les enfants choisissant eux-mêmes leur référent, Mary en avait déjà eu quatre au milieu de l'année 1970. « Pour la plupart des garçons, s'ils demandent à changer de référent, l'équipe se contente de hausser les épaules. Mais à chaque fois que Mary demande à changer, tout le monde s'inquiète. Tout le monde se sent coupable et remis en question. Tout le monde a le sentiment d'avoir échoué. »

Il avait ajouté que certains professeurs ne parvenaient pas à garder leurs distances avec Mary. Deux membres de l'équipe étaient partis parce qu'ils commençaient à se sentir trop impliqués vis-à-vis d'elle. Un troisième ruminait encore les raisons pour lesquelles elle n'avait pas voulu le garder comme référent. Et un quatrième – également parti – avait fini par être convaincu qu'elle n'avait pas tué les petits garçons.

Ce même professeur très perspicace avait été le premier à me dire à quel point la plupart des membres de l'équipe trouvaient Mary épuisante. Ses remarques étaient prophétiques, j'ai moi-même pu le vérifier en travaillant avec elle des années plus tard, et deux des agents de probation qui s'occupèrent de Mary pendant dix-sept ans me diraient la même chose. « Elle porte en elle, avait expliqué ce professeur, une intensité extraordinaire, une sorte de manque que personne ne peut vraiment ni combler ni même comprendre. Nous avons souvent le sentiment d'échouer avec elle parce que, ne comprenant pas ce dont elle a si désespérément besoin, nous ne pouvons pas le lui donner. »

Carole G. se rappelait à quelle occasion elle avait elle aussi éprouvé ce sentiment d'échec : « Ça s'est passé seulement quelques semaines après mon arrivée à Red Bank. Je jouais au ballon avec un groupe d'enfants. May était parmi eux. Un grand garçon, Ross, a envoyé la balle vers moi en criant :

"Pour vous, Carole !" Mary s'est retournée brusquement. *"Pour toi,* c'est pas Carole ! elle hurlait. C'est Mlle Jeffries, Mlle Jeffries !"

« Bon, j'ai réussi à la calmer, mais, deux jours plus tard, Ross a recommencé pendant un cours de guitare. Mary s'est précipitée sur lui et a commencé à le taper de toutes ses forces en l'appelant de tous les noms possibles et imaginables. La guitare de Ross a volé, elle a presque fait un tour complet autour de sa tête. Mary était partie, complètement partie. Lorsque, avec l'aide d'un autre garçon, j'ai fini par réussir à les séparer, elle tremblait de partout, son corps était presque ankylosé par la tension. Je l'ai accompagnée chez l'agent de service, et il m'a renvoyée chez moi, j'étais trop choquée.

« Bien sûr, ce sont des choses qui arrivaient – les garçons s'emportaient souvent –, mais la salle de cours était agencée de telle façon que plusieurs membres de l'équipe étaient présents en même temps. En général, les enfants étaient rapidement contenus. Cette fois-là, j'étais seule avec eux. Ça m'a terriblement bouleversée, d'abord parce qu'il était évident que du point de vue de Mary, il s'agissait de me défendre. Ensuite, parce que je ne l'avais pas vue venir et que je n'avais pas réussi à l'arrêter plus vite. Le lendemain, Ross était couvert de bleus.

— Mary a-t-elle regretté son attitude par la suite ?

— Elle s'est beaucoup excusée le lendemain auprès de moi, pas auprès du garçon, et d'ailleurs moins pour l'avoir frappé que parce qu'elle avait juré. M. Dixon ne tolérait vraiment pas les jurons. Le jour où c'est arrivé, j'ai marché jusqu'à chez moi en tremblant comme une feuille. J'ai pleuré, pleuré. Elle... elle amenait vraiment les gens à trop s'impliquer avec elle. Je crois – et ça vaut pour presque tout le monde là-bas – que si nous avions eu la formation adéquate pour nous occuper d'enfants si désorientés, nous aurions été protégés, pas entièrement, mais mieux en tout cas, contre nos propres réactions émotionnelles. »

La seule personne à y arriver avec Mary était James Dixon, me dit Ben, quasiment dans les mêmes termes qu'un autre professeur, vingt-cinq ans plus tôt : « Il avait un don pour s'adresser aux jeunes, non parce qu'il était mieux formé, il ne l'était vraiment pas, mais juste par sa façon d'être.

— Lorsque Ben et Carole étaient avec Mary, pensaient-ils parfois à elle comme à une enfant qui avait tué ? »

Tous les deux réfléchirent longuement à cette question.

Ben : « Eh bien, non. On vivait au présent. On savait qu'elle était dangereuse, peut-être pour elle-même, peut-être pour les autres dans les moments de stress. On a été témoins de sa violence, surtout au début. Mais au jour le jour, on ne pensait pas vraiment à elle comme à une enfant meurtrière, non. Personne n'en parlait jamais ou en tout cas n'était supposé en parler et, de toute façon, nous savions qu'elle n'avait jamais dit avoir fait ce qu'elle avait fait.

« En réalité, il subsistait toujours un petit doute. À la fin, plusieurs membres de l'équipe, y compris, je dois dire, Jim Dixon, la croyaient innocente. Ils pensaient qu'il y avait eu une erreur dans le jugement. Maintenant, bien sûr, je sais que ce n'était pas une bonne chose pour elle. Elle vivait dans le déni et on participait à ce déni au lieu de l'aider à prendre conscience et à affronter ce qu'elle avait fait. »

Carole : « Des mois plus tard, Mary m'a dit tout à coup : "Vous n'avez pas peur de vous retrouver toute seule dans une pièce avec moi ?" Venant d'elle, ça m'a plutôt choquée et j'ai immédiatement répondu : "Bien sûr que non." Et c'était vrai. Mais je dois avouer que le jour où elle a explosé pendant le cours de musique, la pensée m'a traversé l'esprit. "Mon Dieu, nous y voilà..." Évidemment je me trompais. On n'y était pas du tout. Il y avait des tensions entre elle et ce garçon, mais la crise était avant tout causée par sa possessivité à mon égard. Si j'avais été mieux préparée ou si j'avais eu plus d'expérience, je l'aurais probablement empêchée d'en arriver là. Je comprends tout cela maintenant mais, à l'époque, nous réagissions tous instinctivement, d'une manière plus immédiate que posée. »

Ben : « Pour nous, elle était simplement May, une petite fille en train de grandir, une pauvre petite qui cherchait tout le temps à dépasser les limites. Mais est-ce qu'on la voyait comme une enfant qui avait tué ? Non, dans le sens de votre question, non, sûrement pas. »

Le fait que je fus au courant de ses problèmes à Red Bank ne sembla pas intéresser Mary. Elle haussa les épaules.

« C'est vrai, je me conduisais parfois comme une petite peste. Je me battais et j'abusais, je parlais mal et, oui, un ou deux membres de l'équipe ne m'aimaient pas. M. Dixon disait que c'était juste de la jalousie ou parce que je manipulais les gens, je les dressais les uns contre les autres. Ça m'a pris du temps avant de... de me calmer. Il fallait que je grandisse. Est-ce que je l'ai fait ? Écoutez, plus ou moins. »

Elle se mit à rire, et conclut sur un ton désapprobateur : « C'est en partie parce que personne ne me traitait comme un monstre. On me parlait toujours, on m'expliquait les choses, même lorsque j'avais été atroce... »

Pendant les dix premiers mois que Mary passa à Red Bank, Billy Bell vint régulièrement lui rendre visite.

« Une fois, il est venu avec sa mère, mamie Bell, se souvenait Mary. Souvent il arrivait presque à l'aube. M. Dixon venait dans ma chambre à six heures du matin et il me disait : "Tu as de la visite." Je sautais de mon lit et mon père était là.

— Pourquoi venait-il si tôt ?

— Je ne sais pas, je ne lui ai jamais demandé. J'étais juste tellement contente de le voir. Lui et M. Dixon s'entendaient très bien. Ils avaient beaucoup de respect l'un pour l'autre. Ils n'étaient pas très différents, vous savez, si ce n'est que l'un avait de l'éducation et l'autre pas.

— Pourtant M. Dixon plaçait la discipline et l'ordre en tête de ses principes de vie. Ce n'était pas fait pour les rapprocher...

— Je pense que c'était aussi le cas pour mon père. Il avait ses propres valeurs, aussi étrange que ça puisse paraître. Quand j'étais petite, un jour où je m'étais battue, je suis allée me plaindre auprès de lui. Il m'a demandé qui avait commencé. Si c'était moi, je ferais mieux de ne pas venir pleurer. Je n'avais pas le droit de provoquer les gens et de leur dire que mon père allait se battre pour moi et qu'ils allaient voir ce qu'ils allaient voir. Bien sûr, si ce n'était pas moi qui avais commencé la bagarre, c'était différent. Vous voyez ce que je veux dire ? M. Dixon aurait pu dire la même chose.

— Que faisiez-vous lorsque votre père venait à Red Bank ?

— Je n'avais pas le droit d'être seule avec les visiteurs. La plupart du temps, M. Dixon restait avec nous, ou alors on allait s'asseoir dans un des salons où il y avait toujours quelqu'un pour nous surveiller. On papotait, tout simplement. De toute façon, il ne pouvait jamais rester longtemps. Je crois qu'il prenait le train de nuit. Il avait à faire dans la journée, donc ça ne durait jamais plus de deux heures. »

À l'époque, tout ce que m'avait dit Billy Bell au sujet de la vie de Mary à Red Bank était qu'elle aimait l'école et qu'elle avait une jolie chambre. Mais il pensait (il se trompait, bien sûr) que c'était « cet endroit à Londres », c'est-à-dire Cumberlow

Lodge, qu'elle avait préféré. « C'est là qu'elle était la plus libre, dans le genre. »

Vers la fin de 1969, ses visites s'interrompirent. Le 10 décembre, lui et la femme avec laquelle il vivait à l'époque furent jugés, au Moot Hall de Newcastle, pour vol avec violence. M. Lyons, le procureur du procès de Mary un an plus tôt, présidait les débats. Il condamna la jeune femme, de huit ans la cadette de Billy Bell, à trente mois, et Billy à quinze mois. « Je réduis la peine que j'aurais donnée en temps normal, expliqua-t-il, en raison de la tragédie familiale qui s'est abattue sur cet homme. » Billy resta finalement neuf mois en prison. Sa sœur Audrey s'occupa des trois enfants, P., le petit frère de Mary, 10 ans, et les deux fillettes, âgées de 7 et 3 ans. Betty, leur mère, après leur avoir rendu une courte visite début 1969, n'avait jamais demandé à les revoir.

En revanche, à la fin de l'année, le samedi 20 décembre, soit dix jours après que Billy eut été envoyé en prison, Brian Roycroft, fonctionnaire au service de l'enfance de Newcastle, tomba sur Betty Bell, assise sur un banc dans le couloir, alors qu'il se rendait à son bureau. « Elle ignorait qui j'étais. Elle m'a demandé si je savais à qui elle devait s'adresser pour avoir des billets de chemin de fer et de l'argent pour aller jusqu'au Lancashire. On avait essayé plusieurs fois de la convaincre de rendre visite à Mary, elle avait toujours refusé. Je lui ai dit que oui, je savais à qui il fallait s'adresser, et que j'allais le faire pour elle. »

Lorsqu'il revint, il s'assit à côté de Betty et lui demanda si elle savait quel train prendre et si elle avait un endroit pour dormir. « Elle m'a dit qu'il y avait un train à midi et qu'elle ne voulait pas rester dormir, qu'elle prendrait le train de nuit. Je lui ai demandé comment elle se sentait maintenant par rapport à Mary. » Betty éclata alors en sanglots en disant quelque chose à propos du fait d'être « dans le jeu ».

Puis, en pleurant encore plus, elle ajouta qu'il lui arrivait de se demander si elle avait fait du mal à Mary, si on devait la blâmer, elle. Elle était particulièrement préoccupée par « la spécialité pour laquelle elle était connue » ; la police l'avait interpellée plusieurs fois et elle avait reçu des avertissements. « Cela s'est su », dit-elle mystérieusement, et des tas de gens étaient venus la voir « pour ça ». Après ces nombreuses allusions à cette « spécialité », M. Roycroft lui demanda de quoi il s'agissait. « Je les fouette », répondit-elle. Puis elle précisa rapidement : « J'ai toujours caché le fouet aux enfants. »

Trahisons
1970-1971

Le personnel de l'unité, qui ne savait rien de Betty, était, semble-t-il, très curieux de la rencontrer.

« Mary devait attendre sa mère dans sa chambre, mais elle était si impatiente qu'elle est descendue, me raconta un professeur. Lorsqu'elle est arrivée, Mary s'est précipitée sur elle, l'a enlacée et embrassée. Plus tard, elles ont été s'asseoir dans la bibliothèque. Mary était sur les genoux de Betty, elles pleuraient toutes les deux. »

D'autres membres de sa famille lui avaient rendu visite. « Ma tante Cath est venue environ six fois en tout, avec mon petit cousin, me raconta Mary. J'ai des photos sur lesquelles on me voit lui apprendre à nager dans la piscine. Lui aussi s'en souvient. Ma tante Audrey n'est jamais passée, mais mon oncle Peter [son mari], oui, une fois. La mère de mon père est venue une fois, comme Même [la mère de Betty], que j'aimais plus que tout : une fois avec ma mère, et une fois toute seule. Elle a fait le voyage toute seule depuis Glasgow alors qu'elle était si vieille et si fragile à ce moment-là. Elle est restée pour la nuit. J'étais tellement contente de la voir.

« Mon oncle Philip [le frère de Betty] n'est jamais venu, jamais une carte, même pas pour mon anniversaire. Tante Isa non plus. Son bébé était mort d'une leucémie peu de temps après qu'on m'emporte et ma mère m'avait dit qu'Isa pensait que c'était de ma faute : c'était la vengeance de Dieu sur la famille parce que j'étais si mauvaise. Quand j'avais, je ne sais pas, 8 ou 9 ans, tante Isa attendait son premier enfant et elle m'avait laissée le sentir bouger dans son ventre. Je n'ai jamais oublié ça. C'était spécial. Elle était spéciale pour moi. J'ai été dévastée d'apprendre qu'elle me croyait responsable de la mort de son deuxième bébé. Beaucoup plus tard, j'ai entendu que ce n'était pas vrai, elle n'avait jamais dit ça. »

Pendant plusieurs années, Betty allait devenir le plus fréquent visiteur de Mary. Jusqu'au milieu du mois d'avril 1970, elle vint deux ou trois fois par mois. Un des professeurs confirma les propos que m'avait tenus le docteur Dewi Jones : « May attendait impatiemment ses visites, mais elle était toujours agitée après. Elle devenait désagréable avec les adultes et agressive avec les autres enfants. Elle retrouvait, avec les enfants, jamais avec les adultes, le comportement qu'elle avait eu les premiers mois : elle se battait, disait des gros mots, mentait, frappait, griffait. Elle trichait aux jeux et quand quelqu'un lui disait qu'on n'avait pas le droit, elle rétorquait que *elle*, elle pouvait. »

Avec Betty non plus, on ne la laissait jamais seule. Le personnel qui les observait sentait que

Betty jouait la comédie. « Elle jouait à la maman, remarqua un autre professeur. Un jour, May a dit qu'elle ne croyait pas que Betty était vraiment sa mère. Elle a prononcé cette phrase : "Elle n'est pas comme une mère." »

« Je me souviens de la première fois où elle est venue me voir, me raconta Mary. Elle m'avait apporté une lampe, une sorte de lanterne – un truc en laiton avec une torche à l'intérieur qu'on trouve dans les magasins de cadeaux. Bien sûr, on ne m'aurait pas laissée utiliser une bougie. Je la lui ai rendue. Tout de suite après son arrivée, elle avait commencé à me parler de ses bobos et de ses malheurs, à quel point sa vie était terrible. Je savais qu'elle sous-entendait : en comparaison avec la mienne.

« Elle était assise là et je savais, je savais vraiment qu'elle voulait que je la plaigne. Elle l'avait fait au procès, et maintenant elle recommençait un an plus tard. Je lui en ai beaucoup voulu, probablement parce que je l'ai crue. J'ai pensé que tout devait être de ma faute. Cette visite a été très courte. Elle a dit ce jour-là à M. Dixon de ne jamais me laisser seule avec elle, parce qu'elle avait peur de me tuer.

— Comment l'avez-vous su ?

— Elle l'a dit devant le personnel. Elle préférait me tuer que de me voir là. Mais je ne crois pas que c'était le vrai problème. Elle savait qu'elle ne pouvait pas me tuer. On ne nous laissait jamais seules de toute façon, elle n'avait pas besoin de le demander. Beaucoup plus tard, j'ai compris qu'en voyant comment ces adultes de la classe moyenne, ces gens éduqués m'entouraient, elle avait dû être terrifiée à l'idée de ce que je serais à ma sortie. Très souvent, quand elle venait me rendre visite, elle parlait plus avec le personnel qu'avec moi. En tout cas, elle avait toujours conscience de leur présence. Elle ne savait pas de quoi me parler. Elle ne pouvait pas me parler de mon père, parce qu'ils étaient séparés. Elle ne pouvait pas me parler de mes frères et sœurs, que j'avais envie de voir et dont j'avais envie d'entendre des nouvelles, parce qu'elle les avait quittés et qu'elle ne les voyait plus.

« Elle a amené son amoureux, que je n'ai pas du tout aimé, même si plus tard – ils s'étaient mariés – nous sommes devenus très amis. Il avait douze ans de moins qu'elle. C'était un bon gars, travailleur, vraiment honnête, incroyablement loyal avec elle, même quand ils ont divorcé et qu'il s'est remarié. » (Cette description élogieuse du dernier mari de Betty fut confirmée par Pat Royston. Et, d'un certain point de vue, il prouva son indéfectible fidélité lorsque, Mary lui ayant demandé de me raconter les années qu'il avait passées avec Betty, il lui répondit qu'il ne parlerait jamais d'elle à personne.)

Nombre de visites de Betty à Red Bank durent être écourtées, me raconta Mary, parce que l'une des deux s'était mise en colère.

« J'avais l'estomac noué... Elle commençait à se mettre en colère, je pensais que c'était de ma faute, et... qu'il valait mieux...

— Étiez-vous bouleversée après chacun de ses départs ?

— Oui. Elle racontait combien elle était triste, comment elle écrivait tout le temps au Premier ministre, et surtout il ne fallait pas que je m'inquiète, elle allait me sortir de là. Je lui demandais des nouvelles de S. et K. [les sœurs de Mary]. Elle répondait que moi seule comptait. "J'ai déjà assez à faire avec ce qui t'est arrivé. Je ne peux pas m'occuper des autres." Alors je pensais que c'était aussi de ma faute – si mes frères et sœurs n'avaient pas de mère !

— Est-ce que Billy vous avait dit qu'elle les avait abandonnés ?

— Non. Il m'a simplement annoncé qu'ils s'étaient séparés.

— Vous arrivait-il de parler de Betty avec lui ?

— Non, il ne m'a jamais impliquée dans le... Il a essayé de rendre ça le plus simple et le plus clair possible. Il me disait des choses comme "les gens se séparent, tout simplement", et que ma mère était quelqu'un de très nerveux, de pas très fort, qu'elle était en dépression – donc, il valait mieux pour elle qu'elle soit loin de nous, comme ça elle pouvait partir dans ses rêveries. Il ne me posait jamais le genre de questions qu'elle me posait, il ne me demandait jamais, je ne sais pas, "lequel de nous tu aimes le plus ?"...

— Vous parlait-il des autres enfants ?

— Oui, il me racontait des choses, comment ils allaient, ce qu'ils faisaient...

— Lorsque j'ai parlé à Billy en 1969, il n'a pas été très communicatif.

— Eh bien, répondit-elle, un peu sur la défensive, il discutait avec Ben et avec M. Dixon.

Je ne sais pas ce qu'il avait avec vous, mais probablement qu'il était à court de mots, il ne savait pas quoi dire. »

« Je crois que ce qui contrariait Jim Dixon, me rapporta Ben G., en fait ce qui l'inquiétait vraiment, c'était l'évident rapport de force entre May et sa mère. Betty utilisait May. Je me souviens d'une visite où, alors que sa mère était partie, j'ai demandé à May si ça s'était bien passé. "Oui, je lui ai écrit des poèmes." J'ai dit : "C'est bien", et elle a répondu : "Pas vraiment. Elle va juste les utiliser pour les pierres tombales et les cartes de vœux." Je lui ai demandé ce qu'elle voulait dire et elle a soufflé : "Oh, elle les vend", insinuant par là que sa mère lui avait indiqué quoi écrire. » (De l'arrivée de Mary à Red Bank jusqu'à sa sortie de prison, Betty ne cessa en effet de livrer aux tabloïds des informations et des anecdotes sur sa fille.)

Sur cette question, les souvenirs de Carole différaient de ceux de Ben. Quand je lui demandai si Mary lui parlait de sa famille, elle me répondit qu'elle aimait surtout évoquer sa grand-mère. « Elle l'adorait. Pour ce qui est de sa mère, elle en parlait aussi, mais je crois qu'elle inventait, à mon usage, une relation qui n'existait pas. À l'entendre, ses visites étaient très importantes pour elle, mais je sentais qu'elle les fantasmait complètement. D'ailleurs elle ne me disait jamais rien de négatif sur sa mère, comme elle le faisait avec Ben. Elle embellissait, c'était : "Maman ceci, maman cela", et combien elle adorait, juste adorait sa maman... Elle devenait presque romantique. On nageait en pleine illusion. Et pendant ce temps, je savais que ces visites inquiétaient beaucoup M. Dixon... »

Ce qui est étonnant, si l'on accepte le point de vue des deux jeunes professeurs, c'est que James Dixon, alors même que son intuition le poussait à interrompre les visites de Betty (comme le docteur Dewi Jones le lui avait recommandé depuis le début), méconnaissait trop le passé de Mary – ce qui l'empêchait d'évaluer correctement le danger – et possédait un sens de la justice à la fois trop fort et trop conventionnel pour intervenir autrement que de façon ponctuelle, et donc inutile.

« Qu'auriez-vous ressenti, demandai-je à Mary, si M. Dixon avait interdit à votre mère de vous rendre visite ? »

Elle prit un long temps de réflexion.

« Je ne sais pas, finit-elle par répondre. Mes sentiments pour elle étaient toujours très confus. Elle était très belle... Même M. R. [un des professeurs] disait toujours à quel point elle était jolie, quelles belles jambes elle avait et tout ça. Ça me plaisait, ça me rendait fière. En même temps... » Elle s'arrêta. « Je veux faire attention, parce que peut-être que je dis ça *maintenant*, avec mes sentiments d'aujourd'hui, qui ont tellement changé. Quand même, non, je crois que c'était vrai à l'époque, je ressentais toujours un léger... un vague sentiment de malaise au bout d'un moment avec elle, quelque chose que je n'identifiais pas et que je ne pouvais même pas imaginer identifier, vous savez, dans le fond de l'estomac. Souvent, quand elle s'asseyait, je pensais : "Oh ! non, je n'ai pas envie qu'elle soit là. Elle n'est pas... comme une mère..."

— Lui parliez-vous de ce que vous aviez fait ?

— J'ai essayé une fois. Peu de temps après mon arrivée à Red Bank, j'ai dit : "Qu'est-ce que j'ai fait ? Pourquoi je l'ai fait ?" Elle a répondu avec cette voix dure qu'elle prenait souvent : "Je ne veux pas savoir. N'en parle pas. N'en parle jamais à personne." Elle est à peine restée une minute et demie. Elle n'a pas marché, elle a couru vers la porte avec sa perruque blonde qui volait... Elle s'est engouffrée dehors, et je ne l'ai plus vue pendant des mois.

— Vous n'avez jamais réessayé ?

— Non. J'ai juste fermé... Elle a claqué la porte. Moi, je l'ai juste refermée doucement. »

Au printemps 1970, Mary fut autorisée à aller rendre visite à son père en prison. « Et ce jour-là, le jour où il était prévu que j'aille le voir, elle a débarqué. » Mary était presque incapable de parler de sa mère en disant « maman » ou « Betty » ; même « ma mère » était rare. C'était presque toujours « elle ». « Alors je lui ai dit : "Bon, je dois y aller, parce que je vais voir papa", et elle a insinué que je devais choisir entre elle et lui. J'ai répondu que j'étais d'accord et que je choisissais mon père. Je ne sais pas si ça lui a fait un choc, mais elle n'a pas saisi cette occasion de couper les ponts avec moi, alors que c'est ce qu'elle cherchait tout le temps. C'est moi qui ai dit à M. Dixon, après ça, que je ne voulais plus la voir. Ils lui ont écrit pour lui demander de ne plus venir. »

Mary parla-t-elle à James Dixon avant qu'elle n'eût finalement rendu visite à son père, ou après ? Ce n'est pas clair. En tout cas, cette visite, bien qu'organisée avec les meilleures intentions, se révéla une mauvaise idée. Le lendemain matin, à l'heure du réveil, le veilleur de nuit était allé chercher le professeur de garde pour le prévenir que Mary restait allongée sur son lit, en larmes.

« Le vieux Tom. C'est comme ça qu'on appelait le veilleur de nuit, se souvenait Mary. Il faisait des rondes toutes les demi-heures. Mais il n'était jamais seul à nous surveiller. Il y avait toujours un professeur de garde, qui dormait dans une chambre au dernier étage. Le vieux Tom le réveillait s'il se passait quelque chose. »

« Elle était inconsolable, m'avait raconté ce professeur quelques mois plus tard. "J'ai vu mon père dans cet endroit..." Elle hoquetait : "C'est pas bien du tout..." Je me suis beaucoup inquiété pour elle, et j'ai appelé M. Dixon. Il est arrivé en pyjama et il s'est assis avec elle pendant plus de deux heures. Il l'a finalement convaincue de retourner dormir. Elle aurait tout fait pour M. Dixon. »

Son père avait souvent été en prison, mais c'était la première fois qu'elle allait le voir.

« Ça a dû être un choc terrible.

— Il avait perdu beaucoup de poids, répondit-elle avec une expression désolée. Quand je lui en ai fait la remarque, il a plaisanté – on se ressemble beaucoup là-dessus, on essaie toujours de plaisanter. Il a dit que c'était parce qu'il n'avait pas sa bière. J'ai demandé, je ne sais pas pourquoi : "Avec quoi tu manges ?" Il a encore plaisanté : "Des foutues baguettes chinoises, qu'est-ce que tu crois ?" Il était là, à vraiment tout faire pour que je me sente mieux, mais c'était vraiment une vieille prison, Preston, c'était tellement sinistre... »

Depuis cette époque, Mary avait appris que Billy était en prison pour des faits plus graves que ses habituels petits vols. Mais dans son affection persistante pour lui, elle essayait encore de l'embellir, de le faire paraître moins mauvais, de le présenter comme le « protecteur » des autres, d'en faire une victime plutôt qu'un agresseur.

Red Bank me confirma que Mary avait demandé qu'on interdise à sa mère de venir la voir, mais ces restrictions ne duraient jamais longtemps. Le dossier montre que, à quelques exceptions près, Betty vit Mary au moins une fois par mois entre l'été 1971 et Noël 1972.

« En tout, j'ai dû demander à trois reprises qu'elle cesse ses visites. » Mary haussa les épaules, « Malgré ça, quelques semaines après, elle revenait, sans qu'on m'explique pourquoi. » Il semble que, jusqu'à la mort de Betty vingt-trois ans plus tard, aucune des deux n'ait jamais été capable de laisser l'autre partir pour de bon.

Il est impossible de savoir à quel point ces visites contribuèrent à aggraver les problèmes que Mary rencontra au début de la puberté. Elle prétend que l'éducation sexuelle était au programme et « qu'on ne faisait pas grand mystère de ces questions ». Néanmoins, les besoins sentimentaux et physiques des jeunes filles diffèrent beaucoup de ceux des garçons, et l'on peut se demander si ces spécificités étaient prises en compte dans l'univers très masculin de Red Bank.

En dehors des activités proprement scolaires, les adolescents étaient répartis en groupes. « Il y avait toujours une femme dans chaque groupe, précisa Ben G. May s'entendait particulièrement bien avec les femmes de l'équipe. Elle avait de bonnes discussions avec elles, sur des sujets osés. »

Carole voyait les choses autrement. « Je n'aurais pas hésité à parler à une fille de façon directe, mais en réalité c'était désapprouvé. Je crois honnêtement que personne n'a jamais parlé avec précision à Mary des "spécificités féminines". »

Mary ne se souvenait pas, par exemple, d'avoir été particulièrement informée sur les règles. Carole : « C'est vrai. Red Bank était très vieux jeu. Mlle Hemmings lui a probablement donné des tampons et j'imagine, même si Mary ne s'en souvient pas, qu'elle a quand même dû lui expliquer comment s'en servir. Mais maintenant que j'y pense, le fait d'être en permanence entourée de garçons a pu inciter Mary à ne pas poser de questions, y compris à moi. Dans une autre situation, elle l'aurait peut-être fait. »

Ben : « En un sens, peut-être parce que la plupart du temps elle était la seule fille, cette question était toujours sous-jacente. Quand je suis arrivé, c'est-à-dire après l'histoire avec le maître d'internat, les hommes n'allaient jamais "du côté des filles", comme on disait, ou alors à deux. Jim Dixon avait imposé cette règle après l'incident, de même qu'il avait obligé le personnel de garde la nuit à fonctionner par paires. »

Au printemps 1970, peu de temps après que Mary eut demandé pour la première fois à James Dixon de mettre un terme aux visites de sa mère, une chose très étrange m'arriva à moi. Je reçus une lettre anonyme, dont l'enveloppe portait le cachet de la poste de Newcastle, avec un poème à l'intérieur. Trois lignes l'accompagnaient, dans lesquelles on me disait que le poème avait été écrit et envoyé à sa mère par Mary. Le mot finissait par : « Tante Cath l'a lu. »

Je téléphonai immédiatement à Cath, la sœur de Betty, qui me confirma avoir vu ce poème. Betty lui avait dit qu'il avait été écrit par Mary. Mais elle ne savait pas du tout qui l'avait envoyé ; elle ne pensait pas que c'était Betty. Pourtant, à sa connaissance, personne n'avait vu ce poème, sauf Betty et elle-même.

Même si je sais maintenant avec certitude qu'en réalité c'était bien Betty qui me l'avait envoyé, ni moi ni personne n'avait alors de raison de douter que Mary l'avait écrit. Comme je l'ai expliqué dans *Meurtrière à 11 ans*, j'avais trouvé, à l'instar des psychiatres avec qui j'étais en contact lorsque j'écrivais ce livre, non seulement que ce poème était extraordinaire pour une fille de 13 ans, mais qu'il représentait un pas énorme dans le développement de Mary.

Lorsque nous en discutâmes pour la première fois en 1995, des mois avant le début de notre collaboration, Mary me dit qu'on lui avait parlé de cette histoire, mais elle déclara fermement qu'elle n'en savait pas plus. Plus tard, quand je me rendis compte qu'elle n'avait en réalité jamais lu mon livre, je lui donnai le poème à lire.

MAMAN
Je sais que dans mon cœur
Autrefois pas séparé de toi
Mon amour pour toi grandit
Davantage chaque jour.
Quand tu viens me voir maman
Je pleure dès que tu es partie
Je regarde dans tes yeux. Si bleus et
Ils sont très tristes, tu essaies d'être très
Gaie. Mais je sais tu me crois mauvaise, si mauvaise
Pourtant je ne sais vraiment pas. Si tu
Ressens la même chose
Et prends ça pour un jeu idiot.
Une enfant devenue criminelle célèbre
S'il te plaît maman rassure mon petit esprit
Dis-le au juge et au jury à genoux,
Ils ÉCOUTERONT tes cris SUPPLIANTS
LA COUPABLE C'EST toi pas moi.
Je suis désolée que ÇA DOIVE ÊTRE COMME ÇA
Nous pleurerons toutes les deux et tu partiras
Vers d'autres portes où tu es libre
Enfermée dans des cellules de prison.
Ta famille est toute petite.
Ces derniers mots je les dis, au nom
De papa P. et moi
Dis-leur que tu es coupable
S'il te plaît alors maman, je serai libre. Ta fille,
May[1]

1. Voir Appendice, p. 592.

« Non, non, non..., lança-t-elle, totalement affolée, je n'ai jamais... Mon Dieu, je n'ai jamais écrit ça. C'est elle... elle avait... Quand elle est morte, il y avait plein de choses dans ses tiroirs, des bouts de poèmes et des lettres... Je les ai lus, ça m'a fait entrer dans sa tête... ou dans ce qu'elle croyait que je ressentais... Je me demande... Comment a-t-elle pu écrire ça ? Qu'est-ce qu'elle a essayé d'écrire ? À moi, à... n'importe qui, à elle-même... qu'est-ce que c'était ?

« Dans celui-ci, avec cette écriture que quelqu'un qui la connaissait aurait reconnue immédiatement [ce que ne fit pas Cath], il y a une sorte de... un côté écossais, non ? Vous savez, le mot *wee* [petit] pour *small*, je n'aurais jamais utilisé ce mot-là... Et l'orthographe, toute cette rythmique, lalalalalala lalalalalala, c'est juste aussi inepte que tous ses autres poèmes. Une fois, un journal a publié une lettre que j'étais censée avoir écrite, je l'ai vue je ne sais plus comment. Mon professeur d'anglais l'a vue aussi et a éclaté de rire : "C'est supposé être de toi ? ! Ridicule !" Il m'aurait tuée si j'avais écrit comme ça. »

Je dis à Mary que l'idée que ce poème fût de Betty ne m'avait jamais traversé l'esprit. Mais puisque c'était le cas, et puisqu'elle avait pris la peine de me l'envoyer, on ne pouvait plus dire que Betty n'admettait pas une part de culpabilité. C'était le plus important. Elle avait lancé son propre appel au secours.

« Eh bien, oui, mais avec moi, elle n'a jamais parlé comme ça. Pendant toutes ces années, elle m'a seulement dit qu'elle devait cacher à la face du monde le fait d'être ma mère. C'était sa croix, elle devrait la porter toute sa vie. Elle disait :"Jésus a seulement été cloué sur la croix, moi, je suis martelée." Elle m'écrivait ces lettres étranges, très étranges. M. Dixon m'appelait, et au lieu de simplement me les tendre, comme on faisait d'habitude avec le courrier une fois qu'il avait été vérifié, il me les lisait. Plus tard, j'ai compris que c'était parce qu'il les trouvait tellement dérangeantes.

« C'était : "la dame des peines veillera sur toi avec saint Jude, le saint des causes perdues...", ce genre de trucs. » Sa voix était soudain furieuse. « C'est pathétique que les gens aient cru que j'avais écrit ça. Je veux dire, tout ce que j'écrivais était contrôlé, comme tout ce que je recevais, tout était signé par le censeur. Comment aurais-je pu écrire ça sans que personne le remarque, puis en discute avec moi ? M. Dixon parlait de tout avec moi. Pourquoi ça n'a pas été analysé ? Pourquoi l'écriture n'a pas été analysée ? »

J'expliquai à Mary qu'en dehors de sa tante Cath, personne n'avait vu le poème avant que je ne le publie dans mon livre ; donc, personne n'avait douté que c'était bien elle qui l'avait écrit puisque sa mère le disait. À moins que personne n'eût osé être le premier à exprimer ouvertement ses doutes.

« Est-ce que ce n'est pas pathétique aussi, ça ? Comment... comment ça se fait..., demanda-t-elle encore une fois, dans un mélange de colère et de désespoir, que... les services sociaux et tous ces gens intelligents... qu'ils n'aient rien su à mon sujet... à son sujet... ? »

Quelques semaines après avoir reçu ce poème, dont je crus pendant vingt-six ans que Mary était l'auteur, je découvris un autre événement bouleversant de sa vie. Tôt dans la soirée, un jour du printemps 1970, Mary raconta à Mlle X., sa référente du moment – qu'elle aimait particulièrement, d'après ce qu'on m'avait dit –, que le week-end précédent, un des maîtres d'internat l'avait agressée sexuellement.

Aujourd'hui, la pédophilie est un sujet qui nous est familier. Nous nous sommes malheureusement accoutumés à entendre ou à lire des faits divers à propos d'enfants maltraités et agressés par un membre de leur famille, un professeur, d'une manière générale par quelqu'un qui était censé les protéger. Mais en 1970, le phénomène n'était pas encore connu, et ce qui avait lieu restait mystérieux.

Mary me parla pendant deux jours entiers de ce qui s'était passé avec le maître d'internat. Lorsque j'avais entendu l'histoire en 1970, je n'avais pas cru tous les détails, mais maintenant, si longtemps après, alors que son récit des faits était quasiment identique, je compris que pour l'essentiel, elle avait dit la vérité.

Elle connaissait à peine M. Y., me dit-elle.

« Est-ce que vous l'avez apprécié quand vous l'avez rencontré ?

— Ni apprécié ni pas apprécié, il avait l'air OK. »

Peu de temps après son arrivée, il s'était retrouvé de garde pendant la sieste et, selon la règle, elle avait sonné pour aller aux toilettes.

« Nous n'étions pas autorisés à rester seuls. Le personnel en service devait nous attendre. Et j'étais... eh bien, assise... quand je l'ai entendu me demander de l'autre côté de la porte si j'avais déjà eu mes règles. J'ai été... très surprise... J'ai répondu : "Mon Dieu, non, et je n'ai pas envie de les avoir." Il a dit quelque chose comme "c'est pour bientôt", puis il a demandé : "Est-ce que tu commences à avoir des poils pubiens ?" Bon, j'ai pouffé, mais j'étais... curieuse... Je pense maintenant que j'ai senti qu'il était... »

À cet instant, elle se lança dans une longue et confuse explication sur ce qui permet à une petite fille de reconnaître ce qu'elle nommait un « nonce » – un homme sexuellement attiré par les enfants, dans l'argot des prisons.

Plus tard, cet après-midi-là, elle se retrouva dans la serre avec M. Y. et D., un garçon de 15 ans condamné lui aussi à perpétuité, pour planter des graines. « Il avait tué quand il avait 13 ans. Je ne me rappelle pas exactement ce qui s'était passé. Il n'était pas très brillant. Quand je l'ai connu, il était gentil, doux et inoffensif. »

Mary, à cette époque, était déjà au courant de « ce qui se passait entre les garçons ou entre les filles et les garçons ». Elle avait vu des garçons « flirter ensemble, s'embrasser et tout, vous savez ». Mais personne ne l'avait jamais embêtée.

« Il n'était pas du tout intéressé de toute façon, dit-elle à propos de D. Ni par les filles ni par les garçons.

— Est-ce que vous, il vous intéressait en ce sens ? »

Elle rit. « Mon Dieu, non. J'étais un garçon manqué. Ce jour-là, ce qui m'intéressait, c'était de jardiner et lui aussi. Mais M. Y. a commencé à nous parler bizarrement. Il a enfoncé son doigt dans la terre, et il a dit, en regardant D. : "Quand tu plantes les semis, et que tu as tes doigts comme ça, tu sais, comme si tu donnais un bon coup à quelqu'un..." Puis il m'a regardée avant de se tourner de nouveau vers D. et de lui dire : "Je suis sûr que tu n'as jamais fait ça à une fille de toute ta vie." D. a rougi et je me suis sentie rougir moi aussi. » (Mon travail, pendant toutes ces années, m'ayant familiarisée avec le vocabulaire et les manières des pédophiles, je peux dire que le récit de Mary est ici particulièrement convaincant.)

Quand Mary se releva, M. Y. se colla contre elle et elle sentit qu'il avait une érection.

« Comment saviez-vous ce qu'était une érection ? demandai-je.

— Eh bien, je vivais au milieu de tous ces garçons. Je les avais vus et je les avais entendus parler de "bander", en blaguant. On avait aussi une éducation sexuelle.

— Quand M. Y. s'est frotté contre vous, l'avez-vous repoussé ? Cela vous a-t-il dérangée ? »

Elle rit : « Non, je n'ai rien fait. Je crois que je trouvais ça drôle. »

Le garçon, qui était assis sur un tréteau, avait tout vu. M. Y. se détacha de Mary et leur dit : « Je vous laisse seuls cinq minutes. »

« C'était bizarre, puisqu'on était censés ne jamais rester seuls avec un autre enfant. Je me sentais... excitée, je suppose, et je voyais que D. l'était aussi. Je lui ai dit : "T'en as un aussi, pas vrai ?" Je l'ai un peu provoqué. J'ai dit : "Tu me montres le tien et je te montre le mien", ce genre de truc, alors il l'a sorti. » Elle rit. « Il y a eu... un trafic entre son pantalon et ma salopette, que bien sûr je n'ai pas réussi à enlever... On ne pouvait pas faire grand-chose de toute façon : M. Y. pouvait revenir n'importe quand. J'ai dit à D. qu'il pouvait mettre sa main là en bas et il l'a fait, mais ça ne m'a pas fait sentir... eh bien, ce que je croyais que je devais sentir, alors je l'ai juste aidé à se masturber.

— J'ai l'impression que vous n'aviez rien à apprendre à ce sujet... »

Elle rit. « Mon Dieu, non. Je vivais avec vingt-deux adolescents. De quoi croyez-vous qu'ils parlaient ? Mais alors, M. Y. est arrivé et il a tout de suite eu une remarque acerbe sur le fait que je jouais avec des petits garçons, et puis, en me faisant un clin d'œil, il m'a dit que ce qu'il me fallait, c'était "une bonne leçon bien dure". Mais c'est tout, il n'a rien fait à ce moment-là.

— Et D., a-t-il essayé de recommencer plus tard ? En avez-vous parlé, au moins ?

— Oh ! non. On n'était pas attirés l'un par l'autre, vous savez. Ces garçons étaient trop proches de moi, je crois, et ils savaient que M. Dixon leur tomberait dessus s'ils m'embêtaient de cette façon.

— Mais plus grande, est-ce que vous avez été attirée par certains des garçons ? Après tout, il en arrivait souvent de nouveaux.

— Il y en avait qui me plaisaient dans les autres sections, des garçons de l'école surveillée. Je les regardais par les fenêtres. Il y en avait un, je trouvais que c'était le sosie de Paul Newman. Je suis tombée amoureuse de lui. Je l'observais six fois par jour quand il passait et je me pâmais à chaque fois... Mais c'était un amour de gamine, comme d'être amoureux de Donny Osmond, ça n'avait rien de vraiment sexuel. Je ne me sentais pas du tout comme une femme, même à 16 ans. J'étais toujours comme un garçon, habillée avec un pantalon et un tee-shirt large. Il n'y avait que le samedi, quand je recevais de la visite, que je m'habillais en robe – je mettais "une tenue correcte", comme disait M. Dixon.

— Le week-end après l'incident de la serre, pendant la sieste, M. Y. est venu dans votre chambre. A-t-il frappé à la porte ?

— Je ne sais pas. Il l'a ouverte.

— Est-ce qu'on ne frappait jamais ? Après tout, vous étiez la seule fille...

— On pouvait voir ce que j'étais en train de faire par la petite fenêtre dans la porte, et je n'avais pas le choix : si quelqu'un entrait, il entrait. Certains étaient ok, ils appelaient pour me prévenir : "Est-ce que tu es visible ?"

— Qu'étiez-vous en train de faire quand M. Y. est entré ?

— Je lisais un magazine, *Jackie*. Il me l'a pris des mains et il m'a tendu un livre : "Tu devrais plutôt lire ça, c'est plus intéressant." Il l'a ouvert, a désigné des images, puis il a dit qu'il allait revenir et il est parti. C'était un livre pornographique, rempli de photos... vous voyez ce que je veux dire ? Ça s'appelait *L'Amour oral*. J'en ai lu juste un peu, mais... »

Elle sourit. Cette façon soudaine de sourire avant ou après une révélation me surprenait à chaque fois.

« J'ai regardé toutes les photos. C'était très excitant pour moi... C'était très intéressant, en effet », ajouta-t-elle en éclatant de rire.

Il revint quinze minutes plus tard.

« Là, il a défait son pantalon et a frotté... son... contre mon vagin. Non, je ne me suis pas débattue. J'aimais bien. Il m'a dit de m'asseoir sur lui, mais il n'a pas pu me pénétrer parce que j'étais trop étroite... C'était douloureux. J'ai pleuré, je lui ai dit que ça faisait mal, alors il a arrêté. S'il avait pris ma virginité, comment diable aurait-il pu l'expliquer ? Il a continué à me caresser pendant deux minutes, ce qui m'a beaucoup frustrée, puis il m'a demandé de me le faire toute seule et j'ai dit : "Mais ce n'est pas la même chose", et il a répondu : "Bon, il faut qu'on trouve un moyen", et il en a trouvé un... à deux reprises ce week-end-là, une fois dans ma chambre et une autre fois dans la salle de repos du personnel.

« C'était... du sexe oral réciproque. Il disait des cochonneries, il m'appelait "sale petite traînée". Il disait que ce n'était pas sa faute, c'était la mienne, parce que j'étais là et que j'étais faite pour me faire baiser... Non, ça ne me dérangeait pas. Pendant qu'il me masturbait, il m'a demandé de dire ce que je pensais que ça me ferait s'il venait en moi. Je ne pouvais pas le dire, je ne savais pas du tout. Et quand il a éjaculé dans ma bouche, ça m'a rendue malade. J'ai couru aux toilettes et j'ai vomi. Le veilleur de nuit m'a entendue. Il m'a ramenée dans ma chambre. Il m'a donné du cacao qu'il avait dans une flasque. »

Mary avait cessé de sourire depuis un moment. Elle était maintenant au bord des larmes.

« J'ai demandé à Mlle X., que le veilleur avait prévenue, de n'en parler à personne. Je suppose que c'était idiot de ma part. Après tout, c'était son boulot de le dire, mais je pensais que personne ne me croirait. D'ailleurs, elle a parlé. »

James Dixon, sans aucun doute très embarrassé par cet incident, interrogea Mary et lui conseilla avec douceur de dire la vérité. Finalement, l'affaire fut abandonnée car le récit de Mary semblait douteux.

« Mais il ne l'était pas. Tout était vrai. »

Comme on s'en aperçoit dans les nombreuses affaires, datant parfois d'une trentaine d'années, qui ressortent aujourd'hui, à l'époque la parole des enfants paraissait souvent sujette à caution. Mary, qui avait pu confondre certains détails ou même en grossir d'autres, mais qui, dans le fond, avait dit la vérité, ne réussit pas à se faire entendre. Le système ne permettait pas d'accepter des révélations si dérangeantes d'une enfant sur l'adulte qui en avait la charge. Néanmoins, comme me le dit Ben G., à partir de ce jour, M. Dixon décida que le personnel devait fonctionner en binôme pendant le service de nuit.

Mary traversa ensuite une période de grande tristesse et de totale confusion.

« J'avais été si heureuse. Red Bank, avec M. Dixon, avait signifié tellement pour moi. Je savais que c'étaient des gens bien. »

Mary utilise souvent le mot « bien » pour qualifier les personnes qu'elle aime et il signifie aussi bien gentil, doux, que ferme et discipliné.

« À quel moment vous êtes-vous dit qu'ils étaient "bien" ?

— Je ne sais pas... Je ne me souviens pas des dates, mais c'était quand je ne pouvais pas trouver mon chemin toute seule, quand ils ne toléraient pas mes colères, quand ils se montraient plus forts que moi... Il y a eu ce professeur bizarre, qui m'a fait sangloter. Il y a eu un Hongrois avec qui j'étais particulièrement pénible et qui m'a crié : "Tu veux retourner dans le taudis d'où tu viens ?" Ça m'a vraiment bouleversée, j'ai pleuré. Et puis il y avait cette Mlle X. que vous pensiez que j'aimais beaucoup, non ?

— Eh bien, vous aviez demandé qu'elle devienne votre référente.

— Oui. Et je me suis bien trompée à ce moment-là, pas vrai ? Elle voulait entrer dans ma tête. Elle essayait de me faire jouer des psychodrames foireux auxquels elle ne connaissait rien. Je ne sais pas d'où est venue l'idée que je l'aimais bien. Je l'ai suppliée de ne rien dire à propos de M. Y., et elle a tout raconté... Mais il y a vraiment eu de bons moments : les rapports avec le personnel et leur famille, l'amitié avec les garçons. Il y avait deux garçons, je ne dirai pas leurs noms. Mais quand ils sont arrivés, je crois qu'ils avaient à peu près le même âge que moi à l'époque, 13, 14 ans, c'étaient des garçons assez efféminés, tous deux avaient été abusés sexuellement...

— C'est eux qui vous l'ont dit ?

— Oui. »

Et elle répéta, un peu sur la défensive : « Bon, j'avais moi aussi 13, 14 ans à ce moment-là et on est vraiment devenus bons amis. Ils avaient probablement besoin de parler.

— Leur avez-vous dit des choses sur vous ?

— Non, jamais. »

Se souvenir 1971-1973

En juillet 1971, le docteur David Westbury vint voir Mary à Red Bank.

« Vous vous souvenez, me dit-elle, c'était un des deux psychiatres qui avaient témoigné à mon procès. Pour la première fois, j'étais capable de parler, pas... en profondeur, mais normalement, et je l'aimais plutôt bien. »

Le rapport du docteur Westbury au service de l'enfance explique que « suite à une longue discussion avec elle », il l'avait trouvée « remarquablement mieux » avec « une perte de presque toutes ses tendances agressives, une modification de sa tendance à la manipulation et une amélioration dans ses relations avec les autres et dans sa capacité à se projeter ». Il avait également le sentiment qu'elle avait pris conscience de l'instabilité sociale et émotionnelle de sa mère.

De façon révélatrice, il ajoutait que sa mère pouvait cependant toujours « entraver ses progrès ». Il terminait son rapport en suggérant de considérer 1975 (lorsque Mary aurait 18 ans) comme une date éventuelle de remise en liberté. Avec de l'aide, elle serait alors suffisamment âgée pour tenir debout toute seule et, si elle continuait à progresser comme elle l'avait fait, elle pourrait être capable de conduire sa vie.

Betty avait eu connaissance de ce rapport. Elle en profita pour faire davantage de publicité. Dans une interview au *Sunday Sun* de Newcastle, elle raconta qu'elle était décidée, lorsque sa fille serait libérée, à changer de nom et à s'installer avec elle dans une autre région du pays pour commencer une nouvelle vie. Elle citait, et avait montré au journal, une lettre de Mary qu'elle prétendait avoir reçue le matin même :

> Peu importe ce qui arrivera, maman, nous tiendrons le coup ensemble. Ces cinq dernières années ont été dures pour nous et pour tout le monde. Je peux seulement espérer et prier pour que les choses tournent au mieux, maman. Je t'aime et je t'aimerai toujours. Tant que tu es là, tout va bien parce que je te veux et que j'ai besoin de toi...

« C'est la lettre qu'on m'a montrée, me dit Mary. J'étais éberluée parce que je ne l'avais pas écrite...

— Étiez-vous en colère ?

— Je ne me souviens pas, répondit-elle d'un air las. Je crois que plus que d'éprouver de la colère, j'en avais assez. De toute façon, M. Dixon m'a dit qu'elle ne serait plus autorisée à me rendre visite. »

Je lui demandai si elle avait fini par parler de son enfance à James Dixon, que ce fût de ce qu'elle avait fait ou de ce qu'on lui avait fait. Elle répondit de manière indirecte. Si je voulais l'encourager à parler, je devais accepter ses digressions, même quand elles semblaient nous emmener très loin du sujet.

« Je me rappelle avoir dit à Mme R., l'une des professeurs que j'aimais beaucoup, que j'avais une sœur jumelle qui était morte et qui s'appelait Paula. Je pleurais quand je parlais d'elle. Mme R. savait que je n'avais pas de sœur jumelle, mais elle ne m'a jamais dit que je racontais n'importe quoi, elle se contentait de m'écouter.

— Savez-vous d'où vous était venue cette histoire ?

— Je ne crois pas que je le savais au moment où je l'ai inventée, mais j'y ai repensé depuis. Je pense que je fabriquais une jumelle censée avoir fait ce que moi j'avais vraiment fait... Peut-être était-ce une façon d'admettre ce que je n'étais pas capable de supporter consciemment... une manière de tester la température du fait d'admettre, donc, de parler.

— Que voulez-vous dire par ne pas "être capable de supporter consciemment" ? »

Avec impatience, presque avec colère, elle me répondit que je le savais parce qu'elle me l'avait déjà dit : elle n'avait toujours pas réussi à faire face...

« Mais que signifie réellement "faire face" pour vous ? » insistai-je.

Mary se pencha lentement en avant, le visage dans les mains, les coudes sur les genoux, comme si elle avait des crampes d'estomac.

« J'y pense... j'y pense... », dit-elle en commençant à répéter les mots comme elle faisait lorsqu'elle était bouleversée. Puis sa voix fut étouffée par les sanglots. « Mais je ne peux pas... je ne peux pas, je ne peux pas mettre des mots... pas... pas ce que j'ai fait... »

Chaque fois qu'elle essayait de parler des meurtres, Mary perdait le contrôle de ses émotions. Durant les premières semaines de nos entretiens, sa détresse devant ce qu'elle devait dire fut par moments si intense qu'il m'arriva de m'inquiéter pour elle, de lui ordonner de s'allonger et de se reposer. Ou parfois de rentrer chez elle. Même plus tard, sa tristesse pouvait atteindre un tel degré que je suggérai souvent une pause, pendant laquelle je préparai un thé. Elle fumait une cigarette, et si nous étions à la campagne, elle sortait de temps en temps faire une courte promenade.

Cependant, elle récupérait de ces épisodes où la douleur avait été effroyable avec une étonnante rapidité. Au début, ces brusques changements d'humeur me firent douter d'elle. Au bout d'un moment, je finis par comprendre qu'ils relevaient de sa structure profonde, celle qui gouverne ses sentiments et sa manière de se conduire. Mary est porteuse d'une gamme exceptionnelle de besoins opposés, tous aiguisés en permanence – le besoin de communiquer et de se cacher, d'être seule et avec les autres, de dialoguer et de rester en silence, de rire et de pleurer. Une seule chose lui permet de les contenir : la discipline qu'elle s'impose pour offrir à sa fille une vie normale.

Elle me disait que l'un des aspects les plus difficiles du travail avec moi était la transition entre la « Mary » des séances et la mère que, de retour chez elle, elle redevenait. Nos rencontres l'épuisaient, et tout ce qu'elle désirait, c'était d'arrêter de penser.

« Je n'ai même pas envie d'aller me promener. Si je marche, je pense. Tout ce que je veux, c'est dormir. Alors finalement, c'est ce que je fais, je dors. »

À mesure que nous nous approchions des sujets les plus difficiles à aborder, elle se mit à multiplier les parallèles entre son enfant et les tragédies dont elle était la cause. Depuis la naissance de sa fille, il ne se passait pas un jour sans qu'elle pensât aux parents de Martin et Brian (elle appelait toujours les deux petits garçons par leur prénom, comme pour souligner le fait qu'il s'agissait avant tout d'enfants et ainsi s'obliger à accepter la réalité de ses crimes).

« Particulièrement lorsque tout va bien, quelque chose me submerge, qui m'arrête quand je pense que je les ai empêchés... d'élever leurs enfants. Ça ne s'en va jamais. Ça ne partira jamais, pourquoi ça devrait ? J'y pensais déjà avant, mais depuis que j'ai mon enfant, c'est devenu... oh, tellement, tellement plus douloureux. Avant, j'y pensais plus comme une adulte que comme une mère. J'étais triste mais pas de cette effroyable tristesse que je ressens aujourd'hui. Je la regarde et je pense... ô Dieu... à leurs parents. »

Il y eut une occasion, à Red Bank, où elle parvint à évoquer ce qu'elle avait commis.

« C'était pendant le cours d'arts plastiques que donnait M. P. Je ne sais pas comment c'est venu, si ce n'est peut-être...

— Si ce n'est peut-être quoi ?

— Je ne peux pas être sûre, mais je crois me rappeler que c'était à peu près au moment où l'un des deux garçons dont je vous ai parlé... vous savez, ceux qui avaient été abusés... Je crois que c'était peu après que ce garçon m'avait parlé de ça assez longuement.

— Ça vous avait fait penser à vous-même ?

— C'est ce que je suis en train de me dire. Ou peut-être que je voulais juste attirer l'attention de M. P. En tout cas, j'étais assise à cette table, dans la salle d'art, j'étais censée travailler à un projet artistique, j'ai arrêté et j'ai commencé à écrire sur des morceaux de papier...

— Comment ça, des morceaux de papier ?

— Eh bien, ce n'était pas ces... c'était du papier à dessin. J'ai déchiré des morceaux de feuilles qui avaient déjà été utilisées, dans la poubelle, un morceau par-ci, un morceau par-là, et j'ai commencé à écrire.

— Qu'avez-vous écrit ?

— Au sujet de Martin et au sujet de Brian, de Norma... J'ai écrit que j'avais tué Martin, et c'était la première fois que je le disais.

— Avez-vous écrit comment vous avez tué Martin ? »

Elle secoua la tête.

« Non. Oh ! non. J'ai dit que c'était un accident.

— Et avez-vous dit que vous aviez tué Brian ? »

Elle secoua de nouveau la tête. « Non, je ne l'ai pas fait. J'ai dit la même chose qu'au procès, que c'était Norma, et j'écrivais de plus en plus vite parce qu'il ne restait plus beaucoup de temps et... »

Elle commençait à perdre le fil.

« C'était un cours d'arts plastiques, avec plein de monde partout, je ne faisais pas ce que j'étais censée faire...

— Et qu'est-ce qui s'est passé ?

— M. P. a remarqué que j'écrivais et il m'a demandé de lui montrer ce que j'étais en train de faire et je lui ai donné les papiers. Il a lu. Il a été très gentil... »

Mary prenait toujours la défense des gens qu'elle appréciait à Red Bank, quel que fût leur manque de perspicacité.

« Mais il a dit que je n'avais pas écrit correctement et qu'il allait le faire pour moi...

— Parlait-il de l'écriture ou du sens ?

— J'avais écrit trop vite, c'était confus. Il voulait le rendre plus clair. Et juste au moment où il a commencé à écrire, M. Dixon, qui était parti en conférence, est rentré et a demandé ce que nous faisions. Alors M. P. le lui a dit et il lui a tendu les morceaux de papier en ajoutant qu'il allait les réécrire correctement pour moi. M. Dixon les a regardés... »

Elle se mit soudain à rire et à pleurer en même temps. « J'ai eu le sentiment que M. Dixon était un peu... déçu parce que ça s'était passé avec M. P. C'est juste un sentiment que j'ai eu, je ne sais pas vraiment. Il a eu l'air tout à coup très triste et je me souviens de m'être sentie triste moi aussi. J'ai eu terriblement peur d'avoir fait quelque chose de mal quand il m'a demandé de l'accompagner dans son bureau.

— Que s'est-il passé alors ?

— Rien, vraiment. » Elle sembla soudain perplexe. « Non, rien. Il m'a juste dit de ne pas m'inquiéter, et de partir. Il a gardé les papiers.

— Est-ce que vous pensez que M. Dixon avait compris que vous veniez de franchir une étape importante ? M. P. n'avait pas su y répondre. Peut-être que lui-même ne voyait plus comment réagir.

— C'était un homme fort. Suffisamment fort pour admettre son erreur s'il s'en apercevait. Mais je ne sais pas s'il l'a fait... Peu importe. Ce n'étaient pratiquement que des mensonges, alors ça n'avait pas d'importance, si ? » ajouta-t-elle, minorant par là sa remarquable évolution pour ne pas diminuer M. Dixon à mes yeux ou aux siens.

(« Bien sûr, cela a dû représenter un choc considérable pour Jim Dixon, me dit Ben G. lorsque je lui racontai cette histoire – qu'il ignorait. On sentait qu'il doutait toujours de la culpabilité de Mary. »)

« À quelle époque ces souvenirs avaient commencé à émerger ?

— Quand j'avais environ 14 ans. Ma mère est revenue et elle m'a dit qu'il y avait maintenant "ce livre" sur moi – elle parlait de votre livre –, que c'était un tissu de mensonges, des mensonges sur elle, elle, elle... et qu'elle entrait dans les librairies pour le cacher, pour que les gens ne le voient pas...

— Lui avez-vous demandé ce qu'il racontait ?

— Je ne m'en souviens pas, mais je ne crois pas que j'aurais osé alors qu'elle avait dit je ne sais combien de fois que c'étaient des mensonges, que c'était écrit par... Pardon, mais je pense honnêtement qu'elle a dit qu'il était écrit par Marjorie Proops [fameuse chroniqueuse du courrier des lecteurs du *Daily Mirror*] et que je ne devais jamais le voir, ni le chercher... »

Peu de temps avant la publication de *Meurtrière à 11 ans*, en 1972, un autre scandale, assez imprévisible, explosa dans les médias au sujet de Mary. Pendant un week-end « portes ouvertes » à Red Bank, destiné aux parents et aux officiels, Betty et sa mère vinrent voir Mary. Elles allèrent dans sa chambre et, en présence d'un professeur – qui manqua tristement de jugement –, Betty habilla sa fille avec des vêtements et des sous-vêtements achetés pour l'occasion et la photographia devant un miroir, dans des poses que la presse qualifierait bientôt de « suggestives ».

Lorsque des extraits de mon livre parurent dans le *Sunday Sun* de Newcastle, Betty, sans doute pour parer aux effets de cette publication sur son environnement immédiat, accepta d'être interviewée pour « Midweek », une émission de la BBC. Les responsables du programme, d'abord très sympathiques avec cette femme dont l'apparente vulnérabilité suscitait un désir de protection, furent stupéfaits, me dirent-ils, de la voir sortir ces photos, qu'ils ne connaissaient pas, pour prouver, expliqua-t-elle, combien Mary était désormais une enfant ordinaire et heureuse.

Sans surprise, cet étalage suscita une avalanche de réactions dans la presse. Les photos, qui étaient d'un indéniable mauvais goût, ne me semblaient pas révoltantes pour autant. Mais le fait que les responsables de Red Bank les eussent autorisées mettait sérieusement en cause la façon dont l'établissement était dirigé. L'incident finit par faire l'objet d'une séance de questions au Parlement, au cours de laquelle le ministre des Affaires sociales déclara, d'une manière assez peu judicieuse, que toute cette histoire était parfaitement anodine.

Quand je lui en parlai, Mary, tout en mesurant à quel point cette affaire était stupide, se crut obligée de la justifier, dans la mesure où elle jetait une suspicion sur la faculté de jugement de sa bien-aimée grand-mère et sur celle du personnel de Red Bank. Haussant les épaules, elle lança un : « J'étais habillée comme une Gitane » qui faisait écho aux propos tenus par sa mère à la télévision. « Je jouais juste la comédie. »

Peu après cet épisode, deux nouveaux arrivèrent l'un à la suite de l'autre à la section spéciale.

« C'étaient vraiment des méchants. J'ai commencé à avoir une sorte de... vous voyez, j'avais ma petite idée... quand tous les deux... séparément... ont commencé à me donner des noms d'oiseaux. Le pire des deux, un sale caractère, vraiment, s'est retrouvé assis à côté de moi pendant le dîner, juste après son arrivée. Il m'a dit que j'étais une tueuse, alors je l'ai attrapé par les cheveux et je lui ai collé le visage dans son assiette. Un peu plus tard, le deuxième a dit la même chose et je l'ai frappé. Le personnel voulait me forcer à le lâcher, mais plus ils essayaient, plus je m'accrochais à lui. C'était le bazar complet dans la salle.

« M. P., dont j'avais toujours un peu peur et dont je cherchais toujours plus ou moins l'approbation – je me sentais coupable, même quand je n'avais rien fait, rien qu'à la façon dont il me regardait –, m'a attrapée par l'oreille, et il l'a tellement tordue que j'ai eu l'impression qu'elle faisait un tour complet sur elle-même. Il m'a emmenée dans le couloir et là, M. Dixon m'a parlé. La question, c'est que pendant des années, je n'ai pas eu la moindre idée de la raison pour laquelle j'étais là... Enfin, sans doute que si, quelque part à l'intérieur de moi. C'est pour ça que j'avais inventé la jumelle, pas vrai ?

« Et c'est dans cette période que j'ai, bien sûr... » Elle se mit tout à coup à sourire. « Je suppose que vous appelleriez ça "franchi une nouvelle étape"... Je veux dire, quand j'ai écrit ce truc pour M. P., mais même ça, ça restait encore, je crois, assez superficiel. Je ne sais pas ce que j'attendais qu'il se passe. Mais il ne s'est rien passé. M. Dixon a seulement dit que j'avais été une petite fille très perturbée, une petite fille très en colère, et que maintenant j'étais en train de grandir, j'étais plus intelligente et ce que je pouvais faire pour grandir, c'était sortir de la colère et tenter de rendre ma vie agréable. Vous voyez, n'est-ce pas ? que M. Dixon a vraiment essayé. Mais ça m'a rendue très, très malheureuse. »

Mary se souvenait d'avoir dit à M. Dixon, à cette époque, en 1972, qu'elle détestait Red Bank et qu'elle voulait aller ailleurs. « Il m'a prise pour, disons, "madame l'enquiquineuse". Mais j'étais sérieuse. Je me sentais coincée, comme si je portais un soutien-gorge trop petit. J'ai arrêté de faire du sport, j'ai eu mes règles, je ne pouvais pas aller nager et tout le monde était au courant. Et puis, mon Dieu, je grossissais. Alors j'ai commencé à provoquer les garçons.

« Une fois, j'ai mis quelque chose dans mon lit pour faire croire que j'étais dedans, et j'ai réussi à aller jusqu'au dortoir des garçons. Je caracolais au milieu d'eux. Mais j'ai vu le visage d'un professeur, M. L., à travers la petite fenêtre dans la porte et je suis repartie en courant. Alors M. Dixon est arrivé, je me suis sentie très mal et je lui ai dit, ô mon Dieu, que j'étais une traînée, une salope... Il a juste répondu que c'était naturel. Il était tellement calme, mais moi je me détestais. Je me disais en moi-même : "T'es une salope, une pute..." »

Elle fut incapable de m'expliquer comment elle avait réussi à sortir de sa chambre, qui était fermée à clé, et à entrer dans le dortoir des garçons, également verrouillé.

Son désarroi, dans ces mois-là, se manifestait régulièrement. Elle prit une forte dose de Senakot (un laxatif) et fut très malade. Puis il y eut ce batifolage avec les garçons. Pour finir, elle trouva le moyen de se blesser en brisant une fenêtre ; son bras était couvert de coupures.

« C'est là que M. Dixon a vraiment dû commencer à s'inquiéter. Il m'a dit que je devais aller voir un docteur à l'hôpital Winwick. Lui et M. P.

m'y ont emmenée. Je n'avais pas compris que c'était un hôpital psychiatrique, jusqu'à ce qu'un homme à côté de moi m'attrape par le poignet avec une poigne de fer et que je panique totalement. M. P. l'a détaché de moi. Il n'avait peur de personne, M. P., mais moi, oui. J'étais terrifiée. »

Mary n'était pas très sûre de ses souvenirs sur cette consultation. Lorsque je lui demandai si elle avait vu un psychiatre, elle le confirma cependant. C'était une femme. Sa mère était présente, et c'est elle que la psychiatre avait d'abord interrogée.

« Elle lui a demandé : "Pourquoi pensez-vous que votre fille ressent cela ?" Et ma mère a répondu : "Qu'est-ce que vous essayez de faire ? Entrer dans ma tête ?" Elle arrivait juste de North Gate[1]. Cath l'avait fait interner. »

Il me paraissait étrange que Betty fût mêlée à cette histoire, encore plus qu'elle eût assisté à l'entretien de la psychiatre avec Mary. Mary non plus ne se l'expliquait pas.

« C'est drôle, n'est-ce pas ? J'ai commencé à parler du passé avec cette psychiatre et elle [Betty] a dit : "Tu ne t'en souviens pas, tu étais trop petite." Et j'ai dit que je me souvenais d'un homme qui avait trois doigts et... la blancheur... et que je me souvenais de colin-maillard...

— De quoi s'agissait-il ? »

Elle ne put ou ne voulut me le dire.

« Je ne me souviens pas que la psychiatre m'ait posé d'autres questions, ni que j'aie répondu autre chose. Je crois qu'il n'y avait rien à raconter avec

1. Le plus grand hôpital psychiatrique de la région. [N.D.T.]

ma mère assise à côté, je veux dire, sur le fait que je m'étais entaillée. Je me... Je me détestais seulement, je suppose.

— Pensez-vous que vous vous êtes fait du mal pour attirer davantage l'attention ?

— J'avais toute l'attention du monde, et j'avais l'amour de M. Dixon. Je le savais. Donc ce n'était pas ça. Maintenant, rétrospectivement, je crois que c'était parce que j'étais chamboulée de grandir au milieu de tous ces garçons. Sans doute que j'éprouvais des choses dont je ne savais quoi faire. Et puis, bien sûr, avec tout ça, il y avait ce sentiment qui grandissait en moi, cette conscience d'avoir fait quelque chose de terriblement, terriblement mal. »

C'est le moment, me dit-elle, où elle s'était retrouvée au plus bas.

« Mais à partir de là, je ne sais pas vraiment pourquoi, j'ai grandi. »

Ce fut alors – elle venait d'avoir 16 ans – que James Dixon commença à organiser son avenir.

« Il y a eu l'histoire de ce garçon qu'on appelait Sooty. Il était un peu dans le même cas que moi – il avait tué un policier –, mais ensuite il s'était très bien conduit et M. Dixon avait obtenu pour lui l'autorisation d'étudier, toujours à Red Bank, mais en dehors de la section spéciale. Après, il pourrait aller à l'université. Il avait appris un métier et il vivait avec d'autres garçons dans leur propre appartement à l'intérieur de l'établissement surveillé. C'était vraiment bien. On gardait l'œil sur eux mais en même temps on les aidait.

M. Dixon m'a dit qu'il pensait à quelque chose dans ce genre-là pour moi si je me conduisais bien et que j'avais de bons résultats aux examens de mon brevet[1]. »

Elle réussit six de ces examens pendant l'été 1973. « Je les ai passés à la mairie. J'étais inscrite sous le nom de "Mlle Smith".

« Donc, voilà ce que j'attendais : quitter la section spéciale et qu'on me loge à l'hôtel, ou dans une chambre du secteur du personnel de l'école surveillée. Je serais toujours sous la protection et la surveillance de M. Dixon, et je passerais les examens pour entrer à l'université et avoir un métier. J'étais tellement excitée, tellement heureuse. J'avais un avenir. »

Son optimisme dura environ dix mois. « Jusqu'au mercredi 7 novembre [1973] pour être exacte. Tous les mercredis après-midi, le personnel se réunissait, donc la règle était que l'on déjeunait tôt, à 11 h 30, puis on allait tous dans la pièce commune et on regardait un film avec seulement un professeur pour nous surveiller. Ce jour-là, la réunion a duré jusqu'à 15 heures environ.

« Dès qu'elle a été terminée, le personnel a commencé à arriver et j'ai remarqué que l'un des maîtres, M. Hume, un petit homme qui avait été dans la Marine, était blanc – son visage était tout blanc. L'ambiance était très bizarre. Mlle Hemmings s'essuyait les yeux. Je me suis dit que ça avait dû être une réunion vraiment stressante et,

1. Le *O-level*, équivalent britannique du brevet des collèges. [N.D.T.]

curieuse comme je le suis toujours, je lui ai demandé tout bas : "Qu'est-ce qui se passe ? Qu'est-ce qui ne va pas ?" Tout de suite, M. Dixon s'est approché et m'a dit : "Me ferez-vous le plaisir de m'accompagner, madame ?" Et il m'a emmenée dans sa maison, qui était à cinquante mètres de la section spéciale.

« Et là, dans le salon, il m'a annoncé : "Je ne t'ai jamais rien caché si ce n'est quelques cadeaux de Noël. Tu pars demain et tu vas en prison. *Merde.*" Il a dit ça et Mme Dixon a éclaté en sanglots. J'ai lancé que c'était hors de question, un peu en blaguant, vous voyez ? Je veux dire, c'était juste impossible. "Non, non." Alors j'ai commencé à pleurer et j'ai dit : "Pourquoi, qu'est-ce que j'ai fait ?"

« Il a d'abord été totalement incapable de répondre. Il n'arrêtait pas de déglutir. Et puis il a dit qu'il avait fait de son mieux. Il avait passé quinze jours à essayer de les faire changer d'avis, il leur avait expliqué ce qu'il comptait faire de moi, mais ça n'avait pas marché. Il m'a dit qu'il avait attendu cet après-midi pour prévenir l'équipe parce qu'il avait continué à se battre pour moi jusqu'au bout. Il avait espéré que ça marcherait. "Je ne peux pas te dire à quel point je suis ébahi par cette décision et combien elle me brise le cœur", il m'a dit. Et puis : "Tu dois choisir un chant pour demain matin." C'était la tradition, pour le dernier jour d'un pensionnaire. »

« On avait entendu des rumeurs selon lesquelles Jim Dixon discutait avec le ministère de l'Intérieur au sujet de Mary et des changements qu'il fallait faire maintenant qu'elle avait 16 ans, me raconta Ben G. Pour être honnête, on ne pouvait pas croire qu'ils feraient une chose pareille, surtout pas maintenant qu'elle allait si bien. »

À partir de là, le récit que me fit Mary de ses dernières heures à Red Bank fut truffé de souvenirs erronés, comme si son traumatisme avait été tel qu'elle ne savait plus tout à fait qui avait été là et ce que l'on avait fait avec elle.

« Cette nuit-là, Mme R., Veronica, comme je l'ai appelée plus tard, quand je l'ai revue, est restée avec moi en permanence, mais tout le monde est passé... » Elle cita une liste de professeurs. « On a préparé de la ratatouille... M. Dixon faisait des allers-retours. Il m'a dit que je devais aller de l'avant en tant qu'ambassadeur de Red Bank. "Nous savons tous que ce n'est pas juste. Ils ont essayé de me convaincre que tu n'aurais pas su faire face à l'avenir qu'on te préparait. Mais je ne les crois pas." Ils m'ont tous offert des cadeaux, ils étaient... ils n'étaient pas juste professionnels, c'étaient de vraies gens, la famille, vous voyez... »

« Là, sa mémoire lui joue des tours, me dit Ben G. Deux des professeurs dont elle parle étaient déjà partis depuis longtemps à cette époque. Si elle a préparé un dernier repas, c'est probablement avec Barbara, la professeure de cuisine. »

Carole : « Ces derniers mois à Red Bank, elle avait beaucoup changé. Elle se tenait beaucoup plus à l'écart des garçons. Elle avait clairement pris la décision de passer moins de temps avec eux. Un peu plus tôt, on avait remarqué à quel point elle était... comment ?... moins féminine. Elle était jolie, mais elle ne voulait pas le montrer. »

« Pendant un temps, me confirma Mary, je comprimais ma poitrine comme font les Chinoises, comme ça j'avais l'air plate, j'avais l'air d'un garçon. Je ne faisais plus de gym, ni d'athlétisme, je n'allais plus nager. Ou alors je le faisais un tout petit peu, avec les femmes du personnel. »

Carole : « Visiblement elle n'aimait pas du tout son corps. Ça se voyait à sa façon de le toucher ou pas, ou à sa façon de marcher, de bouger les jambes sans les soulever du sol. C'était vraiment triste, cette si jolie, si jolie fille, qui marchait toujours la tête baissée. Mais vu la situation, sa décision de s'éloigner des garçons était sensée, non ? »

Je suggérai à Carole et Ben que, peut-être, la décision du ministère avait été influencée par le sentiment qu'à 16 ans il fallait l'écarter de cet environnement masculin.

« Je ne crois pas qu'aucun sentiment ait pu jouer un rôle là-dedans, répondit Ben. Ils n'ont fait que se conformer au système, appliquer les règles. »

Betty et Billy surent-ils qu'elle allait être transférée ? demandai-je à Mary.

« Pour ma mère, je ne sais pas. Je ne crois pas, parce que M. Dixon savait qu'elle irait prévenir la presse. C'est ce qu'elle faisait toujours, pour l'argent, même si je ne savais pas encore à quel point. Mais je crois que mon père l'a appris. Il est venu me voir le samedi précédent et il avait la larme à l'œil en partant. Ensuite, je ne l'ai pas revu. Il n'est jamais venu me voir en prison.

« Peu avant mon départ, j'étais tombée amoureuse d'un jeune Américain, un assistant bénévole. C'était un ami de Ben G., ils avaient voyagé dans toute l'Europe ensemble. Je suppose qu'il avait exercé le même genre de travail aux États-Unis, sinon il n'aurait pas été accepté. On ne pouvait pas dire qu'il était beau, il portait de petites lunettes rondes, c'était un mélange entre John Denver et John Hurt, un hippie... le genre "faites l'amour, pas la guerre". Après, il m'a longtemps écrit, et moi aussi. Le dernier jour, il m'a donné une chemise et un message dans une enveloppe... »

« Elle mélange ses souvenirs, rectifia Ben G. Mon ami Jeff était là en 1972 [un an plus tôt]. Il lui a fait ces cadeaux pour Noël. Il est parti début 1973. »

« Beaucoup de garçons sont venus me voir avant que je parte, me dit Mary. Ils m'ont tous fait des cadeaux, eux aussi. Je pleurais beaucoup, à chaque fois que quelqu'un me regardait. Ils me disaient tous des choses incroyablement gentilles.

« Je suis restée éveillée toute la nuit. Ils ont essayé de me faire dormir, mais c'était impossible. Beaucoup plus tard, M. Dixon et Mlle Hemmings sont venus me dire comment je devais m'habiller et je les ai suppliés : "Non !" parce que j'avais un de ces fameux jeans moulants blancs qu'on appelait "*skinners*", et je voulais le porter. M. Dixon a dit que c'était impossible, que je devais mettre ma robe marinière et mes Salomé bleu marine. J'ai dit que tout le monde allait se moquer de moi, elles seraient toutes là, avec leur clope à la bouche, leurs cheveux décolorés aux racines apparentes... Et il a dit : "Qu'est-ce que ça change pour toi ? Tu préférerais être couverte de tatouages pour être acceptée ? Non." Et puis il a ajouté : "Tu fais ce que tu veux. Tu peux ressembler à un éboueur ou à un duc."

— Qu'est-ce que vous avez fait ? »

Elle rit. « J'ai mis la robe... »

Carole G. était de service cet après-midi et ce soir-là. Ben était en congé. « Mais il est venu dire au revoir. »

« Oui, rappela Ben à Carole, je me souviens que tu emballais toutes ces affaires, ses objets, ses cadeaux. Elle a dit qu'il lui fallait quelque chose pour prendre tout ça, alors je lui ai trouvé une valise marron, avec une clé. »

Carole : « Mademoiselle Hemmings était affolée. Elle n'arrivait pas à faire face. En fait, elle nous rendait complètement dingues parce qu'elle n'arrêtait pas de prendre des affaires, elle partait avec les vêtements dans les mains et puis elle revenait, elle faisait plein d'allers-retours. Tout emballer a pris beaucoup de temps.

« Puis, à un moment, Jim Dixon est arrivé. Il avait les larmes aux yeux. Il a dit, sans que Mary l'entende : "Laissez-la croire qu'elle emballe tout ça pour l'emporter. En réalité, elle ne peut rien prendre avec elle." Elle n'avait droit qu'à un petit sac. Après ça, je me suis retrouvée à endosser la responsabilité de ranger la vie de cette enfant, cinq années de sa vie. Plus tard, on est allées à la cuisine et on a fait du chocolat. Je l'ai mise au lit et je me suis installé un matelas pour dormir par terre à côté d'elle. Mais elle n'a pas dormi et moi non plus.

« On a discuté. Elle a parlé de la prison et elle a murmuré : "Tu n'as pas idée de ce que c'est", et elle a pleuré. Elle me voyait comme quelqu'un de très naïf, je pense. Bien sûr que j'avais une idée de ce que c'était. Quinze jours plus tôt, quand on avait entendu ces rumeurs [sur le transfert de Mary], Ben et moi on s'était demandé comment on pourrait la préparer alors qu'elle avait grandi protégée et libre... oui... la liberté dont elle avait joui à Red Bank. On ne savait pas comment faire. De toute façon, on n'aurait jamais imaginé en arriver là si vite. »

« Le lendemain matin, Mlle Hemmings m'a fait couler un bain, raconta Mary. Elle a rangé mes affaires et je suis descendue... Je crois que je n'ai pas pris de petit déjeuner. J'ai choisi un cantique. »

Mary me chanta et me récita une partie du cantique :

« ... Croix merveilleuse sur laquelle le glorieux prince mourut... »

« M. Dixon s'est assis, il a fait un très beau discours. Il a dit plein de choses gentilles, il a parlé de la perte que représentait mon départ. Il a évoqué mon arrivée, les progrès que nous avions accomplis ensemble... J'ai craqué, comme tout le monde. Et puis on m'a emmenée en prison. »

Troisième partie

PRISON
NOVEMBRE 1973-MAI 1980

Rechute
Styal, 1973

En milieu de matinée, Mary quitta Red Bank dans la voiture de M. et Mme Dixon. M. P. les suivait dans la sienne. « En partant, je voyais, à travers la vitre de la voiture, tous ces visages, les garçons, le personnel. À chaque fenêtre, tout le monde me faisait des signes d'adieu. Mes amis. »

« C'est drôle que Mary s'en souvienne de cette manière, me dit Carole. De toute évidence, elle a *besoin* de s'en souvenir comme ça. En réalité, et je sais que ça a l'air dramatique, personne n'a eu l'autorisation d'aller lui dire au revoir.

— Pourquoi ? demandai-je. Cela aurait semblé plutôt normal que ses amis, les gens auprès desquels elle avait vécu si longtemps puissent avoir le droit de lui dire au revoir, au moins derrière les fenêtres.

— Je ne sais vraiment pas pourquoi Jim a pris cette décision. Peut-être parce que c'était difficile pour lui d'accepter ce départ. Et puis les enfants qui partaient, c'était la routine, ça arrivait tout le temps. Peut-être a-t-il voulu lui éviter des adieux spectaculaires, inhabituels. Je ne sais pas. En tout cas, c'était important pour lui que personne n'assiste à son départ et que tout le monde reste à l'intérieur. Cela dit, peut-être que certains garçons lui ont quand même fait signe par la fenêtre, et pour elle ils sont devenus “tout le monde”. »

Selon Mary, le voyage du Lancashire jusqu'à la prison de Styal, dans le Cheshire, dura deux heures (mais elle se trompait encore : le trajet est en réalité beaucoup plus court).

« Je me souviens très peu de ce voyage », me dit-elle, avant de me parler des peurs qui l'avaient déjà accompagnée lors de son transfert à Red Bank. « C'était la même chose cette fois-là : j'étais obsédée par la crainte de mouiller mon lit. Quand M. Dixon m'a dit qu'on allait bientôt arriver – pour me préparer un peu –, je me suis penchée et j'en ai parlé tout bas à Mme Dixon. Elle m'a répondu : “Ne t'inquiète pas, on s'en occupe.”

« Je crois que je ne réalisais pas qu'on se dirigeait vraiment vers une prison. Puis la voiture a bifurqué et tout à coup nous nous sommes retrouvés devant cette monstruosité, Styal, l'endroit le plus paumé de toute la terre. C'était comme si on avait remonté le temps. C'était énorme, juste énorme : pas un seul, mais quatre vieux bâtiments les uns à côté des autres, de style victorien, en briques rouges. Quand ils ont ouvert la grille, j'ai tout de suite vu les barreaux sur les portes et les fenêtres. J'ai vu les gardiennes, ô mon Dieu, avec des clés...

— Le personnel de Red Bank portait aussi des clés, non ?

— Si, mais pas ostensiblement, on ne les voyait pas, vous comprenez. À Styal, les gardiennes avaient les leurs accrochées à des chaînes, elles cliquetaient à chacun de leurs pas. Un homme à la grille, le portier, a dit quelque chose à M. Dixon, je n'ai pas entendu quoi, et on a dû passer par un... oh... un énorme bâtiment rouge avec des tuiles noires. J'espère que c'était différent pour les visiteurs, mais pour moi, c'était... tellement menaçant.

— Y avait-il des jardins ?

— Oui, entre les bâtiments, je l'ai tout de suite remarqué. Comme on était au mois de novembre, tout était dénudé, mais au printemps il y avait des fleurs, des légumes et plus tard on a installé de grandes serres en plastique... Je le sais parce que j'ai participé à leur construction. C'était beaucoup plus ouvert que Red Bank parce que beaucoup plus grand. Pour aller du point A au point B, il fallait sortir, même pour aller voir le directeur ou passer une visite médicale.

« M. Dixon a rencontré le directeur adjoint et M. P. est allé faire la reconnaissance des lieux. Pour finir, ils sont partis sans que j'aie pu leur dire au revoir, ni à l'un ni à l'autre. Plus tard, on m'a rapporté qu'ils avaient protesté et que ça avait fait toute une histoire. Mme Dixon m'a accompagnée à la réception. J'ai tout de suite été frappée par la hauteur des plafonds, les horribles murs de ce vert institutionnel, vous savez, et puis ce silence presque caverneux, avec de l'écho.

« On m'a demandé de me déshabiller. C'est banal en prison, je m'en suis vite aperçue. Si vous êtes soupçonnée de détenir quelque chose d'interdit, de la drogue, des lettres, si, pour une raison ou une autre, ils pensent que vous avez désobéi, je ne sais pas... dans tous les cas, à la fin vous vous retrouvez toute nue. L'humiliation fait partie du jeu. Mme Dixon a dit : "Est-ce vraiment nécessaire ?" et on lui a répondu : "C'est une prison, vous savez." Au moment de me fouiller et de me peser, ils lui ont demandé de partir, et elle s'est mise en colère. Moi, je ne pensais qu'à ce qui se passerait si Mme Dixon ne trouvait pas le moyen de les prévenir que je mouillais mon lit. Elle non plus, je ne l'ai presque plus revue. Je crois qu'ils ont tout fait pour mettre les Dixon mal à l'aise et qu'on leur a demandé de partir. »

« Les Dixon sont très vite revenus, confirma Carole. Styal n'était pas très loin. On m'a raconté que quand Jim est rentré, il s'est assis, et au bout d'un moment il a simplement lancé : "Bon, voilà." Ça le dévastait de la perdre. Il est resté assis, l'air désespéré. Il est mort un an et demi plus tard, et, pour être honnête, on a toujours pensé que le fait d'avoir perdu la bataille pour Mary avait affecté sa santé. »

Il ne fait aucun doute que le transfert à Styal fut destructeur pour Mary. Le succès, même partiel, de la reconstruction morale qui s'était produite à Red Bank n'était peut-être dû qu'à l'amour qu'elle avait reçu et éprouvé pour James Dixon (sans parler du soutien de professeurs très impliqués) ; il n'en était pas moins évident. En ignorant la proposition de M. Dixon et les recommandations du docteur Westbury, consulté pour l'occasion, le ministère de l'Intérieur interrompait brusquement la lente évolution qui s'était amorcée.

Le sentiment de sécurité et l'ambition intellectuelle que Mary avait conquis se trouvaient brisés par son immersion dans l'univers carcéral, d'ailleurs tout entier féminin. Désormais, elle régresserait. Non seulement sa grande jeunesse l'exposerait affectivement et sexuellement aux autres détenues, mais surtout, et peut-être plus grave, celles-ci allaient la traiter comme une enfant, irresponsable de ses crimes.

Malgré quelques exceptions – les expériences les plus connues ont eu lieu en Scandinavie et en Californie –, les prisons sont rarement des lieux inoffensifs. Souvent, le personnel, le temps ou l'argent manquent pour éduquer ou encourager les prisonniers. Mais surtout le système pénitentiaire, en tant que tel, n'est pas fait pour s'intéresser aux individus. La plupart du temps, les détenus sont là au pire pour être punis, au mieux pour être maintenus le temps de leur incarcération dans l'attitude la plus docile et passive possible (s'il le faut avec l'aide de médicaments).

Ensuite, tout dépend de l'état d'esprit du directeur et du personnel. Comme Mary le souligna plusieurs fois au cours de nos conversations, il existe toutes sortes d'agents pénitentiaires. Certains ont à peine reçu de formation spécifique et se débrouillent comme ils peuvent. D'autres, anciens policiers ou militaires (d'après elle guère plus appréciés, mais davantage capables d'inspirer le respect), appréhendent mieux les problèmes de la vie en communauté et savent faire appliquer la discipline. Par-dessus tout, répétait-elle sans cesse, seules leur personnalité et la façon dont ils choisissent de s'imposer déterminent la qualité de vie des détenus.

La différence, cependant, est de degré, non de nature. La prison, quoi qu'on fasse, déstructure. Quand elle parlait des sept années qu'elle y avait passées, Mary révélait ainsi, sans le savoir, une étrange dichotomie. Elle s'en souvenait bien ; elle semblait même éprouver parfois un plaisir trouble à les raconter en détail. En même temps, ce qu'elle décrivait ne constituait pas une expérience continue, qui aurait participé à son développement et fait d'elle la femme qu'elle est aujourd'hui. C'était une succession de séquences disparates, de sensations diverses, recherchées ou subies. L'émotion les reliait entre elles, mais elles ne formaient aucune unité.

Mary et moi avions commencé nos entretiens depuis tout juste deux mois lorsque nous en étions arrivées à Styal. À l'exception des deux meurtres proprement dits, auxquels elle fut incapable de faire face presque jusqu'à la fin, elle avait réussi à donner une puissance et une profondeur inattendues au récit de chaque épisode de sa vie. Elle ne parvenait jamais à se rappeler précisément les dates, les saisons, voire son âge, mais elle savait presque toujours qui avait été dans sa vie à quel moment et avait une idée assez exacte de l'enchaînement des faits. C'était comme si sa mémoire fonctionnait par étapes, chacune représentant son lot de jours, de semaines, de mois et même d'années, qu'elle me décrivait presque sans hésitation, par images, comme devant une collection de photographies ordonnées plus ou moins chronologiquement.

Mais cette façon de faire ne s'appliquait pas aux années passées en prison. Elle s'était montrée très enthousiaste à l'idée de m'en parler, allant souvent, plusieurs semaines avant qu'on n'y arrive, jusqu'à exprimer sa hâte. Je fus donc tout à fait démunie face au vide psychologique qui se fit en elle au moment de les aborder. À part quelques descriptions très précises d'événements spécifiques, la période de Styal était restituée sans ordre ni forme, à la manière de l'écriture automatique.

Je dispose, sur cette période, de vingt cassettes et presque deux cents pages de retranscription. En général, il semble que deux voix parlent. L'une s'exprime souvent avec colère, passe d'une impression à une autre, fait des allers-retours dans la chronologie ; les phrases sont inachevées, les pensées juste ébauchées. L'autre, beaucoup plus lucide et réfléchie, décrit soudain avec force un événement jusqu'alors inconnu, et ce faisant dresse des portraits avec tant d'esprit, cite si précisément chaque propos, rend les protagonistes tellement présents qu'on en oublie presque que cela n'a aucun lien avec ce dont il était question avant ni avec ce qui va suivre.

Ce sont à l'évidence des souvenirs d'une grande intensité. Très peu concernent des brutalités commises contre elle, la plupart sont doux, aimants, et le récit qu'elle en faisait était empreint de ses deux plus grandes qualités : l'humour et la compassion. Mais tandis que les jours passaient et que les mots pleuvaient sans virgules, sans paragraphes, sans points, j'en vins à réaliser que Mary se délectait, non pas à raconter Styal, mais simplement à en *parler*, comme si ce bavardage était la représentation verbale du désœuvrement de sa vie en prison.

« Quel a été le sujet le plus facile à évoquer pour vous ? » lui demandai-je quelques mois après la fin de nos entretiens.

Mary eut un petit rire. « Oh, vous le savez, la prison », répondit-elle de sa voix lente, puis elle répéta, presque avec tendresse : « Oh ! oui, la prison. »

« Mme Bailey était à la réception quand je suis arrivée. Plus tard, elle devint ma responsable, je l'appelais Ma' Bailey. Elle avait été femme de service, une femme du Nord, et c'était la plus humaine de toutes. Je l'aimais vraiment bien. Dès ce premier jour, elle a été gentille, alors je lui ai parlé de ma peur de mouiller le lit. Elle m'a dit que ça n'avait pas d'importance : "Il y a plein de gens dans le même cas ici." Puis elle m'a regardée et elle a ajouté : "Je crois que tu ferais bien de manger, fifille, t'as l'air d'avoir besoin d'avaler quelque chose..."

« Et là, ça m'a soufflée, j'ai tout à coup entendu derrière moi quelqu'un parler geordie : "Et j'te r'connais, toi ! a dit la voix. T'es la fille de Billy Bell, pas vrai ? J'connais bien ton paternel, on va dans le même bar. Ch'ui Betty, tu t'souviens d'moi ?" Oui, je me souvenais d'elle. Tout le monde l'appelait Betty Blue, c'était une sorte de chanteuse. "J'en ai pris pour cinq ans, mais j'avons presque terminé maint'nant. Toi, t'es à perpétuité : tu s'ras à cinq blocs de moi. T'inquiète, poulette, tu s'ras bien ici, garde juste le nez propre."

« Mme Bailey a dit : "OK, assez bavardé, Betty. Va-t'en." Elle a déguerpi. Mais ça m'a réconfortée... Je m'attendais à ce que tout le monde soit... je ne sais pas, des femmes dures comme j'en avais vu dans ma vie, mais elle était là, c'était Betty la chanteuse de Newcastle et elle connaissait mon père. Mme Bailey m'a demandé de me changer. On était autorisées à avoir trois tenues différentes, sous-vêtements compris. J'ai enfilé mon jean.

— Était-ce le jean moulant blanc que vous aviez voulu porter avant de partir ?

— Non, je savais qu'ils ne seraient pas d'accord. J'en ai mis un autre, très large, rapiécé de partout, qui tombait en loques. Et un haut avec un paon dessiné dessus. Mme Dixon avait attendu dehors et quand elle m'a vue, elle a été horrifiée : "Que vont penser les gens ?" elle a dit.

« Une assistante de la directrice est arrivée, une certaine Mme Naylor. Il fallait rester debout en sa présence. C'était le cas avec toutes les gardiennes, en dehors de notre responsable. On n'arrêtait pas de se lever et de se rasseoir, "c'est comme la culotte d'une traînée", m'a dit plus tard une bonne copine. Chacun des onze bâtiments portait le nom d'un réformateur des prisons pour femmes et Mme Naylor m'a annoncé que j'allais aller à Mellanby. Elle avait fait une liste de mes affaires et j'ai dû la signer avec mon nom et mon numéro – 774987. Mme Naylor m'a conseillé de le répéter plusieurs fois pour ne pas l'oublier : dès qu'une gardienne s'adressait à nous, il fallait se lever et décliner son nom et son numéro.

« Puis une fille est arrivée avec un plateau-repas. Une assiette pour moi, et autre chose, la nourriture du personnel, pour Mme Bailey. Je ne voulais pas la mienne, alors Mme Bailey m'a proposé de me donner la sienne, mais j'ai dit : "Non merci" et elle a été totalement abasourdie parce que je disais des choses comme "merci", "s'il vous plaît". Je ne sais pas à quoi ils s'attendaient...

« D'habitude, les nouveaux arrivants rencontraient la directrice, Molly Morgan. Mais pas moi, elle n'a pas daigné me rencontrer, pas avant plusieurs jours. Elle allait me montrer comment ça marchait et que ma vie allait fonctionner comme elle l'ordonnait et quand elle l'ordonnait. »

La responsable de Mellanby vint chercher Mary avec deux draps, deux couvertures et deux taies d'oreiller.

« Vous savez, avec un drap pour tout envelopper : ça faisait un baluchon. On a marché, il m'a semblé faire des kilomètres, on est passées devant tous ces gros blocs avec des centaines de fenêtres à barreaux, chacun relié par d'énormes tuyaux noirs, les tuyaux de chauffage. Plus tard, j'ai travaillé dessus aussi, quand je faisais des "travaux d'ingénierie". Je nettoyais les égouts.

« La responsable m'a dit que j'allais aller au "bloc éducation", mais elle ne m'a pas expliqué ce que c'était. Il y avait plusieurs femmes qui circulaient d'un endroit à l'autre, elles me tournaient autour en criant “coucou”. Plus tard, j’ai entendu dire que Betty avait couru les prévenir que j’arrivais. Je les entendais se dire les unes aux autres : “Elle est minuscule, pas vrai ?” Je crois que par “minuscule” elles voulaient dire “jeune”. J’en ai entendu deux qui disaient : “Elle a l’air d’avoir 12 ans.” J’étais très vexée.

— Tout le monde était-il au courant de votre arrivée ?

— Oh ! oui, tout le monde, mais normalement les filles arrivaient par paquet, on les envoyait dans un bâtiment en groupe, alors que moi...

— Croyez-vous que ça vous a distinguée aux yeux des autres ?

— Eh bien, de toute façon je me distinguais avant tout parce que j’étais très jeune – certainement la plus jeune. Et puis... En prison, la population se renouvelle souvent. Beaucoup viennent pour de courtes durées, plutôt des mois que des années. Je me suis rendu compte que certaines femmes sont envoyées en prison pour des raisons dérisoires, des raisons pour lesquelles un homme s’en serait tiré avec une bonne petite claque financière.

« Bien sûr, certaines restent plus longtemps. Toutes celles qui étaient là pour plus de trois ans étaient considérées comme des “longues peines”, et quand elles en avaient pris pour plus de cinq ans, le plus souvent, c’était qu’elles étaient condamnées à perpétuité. Il y avait environ cinq cents détenues et la plupart avaient lu des choses sur moi cinq ans auparavant et... »

Elle me sourit gentiment : « Je parle de votre livre, pas des multiples sorties de ma mère dans la presse et à la télévision de Newcastle.

— Les prisonniers ne sont pas tendres avec les tueurs d'enfants. Est-ce que vous en avez pâti ?

— Non. Plus tard, il y a eu des femmes qui avaient fait des choses atroces à leurs enfants. Certaines ont essayé de détourner l'attention sur moi. Mais vraiment, pendant tout le temps que j'ai passé en prison, l'opinion générale était que, comme je n'avais que 11 ans au moment des faits, je n'étais pas vraiment une tueuse d'enfants. Quand on parlait en ma présence de celles qui l'avaient fait, il y en avait toujours une pour se tourner vers moi et dire : "Oh, je ne parle pas pour toi. Pourquoi je parlerais de toi ? Tu n'étais qu'une gosse."

« C'est comme ça que j'ai compris ce que ça signifiait quand les journaux écrivaient "tueur d'enfants". Quand je voyais ça, je me disais : "Oh ! mon Dieu, je n'étais pas comme ça." Donc vous voyez, les détenues faisaient une distinction que les médias ne faisaient pas, qu'ils ne pouvaient pas faire. Je m'en suis aperçue plus tard, quand de nouveau les gros titres ont parlé de moi en ces termes. »

En écoutant Mary, je repensai aussitôt à sa première réaction lorsque James Dixon lui avait appris qu'elle irait en prison : « Mais pourquoi ? Qu'est-ce que j'ai fait ? » La perception qu'elle avait d'elle-même – isolée, sans aide de personne depuis 1968 – excluait purement et simplement la réalité de ses crimes. Il était essentiel que je ne contribue pas, dans nos discussions, à entretenir cette idée illusoire et rassurante qu'on avait mise dans son esprit.

« Bien sûr, lui dis-je, qu'au sens littéral le fait d'avoir tué deux enfants faisait de vous une tueuse d'enfants. Et pourtant, vous acceptiez qu'on vous différencie des autres tueurs à cause de votre âge. Vous aviez le sentiment que c'était justifié ?

— Il m'a fallu énormément de temps, des années, avant que je puisse y penser de façon à pouvoir répondre à cette question. À Red Bank, j'étais sur le point d'y arriver : je crois que M. Dixon m'aurait aidée.

— Aidée dans quel sens ?

— Tel que je le connais, il savait que j'avais besoin d'être aidée. Il prenait son temps, il attendait que je sois prête à y penser, et donc à en parler... En tout cas, c'est comme ça que je le vois. »

Au cours de ce qui représentait déjà quatre mois d'entretiens, le sentiment de culpabilité et le désespoir de Mary au sujet des deux petits garçons n'avaient fait qu'augmenter. Sans doute avait-elle commencé à comprendre, et à accepter, qu'avant que je commence à écrire ce livre, il lui faudrait affronter le souvenir de ses crimes. Mais pour l'heure, ses propos continuaient d'idéaliser la réalité.

Prétendre que M. Dixon avait cherché à lui fournir l'aide dont elle avait besoin ressemble à un cadeau qu'elle se sentait le devoir de faire à cet homme tant aimé. Elle savait sans doute déjà très bien que M. Dixon, au contraire, ne l'aurait jamais amenée à ce face-à-face avec elle-même ; comme on l'a vu, la seule fois où elle l'avait tenté en écrivant des notes pour M. P., il l'en avait empêchée. Et, comme nous le savons également aujourd'hui, la raison en était qu'il ne croyait pas qu'elle avait tué les petits garçons. Ou qu'il ne pouvait se résoudre à le croire. Maintenant qu'elle commençait à mesurer à quel point ce type d'aide lui avait manqué pendant les cinq années à Red Bank, elle n'avait plus d'autre ressource, pour continuer à défendre sa mémoire, que de prêter à M. Dixon l'intention de la lui apporter – plus tard.

« Mais, voyez-vous, continua-t-elle ce jour-là, on m'a retirée à lui trop tôt. Et ça n'est donc jamais arrivé. Ainsi j'avais... et j'ai toujours... dans l'esprit... des images, des flashes d'horreur sans liens. »

Mary arriva enfin à Mellanby avec son baluchon. Elle se souvenait d'une porte jaune à l'arrière de la « maison », par laquelle on la fit entrer.

« À nouveau, j'ai senti cette odeur de cire. Ils étaient tous dingues avec cette cire... Il y avait ces énormes bidons de Cardinal Red, ça s'appelait, qu'on trimballait et qu'on étalait partout. »

Une autre odeur flottait, persistante, celle désormais bien connue du chou rance.

« Dans chaque bâtiment, les portes qui donnaient sur l'extérieur étaient fermées, mais, à l'intérieur, elles étaient ouvertes. Ils faisaient ce qu'ils pouvaient. Mlle Parker, l'intendante, m'a emmenée dans son bureau, elle m'a fait asseoir et m'a expliqué le règlement. Elle m'a dit qu'il y avait une liste de correspondants pour chaque détenue. Ce premier jour, je pouvais écrire une lettre, ils appelaient ça "la lettre d'arrivée", pour prévenir qui je voulais que j'étais ici.

« Elle m'a dit qu'après, je pourrais écrire une lettre par semaine et que je serais autorisée à recevoir du courrier uniquement de la part de gens à qui j'aurais moi-même écrit. Tous les autres, qu'ils soient ou non sur ma liste, seraient classés comme "non identifiés". Comme j'étais une prisonnière "étoilée" [en référence à l'astérisque que les prisons ajoutent à côté du nom des prisonniers qui en sont à leur première infraction], mais aussi à cause de mon âge, j'aurais droit à deux visites par mois. Avant que l'on me donne un travail, sans doute au bout d'une semaine, je m'occuperais du ménage. »

Elle rit. « Finalement, ils ont vite renoncé, parce que je n'arrêtais pas de déclencher l'alarme d'incendie – d'abord par erreur, ensuite parce que en voyant tout le monde se mettre à courir, j'ai trouvé que c'était une superblague et je l'ai refait. Les filles me disaient d'arrêter, sinon on m'amènerait "au rapport". C'était la première fois que j'entendais cette expression, et même dans mes pires cauchemars je n'aurais pas pu imaginer ce que ça signifiait avant que ça m'arrive.

« Cet après-midi-là, Mme Parker m'a fait traverser un couloir jusqu'à un dortoir pour quatre. Là, elle m'a dit de faire mon lit, elle a mis mes affaires dans un casier et elle est partie. Je n'avais toujours vu aucune des femmes avec lesquelles j'allais vivre et j'avais peur, vraiment peur. Je les imaginais en uniforme, en blouse verte avec un gros ventre, les seins qui pendent jusqu'aux genoux, couvertes de tatouages et les jambes poilues. Bon, j'allais être surprise. Plus tard, elles m'ont dit qu'elles aussi l'avaient été. Dieu seul sait comment elles m'avaient imaginée.

« Il était environ 16 h 45 quand elles sont revenues du travail, par groupes de deux ou trois. Et c'est là que j'ai compris pourquoi on appelait Mellanby "le bloc de l'éducation" : c'était une blague. À cause de moi, parce que j'avais 16 ans et que la loi ordonnait que je reçoive encore une éducation à temps plein, ils avaient rameuté la veille dans ce bloc toutes celles qui étaient capables d'aligner deux phrases. Donc, au final, il y avait des femmes qui étaient déjà là, et qui n'avaient rien à voir avec le fait d'être "éduquées" ou "éducables", et puis environ une douzaine de filles qu'on avait fait venir, pour la plupart incarcérées pour trafic de drogue, ou parce qu'elles avaient eu une conduite à risque en voiture. Elles venaient toutes d'endroits où les enfants sont scolarisés dans le privé : St. John's Wood, Knightsbridge à Londres, ou les quartiers résidentiels sur le bord de la Tamise, là où les gens sont propriétaires. Il y avait quelques "dames", des filles à l'accent snob, et quelques-unes étaient vraiment, vraiment belles.

— C'est ce dont vous vous souvenez le plus ?

— Ce premier après-midi, oui, parce que j'avais eu tellement peur et que je m'apercevais que c'étaient des êtres humains.

— Les filles snobs ?

— Eh bien, répondit-elle, légèrement sur la défensive, j'aimais bien que les gens parlent correctement. J'aime toujours. C'est ce que j'ai appris à Red Bank. C'était... c'était devenu ma vie. Donc j'étais soulagée de voir qu'elles n'étaient pas toutes... des brutes. Je ne veux pas vous induire en erreur. Il s'agissait de certaines d'entre elles... Ça m'a simplement aidée à passer les premiers instants. »

Mary, ayant été soumise, par force, à une série de bouleversements sociaux extrêmes, à des âges particulièrement sensibles – 11 ans et 16 ans –, avait une perception particulièrement aiguisée des différences sociales, et elle se savait partiale dès qu'il s'agissait du langage et des codes de la classe moyenne, ce qui la mettait dans une sorte d'embarras. Elle craignait d'être jugée présomptueuse par la classe moyenne elle-même, mais aussi de s'éloigner de sa famille d'origine, par-dessus tout de ses frères et sœurs dont – cela peut sembler étrange – elle souhaitait demeurer proche.

À Mellanby, la détenue la plus jeune après Mary avait 22 ans. La moyenne d'âge était d'environ 30 ans.

« Des vieillardes pour moi, même si je dois dire que pour la plupart, elles n'avaient pas l'air vieilles. Toutes les femmes s'appelaient entre elles "les filles". Les filles de l'atelier, les filles du jardinage et ainsi de suite. Les femmes de 60 ou 70 ans étaient "les vieilles filles". Mais en effet, je dirais que l'âge moyen était bien de 30 ans, alors pour elles j'étais juste une gamine. Je crois que la plupart avaient pitié de moi. Elles m'offraient des cigarettes roulées, me donnaient des conseils. Elles me disaient de me laver le nez.

« Le dîner était servi dans la cuisine sur des tables en bois, que chaque jour on devait frotter jusqu'à ce qu'elles soient blanches. La cuisine fonctionnait par roulements, chaque bloc préparait ses propres repas sous la supervision d'un contremaître. De mon temps, c'était Mme Carr, qu'on appelait Oui-Oui, parce qu'elle portait un grand chapeau sur la tête. C'était une excellente cuisinière et Dieu seul sait pourquoi elle avait choisi de gâcher son talent en donnant des cours de cuisine en prison. Elle l'a encore plus gâché quand j'ai travaillé avec elle ! Tout le monde a très vite compris que je n'étais pas douée pour la cuisine : on aurait pu utiliser mon porridge comme enduit pour les murs, et les œufs à la coque avaient du blanc qui sortait des coquilles comme des champignons. Tout ce que je faisais était raté.

« À 21 heures, on se rassemblait et on se préparait pour le coucher. Les lumières étaient éteintes à 21 h 50. J'ai passé les deux premières nuits dans le dortoir du bas. Il y avait une matonne assise juste devant la porte, parce que les portes n'étaient pas fermées. Il y avait des barreaux, mais on pouvait se lever et aller aux toilettes sans demander la permission. La première nuit, je n'ai pas mouillé mon lit, mais je n'ai pas dormi non plus. Je portais un pyjama rayé comme un bonbon, et j'étais allongée sur mon lit à regarder le ciel à travers les barreaux.

« Je pensais à tout le monde à Red Bank. J'avais un horrible vide dans le ventre. Je me disais que ce n'était pas possible, ça ne pouvait pas être vrai. Je pleurais, j'avais des larmes qui coulaient sur mes joues, je n'arrivais pas à m'arrêter, mon oreiller était tout mouillé et quelqu'un murmurait "ça va aller". Alors j'ai décidé que ça ne pouvait pas se passer comme ça. Le lendemain, quand je verrais la directrice, je lui dirais que je ne pouvais pas... que je ne pouvais tout simplement pas vivre avec toutes ces femmes et que je voulais retourner à Red Bank.

« J'avais déjà beaucoup entendu parler de la directrice. Les femmes parlaient tout le temps, et il n'y avait que trois sujets de conversation : les cancans sur les autres détenues, les cancans sur le personnel et, bien plus tard, quand vous vous étiez fait des amies qui vous faisaient confiance, la maison et la vie privée. On me disait que la directrice était un monstre, qu'elle détestait "les jolies petites choses", qu'avec elle la détenue était toujours coupable... Elle rencontrait toujours les nouvelles, mais elle ne m'avait pas rencontrée, moi, et ça me stressait parce que je ne savais pas pourquoi. Donc j'étais terrifiée à l'idée de la voir. »

Mary n'allait pas rencontrer la directrice avant trois jours, mais deux jours après son arrivée, un samedi, sa mère vint lui rendre visite.

« Étiez-vous contente qu'elle vienne ?

— Je ne me souviens pas. Toutes ces années, je n'ai jamais rien ressenti quand elle venait me voir. Et je l'avais vue juste un mois auparavant, à Red Bank. J'étais... j'étais toujours inquiète de comment... elle était, comment elle serait. Il y avait une sorte de salle de classe ou je ne sais quoi dans un autre bâtiment, et c'est là qu'elle m'attendait. Ça a été très gênant, vous savez, vraiment, vraiment embarrassant. Elle a crié : "Mon bébé ! Mon bébé !" en pleurant, et elle m'a tirée vers elle pour essayer... mon Dieu... de m'asseoir sur ses genoux. Elle ne pleurait pas vraiment, elle sanglotait seulement pour Mme Sissons qui assistait à l'entretien, comme elle avait toujours sangloté pour le personnel de Red Bank.

« Et Mme Sissons était tout émue de voir cette jeune maman bouleversée. Elle lui a dit que tout ça était une erreur et que je ne devrais pas être là. Elle me l'a même dit à moi. C'était bien intentionné, mais elle ne connaissait pas ma mère qui du coup, bien sûr, est allée répéter ça à tout le monde à Newcastle. Dieu seul sait quelles autres sinistres histoires elle a racontées à mon sujet. Elle n'est restée qu'une demi-heure. Pas plus d'une demi-heure. Je n'ai pas dit un mot et elle n'a vu ni personne ni rien. Après ça, elle a sans aucun doute imaginé qu'elle était une autorité à Styal, ou peut-être dans toutes les prisons d'Angleterre. Au moins, autant que je sache, après cette première visite, elle n'a pas donné d'interviews, elle n'est pas allée en parler à la télé. Elle l'a fait la fois d'après, et ça a été affreux pour moi, juste affreux.

— Vous a-t-elle demandé comment vous viviez, comment vous vous sentiez ?

— Non. Elle ne le faisait jamais. Elle se contentait de se lamenter sur sa propre vie, et sa santé, toujours sa santé, ce qui m'inquiétait à mort. Mais ce jour-là, j'étais contente qu'elle ne me demande rien parce que j'étais très malheureuse, incroyablement malheureuse et je n'avais pas... je n'avais tout simplement pas envie de lui parler. J'ai commencé dès le premier jour à avoir ce sentiment de... je ne sais pas comment dire... désespoir ? Non, ce n'est pas le mot juste. Ce n'était pas ça, ou pas seulement ça. Vous voyez, il y avait des gens que je connaissais là-bas, comme Betty Blue, qui racontait partout qu'elle me connaissait depuis mon enfance et que si quelqu'un disait quelque chose sur moi, elle lui exploserait le cerveau. Il y avait aussi des sœurs de garçons qui étaient à Red Bank. Tout ça semblait si... si... Tout ça allait tellement de soi...

— De soi ?

— Oui, vous comprenez, ici il y avait les sœurs et là-bas, à Red Bank, il y avait les frères, et je me souvenais de mon père dans cette horrible prison, et voilà que j'y étais, et c'était comme si c'était là que forcément tout le monde finissait...

— Vous voulez dire que ça semblait inévitable ?

— Oui, oui, comme si rien n'avait pu empêcher que je me retrouve là, ou que les autres y soient. Et si rien n'avait pu l'empêcher, à quoi tout cela servait-il ? Et je ne savais rien de mon frère et de mes petites sœurs, personne ne me disait rien, où étaient-ils, mon Dieu ?

« Ces premiers jours, à Styal, j'ai entendu des horreurs comme je n'aurais jamais cru qu'il en existait. On m'a montré une vieille femme et on m'a dit que c'était Mary Scorse, qui avait été condamnée à la pendaison pour meurtre dans les années 40 alors qu'elle avait 26 ans. Elle était déjà dans la cellule des condamnés à mort quand on avait découvert qu'elle avait la tuberculose et on était allé lui dire que le médecin trouvait qu'elle n'était pas bonne à se balancer au bout d'une corde. Quand je l'ai vue, avec ses lunettes qui lui tombaient sur le nez et ses gants pour jardiner, elle avait déjà fait plus d'une vingtaine d'années et quelqu'un m'a dit : "Oh, elle est dans le bâtiment des tueuses, tu finiras avec elles."

« Et alors c'est parti, tout le monde a dit : celle-là a fait ça, celle-ci a fait ci, et j'avais vraiment peur. Plus tard, bien sûr, j'ai compris que ces histoires étaient horriblement exagérées : c'était une manière d'accueillir les nouvelles. En fait, toutes les filles qui par la suite sont devenues mes amies étaient détenues pour la première fois, et presque toutes avaient vécu des conflits familiaux horribles, des histoires de mâchoire brisée, de fœtus arrachés. Il y en a dont je n'ai même jamais su pourquoi elles avaient atterri en prison.

« Les autres avaient encaissé, toujours encaissé, et puis un jour leur mari ou qui que ce soit d'autre s'en était pris à l'enfant ou aux enfants parce que s'en prendre à elles ne lui suffisait plus, et elles avaient réagi, elles avaient tué le salaud et elles se retrouvaient emprisonnées à vie. Les prisons pour femmes sont remplies, remplies, je vous jure, de femmes dans ce cas-là et beaucoup parmi elles, plutôt que de les laisser grandir avec une mère condamnée à perpétuité parce qu'elle a tué leur père, permettent que leurs enfants qu'elles aiment – elles n'aiment qu'eux – soient adoptés. Elles renoncent à les voir et ensuite elles n'ont plus rien dans leur vie. »

Ce fut le dimanche après-midi que Mary entendit son nom et son numéro suivis de l'ordre : « Directrice. »

« D'habitude, quand vous êtes appelée pour un rapport, expliqua-t-elle, vous allez à son bureau ou vous allez la voir dans la "salle de jugement", à Bleak [le bâtiment des sanctions]. Tout cela allait m'arriver un nombre incalculable de fois. Mais cette première fois, elle avait juste demandé à me voir sur place, à Mellanby, pendant sa tournée. J'avais d'elle l'image d'un horrible... en fait, d'un hippopotame en robe. Bon, pour être honnête, elle n'était pas du tout comme je croyais. Je veux dire, elle était très jeune, son visage était jeune.

« La première chose qu'elle m'a dite a été : "Quel numéro ?" Bien sûr, j'étais tellement nerveuse que j'avais oublié cette règle. "Très bien, 774987, elle a dit, tu m'appelles Ma'am ou Madame." Et après : "Je suppose que tu t'attendais à ce qu'on te déroule le tapis rouge, vu la façon dont M. Dixon est arrivé ici ?" J'ai demandé : "Combien de temps vais-je rester ici ? On m'a dit que seule la directrice le savait." Elle a ri. "Je n'en sais rien, reviens me voir dans quatre ans et repose-moi la même question." J'ai protesté : "Mais dans quatre ans, j'aurai 20 ans", et elle a répondu : "Oui, tu seras tout à fait décrépite." Puis elle a ajouté : "Mets-toi bien dans la tête que ton M. Dixon n'a plus le contrôle sur ce qui va t'arriver. Tu es ailleurs maintenant... Et pas la peine d'essayer de me faire les yeux doux, ça ne marche pas avec moi." Et ça a été tout.

« S'il y avait quelque chose dont je pouvais être certaine, c'était que – Dieu sait pour quelle raison – Molly Morgan me détestait intensément. Et moi aussi, sans aucune raison et contrairement à mon habitude, je l'ai tout de suite détestée. J'ai su dès ce moment que ce serait la guerre entre nous. Elle avait déjà commencé. Les années qui ont suivi, elle a fait de son mieux pour me casser et, à première vue, c'était toujours moi qui perdais. Mais, en réalité, ça n'a pas été le cas. Je me dis parfois que cette bagarre entre nous était la seule chose qui me faisait tenir. Je n'allais pas laisser son sens de la justice foireux me faire tomber, donc on peut dire que je me suis servie d'elle. »

La « bagarre » avec la directrice devint sans aucun doute l'une des obsessions de la vie de Mary. Pendant les deux premières années, la rébellion fut son seul but, et la résistance aux règles sa seule arme. Pour affirmer son individualité plutôt que de se laisser « désintégrer », comme elle me le dit, en s'enlisant dans la conformité du monde carcéral, elle allait bientôt en trouver une autre : la sexualité. Elle avait passé les prémices de son adolescence dans un environnement masculin où elle avait trouvé sa place en faisant tout pour être le plus « garçon » possible ; une fois en prison, elle allait pouvoir expérimenter la sexualité féminine.

« Avez-vous détesté Styal pendant ces premières semaines ?

— Non, je ne détestais pas. C'était juste vraiment bizarre de me retrouver avec toutes ces femmes. Tellement bizarre. Il y avait beaucoup plus de *bruit*. J'ai remarqué que plutôt que de se battre lorsqu'elles étaient en colère, les femmes parlementent. Les garçons ne parlent pas, ils cognent. À Red Bank, certains jeunes avaient une personnalité difficile, donc forcément ça donnait lieu à des éruptions de violence. Quand ça allait trop loin, ils réglaient le problème sur le tapis avec des gants de boxe, ils se tapaient dessus dans les règles.

« Ça ne veut pas dire qu'on ne se balançait pas des chaises, ou tout ce qu'on avait sous la main, mais, à la fin de la journée, une seule question restait : comment tu te sentais, toi, avec ça. Et, M. Dixon et le personnel étant ce qu'ils étaient, tu te sentais plutôt merdique parce que ça t'avait rabaissée toi plutôt que tes adversaires. Et toujours, toujours, quoi que tu aies fait, ils te parlaient *à toi*, ils discutaient *avec toi*, il y avait toujours un échange. On savait qu'on faisait partie de quelque chose, et on avait envie d'être en phase avec cette chose : des adultes qui s'intéressaient à nous.

« À Styal, les matonnes n'étaient certainement pas là pour s'occuper de nous. Elles étaient là pour nous contenir. Si tu voulais avoir une vie, soit tu te conformais au système, soit tu le combattais. J'ai vite compris que plus on s'opposait, mieux on se sentait. En tout cas, ça a été le cas pour moi – et ça l'était déjà pour la plupart des jeunes femmes avec qui je suis devenue amie. Les prisons de femmes, celles des hommes aussi, j'en suis sûre, abritent énormément de colère. Les détenus sont des gens en colère. Et dans les prisons pour femmes, cette colère, la furie, la haine, s'expriment par des mots, des cris, par de la vulgarité si vous préférez. Le truc le plus difficile à trouver, je m'en suis vite aperçue, c'est le calme. Mais il y avait une chose qu'on ne faisait pas : c'était de s'en prendre physiquement à une autre femme. Je l'ai appris à mes frais.

« Quelques jours après mon arrivée, je me suis disputée avec une fille pour un truc absolument ridicule, je ne sais plus quoi. Elle m'a insultée, ce qui était totalement proscrit à Red Bank, donc je lui ai fichu un coup et, à ma totale surprise, elle a fondu en larmes. Je veux dire, je ne lui avais pas fait mal, je n'avais eu aucune intention particulière en faisant ça. C'était juste une façon de lui signifier clairement qu'il ne fallait pas m'insulter.

« Elle devait avoir environ 20 ans, elle était fille de médecin. Elle a volé de sa chaise et elle a commencé à pleurer, alors moi je me suis mise à rire. Mon Dieu, toutes les autres me regardaient méchamment. Je ne pouvais pas le croire. Je ne pouvais tout simplement pas comprendre cette désapprobation autour de moi. C'était incroyable, je ne savais pas du tout comment gérer la situation. Moi, j'étais habituée au fait que, si on te mettait en colère, ça se passait comme ça. Je veux dire, ça mettait un point final à l'affaire – une réaction physique plutôt que des mots pour dire : "Ne m'insulte pas, ne me donne pas des noms d'oiseaux." Si on ne peut pas réagir physiquement... en tout cas, c'est ce que j'ai ressenti... la colère reste intacte quelle que soit la puissance des cris. C'est comme dans l'air, dans l'atmosphère, et ça n'en finit pas. Ça a été une affreuse découverte.

— Mais n'avez-vous pas découvert d'autres choses ? Vous étiez si jeune et si jolie. Est-ce qu'aucune de ces femmes n'avait envie de vous toucher ? Personne ne vous offrait de la tendresse ?

— Si. Il y avait une fille dont le père avait un poste important dans la police, à Londres. Elle était tout à fait dans la mouvance de l'époque, très glamour, très branchée, vraiment belle, environ un mètre quatre-vingts avec de longs cheveux blonds. Elle était du style : "Tout va bien se passer, bébé. Ça va aller, bébé." Elle m'ébouriffait tout le temps les cheveux. "Oh ! toi, tu n'es qu'un bébé." Ça me mettait mal à l'aise et je répondais : "Je ne suis *pas* un bébé", ce qui évidemment était très bébé, pas vrai ? Elle avait une copine dans un autre bâtiment qui aurait dû être un homme... Elle ressemblait vraiment à un jeune homme. On m'avait dit qu'elles avaient une relation.

« Évidemment j'ai vite repéré qu'il y avait beaucoup d'autres relations et à quel point ces relations tenaient une place importante dans la vie de la prison – la seule forme de contact dénuée d'agressivité, vous voyez. Surtout pour les femmes qui étaient habituées... pas seulement à une vie sexuelle régulière... mais à être avec quelqu'un, à vivre et à dormir avec quelqu'un. Bien sûr, de telles femmes – et, honnêtement, il s'agit de la plupart des femmes – vont avoir besoin de poursuivre cette vie. J'ai très vite compris que ce n'était pas seulement une question de sexe. Les plus vieilles – certaines détenues étaient très vieilles, il y avait une Grecque de 80 ans qui purgeait une peine de dix ans – voulaient juste des câlins. Les sentiments, le désir, les besoins ne disparaissent pas parce que vous êtes en prison. En fait, ils s'intensifient. Je veux dire que là-bas, il n'y a rien d'autre à faire que de penser... eh bien... aux sentiments.

— Vous voulez dire au sexe ?

— Ouais, mais plus... plus que ça.

— Vous connaissiez tout de l'homosexualité depuis Red Bank, n'est-ce pas ?

— Oui. Mais ça n'arrivait pas vraiment là-bas, ils ne pouvaient pas. C'était juste... Eh bien, un gars allait dire de quelqu'un : "Oh, lui c'est un pédé..." ou alors, ils se disaient l'un à l'autre [Mary prit une voix efféminée] : "Oh, j'aime bien la couleur de ta veste..." Je veux dire qu'ils se disaient des choses, mais le système était tel qu'ils ne pouvaient rien faire. Jamais deux garçons ne pouvaient se retrouver seuls, ils n'allaient aux toilettes qu'un par un, et toujours avec un membre du personnel dans le coin. Quand c'était l'heure des douches, ils y allaient tous ensemble et le personnel était toujours là. » Elle rit. « Bien sûr, ils se masturbaient. » Elle rit de nouveau. « Ils se masturbaient tout le temps et ils faisaient des blagues là-dessus, vous savez, des allusions claires, des clins d'œil, des mots bébêtes comme "branli branla". Mais avec M. Dixon dans les parages, personne n'aurait pu forcer un plus faible que lui à quoi que ce soit, comme ça se passe ailleurs. Il les protégeait. Tout le monde était en sécurité à Red Bank.

— À la prison, les femmes n'étaient pas en sécurité ?

— Je ne parle même pas de ça, je crois que personne ne forçait personne à Styal. C'est juste que c'était présent en permanence... Comment ça aurait pu être autrement avec toutes ces femmes, je veux dire des adultes, des êtres humains sexués ensemble ? »

Mary m'expliqua que l'engagement plus ou moins actif dans la sexualité lesbienne dépendait largement de l'âge des détenues et de la hiérarchie entre elles.

« Celles qui sont condamnées à perpétuité se situent, sur beaucoup de plans, tout en haut de la hiérarchie. Ce sont elles qui dirigent les ateliers. Ça les rend très importantes parce qu'elles contrôlent qui gagne quoi. À l'atelier, on est payées à la pièce et non à l'heure. Si vous vous mettez ces détenues-là à dos, elles peuvent décider de vous faire refaire indéfiniment la même pièce. Ça peut être l'horreur. Quand je suis arrivée à Styal, la plupart d'entre elles vivaient ensemble dans le bâtiment des condamnées à perpétuité – au départ, ce bâtiment était Barker. On m'y a transférée pendant un temps un peu plus tard. À Barker, les femmes vivaient comme... eh bien, comme chez elles, pour toujours. Elles avaient des privilèges, par exemple elles avaient leur propre chambre, leur couvre-lit, des meubles capitonnés. C'était *leur vie*. Elles ressemblaient plus à des gardiennes qu'à des détenues...

— Les liaisons entre détenues et gardiennes étaient-elles fréquentes ?

— Il y en avait, mais très peu, surtout parce que les femmes ne savent pas se taire et que ça aurait été fatal aux gardiennes. Ça aurait foutu leur carrière en l'air. »

Plus tard, Mary entendit parler d'un gros dossier sorti dans la presse sur le fait que des gardiennes de Styal, à l'époque où elle y vivait, couvraient, pour des raisons sexuelles, du racket et des viols.

« C'est n'importe quoi, absolument n'importe quoi. Les gens faisaient ce qu'ils voulaient ou ce dont ils avaient besoin et personne ne pouvait les en empêcher. Pourquoi le devrait-on ? Je ne peux pas penser qu'aucune sorte d'affection soit mauvaise. Mon Dieu, le personnel pénitentiaire n'est peut-être pas toujours bien préparé, beaucoup de choses sont mauvaises, mais, dans l'ensemble, ce ne sont pas des monstres. Surtout, on ne devient pas directeur de prison en étant stupide, et n'importe qui avec un minimum d'intelligence comprend que le soulagement qu'offrent les relations, y compris sexuelles, est essentiel pour les détenus.

« Là où ça devient dangereux – ça ne fait pas partie de mon expérience personnelle même si j'ai entendu que ça arrivait souvent dans les prisons masculines et les institutions pour jeunes délinquants –, c'est lorsque la tendresse ne joue aucun rôle ou presque. Alors les jeunes et les plus faibles sont forcés d'avoir des relations sexuelles, ça devient de la marchandise et de la brutalité. Curieusement, ce problème n'existe pas dans les prisons pour femmes, même s'il y a, en revanche, de la pression affective et de la drogue...

— Le problème de la drogue se posait-il à Styal ?

— Vous rigolez, les prisons en sont pleines, tout le monde fume de la dope. Des drogues dures ? Eh bien, ça dépend de ce que vous entendez par là. Très certainement, beaucoup de drogues... des antalgiques, des tranquillisants, des pilules pour dormir sont prescrits...

— À la demande ? »

Mary haussa les épaules. « Ça veut dire quoi, à la demande ? Je ne vois pas bien la différence entre la demande et le besoin apparent. Les gens sont très, très malheureux en prison et, pour les administrateurs, ce n'est pas seulement difficile mais quasiment impossible à contenir. Oui, ils veulent que les prisonniers restent en bonne santé, mais ils ont aussi besoin de garder le contrôle sur eux. En fin de compte, donner des pilules devient autre chose qu'une simple question d'ordre médical. Voyons les choses en face, la plupart du temps, en prison cela devient une nécessité, vous ne croyez pas ? »

Lorsque je lui demandai ce qu'il en était de drogues comme la cocaïne, la morphine, l'héroïne et autres, Mary me répondit que, si elles étaient évidemment accessibles, elles n'avaient pas fait partie de son expérience carcérale, sauf une fois : elle avait essayé l'héroïne, qui l'avait rendue malade.

Elle revint à la question de la sexualité.

« J'ai assez rapidement appris que les plus jeunes refusaient d'avoir des relations avec une fille condamnée à moins de cinq ans. C'était trop dur, trop douloureux quand la fille était libérée, j'allais le découvrir moi-même. En même temps, certaines condamnées à perpétuité sont vieilles, vraiment vieilles. Elles ont commis un seul crime dans toute leur putain de vie et on les a envoyées là, alors qu'elles avaient déjà 50 ans et plus, qu'elles étaient grand-mères et compagnie. Pour elles, l'idée d'avoir des relations sexuelles avec une femme était affreuse, je veux dire, moralement terrible et physiquement répugnante.

« Malgré tout, personne n'insultait personne à cause de sa sexualité, même si quelquefois, sous l'impulsion de la colère, une gardienne pouvait traiter quelqu'un de "foutue gouine". Beaucoup l'étaient, ça ne se remarquait plus. Ce qui comptait, c'étaient les différentes identités, les rôles dans la relation. Vous étiez soit une "butch[1]", soit une "femme[2]", et la butch était toujours le personnage dominant dans la relation. Je crois que c'était beaucoup plus net que dans les relations homosexuelles normales, à l'extérieur.

— Était-ce un sujet de conversation fréquent ? Je veux dire, aviez-vous le sentiment que c'était le plus important pour la plupart des femmes ?

— Oh, mon Dieu, oui, oui. »

Elle ajouta que tout cela était tellement flagrant, tellement déclaré qu'elle en avait très vite été extrêmement curieuse.

1. Lesbienne d'apparence et de comportement virils. [N.D.T.]
2. En français dans le texte. [N.D.T]

« Peu après mon arrivée, j'ai remarqué une femme dans mon bâtiment, qui ressemblait à un garçon. Elle avait fait quelque chose de mal, je n'ai jamais su quoi. Ça s'était passé juste avant que j'arrive et personne ne m'a raconté. Pour la punir, le personnel lui faisait porter une robe, la pire humiliation pour elle ! Alors une nuit, je ne sais plus quand, mais je crois que c'était avant la fin de ma deuxième semaine, je me suis glissée dans son lit et je lui ai demandé : "Qu'est-ce que tu as fait ?" Elle était superembarrassée, elle a dit : "Je ne peux pas, vraiment... Je ne peux pas le dire."

« Je lui ai demandé quel genre de filles elle aimait et si moi je lui plaisais. Je lui ai dit que j'avais quand même 16 ans, c'était suffisant, qu'en pensait-elle ? Ouais, bon, elle était contente, mais quand j'ai essayé de la toucher, elle m'a arrêtée. J'ai demandé : "Pourquoi ?" et elle a répondu : "Parce que je fais pas ça." "Fais pas quoi ?" Elle a expliqué qu'elle n'aimait tout simplement pas être touchée. Plus tard, j'ai compris que c'était presque toujours le cas des butches. D'ailleurs, j'ai moi aussi ressenti ça très fort en devenant butch.

— Est-ce que cela venait du fait que ces femmes n'arrivaient pas à recevoir de la tendresse ou est-ce que c'était une question de pouvoir ?

— Un mélange de tout ça. Mais bien plus encore, elles dissimulaient leur propre féminité. En tout cas, c'est ce que j'ai découvert en posant des questions et ce que j'ai senti quand je le suis devenue. »

Dans les quinze jours qui suivirent son arrivée à Styal, Mary commença à la fois à éprouver des émotions et à être sexuellement active. Il n'était pas douteux, ni très étonnant, qu'elle avait refréné ses élans sexuels lors de sa dernière année à Red Bank. Comme s'en souvenaient clairement Ben et Carole G., elle avait, délibérément selon eux, posé des barrières entre elle et les garçons, se rapprochant de plus en plus des femmes du personnel et des activités « féminines », y compris la cuisine que, chose étrange, elle appréciait à Red Bank.

Il est d'ailleurs essentiel de se rappeler que – sans parler de ce qui lui était arrivé pendant l'enfance et la primo-adolescence – elle était vierge lorsque, quatre jours après son arrivée à Styal, elle fut cruellement et douloureusement examinée par un médecin incompétent.

Avec son humour coutumier, mais aussi avec beaucoup de précision, elle me décrivit cette première rencontre avec le personnel médical de la prison.

« J'ai dit au médecin de service que j'étais énurétique – ce qu'il savait déjà – et que je souffrais terriblement chaque mois, au moment des règles. Je lui ai expliqué qu'à Red Bank, lorsque j'avais mes règles, j'avais l'autorisation de rester allongée avec une bouillotte. Il m'a répondu qu'il ne pourrait pas me fournir un tel confort, mais qu'il pouvait me donner la pilule. "Il existe une pilule contraceptive qui soulage et régule le cycle." Et il m'a prévenue que les règles pouvaient s'interrompre pendant quelque temps après un choc traumatique. Je suppose qu'il parlait de mon transfert en prison. Je lui ai répondu : "Je ne prendrai pas de pilule." Il a insisté, en disant à quel point ces foutues pilules coûtaient cher, parce qu'elles étaient importées d'Allemagne. Mais je lui ai répété que je n'étais pas intéressée. Je ne voulais tout simplement pas entendre parler de chimie.

« Alors il a exigé que j'aille voir un autre médecin, qui m'examinerait. Je lui ai dit : "Mais bon sang, j'ai mes règles, et j'arrive d'un endroit totalement sûr. Je ne risque pas d'avoir une maladie vénérienne ou je ne sais quoi." Il a rétorqué : "C'est la procédure", et il m'a demandé de me déshabiller. J'ai refusé. Il m'a dit de ne pas être idiote : ils pouvaient m'obliger. Je l'ai fait, mais juste après j'ai enfilé une robe de chambre et j'ai couru dans le couloir. On m'a rattrapée et le médecin est revenu. Il m'a dit que j'étais la personne la plus pathétique qui soit, que Dieu seul savait ce que j'avais dans la tête. Je répétais : "Je suis vierge, je suis vierge..." Il m'a traînée dans une autre pièce où un homme en blouse blanche était en train de tremper un biscuit dans son thé pendant qu'une infirmière me poussait sur un lit et me collait les pieds dans des étriers. Je n'avais jamais été aussi mal à l'aise de toute ma vie, lui avec son thé, moi les jambes en l'air, exposée : c'était atroce.

« Il a commencé à s'avancer vers moi et avant que je puisse dire un mot, il m'a introduit ce truc à ressort, vous savez, ça s'ouvre, ça se ferme, je ne sais pas, mais ça faisait horriblement mal, j'ai hurlé que j'avais mal et la bonne sœur, qui était gentille, disait : "Maintenant, maintenant, maintenant", et il m'a demandé de me détendre. J'ai répété : "Ça me fait mal." Il m'a dit qu'il devait juste faire un prélèvement et, mon Dieu, il a poussé le truc encore plus fort et soudain il y a eu un bruit sec, j'ai senti une douleur atroce. Lui, sur sa chaise à roulettes, a crié : "Ah ! ! à l'aide ! ma sœur !" Et c'est elle qui a défait l'appareil et l'a retiré tout doucement, soigneusement...

— Ils auraient au moins pu attendre que vos règles soient terminées. Vous ne le leur avez pas dit ?

— Je ne savais pas ce qu'ils allaient faire. Après tout, c'était la première fois. Et puis j'avais déjà expliqué au premier médecin que j'avais mes règles et que j'étais vierge, je l'avais supplié de ne rien me faire. Je ne savais pas quoi dire d'autre. Bon, en tout cas, ça s'est passé comme ça. Et après, je marchais comme si je n'avais pas compris que Big Ben est une horloge.

— Mais saviez-vous ce qui s'était passé ?

— Eh bien, oui, je suppose. Cet horrible objet s'était refermé avec ce bruit sec en moi, j'avais juste mal et je ne pouvais penser à rien d'autre. Je me suis contentée de retourner à Mellanby. J'étais gênée parce que je pleurais. Et puis, quelques jours plus tard, je suis tombée amoureuse. »

Monotonie
Styal, 1973-1975

La plupart des expériences que connut Mary pendant ses premières semaines à la prison de Styal, dont elle me parla le plus souvent sur le ton de l'anecdote, montrent combien les cinq années passées dans un entourage masculin et adolescent l'avaient perturbée sexuellement et affectivement.

Ses réactions face à l'environnement ultra-féminin dans lequel elle se trouvait plongée paraîtront familières à celles de mes lectrices qui ont connu le pensionnat. Les coups de cœur, les rougissements, la quête secrète des filles plus âgées, les mains qui tremblent à l'approche de l'adorée... : tout ce qu'elle me raconta évoquait davantage les mouvements typiques d'une fille de 12, 13 ans que les émotions sexuelles d'une jeune fille de 16 ans, bientôt femme.

La fille dont Mary était tombée amoureuse si vite après son arrivée, une butch évidemment beaucoup plus âgée qu'elle, habitait dans un autre bâtiment.

« Je l'aimais à la folie et je ne pouvais pas... je veux dire, elle n'aurait pas... Et je me suis dit que si ce n'était pas elle, ce ne serait personne. C'est devenu une sorte d'amour platonique.

— La situation a-t-elle fini par évoluer ?

— Non, non. »

Elle semblait encore le regretter.

« Elle se conduisait avec moi comme avec une petite sœur. Et jamais... oh, je ne lui ai jamais dit "je t'aime"... plutôt mourir. Je m'arrangeais juste pour être près d'elle dès que possible et je faisais ce que je pouvais pour essayer de la toucher, sans jamais le faire vraiment. Quelquefois, je me collais contre elle, comme par accident. Mais une fois, juste une, j'ai vu qu'elle m'aimait bien, ou quelque chose comme ça, parce qu'un homme, un prisonnier qui venait faire de petits travaux, s'occuper de l'électricité et compagnie, a essayé de me donner une lettre. Elle l'a interceptée et elle est devenue folle furieuse. C'était quelqu'un de très calme, mais elle est devenue complètement dingue, et elle n'a pas voulu me rendre la lettre...

— Vous a-t-elle dit pourquoi ?

— Oui, elle a dit que c'était parce qu'elle était pleine de grossièretés, de mots grossiers, de trucs cochons, foutus hommes. »

Je savais déjà que son transfert traumatisant de l'environnement totalement masculin de Red Bank à celui, agressivement féminin, de Styal avait imprimé une marque profonde dans le psychisme de Mary. Mais il allait me falloir un certain temps avant de saisir que les expressions qu'elle utilisait pour parler, très librement, de la sexualité « butch » pouvaient recouvrir un sens différent et surtout plus large. Son refus d'être touchée, son désir de « protéger » et de « cacher » (de dissimuler la nature d'une relation particulière, quand bien même tout le monde connaissait sa sexualité) pouvaient être interprétés comme la manifestation d'un désir toujours puissant, aujourd'hui encore, de se protéger elle-même en ne s'autorisant pas à être – ou en ne reconnaissant pas avoir été alors – durablement affectée par une expérience, qu'elle soit sexuelle ou autre ; et comme un besoin de *se* cacher, de mettre sa mémoire, ses émotions à l'abri de ce qu'elle avait vécu d'abrutissant, donc de destructeur, au cours de ces sept années passées en prison.

Bien sûr, il ne s'agit là que de suppositions et peut-être vais-je trop loin. Mais d'après ce qu'elle me raconta de sa vie en détention, il est clair que la sexualité avait pris une place tout à fait primordiale, où se jouait une part essentielle de ce qu'elle était et de ce qu'elle éprouvait. Et pour autant, comme s'il ne fallait pas entrer trop avant dans un domaine aussi dangereux, la majorité des souvenirs qu'elle gardait de Styal, ceux qu'elle conservait le plus précieusement, étaient tout sauf profonds. Même si elle ne se montrait jamais vulgaire, elle relatait la plupart des anecdotes en se mettant souvent elle-même en scène avec un humour lourd, parfois presque grivois.

« À l'époque où je me complaisais dans mon engouement romantique pour Carole, c'était son nom, je m'imaginais à jamais célibataire. Mais j'étais en réalité très impatiente de tenter ma chance et, après cette tentative assez maladroite, je me suis retrouvée au lit avec une autre jeune fille. Là non plus, ce n'est pas allé très loin. Je me souviens surtout d'elle me disant : "Tu es trop jeune, va-t'en", ce qui a été franchement plus vexant que frustrant. Ce que je ne savais pas et que j'allais bientôt découvrir, c'était qu'un mot d'ordre avait été lancé : si une fille me touchait, elle aurait des problèmes.

— Qui avait dit ça ?

— Je n'en ai jamais été tout à fait sûre, mais je pense que c'était Betty Blue et ses amies. » Elle rit. « Vous savez, comme une protection de la mafia de Newcastle-Scotswood, à cause de mon père. Donc, même s'il ne l'a jamais su, mon père me protégeait comme il l'avait fait des années auparavant, quand j'avais 8 ans à peu près... À ce moment-là, j'avais senti qu'il me protégeait, ou qu'il le ferait si je le lui demandais. En tout cas, à cette époque, environ deux semaines après mon arrivée, j'avais le sentiment de tout bien maîtriser, vous voyez le genre. Quand ma mère est revenue me voir, je lui ai raconté pour frimer que j'avais une histoire avec une fille, et elle a dit : "Seigneur Jésus, et après ce sera quoi ? T'es une meurtrière et maintenant te voilà lesbienne." »

À Mellanby, on avait donc commencé par affecter Mary auprès de Pat, la cuisinière du bâtiment, expérience vite terminée – « par consentement mutuel », me dit Mary. « Ils ont été très démocratiques sur ce point, ajouta-t-elle en riant. Après ça, ils m'ont envoyée à l'atelier du bas, à l'extrême sud de la prison, là où Carole travaillait. »

Ainsi qu'elle l'avait déjà fait auparavant en évoquant son enfance ou des épisodes particulièrement émouvants de Red Bank, Mary reprit soudain le langage geordie, qui m'était presque totalement incompréhensible.

« On comptait les fins d'nageurs, dit-elle.

— Vous comptiez quoi ?

— On coupait », rectifia-t-elle patiemment.

Puis, en s'exprimant de nouveau dans son bon anglais de Red Bank : « On nous avait donné de gros ciseaux, et on coupait les extrémités des palmes, des trucs en caoutchouc noir, je crois que ça servait aux plongeurs de la police. Il y avait de petits morceaux de caoutchouc partout et on devait égaliser, enlever les bouts qui dépassaient avec d'énormes ciseaux. On a fait une sorte de *sitting*, parce qu'il n'y avait pas de chauffage. On ne nous avait même pas distribué de boissons chaudes et nos mains gelaient avec ces maudites palmes toutes froides.

« Alors on a décidé de s'arrêter, on s'est assises et on a refusé de travailler. La directrice est venue, elle nous a demandé si on savait que ça s'appelait une mutinerie et que ça risquait de mal se passer pour nous, sauf qu'elle a quand même vu à quel point il faisait froid et qu'elle nous a dit de nous dépêcher de retourner à nos bâtiments... On s'est préparé des boissons chaudes, on s'est réchauffées sous les couvertures et, dès le lendemain, le chauffage était réparé.

— Quel était le programme quotidien ?

— Le même, toujours le même. Je me levais à 6 heures, je commençais par les corvées du matin comme faire la poussière, passer la serpillière, nettoyer le sol, les toilettes et compagnie. À 7 h 30, il y avait ce qu'ils appelaient – la bonne blague ! – le petit déjeuner : une tranche de pain, un truc granuleux qu'ils appelaient de la marmelade et du thé. On entrait à l'atelier à 8 heures, on revenait déjeuner à midi, à 13 heures on retournait à l'atelier et on rentrait dans nos bâtiments vers 16 h 45. Et puis casse-croûte et voilà.

— Et pour la toilette ? Est-ce que vous preniez des douches, des bains ?

— Quand je travaillais dans les jardins, par exemple, et que je me sentais particulièrement sale, je demandais à quelqu'un de surveiller et je prenais un bain, mais je faisais ça discrètement. Officiellement, à moins de travailler à l'extérieur à des tâches particulièrement salissantes comme les tuyaux, ou la mécanique, ou bien sûr en cuisine – là on pouvait prendre un bain tous les soirs –, c'était un bain par semaine. Mais on se lavait entièrement tous les jours.

— Aviez-vous vos propres affaires de toilette ?

— Seuls certains produits étaient autorisés : pas de déodorant industriel, de dissolvants, de démaquillants... Parce qu'ils contiennent de l'alcool. Pour le déodorant, dans chaque maison il y avait une poudre spéciale à notre disposition. Certaines n'arrivaient pas à prendre soin d'elles, elles n'auraient même pas dû être là... Mais la plupart des filles étaient très propres. »

Au fil des années, Mary accomplit tous les travaux d'intérieur et d'extérieur possibles à Styal.

« Mais pendant les six premiers mois, ça a été, comme je vous l'ai dit, couper ces foutues palmes. Ensuite je suis passée à la fabrication de maillots de foot, sur de grosses machines à coudre. Là non plus je n'étais pas très douée. » Elle éclata de rire. « Les trous pour les bras ressemblaient beaucoup au trou pour la tête, vous voyez ce que je veux dire ? » Toujours en riant, elle ajouta : « De nombreux maillots sortaient de là avec trois manches. Mary Scorse – la vieille dame, vous vous rappelez ? je vous en ai déjà parlé –, c'était elle qui dirigeait cet atelier. Tout le monde avait peur d'elle et je n'étais vraiment pas douée pour faire ça. Un jour, elle me regardait et une de mes amies m'a dit : "La prochaine fois qu'elle te fait une remarque, dis-lui que tu ne t'appelles pas Madeleine." J'ai demandé : "Pourquoi je lui dirais ça ?" Elle a répondu : "Ça lui clouera le bec."

« Alors, frimeuse comme j'étais, j'ai ouvert grand ma gueule et je le lui ai dit. Elle a crié : "Toi, petite bâtarde, viens là, qu'est-ce que tu racontes ?" Et elle s'est pointée vers moi avec ses gros ciseaux, j'avais superpeur, mais j'ai tenu bon et ça s'est arrêté. Après, toutes les filles étaient écroulées de rire. Elles trouvaient ça hilarant. J'ai demandé : "Qu'est-ce que c'est ? Qu'est-ce que j'ai dit ?" et elles m'ont expliqué que Madeleine était le prénom de sa petite amie, qu'elle avait tuée quand elle l'avait retrouvée au lit avec un homme. "Vous êtes des chiennes", j'ai dit, et plus tard je suis allée m'excuser auprès de Mary Scorse. J'étais sincèrement désolée pour elle. Elle avait été libérée et réincarcérée deux fois, une fois parce qu'elle s'était bagarrée dans un pub, et ensuite, après onze ans de détention et un tout petit temps dehors, parce que soi-disant elle avait fait une overdose.

— Je croyais que les gens en liberté conditionnelle ne pouvaient être rappelés que s'ils avaient commis un autre crime grave.

— Ouais, bon, dit-elle amèrement, je suppose qu'ils estimaient que le fait d'essayer de se tuer soi-même était un acte violent qui méritait le rappel. Elle avait un oiseau, une mésange bleue qu'elle nourrissait tous les matins. J'ai vu plusieurs fois ce petit oiseau, il semblait l'attendre, toujours au même endroit. Quand quelqu'un s'approchait, elle faisait semblant de le chasser, ça ne se faisait pas de montrer de la tendresse en prison. Je l'aimais bien, mais je l'ai vue aller de plus en plus mal, tellement malheureuse, à errer le soir autour de son bâtiment. Mais au moins là, elle avait des amies, elle avait ses marques. Alors, qu'a décidé notre cher et glorieux système ? Ils l'ont envoyée à Durham, l'aile de haute sécurité. J'en étais malade. Ça m'a rendue malade. »

En prison, ce que tout le monde combattait sans relâche, c'était la monotonie. « Comme je vous l'ai dit, la semaine, on faisait toujours la même chose et les week-ends, c'était pire : si vous n'aviez pas de visite, il n'y avait rien à faire, absolument rien. C'était l'ennui, l'ennui, l'ennui, donc même si c'était horrible pendant la semaine, on attendait impatiemment le lundi pour retourner au travail.

En même temps, ils essayaient de nous rendre la vie plus supportable, en nous faisant changer de lieu de travail tous les trois mois et même avant si on s'appliquait. »

D'un autre côté, pour éviter que les relations deviennent trop « intimes », quoi que cela veuille dire, les détenues étaient fréquemment transférées d'une maison à l'autre.

« Il y avait onze bâtiments, moi, j'ai dû en faire au moins six. De temps en temps, ils me faisaient faire le yoyo de l'un à l'autre. Naturellement, je changeais chaque fois que je faisais l'objet d'un rapport. Voyons... » Elle se mit à compter sur ses doigts. « Mellanby, Davies, Righton, Barker, Bleak – c'était le bâtiment où on allait quand on était punies et j'ai été là-bas, oh, des douzaines de fois...

— Des douzaines ? »

J'avais pris un ton un peu sceptique et Mary détestait ça.

« Vous ne me croyez pas, vous ne me faites pas confiance... Comment pouvez-vous encore douter de moi ? »

Comme je l'avais déjà fait auparavant, je lui expliquai que notre mémoire est imparfaite et que, mélangée à nos souhaits, nos rêves et notre imagination, elle peut parfois être trompeuse. Mon rôle consistait à me montrer sceptique, à reposer les mêmes questions, à vérifier et vérifier encore. D'habitude, Mary rejetait ces arguments ; elle avait quelquefois souligné, d'une façon assez agressive, que, selon elle, ma méfiance ne portait pas sur ses souvenirs, mais sur elle, elle qui toute sa vie avait été accusée de manipuler les gens. Ce jour-là, elle se contenta de hausser les épaules d'un air découragé.

« Il me semble que c'est des douzaines », dit-elle avec lassitude, et elle reprit sa liste : « Et puis je suis allée à Fry... » Elle sembla désemparée.

« Mon Dieu, je ne peux même pas me souvenir des autres, qu'est-ce qui m'arrive ?

— Il ne vous arrive rien. Puisque vous avez des souvenirs précis de chacune des maisons où vous avez été, on peut imaginer que vous n'avez pas été envoyée dans les cinq autres. »

Ses sentiments, à cet égard, étaient ambivalents. Déménager souvent permettait de lutter contre la monotonie, mais comment trouver une stabilité dans ces conditions ? Ce que personne ne pouvait comprendre, hormis les condamnés à perpétuité, m'expliqua-t-elle, c'est que pour eux, la prison ne représente pas un temps défini, une période « dedans » qui s'opposerait à une période « dehors » ; elle représente toute leur vie, pour toujours.

« Quand vous êtes condamné à vie, vous essayez de combattre cette idée, mais les détenus n'arrivent pas à lutter indéfiniment. Vous vous souvenez que je vous ai dit à quel point j'étais désespérée le deuxième ou troisième jour, le samedi où ma mère est venue ? Après, avec tous les nouveaux visages, les histoires, les expériences, j'ai réussi un moment à oublier. Mais au bout de, je ne sais pas, quelques mois, j'ai commencé à sentir que c'était comme ça, que je ne connaîtrais jamais rien d'autre. C'est ce que ressentent très vite la plupart des condamnés à perpétuité, et c'est pour ça que la plupart d'entre eux, surtout les plus vieux, essayent de se construire un nid à l'intérieur de la prison. Puis, ils finissent par être totalement assistés. »

Elle comprenait qu'il était difficile et, au fond, impossible de diriger une prison comme Styal sans rechercher la soumission des détenues. Mais une fois soumises – état qu'elle déplorait et contre lequel elle s'était battue pendant des années –, on aurait dû leur laisser la possibilité de se créer un nid, sans faire peser la menace d'être à nouveau déplacées et déstabilisées.

Pour elle, cependant, la monotonie ne s'était pas installée tout de suite. « Ça, c'est parce que, comme vous le savez, je suis terriblement curieuse, et en prison... » Soudain ses mots se mêlèrent à son rire joyeux et rauque. « On a... des victimes toutes prêtes... pour satisfaire sa curiosité... » Elle cessa de rire. « En fait, j'ai très vite compris que les femmes sélectionnent très soigneusement celles à qui elles se confieront. C'était juste qu'au début, sans doute parce que j'étais si jeune, et bien sûr nouvelle et... » Haussement d'épaules. « Je suppose que ça marche dans les deux sens. La plupart d'entre elles étaient aussi curieuses de moi, donc, les quinze premiers jours, presque à chaque fois que j'allais vers une fille, elle acceptait de me parler.

« Après, bon, ça a changé. Ça a pris un petit moment, mais j'ai commencé à me faire des amies, pas... vous savez... pas nécessairement des lesbiennes, même si c'était ça aussi. Mais pour certaines, c'étaient juste des amies. On apprend. C'était horriblement douloureux de se laisser aller à s'attacher à quelqu'un qui avait une peine de courte durée ou qui terminait sa longue peine. C'est ce qu'il y a de plus difficile à vivre pour les détenues à perpétuité : voir les autres partir.

« J'ai très vite compris – je n'ai pas eu besoin de me renseigner auprès de la directrice pour ça – que je n'avais aucune chance d'obtenir ma libération, et même une date, une échéance, avant d'avoir 21 ans. On m'avait suffisamment prévenue. Si le plan de M. Dixon avait fonctionné, ça aurait été différent. Quand bien même je serais restée soumise à une forme de contrainte – par exemple en étant logée à l'hôtel comme M. Dixon l'imaginait –, j'aurais été aidée à préparer l'avenir. Là, il n'y avait rien.

— N'y avait-il pas moyen de poursuivre votre scolarité ?

— Je vous l'ai déjà dit. »

Paraître avoir oublié quelque chose qu'elle avait dit, ou lui poser deux fois la même question, l'agaçait toujours fortement. Sa peur, jamais loin, d'être trahie ou peut-être piégée par des questions insidieuses la rendait, elle qui avait de si bonnes manières, presque impolie.

« Eh bien, répétez-le-moi », demandai-je. Et de nouveau, mais cette fois un peu plus sèchement, je lui expliquai que je répéterais la même question tant que je ne serais pas certaine d'avoir bien compris la réponse. Elle m'avait dit auparavant que la loi exigeait qu'elle poursuive des études. (En fait, la prison a l'obligation de permettre aux jeunes détenus d'étudier jusqu'au bac. Ensuite les études deviennent facultatives.)

« Est-ce qu'ils ne proposaient pas de formation ? N'y avait-il rien que vous puissiez apprendre ?

— Ouais, ouais, ils proposaient, répondit-elle sur un ton méprisant. Comme j'avais moins de 18 ans, j'étais toujours obligée de... d'étudier... Mais c'était une blague, vous savez. »

Ici, son récit devint extrêmement confus. Elle sautait des années, mélangeait les activités, ne se souvenait plus de leur nom...

« Il y avait cette personne, la responsable de l'éducation. C'est vrai, elle a essayé de m'envoyer dans le bâtiment consacré à l'éducation, où il y avait une femme... Je ne connaissais même pas son nom. Pour dire la vérité, je ne savais même pas ce que je devais faire, sauf parler sur des trucs, ça ouais. Et puis l'idée de suivre l'université à distance est venue sur le tapis...

— Attendez une minute, nous parlons toujours de vous à 16 ans ?

— Non, j'avais 18 ans à ce moment-là, je pense. Parce qu'ils ont dit : "Oh, vous n'êtes pas contente qu'ils aient fait une exception et qu'on vous propose d'en faire partie ?" Moi, je n'avais rien demandé, je n'avais même pas envie de suivre ça, et la directrice me disait : "Vous voulez vous armer et vous équiper avec ce..." Oh ! mon Dieu, comme si j'allais partir sur le champ de bataille, vous voyez, et même là, en fait, je savais que je n'irais nulle part et que ça durerait comme ça des années...

— Revenons à l'époque où vous aviez 16 ans. Pendant ces deux premières années, n'avez-vous rien appris sur le plan intellectuel ou professionnel ?

— Ouais, j'ai appris à faire de la sauce avec de la farine, railla-t-elle.

— Et les livres ? Vous lisiez ?

— Oui, tous les dimanches, il y avait la bibliothèque. J'y allais, je regardais, mais c'était une bibliothèque pourrie, c'était nul. Je n'appelle pas ça des livres. Je veux dire, à Red Bank, il y avait des livres, de vrais livres, et M. Shaw en parlait avec nous après qu'on les avait lus, on lisait Shakespeare, Oscar Wilde, beaucoup, beaucoup de poésie, M. Shaw était fou de poésie. Mais à Styal... Je ne veux pas être impolie... Mais Georgette Heyer, Barbara Cartland, ça ne m'intéressait pas, et c'était à peu près tout ce qu'ils proposaient. Je crois que tout le temps que j'ai passé là-bas, j'ai dû emprunter quatre livres. Je lisais des livres que les visiteurs apportaient, mais le seul dont je me souviens, c'est *Papillon*, c'était ma bible.

« Il y avait des cours du soir. On pouvait en suivre trois par semaine. J'ai pris des cours de guitare. J'en avais déjà joué à Red Bank, avec Carole. Le prof était absolument fantastique, brillant. Ils disaient que ces cours, c'était une chance, et que ça dépendait de chacune, et tout et tout. Bon, peut-être, il y avait des cours, mais les enseignants étaient bénévoles et ils ne restaient jamais. Je veux dire, ils allaient et venaient. Quel intérêt d'essayer d'apprendre dans ces conditions ?

« Et c'était souvent des trucs du genre appréciation musicale. Je veux dire, ça intéresse qui d'écouter *Iolanthe*, ce genre d'opéras ? Pour écouter des opéras, ou même de la musique classique en général, il faut avoir déjà un peu appris, en tout cas avoir vécu avec, enfant. En prison, certaines femmes sont cultivées, mais ce n'est pas la majorité. Ce qui se passe, c'est qu'il y a des soi-disant cours dans des domaines pour lesquels ils trouvent des bénévoles, et la plupart du temps ce sont des gens cultivés, alors ils enseignent, ils jouent, ou ils montrent ce qu'ils aiment, ce qu'ils savent. Mais ça ne correspond pas à ce que veulent les détenues, ni à leurs besoins...

— Qu'est-ce qu'elles voulaient, les détenues ? À quoi auraient-elles accroché ?

— Eh bien, pourquoi pas des cours de secourisme ? Des cours sur les enfants, l'éducation par les parents, avec des films ? Les gens ne savent vraiment pas comment être parents. Moi, je fais partie des chanceuses : j'ai eu M. Dixon et les autres professeurs, et ensuite Pat, mon officier de probation. Mais si je n'avais pas eu cette aide-là, je ne sais pas comment j'aurais fait. Et il pourrait y avoir des cours avec des films sur la nature, les animaux. Là, les gens s'inscriraient. Je me serais inscrite. Mais tel que c'était, les cours étaient juste un moyen de retrouver des amies des autres bâtiments. »

Il y avait cependant des cours professionnels. Elle avait demandé à en suivre certains.

« Mais je n'ai pas obtenu l'autorisation parce qu'ils se déroulaient à l'extérieur... Oh ! juste à cent mètres, de l'autre côté de la grille. D'autres condamnées à perpétuité ont eu le droit d'y aller, mais pas moi, bien sûr. Mon Dieu, j'aurais vraiment pu aimer ça. Mais Molly Morgan ne l'aurait pas permis.

— Vous croyez ça encore aujourd'hui ? Est-ce juste de votre part ? [Être juste, comme le lui a enseigné James Dixon, est pour Mary une question d'honneur, et supposer qu'elle ne le soit pas équivaut à ses yeux à un véritable anathème.] N'est-ce pas plutôt que tout le monde, à commencer par le ministère de l'Intérieur, était effrayé par le phénoménal intérêt médiatique que vous suscitiez depuis vos crimes ? Votre mère l'entretenait à plaisir...

— C'est vrai, répondit-elle, songeuse. Elle a gagné sa vie en étant ma mère. »

À l'époque où Mary fut transférée à Styal, Betty Bell vivait avec le jeune homme, George, qu'elle avait rencontré en 1968, juste avant la tragédie de Newcastle. Elle avait alors 29 ans et lui, 18. Mary croyait se souvenir que lors de sa seconde visite, sa mère l'avait trouvée avec un gros rhume, ce qui n'avait pas empêché les autorités de l'envoyer travailler à l'atelier tous les jours de la semaine précédente. (« On ne nous choyait pas », me dit-elle.) Betty, je ne sais comment, avait débarqué chez la directrice en lui disant qu'il était honteux de forcer une fille de 16 ans à travailler alors que, légalement, elle aurait dû être à l'infirmerie.

« Elle a traité la directrice de "stupide" pour ne pas avoir vu que j'étais malade. Je n'ai jamais su comment ça s'était terminé. Le lendemain, j'étais convoquée dans le bureau de Molly Morgan. Elle était furieuse. Je ne pouvais pas la blâmer. J'imaginais parfaitement comment ma mère avait pu se conduire avec elle. »

La directrice déclara à Mary que, étant donné « l'immaturité de [sa] mère, avec un petit ami à la maison », il était peu probable qu'on la libère pour la laisser avec elle.

« Ça m'a sciée, me dit Mary, je veux dire, je venais à peine d'arriver... De quoi parlait-elle ? Mais aussi, comment osait-elle me parler de ma mère comme ça ? »

Molly Morgan, pour se permettre de faire une remarque si personnelle et prématurée, devait être outrée par son entrevue avec Betty. Elle ignorait tout des problèmes de Betty et de l'enfance de Mary. Ses propos se fondaient sur la désapprobation conventionnelle, toujours en cours en 1973, envers une femme vivant avec un homme hors des liens du mariage.

Quel que fût le service administratif qui l'avait avertie, celui-ci ne savait pas à quel point la situation de Betty avait changé depuis le procès. En 1973, George, jeune homme travailleur, doué pour les affaires, avait stabilisé sa vie. Grâce à lui, elle avait pris des cours de dactylographie et de comptabilité ; elle avait appris à conduire et il lui avait acheté une voiture. Il l'encourageait à travailler avec lui à la création de son entreprise.

Quand Molly Morgan avait fait sa remarque, Mary connaissait tous ces changements.

« Ma mère ne cessait de me raconter tout ce qu'elle faisait, quelle belle maison George avait achetée, ou était en train d'acheter pour eux. Elle me disait que j'y aurais ma chambre. C'était tellement blessant la façon dont Molly Morgan m'en avait parlé. Vous n'auriez pas pensé qu'ils [le service administratif inconnu] savaient que George était un homme respectable, avec une vie respectable. »

George épousa Betty quelques années après, Mary avait oublié quand. Treize ans plus tard, avant qu'elle-même ne se fût rendu compte du problème grandissant de sa mère avec l'alcool, George, incapable de supporter la déchéance de Betty, mettrait fin à leur relation.

Quelques mois après son arrivée à Styal, un premier problème sérieux se posa pour Mary. Deux filles lui demandèrent de les aider à s'enfuir. Elles avaient volé une clé dans un atelier et, en attendant le jour J, elles avaient besoin que quelqu'un la cache.

« Je les ai crues, idiote que j'étais. Je trouvais ça classe, exactement comme dans un film. Je n'ai pas compris que ce n'était que de la gueule, que de la gueule, et que personne ne pouvait s'échapper, en tout cas pas comme ça. Donc je les ai aidées, j'ai caché la clé. Évidemment elles se sont fait prendre. On a recompté les clés, tout le monde a été interrogé. Une des filles a avoué l'avoir volée, mais restait la question de savoir qui l'avait cachée. Je n'avais pas moyen de m'en sortir sans donner quelqu'un d'autre. Donc j'ai été mise au rapport et on m'a dit que je ferais la "marche de 8 heures" le lendemain matin.

— C'était le “premier prix” dans l'échelle des punitions, non ?

— Oui, s'esclaffa-t-elle, c'est comme ça qu'ils l'appelaient, le “premier prix”. Une matonne est venue me chercher à huit heures du matin et on a marché jusqu'à l'autre extrémité de la prison, où se trouvait Bleak, le bâtiment des punitions. 8 heures, c'est l'heure à laquelle autrefois on pendait les gens, et ils avaient volontairement gardé cet horaire pour la marche. Il y a quelque chose de sinistre là-dedans. Je suis certaine que le but est très clairement de provoquer une réaction psychologique précise. Et ça fonctionne : j'ai éprouvé une peur qui ne ressemblait à rien de ce que j'ai pu connaître avant ou après, une peur indicible. À cette époque, j'avais aussi entendu un tas d'histoires sur Bleak. J'étais terrifiée.

« J'avais raison : c'était vraiment lugubre. Un bâtiment sinistre, bas, tout droit sorti d'un roman de Dickens, tout croupi, délabré, entouré de barbelés, avec des barreaux et du treillis métallique sur les fenêtres en Plexiglas. La matonne a sonné une cloche et la porte s'est ouverte sur une odeur d'urine et de désinfectant. J'ai été fouillée, on m'a enlevé mes chaussures et ensuite j'ai été conduite dans une cellule éclairée par une toute petite lumière, tout en haut du plafond, sous une grille dont je me suis vite aperçue qu'elle était remplie d'insectes morts, d'araignées coincées. Dans la cellule, il y avait juste un sommier cerclé de métal vert, un vieux pot de chambre et un mug en plastique tout aussi pourri. Je n'avais droit à aucun objet personnel. On nous donnait une brosse à dents, un savon pour se laver, et de quoi rouler une cigarette après chaque repas.

« Je n'aurais jamais imaginé que c'était aussi horrible, mais c'était le cas. Je me suis souvent demandé s'ils ont changé ça depuis. Je peux à peine croire qu'ils ne l'aient pas fait. Je veux dire, comment ça peut être permis ? Chaque cellule était censée contenir une bible, mais même ça, il n'y en avait pas. La gardienne m'a dit qu'ils les avaient enlevées parce que les gens dessinaient des obscénités dessus. "Votre genre d'art", elle a dit avec mépris. Elle m'a conseillé de ne pas m'étendre sur le lit, c'était sans doute son genre d'humour, parce que, de toute façon, il n'y avait rien, ni draps ni couvertures. Ils apportaient de quoi faire un lit à six heures le soir et le retiraient à six heures le matin, donc le reste du temps, on ne pouvait que s'asseoir sur le bord. Les murs étaient couverts de graffitis, des noms, des phrases, des insultes sur la directrice et le personnel, mais aussi des paroles de chansons. Quand j'ai quitté cette cellule, quatorze jours plus tard, je connaissais tous les noms, toutes les phrases, toutes les chansons et tous les poèmes par cœur.

— Vous n'auriez pas pu demander à avoir une bible ?

— Beaucoup plus tard, lorsque je suis retournée à Bleak, je l'ai fait. Je leur ai dit que j'avais lu le règlement et que j'avais le droit de disposer d'écritures religieuses, mais ils m'ont juste demandé de me taire. La pire des gardiennes était la plus jeune, une fille vraiment cruelle. Elle avait un langage terrible, une vraie petite Hitler. La gardienne principale était plutôt gentille. Elle était plus âgée et avait été dans plusieurs services. Elle connaissait la discipline, elle savait comment s'y prendre. Quand elle me voyait revenir, elle me disait : "Oh ! mon Dieu, pas encore toi ! Pourquoi tu t'arrêtes pas un peu ?"

« Ça se passe toujours de la même façon. À votre arrivée, la gardienne principale vient avec deux autres membres du personnel, elle donne votre numéro, votre nom, et la raison pour laquelle vous avez été mise au rapport. Ensuite, elle vous tend un papier et un crayon et elle vous informe que si vous avez quelque chose à dire, vous pouvez l'écrire sur ce papier. "Vous avez la possibilité d'exposer votre cas à la directrice", voilà ce qu'elle dit, et vous signez. Encore après, le médecin de la prison arrive accompagné d'une infirmière, il vous dit : "Bonjour, comment ça va ?" et ils disparaissent avant que vous ayez eu le temps de répondre. C'est une règle : quand vous êtes à l'isolement, un médecin doit passer vous voir chaque jour. On m'avait montré une sonnette pour les urgences et après un long moment, j'ai sonné. Quelqu'un est venu regarder par le judas et quand j'ai demandé à voir la directrice, la matonne a répondu : "Quand elle sera prête" en ajoutant que je n'avais pas intérêt à sonner une deuxième fois.

« Je crois que ce matin-là, le premier, est mon pire souvenir de la prison. Je ne pense pas avoir jamais vécu un tel sentiment d'abandon de toute ma vie, ni avant ni depuis. Je me suis assise sur le bord du lit, j'ai pleuré et j'ai essuyé mon visage avec ma manche. Je ne savais pas comment j'allais pouvoir supporter la situation. Des heures plus tard, on m'a emmenée à la salle de jugement. C'est comme un procès sauf que vous n'avez pas d'avocat. La directrice est assise derrière une table avec à côté d'elle une gardienne en chef et une gardienne principale – je ne connais pas la différence entre les deux. Je devais rester debout devant elles, pieds nus, je ne sais pas pourquoi, les jambes écartées et les mains derrière le dos, en position militaire, au bord d'un tapis, avec deux gardiennes devant moi. Une autre gardienne a lu mon numéro, mon nom, la raison du signalement.

— Pour quels délits envoyait-on les gens à Bleak ?

— Refus de travailler, insolence, possession des affaires d'autrui – du style une chaussette –, troc de vêtements, mains levées en public, cris par la fenêtre, des trucs de gamin, vraiment.

— Mais ça a l'air si dérisoire, si bête, pourquoi s'en souciaient-ils ?

— Je ne suis pas certaine. J'ai parfois pensé que c'était de la prévention, pour montrer leur pouvoir quand ils sentaient que l'ambiance risquait de devenir trop laxiste.

— Mais il devait y avoir d'autres motifs. Ça ne pouvait pas servir que pour des choses aussi absurdes.

— Non, bien sûr que non. Je vous l'ai dit, il y a énormément de colère rentrée en prison et quelquefois un tout petit truc comme ne pas obéir à un ordre direct parce qu'il semble ridicule peut engendrer la violence. Une matonne va alors déclencher la grosse alarme et les durs débarquent – une brigade spéciale, parfois jusqu'à huit matonnes, qui doivent évacuer la prisonnière le plus rapidement et le moins douloureusement possible. Deux d'entre elles attrapent la détenue par les membres de manière à ne pas lui faire mal, et elles la sortent.

— On peut comprendre que ça puisse être nécessaire. Aucune administration pénitentiaire ne peut tolérer la violence, si ?

— C'est vrai. Le seul problème c'est que, dans certaines prisons, ça arrive trop souvent. C'était le cas à Styal à cette époque, alors il y avait de quoi se demander ce qui clochait dans l'atmosphère. Styal avait très mauvaise réputation chez les détenues. J'ai entendu des femmes hurler qu'elles voulaient retourner à Durham ou à Holloway. Et une fois que vous vous retrouviez à Bleak, vous n'aviez pas le choix : il fallait plaider coupable, comme je l'ai fait la première fois et toutes celles qui ont suivi. Que pouvait-on faire d'autre ?

« Cette première fois, je ne pouvais pas arrêter de pleurer. Molly Morgan me disait d'arrêter et de me souvenir que je n'étais plus à Red Bank. Elle m'a donné quatorze jours "derrière la porte". C'est comme ça qu'ils appelaient l'isolement en cellule. Bon, c'était le premier des nombreux séjours que j'allais faire à Bleak. Nombreux parce que ce jour-là, j'ai décidé que je ne laisserais plus jamais aucun d'eux me voir pleurer : j'allais me montrer d'une dureté absolue. »

Les souvenirs de Mary concernant les « douzaines » de fois où elle fut « mise au rapport » à

Bleak sont particulièrement vagues. Non qu'elle eût oublié les raisons de ces détentions, ou ses impressions, mais une nouvelle fois les dates étaient imprécises. Tout ce qu'elle savait, c'était que son premier séjour à Bleak avait eu lieu quelques mois après son arrivée et qu'au bout de trois ans, elle n'y retourna plus que rarement.

« À ce moment-là, j'avais appris comment jouer avec le système. Pas en me soumettant, ça, non, jamais, mais en me montrant responsable.

— C'est-à-dire ?

— Je retenais ma colère. Au lieu de l'exprimer par des gamineries, ou en agressant les gardiennes verbalement, je la gardais en moi, et je parlais avec réserve. »

La pression engendrée par le fait d'exprimer sa colère « avec réserve », comme elle dit, fut peut-être en partie la cause des deux tentatives de suicide à moitié sincères qui l'envoyèrent de nouveau, malgré tout, à Bleak. « Je me suis coupée, donc j'ai saigné, dit-elle en riant [elle trouvait vraiment ça drôle], du coup ils m'ont envoyée à Bleak pour dégradation d'un bien appartenant à l'État. »

Peu après son premier séjour à Bleak, les autorités la transférèrent à Davies, un autre bâtiment. « C'était le deuxième où j'allais. En fait, ça s'est fait parce que la directrice avait décidé que les détenues de longue durée, au lieu d'être éparpillées un peu partout, devaient être réunies entre les trois bâtiments de la rangée centrale, Davies, Fry et Barker.

— C'était probablement une bonne chose. Peut-être une preuve de compassion. »

Elle haussa les épaules avec indifférence. « Peut-être, vu de l'extérieur. Mais sur le moment, les filles ont juste eu le sentiment qu'elle voulait les isoler encore un peu plus. Personne ne pouvait lui trouver d'autres intentions que mauvaises. Alors je suis allée à Davies. Janey Jones[1] était là. Elle était *vraiment gentille*. C'était un personnage, une vraie artiste dans l'âme. Il n'y avait pas une once de malice chez elle. Elle nous faisait bien marrer avec toutes ses histoires et elle pouvait aussi se tourner elle-même en dérision. C'était la classe.

« Mais moi... Oh, j'étais tellement idiote. Un dimanche, ma mère est venue me rendre visite et Janey, avec son bon cœur, m'a proposé de me maquiller un peu. C'était drôle, vous savez... C'était avant que je devienne butch. Quand ma mère m'a vue arriver dans la salle des visiteurs, elle a dit : "Tu ressembles à une tarte. Tu en as mis beaucoup trop." Bon, elle savait de quoi elle parlait, pas vrai ? » ajouta-t-elle, d'une voix particulièrement persifleuse.

« Quand je lui ai dit que je ne m'étais pas maquillée moi-même, et que c'était Janey Jones qui l'avait fait pour moi, elle a complètement pété les plombs. La vérité, c'est que ma mère, les prostituées, ça la faisait flipper à mort. C'était super-bizarre, non ? Elle était là, catholique jusqu'aux

1. Célèbre chanteuse pop des années 60 emprisonnée en 1973, entre autres pour son implication dans une affaire de proxénétisme. [N.D.T.]

yeux, les saints par-ci, les saints par-là, et le péché, le péché, le péché et... bon... vous savez ce qu'elle avait été... Mais c'est vrai : à ce moment-là, c'était terminé. Elle était en train de devenir *respectable*, avec un homme *respectable*, dans une toute nouvelle maison, avec de nouveaux meubles qu'elle ne cessait de me décrire, à moi, détenue à perpétuité à Styal. Elle me parlait de ma chambre dans cette maison... *Ma* chambre ? Ô mon Dieu, elle ne comprenait rien, jamais rien. Cette prison n'était pas un intermède : c'était ma vie, l'endroit où je passerais toute ma vie. »

Tout à coup, Mary se mit à pleurer. Elle secouait la tête, les yeux remplis de larmes.

« Elle venait tout le temps, tous les mois, parfois deux fois par mois pendant la première année. J'essayais de me dire... même si j'ai toujours su que ce n'était pas vrai... qu'elle faisait ça pour moi, qu'elle était de bonne volonté. Mais il y avait toujours cette tension à chaque fois qu'elle venait. Déjà à Red Bank... Sauf qu'à l'époque, j'avais le sentiment qu'on s'occupait de moi, pendant ses visites et toujours, toujours après. En prison, vous n'êtes pas un individu, vous êtes juste un numéro et... Comment ça pourrait être autrement ? Ils ne savent rien de vous si ce n'est le crime que vous avez commis et la peine prononcée par la cour. À quelques exceptions près, et il y en a, les gardiennes se foutent de vous. Pourquoi et comment elles pourraient s'intéresser à nous ? Il faut comprendre une chose, c'est que vous n'êtes pas là pour qu'on s'occupe de vous, vous êtes là pour être punie.

« C'est comme pour la vieille Mary Scorse – le crime, les sentiments qui vous ont poussée à le commettre, tout ça est loin, vous ne pouvez pas vous en souvenir. Évidemment, la plupart des gens n'essaient même pas. Donc si vous êtes punie, c'est finalement pour ce que vous êtes et non pour ce que vous faites, vous voyez ce que je veux dire ? Et beaucoup, beaucoup de gens, les femmes probablement plus que les hommes, capitulent. Comme ils ne se rappellent pas, ou ne peuvent pas se rappeler, ce qui a été parfois la seule et unique fois où ils ont mal agi, ils en viennent à accepter l'idée qu'ils sont eux-mêmes mauvais.

« Ma mère m'a toujours affirmé que j'étais mauvaise, d'aussi loin que je me souvienne. M. Dixon me disait que je ne l'étais pas, mais lentement ou peut-être pas si lentement d'ailleurs, ce réconfort a disparu. Ma mère avait besoin d'être irréprochable. Je le comprends maintenant. Je n'aurais pas pu vivre si j'avais pensé qu'elle ne l'était pas. Mais je pouvais difficilement supporter de la voir. Je ne savais plus du tout où j'en étais par rapport à elle. »

Quoi qu'il en fût, Betty serait, pendant sept ans, la seule à lui rendre régulièrement visite à Styal.

« À Red Bank, beaucoup de gens venaient, et surtout mon père, mais il n'est jamais venu à Styal, parce que c'était une prison, je suppose. »

D'après ce que les membres de sa famille m'avaient dit, c'était très clair : pour eux, Red Bank était une école merveilleuse où Mary, selon les mots de Cath, aurait probablement une meilleure éducation que leurs propres enfants. L'endroit était si agréable, les membres de l'équipe si sympathiques et courtois, qu'ils n'éprouvaient aucune gêne à venir la voir ; après tout, Cath y avait emmené une fois son petit garçon. Mary lui avait même appris à nager dans la piscine.

Styal, c'était autre chose. La famille de Mary fut sans aucun doute profondément choquée de la savoir là-bas. Maintenant, elle était différente. Et, sans vouloir la blesser, à partir de ce moment, tous coupèrent les liens avec elle. On peut croire que cela représentait une victoire pour Betty. Elle avait en quelque sorte sa fille pour elle toute seule, d'autant qu'à Styal, personne ne savait qu'elle continuait à être extrêmement néfaste pour Mary. Le système, de toute façon, n'avait pas le temps de s'en préoccuper.

« Pour en revenir à l'affaire avec Janey Jones, reprit Mary, ma mère a dit qu'elle allait "faire quelque chose". J'ai pensé : "O mon Dieu, elle va retourner voir Molly." Alors je lui ai dit de ne pas être si totalement stupide. Je n'imaginais pas qu'elle irait encore une fois voir les journaux. Mais voilà, le samedi suivant, en première page de *News of the World* : "Éloignez ma fille de 16 ans de la reine du vice", ce genre de conneries, mon Dieu !

« Janey Jones était livide. Est-ce qu'on peut le lui reprocher ? Elle voulait poursuivre ma mère... » Mary prit un ton coupant : « J'aurais tellement voulu qu'elle le fasse, mais elle ne l'a pas fait. Elle était très fâchée contre moi, plus que ça. Beaucoup de gens, des filles, des gardiennes, commencèrent à se montrer très prudents lorsqu'ils s'adressaient à moi. Ce dimanche-là, on m'a mise au rapport, comme si c'était de ma faute. J'étais vraiment effrayée à l'idée de retourner à Bleak. Mais cette fois, ça s'est passé autrement. On m'a simplement transférée de Davies à Righton. Je dis "simplement", mais vous savez, c'était la pire chose que Molly Morgan pouvait me faire parce que Righton, c'était l'endroit où ils mettaient celles qu'ils appelaient les "inadaptées", les pauvres femmes qui n'étaient pas suffisamment folles pour être hospitalisées conformément à la loi sur la santé mentale, mais pas non plus suffisamment saines d'esprit pour être capables d'intégrer la vie ordinaire de la prison.

« On en parlait comme d'un asile de fous. Donc m'y envoyer était profondément humiliant. Là-bas, les femmes avaient vraiment des besoins particuliers. On ne pouvait jamais se mélanger aux autres détenues, même pas pour aller dans le bâtiment médical récupérer des médicaments : on nous les apportait. Et ma mère s'en est mêlée. La gérante de la maison m'a dit : "J'ai encore vu votre mère là-dedans" en me montrant un journal dans lequel on disait que j'avais été mise dans un bâtiment de sécurité.

« Elle était si bête. Je suis sûre... encore maintenant, je suis certaine qu'elle ne faisait pas ça *uniquement* pour l'argent, plus à cette époque en tout cas. Elle était mariée avec un homme bien, ils avaient de l'argent, elle n'en avait pas besoin. Non, mais elle avait ses copains de bar, des reporters, et, dans sa sottise, elle pensait que toutes ces histoires m'aideraient. Bien sûr, c'était exactement le contraire. Je sais maintenant que pour l'administration pénitentiaire, il n'y a rien de plus pénible que les prisonniers médiatisés. Ça a été mon cas du début à la fin, en grande partie à cause de ma mère.

— Vous êtes-vous fait des amies à Righton ?

— Non, vraiment pas. Oh, il y avait une fille, dans les 20 ans je pense, elle était médium. J'ai eu de bonnes conversations avec elle. Elle était assez extraordinaire. Elle savait tout de mon berger allemand, les jeux, les promenades qu'on faisait ensemble... Elle ne pouvait pas deviner ça, et elle le faisait. Je pense honnêtement que la seule chose que j'ai apprise pendant ces quatre mois, c'est qu'il y a des choses dans l'au-delà.

— Au-delà de ce que l'on peut connaître ?

— Oui. Je sais qu'ils la croyaient folle. Mais elle ne l'était pas, elle était juste... juste *plus*... C'est vrai, je n'étais pas seule. Mais j'étais désespérée. »

Abandonner
Styal, 1975-1977

Être à Righton, c'était subir de plein fouet la violence de la prison.

« C'est vraiment le souvenir que j'en garde. Je pense que ce qu'ils m'ont fait était une façon de m'agresser, une véritable agression, totalement injuste. Je ne méritais pas... Personne ne mérite une chose pareille.

« Il y avait là-bas une vieille dame, qui s'appelait aussi Mary. Je ne sais pas ce qu'elle avait fait, mais, peu après mon arrivée, ils l'ont sortie du bâtiment. Elle se débattait, alors ils l'ont traînée par les cheveux et, en voyant ça, j'ai ouvert ma gueule, je les ai insultés. C'était sans doute la goutte de trop. Je veux dire : traiter une vieille dame comme ça, ça m'a mise hors de moi. J'ai sorti toute ma colère et ma frustration. Pas de façon violente, comme les gens font souvent, en dégradant les meubles ou en donnant des coups de pied dans les portes : j'ai juste hurlé, crié et j'ai commencé à pleurer, je ne pouvais plus m'arrêter.

« N'importe quelle gardienne aurait pu m'interrompre, mais l'équipe a sonné l'alarme et la brigade est arrivée en courant. Elles m'ont enfermée. Elles se sont assises sur moi, j'étais clouée au sol, et elles ont appelé une sœur pour qu'elle m'injecte ce qu'on appelait "la camisole de force liquide". Je n'avais jamais imaginé un instant qu'elles me feraient ça à moi. Je savais que ça arrivait parfois. J'en avais entendu parler et j'avais souvent vu sœur Watson se balader avec cette grosse seringue, mais... »

Elle avala plusieurs fois sa salive, tentant de maîtriser son émotion. « Je n'avais rien fait pour mériter un tel traitement... » Elle commença à pleurer, et ajouta en hoquetant : « Je suis désolée..., mais c'était odieux, vraiment odieux. »

« C'est une drogue hypnotique, je crois que ça s'appelle Paraldehyde, raconta-t-elle un peu plus tard après s'être calmée. Une substance verte, huileuse, horriblement douloureuse quand elle pénètre. Je suis restée enfermée toute la nuit. Je ne me souviens pas du moment où je suis sortie, mais je me souviens de mon arrivée dans la salle commune. Je me suis assise sur une chaise, habillée dans les mêmes vêtements. C'est tout ce dont je me souviens, elles assises sur moi, l'injection dans la cellule, combien ça faisait mal, et cette odeur bizarre, horrible. Et puis, être assise dans le séjour, en bas, à essayer de me lever et ne pas pouvoir, à essayer de parler et ne pas pouvoir. Ma bouche était lourde et ma langue toute gonflée. Et je savais que j'avais besoin de faire pipi, mais vous êtes comme paralysée.

« Je ne pouvais pas bouger, pas parler, je sentais le liquide chaud couler sur moi... » Elle se remit à pleurer, doucement cette fois. « Pourquoi,

pourquoi m'avaient-ils fait ça ? Plus tard, j'ai essayé de comprendre. On espère presque qu'on va trouver une raison, mais tout ce que j'ai pu trouver était qu'ils avaient juste décidé : "Maintenant c'est ton tour, on va te montrer, sale petite chienne."

— Vous êtes toujours très en colère. Je ne vous ai pas encore vue à ce point en colère contre quoi que ce soit concernant Styal, même à propos de Bleak.

— C'est vrai. J'ai pris conscience... Je me sentais en paix par rapport à Bleak, j'y étais allée tellement souvent. Et la plupart du temps, je les avais poussés à m'y mettre, donc l'isolement ne me dérangeait pas tant que ça. Souvent même, j'aimais bien, et j'arrivais à voir ou à prendre avec humour la plupart des choses qui se passaient là-bas, la nourriture atroce, la vulgarité des matonnes, parce que pour combattre un système on a besoin de s'y opposer. Le faire de cette façon drôle, c'était ma victoire. Mais ça, ça... »

Elle arrêta de parler comme pour prendre sa respiration. « Je ne suis pas idiote, je connais les tranquillisants. Il en existe beaucoup. Une autre fois, ils m'ont fait une injection de Largactil, c'est beaucoup moins mauvais. Je peux comprendre qu'ils soient obligés de les utiliser quand ils ne peuvent plus contrôler quelqu'un. Mais ça, ce *poison* qu'ils m'ont injecté de force, ce truc qui vous empêche de bouger, de parler... Vous êtes réveillée, mais totalement, totalement invalide. Comment osent-ils ? Ils n'ont pas le droit. Ça ne peut pas être juste un médicament qu'on donne comme ça. J'aimerais savoir, j'aimerais vraiment savoir s'ils le font toujours. » (D'après mes informations, cette drogue puissante, utilisée sauvagement dans les prisons et les hôpitaux psychiatriques il y a vingt ans, n'est plus employée aujourd'hui.)

« Combien de temps les sensations ont-elles duré ?

— En tout, avec les effets secondaires, picotements et fourmillements, je pense à peu près quarante-huit heures. »

À ce moment de son récit, comme cela lui arrivait souvent, Mary fit une de ces digressions où elle se mettait à raconter quelque chose qui s'était déroulé des mois ou même des années avant ou après ce dont elle était en train de parler. Je savais que la forcer à raconter ses années de prison de façon chronologique serait vain. Elle le voulait, mais elle ne le pouvait pas.

« Je n'arrive tout simplement pas à m'en souvenir comme ça, me disait-elle quand je le lui faisais remarquer. Je suis désolée, je sais que je vous embrouille en ne vous racontant pas les choses dans l'ordre, mais je ne peux pas. Rien ne me vient dans l'ordre que vous souhaiteriez et je dois raconter comme ça me vient, parce que quand j'essaie de mettre de l'ordre, c'est simple, je ne vois plus rien. »

Comme je l'avais compris, attraper au vol, à l'instant où elles lui arrivaient, les émotions suscitées par une image ou quoi que ce fût lui permettait de parler.

On ne lui redonna plus de Paraldehyde, même si plus tard, elle ne savait plus vraiment quand, une semi-tentative de suicide lui valut sa seconde expérience avec « la brigade ».

« J'étais très, très déprimée. Je ne sais plus si c'était après la mort de M. Dixon pendant l'été 1975 [une date qu'elle n'oublia jamais], ou plus tard, lorsque Alice, une fille dont j'étais très amoureuse, a été libérée. » C'était à cette seconde occasion, découvris-je, alors qu'elle avait 21 ans.

« À ce moment-là, j'étais à Fry. Je me suis fait couler un bain, j'ai mis la serviette sur la porte – c'était le code pour dire qu'il ne fallait pas entrer. J'avais cassé une cafetière, j'ai pris un petit morceau de verre et j'ai coupé... Ça m'a fait mal. Vous savez, la première coupure, la plus profonde, est très douloureuse. Mais j'ai continué, puis, parce que je ne pouvais pas supporter de me couper les poignets, j'ai continué sur le long du bras. J'ai plongé mon bras dans le bain. J'avais entendu dire que ça faisait couler le sang...

— Vous cherchiez réellement à mourir ?

— Non, non, c'était juste une façon de manifester... mon malheur, je suppose.

— Vous vouliez être remarquée ? »

Elle eut un rire légèrement strident. « Oh ! non, j'en avais marre de ça, non... » Elle cessa de rire. « Simplement, quelquefois, pendant ces années, je ne pouvais plus continuer. Enfin, je crois que je savais que j'allais continuer, donc vous avez raison, ce n'était pas un suicide... Je ne sais pas comment on pourrait appeler ça..., ajouta-t-elle avec un haussement d'épaules.

— Un geste symbolique ?

— Oui, oui, mais pour moi, pas du tout pour quelqu'un d'autre. J'avais une amie à Fry, Tricia, une belle jeune femme qui avait été nonne, puis gardienne de prison et ensuite elle-même incarcérée pour sept ans parce qu'elle avait essayé d'aider Myra Hindley[1] à s'échapper. Tricia a vu toute cette eau se répandre sous la porte et elle a alerté le personnel. Je me suis réveillée dans le bâtiment hospitalier, au moment où ils étaient en train de me recoudre et, comme je vous l'ai dit tout à l'heure, ils m'ont emmenée à Bleak, parce que [de nouveau elle eut ce rire particulier, amer] j'avais volontairement abîmé un bien de l'État – moi ! – dans un bien de l'État – la baignoire... Et là, parce que je me débattais, je suppose, ils m'ont mis la camisole de force, une vraie cette fois. Et ils ont fait éclater les points de suture en forçant pour y introduire mes bras. »

À cette époque, deux nouvelles responsables avaient été nommées à Styal, et chacune avait réussi à établir une relation de confiance avec Mary.

« Mlle Fowler assistait la directrice. Elle s'occupait des condamnées à perpétuité. Mlle Kendall était gardienne principale. Toutes les deux étaient brillantes à leur façon, des femmes super. Mlle Fowler – on la surnommait Pouliche, parce qu'elle avait quelque chose de chevalin – était très virile, avec ses cheveux gris, courts, ses richelieu aux pieds et

1. Célèbre tueuse d'enfants, arrêtée et condamnée à perpétuité en 1966 dans l'affaire dite des Moors. [N.D.T.]

ses grosses vestes en tweed, et puis cette merveilleuse façon de rire franchement, le plus souvent à ses propres dépens.

« Elle est arrivée quand j'étais au plus mal. Elle a dit à la directrice que si elle s'occupait de moi, ça se passerait bien. C'était bien avant que je m'entaille le bras. La première fois qu'elle est venue me voir, à Bleak, elle m'a tout de suite dit, avec sa grosse voix – elle était incapable de parler doucement –, qu'elle ne s'en prenait jamais à personne, et qu'elle ne faisait jamais rien de sournois : "Mais ça marche dans les deux sens. Si tu as quelque chose à dire, viens, dis-le, et on s'arrange."

« Puis elle m'a appris qu'elle et moi, on avait quelqu'un en commun, une personne très particulière : M. Dixon. Elle avait travaillé à Red Bank. Ça m'en a bouché un coin, vous imaginez. Et puis elle a ajouté : "Si je te fais sortir maintenant de Bleak, où aimerais-tu aller ?" Bon, c'était le genre de question piège que j'avais déjà entendue. On savait qu'ils nous enverraient partout *sauf* là où on avait demandé. Donc en général, on demandait le bâtiment le plus opposé à celui qui nous plaisait. Mais quand Mlle Fowler m'a posé la question, quelque chose m'a poussée à répondre la vérité : je voulais retourner à Fry. Elle a dit : "D'accord. Va pour Fry. Demain." Et ça s'est fait. »

Mlle Kendall était différente. « C'était quelqu'un de très raide, une femme d'une quarantaine d'années, pas très heureuse, je pense, mais, bien sûr, je ne sais pas vraiment. Elle ne riait pas beaucoup, mais elle se souciait des gens. Elle aurait fait n'importe quoi pour éviter qu'on aille au rapport. "Comporte-toi bien, elle m'a dit. Ça me donne des cauchemars de penser que tu pourrais être encore là quand je partirai. Je ne veux pas que ça arrive. Alors ressaisis-toi." À Noël, quand elle avait un ou deux verres dans le nez, elle disait : "J'espère que ce sera ton année. Il faut que ce soit ton année." Elle disait ça tous les ans. Ça a l'air sentimental, mais elle avait une réelle autorité. Les prisonniers savent toujours quand l'autorité est réelle. Plus tard, elle est devenue l'assistante de la directrice d'Holloway. »

Lorsque sœur Watson, à l'aide d'une aiguille plate, recousit les vingt-sept coupures que Mary s'était infligées sur le bras (Mary releva sa manche pour me montrer les cicatrices), c'est Mlle Kendall qui resta auprès d'elle dans la cellule de Bleak. « Elle m'a pris la main et elle a dit : "Serre aussi fort que tu peux." D'une manière ou d'une autre, elle était toujours là quand quelque chose allait mal pour moi.

« J'ai recommencé une fois, je ne sais plus trop quand. À ce moment-là, contrairement à mon habitude, j'avais accepté les tranquillisants et j'étais censée venir prendre un cachet à 9 heures et un autre à 11. Je suppose qu'ils ne l'avaient écrit nulle part. Un jour, je suis revenue à midi, je ne sais plus si c'était un oubli de ma part, ou juste pour le plaisir. Ils m'ont redonné un cachet, et après ils ne pouvaient plus me réveiller. Quand j'ai fini par émerger à 19 heures, Mlle Kendall était assise sur mon lit. Elle m'a pris la main et elle a dit : "Ô Dieu, merci, merci, mon Dieu." J'étais vraiment dans le flou, mais j'ai entendu ça et ça m'a vraiment fait quelque chose. Encore aujourd'hui. Je me demande ce que devient Mlle Kendall. »

Mary ne se rappelait pas quand James Dixon vint la voir pour la première fois. « Il est venu trois fois. » Curieusement, elle n'avait gardé presque aucun souvenir de ces visites.

« Lorsqu'il vous avait annoncé votre transfert à Styal, il vous avait dit que vous deviez être l'ambassadrice de Red Bank. Vous a-t-il répété la même chose quand il est venu ? » J'espérais l'aider à retrouver la mémoire.

Elle haussa les épaules. « Il m'a dit de me tenir droite. »

Environ un an après cette conversation, alors que je travaillais à cette partie du livre, je demandai à Mary pourquoi, étant donné l'importance exceptionnelle que M. Dixon avait eue et avait toujours pour elle, elle n'arrivait pas à se rappeler davantage de choses concernant ses trois visites à Styal.

« En y repensant aujourd'hui, je me demande si en dépit de mon amour pour lui, ou peut-être à cause de cet amour, je n'étais pas en colère. Il avait tellement de pouvoir à mes yeux. Peut-être que j'avais le sentiment qu'il pouvait m'aider. Peut-être que, d'une certaine façon, je lui en voulais de ne pas le faire. Mais il faut aussi dire que c'était très, très difficile de parler avec les visiteurs, ceux qui venaient du dehors, y compris avec M. Dixon. Qu'est-ce qu'on pouvait dire ? Comment faire comprendre à quelqu'un ce qu'était cette vie, qui était *toute* la vie, à part à ceux qui la partageaient ? Non, tout ce que je pouvais faire, et c'est ce que je faisais, c'était de me mettre dans un coin, et d'écrire des lettres – sur le temps, sur le travail, sur les nouvelles que les gens me donnaient dans leurs propres lettres. Mais ce que je ressentais vraiment, ce que je voyais, je ne pouvais pas mettre des mots dessus pour les gens de l'extérieur. »

« Jim Dixon n'a jamais mentionné ses visites à Mary, me raconta Carole G. C'est la première fois que j'entends parler de ça. Il avait des sentiments si profonds pour elle, j'imagine que la voir à Styal a dû être traumatisant pour lui. Ben et moi sommes allés la voir six mois après son arrivée, je pense. Elle nous avait écrit pour nous inviter. » (Mary, même si elle parlait toujours de Carole et Ben avec tendresse, ne se souvenait pas de cette visite.)

Ben : « Nous y sommes allés deux fois, au printemps 1974 et environ un an plus tard. Mary est venue à notre rencontre dans la salle des visites, il y avait une estrade, des tables et des chaises.

— Quelle impression vous a-t-elle faite ?

— On a vu la Mary qu'on connaissait. Évidemment plus âgée, mais toujours elle-même, assez féminine. Elle est arrivée, elle nous a pris dans ses bras, elle et Carole ont pleuré. La seule chose, c'est qu'elle portait l'uniforme de la prison, une robe en grosse toile, on ne s'attendait pas à ça. »

« Je suppose que je ne le leur ai pas dit, commenta Mary, mais j'avais probablement été punie. Ils vous faisaient porter cet horrible uniforme pendant quelque temps, quand par exemple ils vous surprenaient avec les vêtements de quelqu'un d'autre. C'était idiot, mais c'était comme ça : on avait trois tenues complètes et on ne devait porter rien d'autre. »

Ben : « Tout ça a dû nous déprimer parce que je me souviens, quand on est partis et qu'on est retournés à la voiture, Carole et moi, on a tous les deux pleuré. »

Vers la fin de l'été ou au début de l'automne 1975, Carole et Ben vinrent rendre une seconde visite à Mary, juste avant qu'ils ne quittent Red Bank pour aller travailler dans le sud de l'Angleterre.

« Elle avait vraiment changé, me dit Ben. Elle avait ces gros cernes sous les yeux, ils prenaient toute la place sur son visage. Quand elle nous a vus, elle a éclaté en sanglots. Lorsqu'on s'est assis avec elle, on est restés plusieurs heures, elle était complètement abattue. Toute sa vitalité, sa vivacité avaient disparu. On était très, très inquiets pour elle quand on est repartis. »

Au milieu de l'année 1975, Mary avait reçu de nombreuses lettres de Ben et Carole. Ils avaient envoyé la dernière lors d'un de leurs voyages aux États-Unis. À leur retour, ils trouvèrent une longue réponse de Mary, qu'elle avait écrite sur plusieurs soirées. À leur grande surprise, après les avoir remerciés pour leurs lettres, leurs cartes postales et leur avoir dit combien elle rêvait de voyager pour accroître sa connaissance du monde, elle leur demandait de bien vouloir lui faire la faveur d'accepter qu'elle leur envoie une partie de l'argent qu'elle avait sur son compte[1]. Elle leur apprenait aussi qu'elle venait de commencer des cours par correspondance à l'université et qu'en deux heures, elle avait déjà appris beaucoup. « Et regardez, me dit Carole en me montrant la lettre, là, elle nous demande de lui acheter une stéréo portable. »

> Je ne peux pas demander à maman, parce que je veux lui faire une surprise et lui montrer quelle petite fille raisonnable elle a. Vraiment, vous me feriez une faveur, après tout, c'est à ça que servent les amis. Je n'essaie pas de vous faire du chantage affectif, mais laissez-moi voir comment ça marche. Je dois m'arrêter là pour le moment, on doit aller se coucher, éteindre les lumières, alors j'en reste là sans doute jusqu'à demain soir, parce que j'ai encore huit heures de travail demain – comment je fais ? Donc je fonce, je fais ma relaxation spirituelle et je vole jusqu'à vous dans mes rêves. Souhaitez-moi bon voyage, bonne nuit, bon repos. Votre tête endormie.
>
> Nous sommes maintenant mercredi, il est 20 h 30, j'ai pris un bain et je me suis couchée.

1. Le salaire des prisonniers était déposé sur un compte, en prévision de leur sortie, sur lequel on prélevait chaque semaine de l'argent de poche. Ils pouvaient demander la permission d'utiliser des sommes plus importantes pour des achats si quelqu'un à l'extérieur acceptait de s'en charger pour eux.

Ce soir, j'ai fait des soins de beauté, je me suis épilé les sourcils, je me suis nettoyé le visage avec un produit violet à l'hamamélis. Ça n'a rien changé. J'attendais une transformation spectaculaire dans les deux heures : j'en ai eu pour presque une heure à m'épiler les sourcils correctement.

Ensuite elle demande des nouvelles de certains professeurs de Red Bank et de Jeff, le jeune ami américain de Ben dont elle avait été un peu amoureuse.

J'espère que quand je le reverrai, si je le revois, je serai assez forte pour arrêter avec ce sentiment vraiment étrange... Comme une mère ou une analyste. C'est difficile d'admettre que son héros est tout simplement une autre personne. Je sais, je n'avais que 14 ans, mais, parfois, on a besoin de temps pour évacuer certaines choses. Malgré tout, ce serait sympa de le revoir, juste pour voir comment je réagirais maintenant. Pas grand-chose à raconter – n'est-ce pas toujours le cas ? Je ne sais pas comment j'en arrive à quatre pages. Les étoiles sont là maintenant. J'adore vraiment être couchée et les regarder. Qu'est-ce qu'on voit, les étoiles ou les barreaux ? Dure question, ici. Je crains de ne voir que les étoiles, le ciel, etc. Les barreaux, je les remarque à peine, seulement de temps en temps quand je me sens mal. Je dois m'arrêter maintenant, les amis, prenez soin de vous jusqu'à la prochaine fois.

Mary pensait être restée à Righton environ six mois.

« Jusqu'à ce qu'ils estiment que j'étais suffisamment civilisée pour rejoindre les rangs des autres détenues, j'imagine. Je ne savais absolument pas que j'allais déménager... On n'était jamais prévenues de rien. Mlle Kendall est venue un jour pour me dire qu'elle m'emmenait à Barker. "Essayons ça", elle a dit. »

Barker était le bâtiment le plus prestigieux de la prison. Une douzaine de femmes, toutes condamnées à perpétuité, étaient sélectionnées pour y séjourner.

« C'était la maison spectacle. C'est là qu'ils emmenaient les équipes qui tournaient des documentaires sur les prisons pour femmes. C'était vraiment incroyable, un monde de fou. Ces femmes vivaient là comme dans un hospice pour vieux, ou une maison de repos. Elles avaient leurs propres couvre-lits, elles avaient le droit de porter une montre, il y avait des pots de fleurs sur des napperons. Tous les meubles étaient recouverts de chintz. On traitait les matonnes comme des invitées, on leur apportait des tasses de thé et tout. Je ne pouvais pas le croire. Elles étaient totalement assistées, et très satisfaites. Plus tard, j'ai découvert qu'à Barker, jamais personne n'avait été mis au rapport. »

Elle éclata de rire. « Je me suis dépêchée de changer ça ! Ce matin-là, quand on m'a emmenée, j'ai foncé dans les escaliers pour aller en reconnaissance et une prisonnière, Pearl, qui avait environ 50 ans, m'a dit, avec cette voix de maîtresse d'école qu'elles prenaient toutes : "On enlève ses chaussures lorsqu'on entre dans la maison." Quand je lui ai répondu que je lui casserais les dents si elle me donnait des ordres, elle m'a dit : "Ta réputation t'a précédée", et puis : "Je te prends sur mes genoux et je t'embrasse le derrière." Alors je lui ai dit qu'elle était une sacrée perverse et que je lui casserais la tête si elle me touchait. Finalement, après, on est devenues bonnes amies. Elle était cool, la vieille Pearl. »

Beaucoup plus tard, après que Mary eut quitté la prison, je parlai d'elle avec une ancienne détenue de Styal, une femme d'une trentaine d'années.

« Elle pouvait être terriblement agressive, terriblement grossière, me raconta-t-elle. Elle utilisait un vocabulaire terrible pour parler des gardiennes, et même pour s'adresser à elles.

— Et comment réagissaient-elles ? »

Elle haussa les épaules. « Elles ne faisaient rien. Avec Mary, elles ne se comportaient pas comme avec les autres détenues. Mary *était* différente. Elle était comme une dame. Comparée à moi, c'était une dame.

— En dépit de sa grossièreté ? En dépit de son terrible langage ? »

À nouveau, elle haussa les épaules. « Si n'importe qui d'autre avait agi comme elle, elle aurait été mise en cellule sur-le-champ. Avec elle... On la laissait juste être comme elle était.

— Les autres détenues lui en voulaient-elles ? »

Elle secoua la tête d'un air perplexe. « La première fois que je l'ai rencontrée, je ne l'aimais pas.

Mais après tout, même si je n'ai jamais été proche d'elle, j'en suis venue à penser qu'elle était au mauvais endroit, pas du tout à sa place. Elle aurait dû être à l'hôpital.

« Elle n'avait que 11 ans, juste 11 ans, quand elle a fait ces choses horribles, poursuivit-elle avec colère. 11 ans... J'ai deux enfants et l'un d'eux a 11 ans. S'il faisait un truc comme ça, je saurais qu'il est malade. Peut-être que les gardiennes pensaient comme moi, que Mary n'avait rien à faire là, et c'est peut-être pour ça qu'elles la traitaient comme une prisonnière privilégiée. Lui en vouloir ? Non, elle avait de bonnes amies. Elle pouvait être terrible, vraiment terrible, mais, pour beaucoup de gens, c'était une bonne camarade. »

Margaret Kenyon, une jolie jeune femme, directrice de prison passionnément investie dans la réforme des prisons pour femmes, a commencé sa carrière à Styal, au moment où Mary y était.

« Je n'ai pas eu beaucoup affaire à elle, me dit-elle, mais tout le monde la connaissait. Elle était différente. Pas seulement parce qu'elle était jeune, mais parce que, contrairement à la plupart des autres détenues, elle n'avait jamais vécu dans la rue. Il était évident qu'elle était intelligente, mais elle était naïve aussi et même pure d'un certain point de vue. Les gens éprouvaient une sorte de sentiment maternel à son égard, peut-être pas le personnel, mais certainement les autres détenues, et particulièrement les plus âgées. Elles voulaient l'aider à rester comme elle était. Je pense que pour elles, Mary, c'était un peu la fille préférée. Elle était si jeune. Même au bout de plusieurs années, elle avait toujours l'air aussi jeune... »

En évoquant Barker, Mary se souvint qu'au moment où elle y avait été transférée, elle était à Styal depuis un an.

« J'avais 17 ans, et ce qui était merveilleux, c'est que Diane et Angie étaient là aussi. Elles avaient 18 ans. Pour la première fois, je me retrouvais avec des filles de mon âge. Je n'aimais pas Angie, c'était une lèche-cul, mais Diane est devenue ma meilleure amie, la meilleure amie que j'aie jamais eue. »

Mary allait rester neuf mois à Barker, son plus long séjour dans une même maison. « Avec Diane, on se comportait un peu comme des gosses en pension. On riait et on pleurait beaucoup ensemble, on faisait des blagues à tout le monde et on se taquinait l'une l'autre, des trucs idiots, vraiment idiots. Comme le soir où, alors que j'étais sur le point de m'endormir, j'ai soudain senti mon oreiller bouger sous ma tête. J'ai sauté de mon lit, affolée, en pensant que c'était peut-être des souris ou des rats et puis j'ai entendu Diane pouffer sous ses couvertures.

« Elle avait cousu un fil à mon oreiller et elle le faisait bouger de son lit. La nuit d'après, une fois les lumières éteintes, je me suis vengée au moment de jouer à sauter (on grimpait sur l'armoire et on sautait dans nos lits). Quand ça a été le tour de Diane, j'ai poussé son lit et je lui ai dit qu'elle devait chanter si elle voulait que je remette son lit en place. Alors elle s'est mise à chanter, chanter, chanter, assise en haut de l'armoire, et j'ai fait semblant d'aller dormir. Mais tout ça, c'était pour rire, c'étaient des gamineries.

« Par-dessus tout, nous étions merveilleusement complices. Le soir, on était allongées sur nos lits, on regardait à travers les barreaux et on parlait de la liberté. On avait un rêve elle et moi : un jour, on irait à Disneyland toutes les deux, avec de grands chapeaux, le sien blanc, le mien bleu. Pour nous, Disneyland, c'était l'image qu'on avait de la liberté, là où les gens rient et sont heureux, là où la vie est parfaite. Chaque année, le soir du Nouvel An, on regardait dehors, on cherchait l'étoile la plus brillante dans le ciel et quand on l'avait trouvée, on faisait un vœu. Encore maintenant, à chaque nouvelle année, juste avant minuit, je reste toute seule un moment, je cherche l'étoile qui brille le plus et je sais que Diane le fait aussi. C'est une façon de maintenir le pacte, de ne pas oublier ce qu'il représentait ni que nous avons grandi ensemble.

— Aviez-vous des relations sexuelles avec Diane ?

— La plupart des gens étaient persuadés que oui, mais non, on n'en avait pas, on ne pouvait pas. Ça aurait été comme un inceste. On a essayé une fois, mais ça n'a pas marché – on a juste explosé de rire. Mais quand même [elle sembla surprise à ce souvenir], je crois que toutes les deux, on était jalouses des relations de l'autre. C'est drôle ça, non ? »

Au cours de l'année 1975, Mary, qui venait d'avoir 18 ans, prit plusieurs décisions. « Je pense que tout ça s'est... cristallisé après la mort de M. Dixon. »

Lors d'un bel après-midi d'été, elle était en train de jardiner lorsqu'elle commença à se sentir fatiguée. « Vraiment épuisée, vous savez, si fatiguée que je ne savais pas quoi faire. J'ai posé mon râteau contre un arbre, je me suis allongée dans l'herbe et je me suis endormie. Quand le jardinier, M. Walker, m'a réveillée, j'ai su qu'il y avait eu un problème. Je ne pouvais pas imaginer ce que c'était, mais ce que je ressentais était presque insupportable. Tout ce que je voulais, c'était être seule.

« Le soir, on est venu nous demander si quelqu'un voulait voir le médecin, l'assistante sociale ou la directrice. J'ai demandé à voir la directrice parce que je voulais lui demander d'appliquer une clause du règlement qui permet à une prisonnière, dans certains cas, d'être seule. J'en avais assez, je voulais passer du temps toute seule. On m'a répondu que non, je ne pouvais pas voir la directrice pour ça. Alors le lendemain matin, je suis tout simplement restée couchée.

« Je savais que je serais envoyée au rapport, et c'est ce qui s'est passé, on m'a emmenée à Bleak. Cet après-midi-là, à 16 heures, on m'a appelée à la salle de jugement où Molly Morgan, pour la première fois, m'a montré son côté humain. Elle m'a annoncé très gentiment que M. Dixon était mort la veille, à 16 heures. Je l'avais senti : à 16 heures, je le savais, non ? Quelque chose est mort en moi ce jour-là et n'est plus revenu à la vie jusqu'à... » Elle compta sur ses doigts. « Neuf ans plus tard, lorsque ma fille est née. Elle m'a redonné vie.

« Je suis retournée dans ma cellule et je me suis assise. Je ne pouvais pas pleurer, je n'ai pas réussi avant plusieurs jours, quand je suis rentrée dans mon bâtiment. On regardait un concert à la télé et, tout à coup, je me suis retrouvée assise devant la télé, incapable de m'arrêter de pleurer. Quand je me suis calmée, j'ai pensé que j'avais changé. »

Ce changement était double. D'une part, elle décida que s'opposer ouvertement au système comme elle l'avait fait pendant deux ans était contre-productif.

« Si je me contentais de dire non, je ne me servais pas de mon intelligence. Je devais continuer à me battre contre le système, mais en faisant la différence entre être une prisonnière et être une taularde, ce qui voulait dire que plutôt que de faire les choses dans la colère, je devais me montrer discrète et maligne. En prison, le onzième commandement est : "Tu ne te feras pas choper." Désormais, c'est à ça que je voulais me conformer. »

Sa seconde décision – « et, croyez-moi, c'était tout à fait dans la même ligne que la première » – fut de devenir butch.

« En tant que butch, c'est toi qui diriges ta vie. Tu décides qui tu fréquentes. Tu as une position établie, dominante, à l'intérieur du microcosme social que représente la prison. Ça ne veut pas dire que tu dois te contenter de “prendre”, que les choses te sont seulement données, que l'on fait ton lit pour toi, qu'on te roule tes cigarettes, que les autres font les corvées à ta place. Ça veut aussi dire que tu “donnes”. Sexuellement, je vous en ai déjà parlé, tu ne prends jamais, tu donnes, mais bien au-delà de ça, tu deviens quelqu'un que les gens viennent voir...

— Pour quoi ?

— De l'aide, des conseils...

— Aviez-vous une seule amoureuse à la fois ?

— J'en avais beaucoup. Beaucoup de femmes noires. Elles étaient si belles.

— Est-ce que ça vous rendait heureuse, sexuellement ?

— Non, sexuellement, non. Mais sans relations, même autres que sexuelles, tu es trop seule et c'est intolérable.

— Comment faisiez-vous sexuellement, pour votre propre plaisir, puisque vous ne pouviez qu'en donner ?

— Toute seule, répondit Mary avec détachement. Pour le reste, j'ai commencé à me comporter comme un petit mec. C'était tellement facile pour moi de jouer au garçon, je n'avais pas à faire semblant. Après tout, j'avais vécu avec des garçons depuis mes 11 ans, je veux dire, je connaissais les garçons mieux que personne. Je savais comment ils bougeaient, comment ils s'asseyaient, je connaissais leurs blagues... Je savais ce qu'ils ressentaient aussi. Je pouvais *être* un garçon. »

Pendant toutes ces années, finit-elle par me dire, elle avait probablement eu des relations sexuelles avec deux cents femmes.

« Bon, dit le docteur Chamarette en souriant, je pense que le chiffre de deux cents est peut-être un peu excessif, tout comme son sentiment d'avoir été plus souvent à Bleak qu'ailleurs pendant ses deux premières années à Styal. Mais Mary a sans aucun doute "connu" de nombreuses femmes, que ce soit [il sourit à nouveau] bibliquement ou pas n'est peut-être pas si important. »

Norman Palmer Chamarette, pédopsychiatre consultant à l'hôpital de Macclesfield de 1954 à 1968, et gentiment appelé « Chammy » par tous ceux qui le connaissent, a maintenant 93 ans. Grand, mince, en parfaite santé, il s'exprime très aisément et sa mémoire est excellente. Pendant onze ans, et notamment pendant la détention de Mary, il dirigea à Styal des séances hebdomadaires de thérapie de groupe très recherchées.

« J'ai supplié pendant deux ans pour suivre le groupe de Chammy, me dit Mary, pas parce que je changeais ou que je me "développais", mais juste pour m'échapper, faire quelque chose d'autre, quelque chose de nouveau, qui sortirait de la routine. Et aussi parce que Alicia – vous vous souvenez, je vous ai parlé d'elle – faisait partie du groupe. Alicia était parmi les plus belles filles que j'aie jamais vues, mais elle était dans un autre bâtiment, donc c'était un moyen de la voir. Certaines personnes – des Portoricaines – prenaient ça très au sérieux, comme font les Américains. Je savais que moi, je ne prendrais jamais ça au sérieux.

« Mais j'avais beaucoup entendu parler de Chammy. On disait qu'il écoutait tous les problèmes, que c'était un homme adorable et que quand vous faisiez partie de son groupe, on vous donnait un livre dans lequel vous écriviez. Il était totalement interdit aux gardiennes, et même à la directrice. Personne ne pouvait y toucher, personne ne pouvait le lire. Bien sûr, je n'y croyais pas. Ce n'était pas dans la constitution des matonnes de laisser passer quelque chose en votre possession sans l'ouvrir. Je ne les blâme même pas : c'est la curiosité féminine. Si je vois quelque chose sur un bureau, je vais regarder. Mais je les croyais concernant sa gentillesse et son intelligence. Quand quelqu'un est sincère, les prisonniers le savent. »

Mary avait toujours pensé, sans doute par association avec Freud, que Chammy était autrichien et juif ; elle me disait par exemple combien elle avait aimé « son accent étranger ». Je dus la détromper car non seulement le docteur Chamarette est d'une vieille famille anglaise, mais il n'a aucun accent ni de classe ni de région, et c'est un fervent chrétien. Quand il me reçut dans la salle de séjour de sa petite maison du Lancashire, claire et spacieuse, une bible était toujours à portée de main. Elle ne fut jamais très loin de son esprit non plus au cours de notre conversation.

« Le médecin de service à qui je devais adresser ma demande me répondait toujours non, continua

Mary. "Qu'est-ce que tu veux faire avec un psychiatre ?" me demandait-il, et il me disait que tout ce que je voulais, c'était rendre tout le groupe fou, y compris le psychiatre, comme je faisais toujours. Selon lui, je n'avais aucun problème qui justifie que je voie un psychiatre. Si j'en avais eu un, j'aurais demandé à voir le docteur Tête-à-Tête (un vieux schnock à qui ils envoyaient celles qui tentaient de se suicider). Pourquoi donc je ne l'avais pas fait ? Tout simplement parce que je les embobinais depuis que j'avais passé les grilles de Styal. » Elle prit une profonde inspiration. « Ça se passait comme ça, mais pour finir, au bout de deux ans, un peu plus, il en a probablement eu marre de moi et il a dit : "Allez, d'accord, vas-y, vas-y et rends-le fou." »

« Oui, je savais qu'elle essayait de venir, me dit Chammy, et les autres faisaient campagne pour elle. Elles n'arrêtaient pas de dire : "Vous ne pouvez pas faire quelque chose pour faire venir Mary ?" Mais non, je ne pouvais pas. Elle devait être envoyée.

— Vous pensez qu'elle était populaire parmi les prisonnières ?

— Je ne crois pas que "populaire" soit le mot adéquat. C'était une personnalité. Elle était importante pour les gens. Je ne crois pas qu'il est juste de dire que les gens la trouvaient drôle. Ce n'était pas une comédienne. Elle était très intelligente, très éloquente, remarquablement supérieure à la plupart des gardiennes et elle pouvait défendre les gens quand ils avaient des problèmes. Les détenues lui disaient des choses. Elles pouvaient vraiment lui faire confiance, elles le savaient et disaient souvent que jamais elle ne les balancerait. Peut-être même qu'elles lui racontaient leurs problèmes les plus intimes. » Il rit. « Je crois qu'elle-même se voyait comme une sorte de psychologue. Elle avait sans aucun doute le talent pour ça. Je la suspecte d'en avoir su beaucoup sur la vie de beaucoup de gens, des choses qu'elle n'a jamais racontées à personne.

— Quelle était la procédure lorsque quelqu'un rejoignait le groupe ?

— Je recevais une notification de la directrice par l'intermédiaire du médecin de la prison, disant qu'une telle allait arriver. Bien sûr, cela dépendait de la place : j'avais limité le groupe à huit personnes, même si parfois j'acceptais de monter à douze, en les divisant en deux groupes de travail. J'ai accepté Mary. Elle m'intéressait. Pas du tout parce qu'elle était particulièrement médiatisée, ni à cause de la particularité de son délit : beaucoup de femmes là-bas avaient commis des crimes assez horribles. Ne l'oubliez pas, je ne connaissais pas grand-chose de son histoire. D'ailleurs, j'allais m'apercevoir que personne n'en savait grand-chose. J'avais soigneusement étudié son dossier avant qu'elle ne vienne, mais il ne contenait rien en dehors du procès, de quelques pages du rapport de police, d'une brève référence à sa première affectation [les cinq années à Red Bank], mais pas de détails à ce sujet non plus, pas de rapport social, ni aucune évaluation psychiatrique d'aucune sorte. »

(Pat Royston, qui a accès au dossier original de l'affaire Mary Bell, m'a confirmé qu'aucun rapport social n'avait été constitué sur Mary, ni avant, ni après son arrestation en 1968.)

« En quoi le dossier de Mary était-il différent des autres ?

— Tout ce que je peux dire, c'est que certains dossiers contiennent des informations sur le passé du détenu. J'étais donc surpris que ce ne soit pas le cas du sien. Peu de temps après, je l'ai été encore plus, en découvrant grâce à votre premier livre certaines choses que Mary avait vécues pendant son enfance. Je comprenais d'autant moins comment son dossier pouvait être aussi... aussi maigre. Comment se faisait-il qu'aucune enquête sociale n'avait été menée ? Comment avaient-ils pu ignorer tant de choses ?

— Pourquoi Mary avait-elle été interdite d'accès à votre groupe pendant deux ans ?

— Je pense qu'à Styal, ils ne croyaient pas que Mary pouvait être sensible à un traitement, quel qu'il soit. Ils pensaient que ce ne serait pas rentable. Eric, le médecin de la prison, avait dit : "Elle veut juste esquiver", ce qui était sans doute vrai, mais ça ne me dérangeait pas. Et puis, de toute façon, le groupe était complet et je ne pouvais pas en prendre davantage.

— Qu'est-ce qui les a fait changer d'avis ?

— Ce fut en partie parce que Mary avait persévéré, mais aussi, et Mary trouvera ça difficile à croire, je crois que Molly Morgan a eu une certaine influence...

— Donc Mary intéressait la directrice ?

— Oh ! oui, je crois. C'était une excellente directrice, elle avait gravi les échelons, elle était jeune, énergique, très juste. Naturellement, les détenues ne pensaient pas ça : vous devez être sacrément ferme pour faire ce travail. Mais l'équipe, certainement. Je ne sais pas à quel point May l'intéressait, certainement pas aussi intensément que May le pensait. Il y avait énormément de femmes là-bas, très, très difficiles à gérer. Mais connaissant Molly Morgan, je ne pense pas qu'elle pouvait rester insensible à l'extrême jeunesse de May à son arrivée. Comment ne pas s'intéresser à elle ? »

« Le docteur Chammy était comme le grand-père d'Heidi, commenta Mary. Son groupe se retrouvait le jeudi après-midi dans un bâtiment séparé et j'ai été très surprise quand j'y suis allée la première fois parce qu'on était toutes fouillées. Vraiment, je ne pouvais pas comprendre pourquoi. Est-ce qu'ils se méfiaient de lui ? Je n'ai jamais su, mais j'ai fini par me dire que c'était leur besoin habituel de montrer qu'ils contrôlaient tout.

« Nous étions dix environ. Quand je suis entrée, il m'a pris la main et il l'a gardée, ou il a voulu la garder en me disant bonjour, mais je l'ai retirée. Vous savez, c'est un truc de goudou de ne pas serrer la main aux hommes. En tout cas, il n'a pas réagi, il a juste dit : "Bonjour, May, c'est comme ça que tu aimes qu'on t'appelle ?" Et puis il a raconté une histoire à propos d'un arbre, je ne me rappelle plus ce que c'était, il a ri et tout le monde a commencé à rire, et, tout à coup, il a frappé sur la table et tout le monde a cessé de rire. J'ai trouvé ça incroyable. C'était une façon de contrôler, mais le genre de contrôle que tout le groupe acceptait, non, pas seulement acceptait, *désirait,* et c'était bon, vraiment bon.

« Je pensais que je serais sceptique par rapport à lui, comme je l'étais avec tout le monde, mais j'ai découvert que ce n'était pas le cas. Je lui faisais confiance. J'ai très vite compris qu'il savait que je m'intéressais aux gens. Ça m'a fait beaucoup de bien de m'apercevoir que quelqu'un me voyait... différemment. Plus tard, j'ai reçu de très belles lettres de lui dans lesquelles il parlait de certaines filles. Ça aussi, ça m'a fait du bien. Il me rappelait qu'il savait que je... comprenais les gens et qu'il me faisait confiance comme je lui faisais confiance. »

« À Styal, Mary vous parlait-elle d'elle ? demandai-je à Chammy.

— On avait très peu l'occasion de se voir en tête-à-tête. Ce n'était pas le but : c'était une thérapie de groupe. Mais, bien sûr, parler d'eux, c'est en grande partie ce que font les gens dans ce type de séance. Il en émerge beaucoup de choses. »

Quand il fit la connaissance de Mary, elle s'intéressait cependant davantage aux problèmes des autres femmes. « Sa façon de penser à elles, sa façon, si vous voulez, de les analyser [il insista sur le mot], étaient très féminines, mais sa manière d'être, de parler et de se comporter était extraordinairement masculine. Elle allait loin dans sa volonté de persuader son monde qu'elle était masculine. Elle ne marchait pas comme une femme. Elle se pavanait. Elle nous a raconté qu'elle avait travaillé trois mois pour Burton, le couturier, en tant qu'homme, dans la confection pour hommes, qu'elle se dessinait une fausse barbe.

— Quelqu'un croyait-il ça ? Est-ce que *vous*, vous la croyiez ? Elle avait 18 ans et elle était détenue depuis ses 11 ans.

— Évidemment, je savais qu'elle fantasmait et une partie des autres détenues le savaient sans doute aussi. Mais me montrer sceptique n'était pas mon rôle : pour ces femmes, tout l'intérêt de l'exercice était de pouvoir dire exactement ce qu'elles voulaient, comme elles le voulaient. Dans le cas de Mary, c'était ce qu'elle avait besoin de dire, à la fois pour elle et pour les autres. Ça allait dans le sens de son personnage à Styal, parce que là aussi elle se "déguisait". Elle se fabriquait des organes génitaux masculins avec des bas roulés, elle me les a montrés en séance. Je crois qu'elle les portait tout le temps, peut-être moins ostensiblement, pas de façon aussi provocante devant les agents du personnel, mais ils s'en rendaient compte, je le sais, et d'une certaine manière, ils la laissaient faire. »

« Ce que je me rappelle surtout à son sujet, me dit Margaret Kenyon, ce sont ses yeux très bleus, ses cheveux sombres, bouclés, et sa politesse. Elle ressemblait plus à une pensionnaire qu'à une prisonnière. Et puis, j'avais entendu toutes ces histoires à son sujet, vous savez, à quel point elle pouvait se mettre en colère, être dure... On disait que ses yeux étaient comme du silex. C'est ce que j'ai ressenti, la seule fois où j'ai vraiment eu affaire à elle. C'était juste avant qu'elle soit transférée à

Askham Grange [sa dernière prison]. Quand les filles étaient sur le point de partir dans un établissement ouvert, on les équipait toujours, donc je l'ai emmenée faire du shopping pour acheter des sous-vêtements et tout ce dont elle pouvait avoir besoin.

« Elle était polie, comme d'habitude, et un peu excitée comme une gamine qu'on sort en ville, jusqu'à ce qu'on arrive au rayon lingerie de Marks & Spencer. Là, elle a dit... presque en crachant les mots : "Qu'est-ce qu'on fait là ?" Je lui ai répondu qu'on allait lui acheter des culottes. "Des culottes ? a-t-elle jeté, avec mépris. Je ne porte pas de culottes, je porte des slips." Et pendant les minutes qui ont suivi, elle s'est répandue en injures avec cette petite voix bien à elle, perçante et brusque. La vendeuse nous regardait les yeux exorbités, je pense que Marks & Spencer n'avait jamais vu ça.

« "Des slips, a-t-elle ordonné, sinon je me casse." Je suis certaine qu'elle pensait que j'allais lâcher l'affaire, mais elle était loin du compte. Je lui ai dit : "Vas-y. Cours." Bien sûr, je n'avais aucune idée de ce que je ferais si elle me prenait au mot, j'étais même sûre qu'elle serait plus rapide que moi. Mais elle n'a pas couru.

— Et qu'avez-vous acheté ?

— Des culottes », répondit Margaret en pouffant.

Le docteur Chamarette avait-il expliqué à Molly Morgan qu'il pensait que Mary avait besoin d'aide ?

« Je ne crois pas, répondit-il un peu tristement. J'avais des cas vraiment très graves, une fille, par exemple, avait donné dix-sept coups de couteau à son mari, une femme avait tué sa fille de 5 ans... Oh, beaucoup de femmes vraiment, vraiment compliquées. En comparaison, aussi étrange que cela puisse paraître, les problèmes de Mary étaient presque mineurs. Vous ne devez pas non plus oublier que lorsque je l'ai rencontrée, elle n'avait plus 16 ans, mais presque 19. C'est scandaleux de l'avoir envoyée là-bas à 16 ans, c'est scandaleux tout court d'envoyer n'importe qui d'aussi jeune dans une prison comme celle-là. Avec le recul, je pense que je me serais montré plus ferme si je l'avais connue plus tôt et si j'avais été au courant de ses antécédents, mais, comme vous le savez, ce n'était pas le cas, ce n'était le cas de personne. »

D'après le docteur Chamarette, les femmes du groupe évoquaient souvent leurs crimes. « Un jour, une des filles a demandé à May ce qu'elle avait fait. Elle a répondu qu'elle avait attrapé le petit Martin par les oreilles, juste pour montrer à sa copine Norma combien elle était forte, et qu'il lui avait glissé entre les mains, qu'il était tombé, qu'il était mort comme ça. Elle a ajouté qu'elle avait aussi attrapé Norma de cette manière, et d'autres enfants.

— A-t-elle évoqué l'autre garçon, Brian ? »

Il secoua la tête. « Elle n'en a jamais parlé. De toute façon, même la mort de Martin, vous le voyez, était présentée comme un accident.

— L'avez-vous crue ? »

Chammy haussa les épaules. « Pas vraiment, mais d'un autre côté je ne pensais pas non plus qu'à 11 ans son intention avait été d'assassiner ni même de tuer. » Il secoua la tête. « C'est assez incroyable que personne n'ait essayé de l'aider à se confronter à elle-même avant aujourd'hui. Cela montre à quel point on accorde peu de valeur aux êtres humains. »

« Vous est-il arrivé d'évoquer avec Chammy ce qui vous était arrivé quand vous étiez petite fille ? demandai-je à Mary.

— Pas vraiment, non. Pas dans le groupe. En revanche, lui et moi avions conçu un plan par rapport au livre... vous savez, celui que les matonnes étaient censées ne pas lire – mais je *savais* qu'elles le liraient de toute façon. Alors, lui et moi, on s'est mis d'accord pour qu'il me donne deux livres : dans l'un d'entre eux, celui que je trimballerais partout avec moi comme tout le monde dans le groupe, j'écrirais un truc pour les gardiennes... N'importe quoi du genre "je hais Mme Jones"... Dans le second, j'écrirais des pensées, des poèmes, ce que vous voulez, et lui je le lui donnerais, il le garderait pour moi et me le ramènerait tous les jeudis. Là-dedans, je pense que j'ai écrit des trucs. Peut-être l'a-t-il encore, il pourra vous le montrer. »

« Elle a oublié, expliqua Chammy, qu'elle m'a écrit pour me demander de l'envoyer au directeur d'Askham Grange. Je lui ai répondu en lui demandant si elle en était certaine, elle a répondu que oui, elle était sûre, alors je l'ai envoyé. »

« Aviez-vous écrit quelque chose à propos de votre mère, dans ce deuxième livre ? demandai-je à Mary.

— Oh non, répondit-elle immédiatement. Pas sur ma mère. Je n'aurais pas pu. Je vous l'ai dit : elle était irréprochable, il fallait qu'elle soit irréprochable. »

« Eh bien, si, justement, elle parlait de sa mère, se souvenait Chammy. Mais uniquement au passé, pour dire que sa mère n'avait pas été à la hauteur, qu'elle avait une addiction à la drogue ou à l'alcool, qu'elle était prostituée et partait tout le temps à Glasgow.

— Exprimait-elle de la haine ou de l'amour pour elle ? Ou de la crainte ?

— Je ne m'en souviens pas. Les seuls mots dont je me souvienne, c'est "pas à la hauteur" et qu'elle disait n'avoir jamais reçu de soins maternels d'aucune sorte. »

Il ne se souvenait pas que Mary eût jamais mentionné son père, ni d'avoir vu son nom dans son dossier.

« C'est très bizarre, me dit Mary, parce que l'une des rares fois où j'ai discuté toute seule avec Chammy, juste quelques instants, il m'a dit quelque chose qui m'a beaucoup agacée. Il m'avait demandé qui je serais le plus heureuse de voir franchir la porte. J'avais répondu : "Mon père, parce qu'il n'est pas venu me voir une seule fois depuis que je suis arrivée à Styal." Alors il a dit : "Quel père ?" "Eh bien, pas Georgie, lui, c'est mon beau-père." Il a poursuivi : "Oui, je sais, mais Billy n'est pas ton père non plus", et j'ai juste...

« Bon, il n'avait pas dit ça pour me blesser... Il croyait que je savais. Il m'a dit que la directrice savait, et du coup j'ai pensé que tout le monde savait, je me suis demandé si M. Dixon avait su… Et là j'ai commencé à flipper un peu, j'étais en colère, désorientée, prête à grimper aux murs et beaucoup plus tard, oui, des années après, j'ai demandé à Billy et il m'a dit : "Qui t'a dit que je n'étais pas ton père ? Évidemment que je suis ton foutu père." Et il l'est, bien sûr qu'il l'est. Mais, quand même, il n'est pas mon père biologique. Et personne ne me dira jamais qui l'est.

« D'ailleurs, ma mère est venue me voir quelques jours plus tard. Entre-temps, j'avais décidé qu'il ne pouvait s'agir que de quelque chose d'affreux. Je lui ai dit : "Dis-moi. Juste, dis-moi. Allez. Est-ce que c'est ton père ? Est-ce que c'est ton frère ? Est-ce que c'est pour ça que je suis devenue ce que je suis devenue ?" »

Très calmement, Betty avait répondu : « Tu es la progéniture du mal, voilà ce que tu es. » Et puis elle s'était levée et elle était partie.

Une longue lettre que Mary écrivit à Carole et Ben en 1976 est significative des changements qui s'opéraient chez elle à cette époque (elle avait alors 19 ans). La voici, dans son intégralité.

> Enfin une réponse à votre lettre. Elle m'a remonté le moral… J'ai eu de mauvaises nouvelles de la maison. Il y a eu un accident de voiture et George est à l'hôpital. Maman est malade, c'est pour ça que je réponds si tard.
> Bon, pas beaucoup de nouvelles. Je n'ai pas encore entendu parler de liberté conditionnelle. J'ai tellement besoin de vous ces derniers temps. Je sais que c'est très mal, et faible

de ma part. Je n'aime pas la faiblesse de caractère mais je me sens tomber dans les affres du découragement et de l'absence d'identité. J'essaie de parler, de raconter, mais j'ai construit un mur autour de moi pendant si longtemps, je suppose que les gens pensent que j'ai des arrière-pensées quand j'essaie de le briser. Je ne sais pas, les choses semblent juste aller dans le mauvais sens. Je n'ai pas perdu espoir, j'ai juste arrêté d'espérer. C'est étrange parce que la nuit, quand je suis allongée, j'essaie de réfléchir, d'imaginer des visages, de mettre les choses en perspective, mais rien ne vient, juste une sorte de vide. De la noirceur, et je me sens nulle. Je vous écris ça parce que je sais que vous comprenez, parce que vous me connaissez si bien.
Et puis l'énormité absolue de mon crime m'est soudain apparue, le fait que j'ai réellement pris une vie. Je ne peux tout simplement pas supporter d'y penser, même un tout petit peu. Je sais que ça s'est passé il y a longtemps, beaucoup de larmes ont coulé, mais l'amertume a grandi aussi. Mais je sais aussi dans le fond de mon cœur que je n'ai pas pu faire une chose aussi affreuse volontairement. Je ne peux me rappeler exactement ce qui s'est passé. L'autre fille, inculpée avec moi, je n'éprouve pas d'amertume envers elle, je me sens très, très triste, parce qu'elle sait que ce qui s'est passé n'était pas intentionnel de ma part. Je ne peux pas trouver dans mon cœur le moyen de lui pardonner, parce que depuis neuf ans, elle se promène librement tandis que je suis enfermée. Je veux juste quelqu'un à qui parler, Ben : je veux être "moi", à nouveau. Toutes ces émotions refoulées ne

font de bien à personne. Mais ici, c'est très difficile pour plein de raisons. Je ne peux pas me tourner vers la drogue parce que le docteur le désapprouve. Et aussi, je ne veux pas que le ministère de l'Intérieur pense que je ne peux pas me passer de drogue, donc je suis coincée. Je ne me plains pas, je suppose que je me sens juste extrêmement frustrée et seule. Avez-vous déjà éprouvé le sentiment d'avoir peur mais sans savoir de quoi ? C'est ce que je ressens, effrayée, mais je ne sais pas de quoi. Je veux être seule, mais j'ai peur d'être seule. Très difficile à expliquer.
J'essaie vraiment d'être bonne, pour plein de raisons. Il y a une nouvelle directrice adjointe. Elle s'est montrée très directe, très juste avec moi : elle me fait penser à M. P., à sa façon. Je ne suis pas un ange, même avec beaucoup d'imagination, mais, doucement et sûrement, je crois que je commence à apprendre à faire confiance aux gens. Cela m'a pris beaucoup de temps pour en arriver là. J'ai perdu foi en l'humanité, mais je peux finir par la retrouver. J'ai des ennuis de temps en temps, mais rien de très sérieux. En ce moment, je fais de la peinture. J'aime bien repeindre les serres et on n'est que six filles, donc je ne suis pas étouffée par les gens, ce qui était le cas, je crois, dans les ateliers. Je devenais vraiment paranoïaque. Et je suis Mae, l'invincible [elle avait changé l'écriture de son nom, pour le « Mae » écossais], celle qui peut traverser la vie sans être affectée par la vie, qui dit "la prison ne me changera pas". Elle m'a changée mais dans quel sens, c'est difficile à dire, pour du mieux ou pour du pire ? En gros, cela m'a endurcie, mais aussi adoucie. Je me sens plus forte, je sais que je

peux accepter les revers et les déceptions comme faisant partie de la journée, mais aussi plus douce parce que j'ai peut-être une compréhension de ce que les autres ressentent, parce que je sens... que s'impliquer pour d'autres personnes vous rend plus douce. Vous savez, j'étais avec une fille ici... Elle est partie maintenant. Pour moi, c'était une très belle personne. La partie d'elle-même qu'elle m'a montrée l'était. Pendant un moment, j'ai été heureuse jusqu'à ce qu'elle retourne chez elle, ce qui a été la fin. Après tout ce temps à voir les gens venir et repartir, on pourrait penser que ce ne serait pas si difficile, mais ça m'a énormément affectée parce que je l'aimais, j'aimais vraiment, j'éprouvais vraiment de l'affection pour cette fille. Et maintenant, elle va juste être un nouveau souvenir, pour le moment un souvenir douloureux, parce que je n'arrive pas à me faire à l'idée que je vais devoir l'oublier. Elle m'a beaucoup apporté, elle m'a aidée à vouloir être vivante et heureuse. Je suppose qu'avec le temps, je vais réussir à me passer d'elle – c'est l'entre-deux qui fait si mal. J'ai gardé les lettres qu'elle m'a écrites. Certaines étaient très banales, mais c'était une personne si honnête, si bénéfique pour moi. Un jour, elle m'a dit quelque chose qui a failli me faire pleurer. La veille de son départ, elle m'a dit : "Si je pouvais faire une chose sur cette terre, je te redonnerais ton enfance, Mae." Qu'elle puisse dire quelque chose de ce genre était typique de son attention, de sa profondeur de sentiments. D'habitude, je peux lâcher les amitiés de taule avec la nonchalance qu'elles méritent, mais là c'était vraiment différent. C'était plus que de l'amitié.

Bon, je dois vraiment arrêter. Merci d'être qui vous êtes, juste présents, à l'écoute. Je ne peux pas dire que je me sens une nouvelle femme maintenant, mais je sais que vous allez comprendre les sentiments que j'ai essayé de vous décrire et me répondre. Alors, mes amis, je m'arrête maintenant. Avec tout mon amour, mes pensées, un gentil sourire pour vos cactus parce qu'ils n'ont pas vu le soleil. Pardonnez à ceux qui vous tourmentent, parce qu'ils n'ont pas voyagé assez loin au royaume de la compréhension. C'est mon amie qui m'a dit ça. Avec amour, comme toujours, Mae.

Défis
Styal, Moor Court, Risley, 1977-1978

Quand Mary organisa mes rencontres avec Carole, Ben et Chammy, elle m'autorisa à leur dire tout ce que je savais. Elle leur faisait entièrement confiance, et elle me donna un mot pour chacun où elle leur demandait de me parler librement et de me montrer n'importe lequel de ses poèmes ou de ses lettres s'ils en possédaient.

Avec l'étonnant Chammy, je discutai surtout de Styal ; nous cherchions à savoir comment un système idéal, capable de distinguer un enfant perturbé d'une personnalité « diabolique » ou « monstrueuse », aurait pu s'y prendre avec quelqu'un comme Mary. La toute première fois que je lui parlai, au téléphone, il me corrigea immédiatement lorsque je lui racontai que Mary commençait tout juste à admettre avoir assassiné deux enfants. « Pas assassiné, dit-il. Tué. Il est déjà terrible que cette enfant de 11 ans ait tué. Quiconque travaille avec elle doit garder à l'esprit la différence entre ces deux termes. »

Dans son cas, me dit-il quand je le retrouvai chez lui, « la première chose qui aurait dû être faite, au lieu d'une incarcération punitive, aurait été de trouver une personne susceptible de créer avec elle une relation de confiance. Oui, la tâche aurait été difficile, ce qui explique pourquoi les psychiatres avec qui vous avez discuté, pendant ou après son procès, vous ont dit qu'ils n'en auraient pas été capables. Cela aurait demandé un engagement énorme. Parce que, *bien sûr*, la réponse à ses problèmes était – est peut-être encore – sa mère.

« Vous imaginez ce qu'un thérapeute lui aurait demandé de faire ? à une fillette de seulement 11 ans ? Il lui aurait demandé de trahir sa mère, l'attachement le plus profond qui soit. Certes, sa mère avait brisé ce lien presque dès sa naissance, mais comme vous êtes en train de le découvrir, c'est précisément ce que Mary a dû se cacher à elle-même pour survivre, pendant – combien ça fait maintenant ? plus de trente ans. Celui qui s'occupe de traiter une telle enfant doit l'aider à sortir de sa cachette. Lorsque j'ai commencé ma carrière, l'analyse – c'est-à-dire le fait d'affronter ses problèmes en face – était *de rigueur*[1]. Il est vrai que maintenant c'est différent. Beaucoup de nouvelles méthodes thérapeutiques fonctionnent. »

Et, selon Chammy, le traitement des enfants sévèrement perturbés autorise ces aménagements. « Le proverbe "Plus l'arbre est jeune, plus il est facile à faire pousser" s'applique toujours. Mais il est vrai que cela demande une immense énergie, une confiance totale et, si l'on veut que ce soit

1. En français dans le texte. [N.D.T.]

fait correctement, d'énormes moyens. D'ailleurs, comme on peut le voir à partir de ce qui a été fait avec Mary à Red Bank, avec sans aucun doute les meilleures intentions, il n'y a aucun intérêt à ne *pas* le faire correctement. Je ne peux pas vous dire à quel point je vous soutiens dans les efforts que vous faites pour que ce livre provoque des changements dans le système, dans la façon dont les enfants qui ont commis des crimes sont jugés et aussi dans la manière dont on s'occupe d'eux ensuite. »

Malheureusement, ajouta-t-il, les pouvoirs publics mettent beaucoup de temps à comprendre combien il serait plus rentable sur le long terme de saisir ce qui a dérapé dans la vie d'un enfant, et ainsi de le soigner avant qu'il ne devienne asocial.

« La vie tout entière de Mary prouve le besoin criant de thérapie chez ces enfants, oui, mais plus encore le besoin de sentir qu'il y a une volonté de croire en eux, la volonté de croire... » Il s'arrêta, cherchant sur mon visage des signes de scepticisme, tandis que de mon côté je remarquai sa main qui comme par hasard touchait la bible. « Ne vous inquiétez pas, ajouta-t-il, je ne vais pas prêcher. La volonté de croire en la capacité de l'individu à surmonter les pires difficultés, même très jeune. La volonté de croire, conclut-il plus doucement, à la bonté intrinsèque de l'enfant. »

Je passai plusieurs heures passionnantes en compagnie de Carole et Ben G., dont la vie professionnelle est consacrée à aider des enfants semblables à Mary. Je fus toutefois surprise d'apprendre que cela faisait quatorze ans qu'ils étaient sans nouvelles d'elle. « Quand elle nous a téléphoné pour annoncer votre visite, dit Carole encore sous l'effet de la surprise, c'était tout à fait inattendu. »

« Comment puis-je expliquer ça ? ajouta Ben. À première vue, ça semble si coupable de ne pas avoir gardé contact avec elle. » Au cours de sa carrière, il a dû s'occuper d'environ cinq cents enfants avec des problèmes similaires ; entre Carole et lui, cela fait presque mille. « Tout ce que l'on peut faire, c'est de donner notre maximum pendant qu'on est près d'eux et espérer qu'en dépit de tout, quoi qu'il arrive par la suite, ils continuent d'en sentir le bénéfice. »

Carole : « Vous nous remettez devant une question morale à laquelle nous avons réfléchi ensemble un nombre incalculable de fois. Nous devions nous préserver, préserver notre maison, notre fille, tout ce qui est vital pour nous. »

Ben : « Cela peut apparaître comme une échappatoire. En réalité, c'est la raison pour laquelle nous avons cessé de travailler en résidence avec ces enfants : l'intensité du travail devenait impossible si vous vouliez avoir une vie à vous, une famille. Pour conserver votre santé mentale, il faut apprendre à arrêter, à tourner la clé, à s'éloigner et à dire : "Voilà, c'est moi, c'est nous, c'est notre vie aussi." »

Carole : « Mais cette lettre de May donne envie de pleurer. Elle est très révélatrice. On peut presque l'entendre penser – à son besoin d'être seule, puis de ne pas l'être, à cette belle fille, Alicia, au fait que ressentir de l'amour l'a rendue plus douce. Peut-être est-ce grâce à tout ça et grâce à son premier contact avec un vrai psychiatre, quelqu'un qui visiblement ressemble à un être humain, qu'elle a pu affronter pour la première fois l'énormité de son crime. »

Je leur racontai comment Mary, avec sa voix pondérée, sa voix « Red Bank », m'avait parlé d'Alicia, de l'étrange moralité qu'elle appliquait à leur relation. Elle l'avait tellement aimée. Parfois elles s'étendaient ensemble sur un lit et se cajolaient, « se tenaient l'une l'autre », me dit-elle, mais, comme avec son amie Diane, elles n'avaient pas de relations sexuelles. « Je voulais, mais ça n'aurait pas été bien. Elle allait partir. Elle allait avoir une vie normale. Ça ne pouvait pas être... Je devais ne pas être... une partie de sa vie de cette façon-là, ce genre de souvenir pour elle. »

Cette vision désintéressée me semblait une sorte de victoire. Cependant, comme je l'expliquai à Carole et Ben, malgré sa détermination à ne pas se confondre avec Styal, et bien qu'apparemment elle y eût réussi, elle finit – c'était peut-être inévitable – par succomber, dans son for intérieur, à ce qu'il y avait de pire en elle.

« Ce qui se passait à Styal, me dit Mary, c'est que tous les douze mois, ou peut-être dix-huit, je ne sais plus, ils reprenaient votre cas et vous alliez devant le comité de révision, une assemblée composée de personnalités comme un magistrat ou un juge à la retraite, un médecin, etc. Lorsqu'ils vous voyaient, ils avaient déjà consulté ce qu'ils appelaient un "rapport semestriel des progrès", auquel toutes les gardiennes contribuaient en rédigeant des notes sur chacune de nous, chaque jour, vous imaginez ? Ils nous menaçaient avec ça.

« Puis le directeur des directeurs de prison, du ministère de l'Intérieur (pour moi, ça a été Mme Perry), vous posait des questions ineptes, du genre : Est-ce que je connaissais le prix du pain ? (Comment diable aurais-je connu le prix du pain ?) À quoi je me destinais ? Qu'est-ce que je ferais une fois sortie ? Totalement idiot, étant donné qu'on ne m'avait rien appris à faire. Je n'avais pas été autorisée à suivre une formation professionnelle, je n'avais pas le moindre foutu espoir d'étudier ce que j'aurais voulu, comme le métier de vétérinaire, la biologie, la chimie, la psychologie, parce que la loi prévoit, je le savais bien, que les personnes en liberté conditionnelle ne peuvent et ne pourront jamais travailler auprès de *gens*. Alors, quel intérêt ?

— Était-il possible de discuter avec les membres du comité ? Ne pouviez-vous pas expliquer vos centres d'intérêt et demander de pouvoir étudier ? Dieu sait que vous aviez suffisamment d'éloquence. »

Patiemment, elle m'expliqua que je ne comprenais pas le sens du « quel intérêt ? ». Si à Red Bank, en effet, elle avait appris à être « éloquente » comme je le disais, à Styal, elle avait été pratiquement forcée de le désapprendre.

« Red Bank m'avait sortie de mon environnement et l'avait remplacé par quelque chose que j'avais fini par considérer comme meilleur. Puis Styal m'avait renvoyée à un univers de gros mots. Je ne dis pas que les gens de Newcastle ou de Scotswood s'exprimaient tous comme ça, mais ceux de *mon* monde, oui, et ceux de ce qui est devenu mon monde à Styal aussi. Tout se réduisait à "putain ceci", "merde cela". Il fallait être incroyablement fort, plus fort que je ne l'étais, pour maintenir une exigence verbale, pour ne pas renoncer et revenir vers ce qui avait été le langage de mon enfance.

« Quelquefois, avec une amie ou une autre, nous nous mettions d'accord pour essayer de laisser tomber les merde-putain. Par exemple, on arrêtait d'ajouter "de mes deux" à tous les mots, dans le style "j'ai rendez-vous à l'hôpital de mes deux"... Est-ce que vous pouvez imaginer ? C'était comme ça et... » De nouveau, à cet instant, elle effectua un rapide et bizarre passage du souvenir à l'analyse. « Le langage affecte le comportement davantage que l'inverse. Je le vois chez les gens qui ont maintenant l'âge que j'avais alors, dans les films, dans la rue. Ils ne parlent pas selon la façon dont ils agissent, ils agissent comme ils parlent.

« Ce que je suis parvenue à comprendre, et à accepter, à Styal, c'était que si je pouvais me rebeller contre le système et puiser, pour longtemps, de la force dans cette rébellion, en revanche je ne pouvais prétendre être, ou rester, une personne socialement différente des gens autour de moi. Ils étaient, ils *devaient* être mes amis. »

Le fait que Mary eut été acceptée à Red Bank en tant qu'individu – le droit qu'on lui donnait, et qu'elle s'accordait, d'être elle-même – et par là même sa propre acceptation des différences dans les attitudes sociales lui avaient fait découvrir une manière plus adéquate mais aussi plus heureuse de se conduire et, pour la première fois, elle avait connu une forme d'estime de soi. Son retour forcé dans un monde qu'elle avait appris à rejeter la menait maintenant sur un chemin qui, allant de ce qu'elle appelait l'honnête rébellion à la résistance du taulard, ne pouvait déboucher que sur l'inquiétant « quel intérêt ? » du prisonnier institutionnalisé, et sans doute, comme nous le verrons, sur le dernier degré de sa soumission au système pénitentiaire.

Elle savait qu'il n'y aurait aucun espoir de liberté conditionnelle avant des années. « Donc tous ces comités ne servaient à rien, c'était juste l'occasion, pour les administrateurs, de se sentir importants. Et ça me rendait malade. J'ai fini par décider de ne plus assister à aucune de ces réunions. Styal allait être ma vie, je ne voulais pas de leur foutue liberté conditionnelle.

— Pourquoi ?

— Pourquoi ? C'est comme si je vous demandais pourquoi vous ne voulez pas aller vivre sur Mars. »

Et elle me raconta ce jour de « 1977 ou 78, je ne sais plus, mais je sais que j'avais encore 20 ans » (c'était bien en 1977) où, alors qu'elle faisait de la peinture, on l'avait appelée pour rencontrer le comité de révision. Elle avait répondu qu'elle préférait être damnée que d'y aller. « Mlle Kendall est venue et j'ai dit : "Non, non, non. Je ne vais manger aucune carotte, je ne suis pas un âne..." Elle m'a attrapée par l'oreille et m'a tirée, couverte de peinture comme j'étais, jusqu'à la salle où se tenait la réunion. Elle m'a dit : "Si tu penses que je vais terminer ma carrière ici, avec toi..." Elle a ouvert la porte, et m'a poussée dans la pièce. »

Le système, on l'a vu, doit protéger le public tout en restant humain avec les prisonniers. Or, le nombre de prisonniers ne lui permet pas de s'adapter à des critères individuels. En 1978, dix ans après les crimes de Mary, les autorités feraient un premier geste en vue de sa liberté conditionnelle. En attendant, elles ne savaient pas, en fait elles ne pouvaient savoir, que son apparente docilité dissimulait mal son ressentiment, son profond désordre affectif, mais aussi sa frustration intellectuelle – lorsqu'elles s'en aperçurent, elles espérèrent assez naïvement y remédier en la plaçant d'un jour à l'autre dans un environnement plus stimulant et plus exigeant.

Deux jours après sa comparution peinturlurée devant le comité, la directrice la fit en effet appeler et lui apprit qu'elle serait envoyée le lendemain à Moor Court, dans le Staffordshire. (Les autorités, très au fait des habituelles indiscrétions de sa mère dans la presse, prévenaient toujours Mary de ses déplacements au dernier moment.)

« Mlle Fowler qui était là aussi a estimé que c'était un grand pas en avant. Je savais que c'était une prison ouverte. On connaissait tout ça. Je peux vous parler de chaque prison du pays. J'ai dit à Mlle Fowler que je n'avais pas envie d'y aller. S'ils avaient dit Holloway ou Durham, j'aurais été très contente. Mais je n'avais même pas ma date de libération conditionnelle, et puisque je n'avais pas encore 21 ans, je savais que je ne pourrais pas l'avoir. Donc je n'avais pas envie d'aller dans une prison ouverte. Ce n'était pas un "pas en avant", c'était de la cruauté pure. Ce que je ressentais, c'était que Styal était ma vie, ma façon de vivre. Être envoyé dans une prison ouverte, c'est comme être envoyé en prison quand on est libre, parce que, voyez-vous, vous êtes encore plus en prison lorsque c'est ouvert.

— Vous voulez dire que vous craigniez Moor Court parce que c'était ouvert ?

— Ce n'était pas une question de peur, répondit-elle rapidement. » Elle ne voulait jamais qu'on pense qu'elle avait peur de quelque chose, jamais. « C'était un processus inutile parce que, de toute façon, je ne voulais pas être libérée : la tentation de s'échapper serait trop grande. En tout cas... » Elle changea de tactique. « Je ne voulais pas quitter Diane. Bon, peu importe... Évidemment je devais y aller. Je ne me souviens pas de la date, mais je sais que j'ai encore eu un anniversaire à Styal. Je m'en souviens parce que Diane m'a préparé un gâteau et plein de filles m'ont fait des cadeaux. Avant que je parte, Diane et moi avons écrit ensemble à Mme Perry, au ministère de l'Intérieur, pour demander l'autorisation d'avoir une correspondance. On ne pensait pas qu'ils lui transmettraient la lettre, mais ils l'ont fait. »

Elle arriva à Moor Court en juin 1977. « Un manoir du XVIIe siècle, ridicule pour une prison. » Elle découvrit qu'elle connaissait beaucoup de filles ici ; et même les autres semblaient avoir entendu parler d'elle – particulièrement du fait qu'elle était butch. Mais, à la différence de Styal, cet aspect de son « identité » n'était pas le bienvenu. « C'était un autre monde. Il y avait davantage de détenues de courte durée, et tout ce qu'elles voulaient, toutes, c'était leur copain, leur homme. »

À Moor Court, les courtes et les longues peines n'étaient pas séparées. « C'était la première fois que je me retrouvais avec des filles de 19 ans qui parlaient de boîtes de nuit, d'amoureux, de vêtements, de sorties, de se bourrer la gueule, de fous rires, de lumières stroboscopiques et de toutes sortes de choses que je n'avais jamais vues. »

La prison, située dans une vallée au milieu des montagnes du Staffordshire, était très jolie, trop jolie pour sa fonction. « Le bâtiment était magnifique, avec des escaliers en colimaçon et de jolies vues sur les arbres et les champs. Les dortoirs étaient très confortables, en tout environ cent lits, quatre par chambre, avec des rideaux en chintz, de jolis meubles, des salons avec des fauteuils, une salle à manger où la nourriture, préparée par des cuisiniers, était dressée sur de jolies tables en bois. C'est du gâchis pour une prison. Pensez juste aux endroits où la plupart des gens se retrouvent ensuite : des tours, des taudis... C'est une honte d'utiliser un si bel endroit pour des gens qui vont faire des entailles dans le bois.

« La prison, c'est la prison. Je ne veux pas dire dans le sens punitif, mais elle n'a pas à assouvir des idéaux irréalistes. Red Bank était agréable, avec des couleurs aux murs et tout ça, mais ça restait institutionnel. Parce que c'était prévu pour les garçons jusqu'à 18 ans, il y avait un aquarium, mais ce n'était pas artificiellement chaleureux ou douillet, et je trouve ça bien. Styal, c'était l'horreur, et c'est bien aussi. Moor Court, il aurait fallu être millionnaire pour y vivre : ça relève de critères irréalistes, ça laisse les gens avec un sentiment de mécontentement, ça leur fait penser qu'ils sont mieux en prison que dehors.

— Mais si vous restez dans un endroit comme ça plusieurs années, est-ce que ça ne peut pas vous donner des aspirations que vous chercherez ensuite à satisfaire, même à un degré moindre ?

— Oui, mais ce qui est triste, c'est qu'à moins d'avoir les ressources intérieures qui vous permettent d'accéder à ces références, tout ce que je peux voir, tout ce que j'ai pu voir, c'est que ça rend les gens très malheureux. »

Mlle Leichner était la directrice de Moor Court. « Je n'avais rien contre elle. C'était quelqu'un de bien. Quand je l'ai rencontrée, je lui ai dit que je ne voulais pas être ici, que j'aurais aimé rester à Styal, que je ne voulais pas être libérée et que je m'enfuirais. C'était la seule chose que je pouvais faire : être honnête avec elle, la prévenir honnêtement.

— Qu'a répondu Mlle Leichner ?

— Que pouvait-elle répondre ? Elle a dit que je devrais juste faire un essai. Qu'à Moor Court, “ouvert” signifiait ouvert, qu'avoir été transférée dans une prison ouverte signifiait que mon cas serait régulièrement étudié par la commission des libérations conditionnelles. Désormais la libération pouvait devenir une possibilité réelle d'ici deux ou trois ans. Elle a ajouté que cela dépendait entièrement de moi : j'avais vécu enfermée pendant plus de dix ans et maintenant, je devais découvrir si je pouvais supporter qu'on me fasse confiance.

« Elle a répété : “Ici, ouvert, c'est ouvert : vous pouvez sortir faire des promenades, vous pouvez vous allonger sur l'herbe, vous pouvez être toute seule ou avec les autres. La seule chose que vous ne pouvez pas faire, c'est sortir du périmètre de la prison. Ce que l'on attend de vous, c'est que vous preniez vos propres décisions.” Pouvais-je comprendre une chose pareille ? J'ai hoché la tête, mais je ne comprenais rien, si ce n'est qu'ils me demandaient l'impossible et que je n'en voulais pas. Je ne pouvais pas y arriver. Comment aurais-je pu, tout à coup, sans aucun, aucun...

— Pont ?

— Oui, dit-elle d'un air reconnaissant. Sans pont. Comment, sans pont pour passer d'une rive à l'autre, pouvais-je prendre mes propres décisions, ne pas juste choisir entre obéir ou désobéir, ce que j'avais fait une centaine de fois ? Comment prendre la décision d'être en prison ou en liberté, alors que pendant dix ans j'avais été enfermée à clé toutes les nuits ?

« Pour finir, Mlle Leichner m'a dit que je devais suivre un cours de secrétariat, la dactylographie, tout ça, pour trouver un boulot. Bien, j'avais déjà appris à taper à la machine à Red Bank. M. Dixon m'avait très vite fait suivre des cours pour ça. » Elle avait l'air en colère. « Vous ne pensez pas qu'ils auraient dû le savoir ? Ils s'en foutaient. Ils ne savaient rien de moi parce qu'ils se foutaient de moi.

— Il y avait forcément quelque chose que vous auriez accepté d'apprendre. Là non plus il n'y avait pas de livres, rien pour votre esprit ?

— Ils avaient ce qu'on pourrait appeler "des livres d'inspiration". J'étais tellement désespérée que j'en ai lu quelques-uns. Je me souviens que l'un d'eux s'appelait *De la prison à la louange*. Au bout de quelques semaines comme ça, j'ai pensé, si ce gars peut le faire, je peux le faire. Et donc j'ai été à la chapelle – il y avait une jolie petite chapelle –, je me suis jetée par terre et j'ai dit : "S'il vous plaît, faites-moi sentir quelque chose."

— Et vous n'avez rien senti ?

— Rien. Tout ce que je sentais était inutile, mort, comme un autobus à impériale dans mon estomac. Ce que je voulais, c'était *sentir*, juste sentir... Peut-être que c'étaient les médicaments. »

À Moor Court, presque tout le monde prenait des médicaments, et bien qu'à Styal, avec l'aide des médecins, elle eût réussi à se tenir loin des drogues, à Moor Court, elle finit par y succomber.

« Ça n'a pas tardé, quelques semaines, je pense. On m'a envoyée chez Mlle Leichner. Elle m'a appris que la commission des libertés conditionnelles avait étudié mon cas et que pour le moment on refusait de me donner une date de libération anticipée. Elle a ajouté que c'était normal, que ça arrivait souvent, mais moi ça m'a semblé plutôt anormal. Tous les jours, des filles étaient libérées, *tous les jours*, parmi elles, il y avait des condamnées à perpétuité qui... Oh, je ne jugeais pas, je ne comparais pas, mais c'étaient des adultes quand elles avaient fait ce qu'elles avaient fait. Moi, j'étais une enfant.

« Mlle Leichner a dit que je devais améliorer mon comportement. Ils étudieraient à nouveau mon cas quand j'aurais terminé ma formation de dactylo. Mais pour moi, ça ressemblait à la fin : ça n'avait pas de sens. J'étais prête à ne jamais être libérée. Et si je l'étais un jour, qu'est-ce que je ferais ? Où est-ce que j'irais ? Je ne pouvais pas m'imaginer au milieu de gens normaux. Je pensais que je ne pourrais plus fréquenter des gens ordinaires, comme la fille de M. P., à Red Bank, dont je m'étais fait une amie. Je me rappelle avoir imaginé ce que je lui dirais maintenant, même si elle me demandait un truc simple, faire de la couture avec elle, aller dans les magasins, déjeuner au restaurant... Qu'est-ce que je *ferais* ?

« C'est après ça qu'on m'a donné de l'Hemeneverin, un truc qui vous mettait K-O. On en donne aux alcooliques et aux drogués. Je savais que ce n'était plus qu'une question de temps avant que je m'enfuie, mais je connaissais les conséquences, la publicité qui s'ensuivrait, les répercussions, alors j'ai demandé à prendre cette drogue. Je voulais être explosée. J'ai dit au médecin : "Je suis condamnée à perpétuité, j'ai été transférée, je déteste ici, je vais me barrer."

« Il m'a répondu : "Je te prescris un demi-litre de lait par jour et quelque chose qui va t'aider à dormir et à te calmer." Je l'ai pris et j'ai été terrassée. Je suis repartie, je me suis mise à avoir une faim d'ogre, et après je me souviens m'être assise devant la machine à écrire en écoutant de la musique au lieu d'écouter la voix que je devais retranscrire, et des personnages tournaient autour de moi, alors je me suis levée pour m'en approcher. Dès que je me suis rassise, je me suis endormie. J'en ai pris pendant deux jours. »

Elle s'était mise à parler d'une façon vague, flottante. Je retrouvai ce même flou chaque fois que j'essayais de lui parler de drogue. J'étais certaine qu'elle avait consommé beaucoup plus de drogue en prison qu'elle ne voulait bien l'admettre ; j'étais certaine aussi qu'il est très difficile pour les prisonniers de se passer de ces antidouleurs ou tranquillisants extrêmement forts, une fois libérés.

Trois mois après son arrivée à Moor Court, Mary mit à exécution le projet dont elle avait parlé à la directrice et au médecin. « Cela n'a pas été très difficile. On a grimpé sur une clôture et on est arrivées dans les champs. » Quelques jours plus tôt, elle avait commencé à en discuter avec une fille qu'elle ne connaissait pas auparavant. « Elle s'appelait Annette, c'était une courte peine, une jeune fille qui avait fait une bêtise et qui voulait rentrer chez elle. Elle a dit qu'elle en avait marre, moi, j'ai dit que je haïssais cet endroit et que j'allais me barrer. Elle a répondu : "Sois pas bête, tu n'en as plus pour très longtemps." Mais j'ai dit qu'il fallait que je sorte et elle a lancé : "OK, alors je pars avec toi." »

Mary reconnaît qu'à ce moment-là, elle s'était prise pour un génie de l'évasion. Elle était allée voir plusieurs amies et leur avait demandé si elles pouvaient lui donner ceci ou cela, une paire de jeans par-ci, des chaussures à talons par-là, « juste pour ne pas être habillée avec mes affaires une fois dehors. Je leur ai dit qu'elles pourraient raconter que je les avais volées. Elles m'ont toutes expliqué que j'étais stupide mais ça me passait complètement au-dessus de la tête. Il aurait fallu un tremblement de terre pour m'arrêter ».

Elles programmèrent leur évasion pour le dimanche, à 13 h 30, l'heure des visites. Beaucoup de gens circulaient alors dans le jardin, de sorte qu'on ne comptait pas les détenues avant 18 heures.

« Très vite, on est arrivées sur une route. J'avais un style afro, avec des tortillons dans les cheveux. Une première voiture nous a prises et le gars m'a donné une carte routière à lire, évidemment je n'y connaissais rien, je la tenais à l'envers. Il s'est tourné vers moi en disant : "Je crois, mesdames, que je vais vous laisser au prochain carrefour." Je pense qu'il était du coin et qu'il avait compris. »

Le conducteur suivant leur demanda où elles allaient et leur dit que ce n'était pas sa direction. Finalement, trois jeunes hommes les prirent. « La police n'a jamais su qu'ils étaient trois, me dit Mary en baissant inconsciemment la voix. Le troisième a dû suspecter quelque chose parce qu'il a dit aux autres de s'arrêter. Il voulait sortir. Je n'ai jamais parlé de lui, pas plus qu'Annette, quand plus tard on nous a interrogées. Les deux autres, Clive et Keith, ont décidé d'aller à la foire de Blackpool. »

Les filles avaient remarqué que les garçons avaient beaucoup de tatouages, et la conversation bifurqua sur la prison. Elles finirent par avouer qu'elles étaient en fuite ; Mary leur précisa qu'elle était condamnée à perpétuité. Un peu plus tard, elle leur donna son nom. « Clive a dit : "Merde alors, j'ai lu un livre sur toi." Ça m'a démolie. J'ai demandé : "Qu'est-ce que tu vas faire ? » Il a répondu : "Rien" et Annette m'a poussée du coude en murmurant qu'ils allaient vouloir quelque chose. Je m'en foutais, on allait à la foire. Annette a de nouveau chuchoté qu'ils ne paieraient pas pour nous comme ça, qu'ils attendraient quelque chose en retour. Mais moi j'étais hyperperchée, euphorique. Plus tard, quand j'étais dans le grand huit et que j'ai regardé en bas, j'ai vu toute la foire en dessous et la mer devant. J'ai pensé : "Je m'en fous. Je suis dans les airs, au moins j'aurai vécu ça." »

Ils prirent quelques verres. « C'était quasiment la première fois que je buvais de l'alcool et j'ai tout de suite été bourrée comme un coing. Je ne sais pas comment je tenais sur mes jambes. On est allés en boîte jusqu'à très tard et j'étais la seule qui dansait, toujours avec mes tortillons dans les cheveux.

— Est-ce que Clive vous attirait ?

— Vous plaisantez ? Les gars nous ont emmenées dans un *bed and breakfast* sur le littoral. Ils étaient dans une chambre, Annette et moi dans une autre. J'étais ivre, ce n'est pas une excuse, mais c'est un fait. Écoutez, je ne suis ni puritaine ni prude. Mais est-ce que je me serais donnée comme ça ? Le sexe était la dernière chose à laquelle je pensais, je veux dire, si j'avais pu penser quelque chose. Le sexe pour moi... Vous savez ce qu'était le sexe pour moi : à Styal, les personnes dont j'étais proche, je n'avais pas de relations sexuelles avec elles. Tout ce dont je me souviens, c'est que j'étais au lit et tout à coup Clive était là aussi, et quand je me suis levée, il y avait du sang partout sur les draps. Je n'avais rien senti. Si c'était ça, c'était pas grand-chose. En fait, j'étais totalement paralysée.

— Mais vous n'aviez pas dit non ? »

Elle rit. « C'était probablement fini avant que j'aie pu dire non. Les gens ont beau dire que c'est des conneries, que c'est pratique de prétendre qu'on ne se souvient de rien... Il n'empêche, je ne me souviens pas. La nuit suivante, on était chez sa mère à Derby, elle était gentille [plus tard, pour protéger la mère de Clive, Mary prétendit ne l'avoir jamais rencontrée]. Il a essayé, je lui ai dit d'arrêter et il a arrêté. »

Le lendemain matin, alors qu'elle prenait un petit déjeuner dans un bar avec Clive et Keith (Annette les avait quittés), Mary vit que son évasion faisait la une de tous les journaux. « La veille, ils m'avaient offert un grand chapeau de paille. Je le baissais sur mon visage. Puis les garçons sont allés m'acheter des vêtements et de la teinture, ils m'ont emmenée chez un ami de Clive et j'ai teint mes cheveux couleur gingembre.

Clive est sorti : il devait aller voir quelqu'un. Plus tard, j'ai découvert qu'il était allé chez cette travailleuse sociale pour lui demander ce qu'il devait faire. »

Le *Sunday Times* m'avait demandé d'enquêter sur l'évasion de Mary et, peu de temps après les faits, je pus rencontrer Clive. Je rencontrai également la travailleuse sociale à qui il avait demandé conseil. Elle le connaissait bien et me parla affectueusement de ce jeune homme de 31 ans. Il n'avait sans doute pas pu résister à la tentation que représentaient les sommes d'argent extravagantes offertes par les tabloïds, et avait trahi Mary en la vendant, comme sa mère l'avait vendue pendant des années. Cependant, j'avais l'impression que c'était avant tout quelqu'un d'assez vulnérable qui, lorsqu'il était tombé sur Mary, avait fait un effort pour « rester dans le droit chemin ». Elle avait éveillé quelque chose chez lui. De la compassion ? De l'amour ? Je ne sais pas. Bien sûr, leur relation était inadéquate à ce moment-là, et l'aurait peut-être été à n'importe quel moment. Mais je ne peux m'empêcher de trouver familiers certains des sentiments exprimés dans les lettres qu'il a vendues à la presse comme étant écrites par Mary, quand bien même cette dernière, curieusement honteuse de ces trois jours, ou de celui avec qui elle les passa, m'affirma qu'elle n'en était pas l'auteur.

« Cette femme était gentille, me dit-elle à propos de l'amie de Clive, qui finit par la recevoir. Elle m'a fait un café, on a bavardé et j'ai joué avec son gamin. Il avait un singe qui pouvait plier ses bras. Quand Clive est revenu, il m'a dit qu'il y avait une péniche où je pouvais m'installer. J'ai dit non, je voulais aller à Londres. C'était bon pour lui, mais on pouvait faire un tour avant, et ils m'ont emmenée dans un bar, où il y avait des maquettes de bateaux, je me souviens.

« Après on s'est retrouvés dans la voiture, les deux garçons et moi, et j'ai vu passer un policier sur sa moto. Il a tourné la tête, probablement pour regarder la voiture, et je ne sais pas, ça a été le déclic. J'ai dit : "Bon, je pars maintenant." Clive a accepté. "D'accord, je t'emmène à la gare, mais on doit acheter un truc sur la route." À partir de là, on se serait cru dans une série policière. Keith m'a murmuré : "Il va te dénoncer." Un policier est arrivé, a demandé d'ouvrir la fenêtre de mon côté et il a dit : "Mary."

« J'ai répondu : "Je ne sais pas de quoi..." mais avant que j'aie fini ma phrase, il m'avait passé les menottes. "Je ne sais pas de quoi vous parlez, je n'ai que 17 ans..." Il a répondu : "Très bien, allons au poste."

« Et là, ils m'ont identifiée. Tout était dans le dossier. J'ai dit : "Oh ! mon Dieu, qu'est-ce qui va m'arriver maintenant ?" Et l'officier de police m'a expliqué qu'on les avait prévenus que je n'étais pas dangereuse. On l'avait également déclaré aux nouvelles. En fait, ils ne m'avaient pas cherchée dans tout le pays, ils avaient juste sorti un banal avis de recherche et ils m'avaient trouvée parce que j'avais été balancée. Malgré tout, j'espérais et je priais pour qu'aucun crime d'aucune sorte n'ait été commis qui pourrait me retomber dessus. »

« À l'époque, on travaillait dans le Wiltshire, me raconta Carole G. Et le dimanche soir, on a entendu aux informations de 18 heures que Mary Bell s'était échappée.

— On était horrifiés, ajouta Ben.

— On ne pouvait pas le croire, renchérit Carole. On ne savait même pas qu'elle avait été transférée. Quelques semaines ou mois auparavant, on nous avait demandé si éventuellement nous serions prêts à accueillir Mary, pour qu'elle vive chez nous. On habitait alors dans le Dorset. On ne comprenait pas très bien ce que cela signifiait : pour des visites, ou quand elle serait libérée, ou... quoi ? Notre première réaction a été de dire que nous ne *pouvions* pas, tout simplement. On travaillait, on faisait des recherches, on dormait sur place [dans l'enceinte d'une école].

« Mais ensuite, on s'est demandé si on ne pourrait pas y arriver d'une façon ou d'une autre. Donc, en fait, on avait envie de rappeler et d'en savoir plus. Mais bien entendu, vous ne pouvez pas téléphoner et obtenir ce que vous voulez. Et cette histoire est arrivée à ce moment-là. En début de soirée, on reçoit un appel de la police qui nous dit que Mary a été vue dans une voiture en direction du sud. Ils avaient trouvé les lettres qu'on lui avait écrites et ils voulaient nous prévenir qu'il était possible qu'elle cherche à nous joindre. Bon, on a écouté tous les journaux et finalement on est allés se coucher. On avait un nouveau chien, un berger allemand. Tout à coup, il s'est mis à aboyer.

— Carole était en train d'enfiler sa robe de chambre, continua Ben, quand j'ai ouvert la porte, et des flics ont surgi. Ils se sont jetés sur elle. On leur a demandé ce qu'ils faisaient et il s'est révélé qu'ils avaient pris Carole pour May. Quand ils ont compris, ils ont commencé à fouiller la maison et, après avoir vu qu'il n'y avait rien, ils se sont excusés. »

« La police de Derby a été très gentille, vraiment, raconta Mary. Je leur avais dit que je voulais aller à Londres, trouver un boulot et qu'après environ deux mois, j'aurais téléphoné au ministère de l'Intérieur pour leur dire : "C'est moi. Je voulais vous prouver que je pouvais le faire."

— Pensiez-vous réellement que ça se passerait comme ça ? C'était vrai ? »

Elle rit. « D'accord, pas vraiment. Je voulais juste faire la fête, être normale. Mais là, dans une cellule, avec la presse qui, m'a-t-on dit, entourait l'immeuble, je me suis soudain sentie très vieille et très fatiguée. Avant la fin de la nuit j'allais me retrouver dans une autre cellule, dans une prison quelconque, et il n'y aurait plus aucun sourire, pas de policiers compréhensifs, juste un système furieux que j'avais frappé en pleine face.

« Puis deux matonnes de Moor Court sont arrivées et m'ont dit que j'avais tout fichu par terre. Ça prendrait des années avant que je puisse sortir d'un quartier de haute sécurité. "Tu es stupide", m'a dit l'une d'elles, assez tristement, j'ai trouvé. "Tu es allée où, bon Dieu ?" Quand, je ne sais pas pourquoi, je le lui ai dit, elle a répondu : "Merde, j'espère que tu n'es pas enceinte." Ça m'a donné mal au ventre. Je n'avais pas pensé à ça. Puis j'ai appris qu'on allait m'envoyer à Risley, Risley la Macabre, comme on l'appelle, le centre de détention le plus notoirement affreux d'Angleterre. Jamais je n'avais pensé finir là. »

Tandis que je travaillais sur l'article pour le *Sunday Times*, après l'évasion de Mary, je parlai avec une jeune femme – appelons-la Joan – qui, condamnée à une courte peine pour un délit mineur, était à Moor Court quand Mary y avait débarqué. Joan avait 20 ans lorsque je la rencontrai. Elle venait d'être libérée. C'était une jolie fille bien élevée, venue avec son bébé de 1 an. Elle n'avait pas été malheureuse durant ces quelques mois à Moor Court.

« C'était comme un camp de vacances. Pas mal du tout. Le seul truc négatif, vraiment affreux, c'est que, si vous aviez un bébé, vous en étiez séparée. Ça, c'était horrible.

— Avez-vous le sentiment que la prison vous a donné une leçon ?

— Oh ! oui, répondit-elle avec fermeté. Plus jamais ça.

— Les prisonnières avaient-elles été prévenues de l'arrivée de Mary ?

— Oui.

— Saviez-vous qui elle était ? »

Joan rit. « Non, pas avant qu'elle arrive. Je n'avais que 19 ans. [Presque deux ans de moins que Mary à l'époque.]

— Mais les autres détenues vous ont-elles parlé de Mary, de ce qu'elle avait fait ?

— Oui. Elles parlaient beaucoup. Il y avait eu une grande excitation à l'idée de la venue de Mary.

— L'avez-vous rencontrée rapidement après son arrivée ?

— Oui. Tout de suite. Elle était intelligente, très intelligente. Elle allait chaque semaine à la bibliothèque et elle empruntait quatre ou cinq livres. »

Joan, cependant, n'aimait pas Mary. « Elle était différente. Le personnel la traitait différemment. » D'après elle, Mary parlait beaucoup de l'enfant qu'elle avait tué. « Mais elle disait qu'elle en avait tué un seul, pas deux, comme on le racontait. Et qu'il avait 8 ans, seulement deux ans de moins qu'elle. Elle avait joué avec lui dans une cour de récréation, elle l'avait poussé d'un banc ou un truc comme ça... » Elle avait préféré rester loin d'elle : elle ne voulait pas entendre parler de ce meurtre. Ça lui faisait peur.

« Mary avait-elle des amies ?

— Elle disait tout le temps qu'elle était seule, mais elle n'était pas obligée. Il y avait des filles bien là-bas, avec lesquelles vous pouviez sympathiser. »

Puis elle ajouta, avec une soudaine sagesse : « Je crois qu'elle voulait être seule. Elle prenait tout le temps des cachets. Il n'y avait pas de psychiatre à Moor Court, juste un médecin une fois par semaine et Mary le voyait souvent. Elle avait des maux d'estomac, des migraines. Elle était sous Valium et un autre tranquillisant, elle en prenait trois fois par jour. Elle n'arrêtait pas de dire qu'elle ne resterait pas ici, qu'elle s'enfuirait. Qu'elle allait leur *montrer.* »

Mary arriva à Risley à 14 heures. « J'étais rassurée, je connaissais l'agent de réception, Mlle Ogden. Elle était à Styal. "Oh ! mon Dieu, il a fallu que ce soit toi, pas vrai ?" Et elle m'a demandé de me déshabiller. Après avoir vérifié que je n'avais pas de poux ni de morpions, et m'avoir fait prendre un bain, ils m'ont mise dans la "boîte". C'était une cabine étroite avec, pour s'asseoir, une planche de bois à quelques centimètres du sol. Je ne pouvais pas étendre mes bras ni devant, ni sur les côtés. Je crois que c'est la seule fois de ma vie où j'ai eu ce que j'ai compris plus tard être une crise de panique. Je tremblais de tout mon corps, je suais de partout. Dieu merci, la "boîte" n'a duré qu'une heure à peu près et une infirmière, peut-être une sœur, je ne me souviens plus, est venue et m'a conduite en cellule. J'étais tellement soulagée, je me suis allongée sur le lit de camp et je me suis tout de suite endormie. »

Ses trois mois à Risley se révélèrent finalement assez inoffensifs. « Je connaissais aussi l'assistante de la directrice, Mlle Harbottle. C'était une bonne pâte. Le lendemain matin, elle m'a appris que je n'aurais pas d'"association" [de contacts avec les autres détenues] tant que je n'aurais pas été vue par les juges. Je devais écrire une déclaration pour expliquer mon comportement. J'ai fait trois tentatives. Les deux premières m'ont été retournées, la directrice trouvait que ce n'était pas assez bon. Mlle Harbottle pensait que ça n'allait pas m'aider d'écrire : "Je devais m'enfuir, je le sentais." "Tu dois faire quelque chose pour les aider à te comprendre", disait-elle. Alors, ensuite, j'ai écrit la déclaration que vous avez lue. »

Cette déclaration, que Mary écrivit à la machine, décrit à la fois les circonstances et les raisons de son évasion. Cela commence par :

> Depuis que ma liberté conditionnelle a été rejetée, en juillet-août 1977, et puisqu'on ne m'avait pas donné de date de libération, je me sentais très déprimée. Je voyais des filles arriver et repartir et je me sentais tellement isolée. Je voulais prouver aux autorités que je me suis stabilisée et saisir l'occasion de mener une vie normale, comme tout le monde. Ce qui s'est passé il y a dix ans, bien que toute la vérité n'ait pas été faite au tribunal, est quelque chose avec quoi je vais devoir vivre pour le restant de mes jours et le nombre d'années passées en prison, quel qu'il soit, ne l'effacera pas de mon esprit. J'ai pris une vie, mais pas de la façon sauvage dont la presse a parlé. À l'âge de 10 ans, je ne comprenais pas le sens de la mort. Ce qui m'est arrivé aurait pu arriver à n'importe quel enfant de mon âge dans le même contexte...
>
> La semaine précédente, j'avais vu par hasard à la réception [de Moor Court] une carte de Noël de mon père qui ne m'avait jamais été donnée, et j'avais appris que ma grand-mère [Bell] était décédée. Toutes ces choses ont commencé à s'accumuler et j'ai pensé : je suis enfermée et je n'ai jamais fait l'expérience d'aucune vie. Je ne sais même pas de quoi parlent les autres filles quand elles arrivent ici, parce que je n'ai jamais été nulle part ni fait quoi que ce soit...

Ensuite Mary décrit son évasion avec Annette et la manière dont elles avaient rencontré Clive et Keith, puis son arrestation.

> J'ai dit à la police que Clive et Keith ne savaient rien. Je ne voulais pas qu'ils aient de problème à cause de moi. Ils m'ont montré que je pouvais être normale, m'amuser, passer du bon temps avec les gens, comme tout le monde. Je suis désolée d'avoir semé la pagaille dans leur vie parce qu'ils ont juste essayé de m'aider. Je leur suis reconnaissante à eux deux. Je demande maintenant que mon cas et ma situation soit réétudiés sous une lumière différente et que l'on me donne une chance de vivre normalement. Grâce à ces trois jours, je sais que je peux me débrouiller dans la vie normale et me sentir à l'aise avec des gens ordinaires. J'espère seulement que la presse ne va pas ressortir tout le passé et essayer de me faire passer pour une horrible personne. Peut-être ne pensez-vous pas que je mérite ma liberté, surtout après avoir pris la fuite, mais je ne veux pas passer le reste de ma vie en prison. Je demande la clémence et j'espère que vous comprendrez mon point de vue. Je suis désolée d'avoir créé des problèmes. Je voulais seulement être libre. Donnez-moi une chance de l'être.

Transition
Risley, Styal, Askham Grange
1978-1980

Mary avait cru qu'il faudrait des semaines avant qu'elle ne voie les juges, mais cela ne prit que deux jours. « Je devais les rencontrer dans l'après-midi, et ma mère est arrivée le matin. Elle m'a giflée, m'a fait voler de ma chaise et a crié : "Petite salope, tu crois pas que tu nous en as déjà assez fait baver comme ça !" J'ai dit : "Désolée" et elle a hurlé : "C'est tout ce que tu peux dire ? Désolée ?! T'es tordue ou quoi pour faire un truc pareil, me faire traverser l'enfer, avec la police devant notre porte..." Et tout le reste : comment elle avait dû aller au commissariat, comment elle m'avait cherchée partout, sachant que j'essaierais de la rejoindre. Quand elle a fait mine de me gifler à nouveau, j'ai crié : "Non !" Je ne lui avais jamais parlé aussi brusquement depuis des années. On est restées assises à se regarder l'une l'autre.

« Qu'est-ce qu'elle avait bien pu penser ? Que je m'étais échappée pour aller passer du bon temps avec *elle* ? Elle ne comprenait rien. Je ne serais jamais allée la voir, parce que je savais qu'elle m'aurait ramenée, et que je ne voulais pas rentrer.

J'ai dit n'importe quoi quand j'ai raconté que je voulais me rendre au bout de deux mois. Mais ce qui est vrai, c'est que je ne me suis sûrement pas enfuie pour tomber enceinte. C'était l'histoire qui circulait, tout le monde me l'a dit plus tard, parce que ce Clive s'est fait tout ce fric en disant aux journaux que je voulais un enfant de lui. Mon Dieu... *jamais*. »

Puis elle fut amenée devant les juges qui devaient décider de la sanction à prendre après son évasion. Ils étaient trois, « une petite vieille dame qui aurait fait partie de n'importe quel comité d'un village rural », et deux hommes. « Je tremblais à l'intérieur, mais la vieille dame a été très gentille, vraiment. Elle a dit que parce que je n'étais partie que deux jours, ils se montreraient cléments. Ils me donnèrent vingt-huit jours d'isolement avec privation de privilèges [association et cigarettes] et suspension de mon salaire [pour le travail en atelier]. D'autre part, ma liberté conditionnelle ne pourrait plus être discutée avant six mois. »

Mary était si déprimée et fatiguée, me dit-elle, qu'elle était presque indifférente à l'isolement. Seule la gênait la lumière qui restait allumée toute la nuit. « Je ne pouvais pas dormir et j'ai demandé à voir le médecin-chef. C'est comme ça que j'ai rencontré le docteur Lawson. »

En réalité, elle l'avait déjà vu une fois, peu de temps après son arrivée à Risley. Il l'avait rassurée : elle n'était pas enceinte. « C'était un homme juste. Il a pris le temps de m'écouter. Je l'aimais bien. » Le docteur Lawson refusa de lui donner des cachets pour dormir, ou tout autre médicament.

Ayant étudié ses dossiers médicaux, il était choqué par le nombre de produits qu'on lui avait prescrits. « Qu'est-ce que tu veux devenir, jeune fille ? dit-il. Un légume ? »

« J'avais réfléchi à beaucoup de choses, surtout à ce qui s'était passé avec Clive, à ce qui était sorti dans la presse. J'ai dit au docteur Lawson qu'en fait, j'étais un homme, et je lui ai demandé de m'aider à changer de sexe.

— Quoi ? Étiez-vous folle ?

— Eh bien, oui et non. Je veux dire, en réalité c'était absurde, mais ça me permettait de réfléchir à quelque chose, de donner une direction à mes pensées – l'idée de ne pas être moi. Je savais que je n'étais pas un homme, et que je ne voulais pas le devenir. D'un autre côté, je ne voulais pas être moi non plus. C'était un moyen d'explorer les choses, d'utiliser le docteur Lawson pour sonder mes idées.

« Il se contentait d'écouter. Je pouvais lui dire toute sorte de choses. Je n'ai pas pensé un seul instant que je le dupais et je sais qu'il n'a pas cru que j'essayais de le manipuler. C'était impossible, même si je l'avais voulu. Il me laissait juste sortir de mon système et c'était si gentil de sa part. Et puis il a dit que je frôlais le ridicule avec ce genre de bavardage, que mon cerveau, à force de ne pouvoir se concentrer sur rien, était de toute évidence devenu nébuleux. "Je salue ton intelligence, mais qu'est-ce que tu attends de moi ?"

« Après cette période, après la frayeur que j'avais eue en croyant être enceinte, j'avais besoin d'un but. Je lui ai dit que je ne pensais plus à ma date de remise en liberté, je savais que maintenant ça prendrait du temps, mais que je voulais désespérément retourner à Styal. "D'accord, a-t-il répondu, on va voir ce qu'on peut faire." Et beaucoup plus tard, j'ai appris qu'il avait écrit une lettre au ministère de l'Intérieur en leur disant que j'étais prête à exploser et que s'ils ne voulaient pas ça, ils feraient mieux de me libérer. Le plus tôt serait le mieux. »

Trois mois après son évasion, « à ma grande joie » dit-elle, elle retournait à Styal. « "Tu seras dans la prochaine livraison", me dit la directrice. Deux jours plus tard, j'étais dans un camion en route vers le Cheshire et après quelques heures je retrouvais toutes mes amies. »

Compte tenu des nombreuses semaines pendant lesquelles Mary m'avait parlé de ses sept années en prison, elle n'avait presque plus rien à dire à propos des neuf mois supplémentaires passés à Styal. « C'était tranquille, j'étais chez moi, j'étais avec Diane et j'avais d'autres bonnes amies. J'étais bien préparée à rester là, aussi longtemps qu'il faudrait. »

La dernière lettre que Mary écrivit à Carole et Ben G., en 1978, montre son état d'esprit de l'époque.

> On a eu un magnifique arc-en-ciel ici, c'était tropical. Hier, j'étais sur l'herbe à m'éclabousser avec de l'eau froide. Quand c'est comme ça, ça me rappelle toujours Rimington Park [une sortie qu'elle avait faite avec Carole

et Ben, cinq ans plus tôt, lorsqu'elle était à Red Bank]. J'aimerais bien retourner là-bas un jour, ce serait comme de remonter le temps...

Elle remonta le temps des années plus tard. « Quelqu'un m'a conduite à Red Bank, me raconta-t-elle. Mais quand je suis arrivée, je n'ai même pas pu sortir de la voiture. J'ai juste regardé par la vitre ce qui avait été une part si importante de ma vie. Je me souvenais que je mesurais 1 m 20 et des poussières à mon arrivée, quinze ans plus tôt, je me souvenais de M. Dixon, et puis je n'ai plus pu le supporter. "S'il te plaît... partons, j'ai dit, s'il te plaît..." »

Elle ne retourna jamais à Rimington Park.

La suite de la lettre évoque tristement ce qui arriva à beaucoup des garçons de Red Bank après leur sortie, malgré la qualité de cette institution et l'influence de James Dixon.

J'ai des nouvelles de l'extérieur. Vous vous souvenez de Derek C. ? J'ai reçu une lettre de lui il y a environ six semaines. Il est à la prison de Freemantle State, il purge une peine de dix ans pour vol à main armée.

J'ai failli tomber de ma chaise. Il dit que pour les visites, il y a des vitres et des mitrailleuses, et je ne crois pas qu'ils ont de système de liberté conditionnelle là-bas. Tommy C. a pris cinq ans pour avoir piqué des salaires sur les docks. Et Ray C. vient juste de sortir ; il a eu un accident et désormais il est paralysé à partir du cou.

Il est maintenant 21 heures. Je dois aller voir le médecin avant de pouvoir terminer ma lettre.

Je me suis sentie un peu faible et j'ai eu plusieurs migraines, j'ai donc pris un fortifiant pendant deux jours.

Hier soir, nous avons dansé ; j'ai un peu fait ma John Travolta... Toujours aussi exhibitionniste, pas vrai ? Le directeur adjoint et quelques filles ont fait un fantastique engin, un char, pour un énorme spectacle de papier mâché, dans la cour : « La vieille dame qui vivait dans une chaussure ». Les gosses du personnel étaient à l'intérieur, à regarder par les fenêtres. Ils ont gagné le premier prix.

Voilà, je vous ai donné plein de petites nouvelles. Les pas-bonnes-nouvelles se sont accumulées jusqu'à mon évasion. Ma grand-mère Bell est morte, et on n'a pas vu mon père depuis un an. Je crois que notre P. [le frère de Mary, son cadet d'un an, qu'elle n'avait pas revu depuis ses 11 ans] sait où il est mais il ne le dira pas. Ma vieille mémé McC. décrépit dans sa maison de retraite, ce qui me fend le cœur. Elle ne se souvient de personne et vit dans son monde.

« J'avais téléphoné à ma grand-mère, me raconta Mary, et elle ne m'avait pas reconnue, elle m'avait prise pour quelqu'un d'autre. J'ai dit : « Non, non, je suis Mae. » Mais ça ne lui disait rien. C'était la première fois que je lui parlais depuis – combien ? cinq, six ans ? Et elle ne se souvenait pas de moi. Ça m'a donné le sentiment de ne pas exister. »

> Je me sens si inutile à ne pouvoir rien faire, sauf espérer qu'elle est heureuse à sa manière. Pour être honnête, c'est surtout mon papa qui me manque. Je n'ai pas entendu parler de lui depuis des années, pas une carte d'anniversaire, rien, et vous savez à quel point je l'aime. Mais bon, s'inquiéter n'arrange pas les choses. Il est capable de s'occuper de lui-même.

À l'exception de la carte de Noël qu'elle ne reçut jamais et vit seulement par accident à Moor Court, peu de temps avant qu'elle ne s'en échappe, Billy Bell n'avait jamais communiqué avec elle. « Lui avez-vous demandé pourquoi, après votre libération ? » lui demandai-je. Elle secoua la tête. « Non. Je l'ai à peine revu. Que se dire après ce qui représente quand même toute une vie ? »

> Même si on ne s'est pas écrit depuis un moment, je veux que vous sachiez tous les deux que vous n'êtes jamais très loin dans mes pensées. Je pense souvent à vous et je me demande comment la vie se passe pour vous. Nous sommes aujourd'hui jeudi. J'ai été chez le coiffeur, je me suis fait faire un dégradé, ce n'est pas mal. Cet après-midi, je suis aussi allée à la thérapie de groupe, donc l'un dans l'autre, ça n'a pas été une mauvaise journée. Il fait très chaud aujourd'hui encore, même si on a eu du tonnerre, des éclairs et des averses. Il fera probablement une chaleur torride demain. Dieu merci, la semaine prochaine, je travaille au jardin, je serai au grand air. Je déteste travailler à l'intérieur, berk. C'est tellement monotone et crétin. Bon, je dois y

aller, croyez-le ou pas, j'ai des choses à faire, la lessive et le repassage m'attendent. Ici, on n'est sûrement pas dorlotés, je crois qu'il ne manque plus que l'inspection des armes et la vérification des chaussures, ah ah ! Bon, il faut vraiment que je signe maintenant, j'espère avoir bientôt de vos nouvelles et, jusque-là, portez-vous bien, donc pour l'instant je vous dis au revoir, toujours avec amour, Mae.
P.-S. Reçu votre carte, ravie d'apprendre que vous allez avoir un bébé !

Mary était de retour à Styal depuis neuf mois environ, lorsque, à une heure de l'après-midi, en pleine semaine – » je ne l'oublierai jamais ! » –, elle fut convoquée dans le bureau de la directrice.

« Quand je suis entrée, Mlle Fowler et Mlle Starr, les deux assistantes de la directrice, étaient là, et Molly Morgan avait cette grande feuille de papier devant elle. Elle a dit : « Je crois que vous feriez mieux de vous asseoir. » En six ans, je m'étais assise une seule fois en sa présence, alors j'ai dit que je préférais rester debout.

« Et puis elle a commencé à parler avec cette voix bien à elle, ce ton protocolaire sur lequel elle avait tranché mon cas une bonne centaine de fois : « Le comité des libertés conditionnelles a recommandé au ministère de l'Intérieur que vous soyez... » Elle s'est arrêtée brusquement. « Oh ! et puis zut. Vous avez obtenu votre libération conditionnelle. Vous serez libérée au mois de mai de l'année prochaine. » Comme j'étais debout, raide comme un piquet, elle a ajouté : « Vous pouvez montrer un peu plus d'enthousiasme ! En général, les gens sont en extase. » J'ai répondu – aujourd'hui je trouve que ce n'était pas vraiment classe de ma part, je crois qu'elle était contente pour moi, pas seulement parce qu'elle allait enfin être débarrassée de moi : « Ce n'est pas vous qui l'avez demandée, n'est-ce pas ? » Pas sympa, hein ?

« Je suis sortie et j'ai commencé à faire des roues et puis j'ai remis mes bottes en plastique et j'ai couru le plus vite possible pour le répéter à Diane qui était dans la cuisine de son bâtiment. Tout à coup, je me suis sentie affreuse. Mon amie était là, elle n'avait pas sa date de libération et moi j'avais la mienne. J'ai vu mon reflet dans une vitre. J'étais blanche. Elle a dit : "Qu'est-ce qui t'arrive, tu as vu un fantôme ?" Je lui ai dit : "J'ai obtenu ma libération, c'est pour l'année prochaine." Elle a fondu en larmes et on est restées là, debout, à nous serrer dans les bras l'une de l'autre. Puis elle a dit : "On ne doit pas pleurer. Tu m'emmèneras avec toi. Une partie de moi sera avec toi, et tu seras avec moi, ici." »

Mary osa une fois transgresser la règle qui interdit strictement aux prisonniers ou aux anciens prisonniers de communiquer entre eux. Après la libération de Diane, un jour, elles se parlèrent une heure au téléphone.

« On s'est promis de se revoir. On a pris rendez-vous, à Marble Arch. Mais finalement je n'ai pas osé. Je pense qu'ils voulaient vraiment nous tenir éloignées et je ne pouvais pas courir le risque de lui nuire en faisant quoi que ce soit.

— Que se serait-il passé si vous aviez tout simplement, honnêtement, demandé la permission de la voir ?

— J'y avais réfléchi, mais que faire s'ils refusaient ?

— Craigniez-vous que Diane veuille peut-être oublier cette époque, qu'elle n'ait pas envie d'y repenser ?

— Non, répondit-elle rapidement, pas du tout, pas du tout. » Et elle ajouta, sur un ton qui ne souffrait pas de réplique : « Nous sommes amies. Jamais je ne cesserai d'être son amie, jamais elle ne cessera d'être la mienne. »

Les moments qui précèdent la remise en liberté des condamnés à perpétuité font l'objet d'un soin particulier. Pendant les neuf derniers mois environ, qu'ils passent dans une prison ouverte, ils commencent à travailler à l'extérieur. Ils ont des premiers rendez-vous avec leur officier de probation, et on leur attribue un visiteur de prison, dont la fonction est de les aider à réintégrer la société.

« Dans mon cas, c'était une Asiatique qui s'appelait Pam. Elle était étudiante en sociologie et son petit ami, Mark, était infirmier. Elle était très sympa, elle m'a présentée à son cercle d'amis et m'a emmenée à un feu d'artifice.

— Que savait-elle de vous ?

— Elle connaissait mon nom, mais on n'a jamais parlé de rien.

— Pensez-vous que ce système était bon ?

— En un sens, oui, si vous vous entendez bien avec votre visiteur. Il y en avait certains, que j'avais vus ou entendus, avec qui je savais que ça n'aurait pas collé, même si c'étaient des gens de bonne volonté.

— N'était-ce pas une bonne idée d'avoir choisi pour vous une personne jeune ?

— Oui, même si ce n'était pas toujours facile non plus avec Pam. Comment dire ? J'étais obligée d'entrer dans un personnage. Mais bon, j'aurais sans doute été obligée de le faire avec n'importe qui. J'ai toujours senti que je devais être convenable avec Pam. Elle s'exprimait très bien, avec classe, comme les gens que j'avais connus à Red Bank. Pourquoi pas ? Si ça n'avait pas été le cas, on ne lui aurait sûrement pas proposé ce travail. Ce n'était pas aux gens qui se répandent en injures, aussi gentils et proches soient-ils de ceux qui se retrouvent en prison, qu'on allait proposer de devenir visiteurs. Mais c'était déconcertant, et un peu irréel. »

La prison ouverte Askham Grange était, comme Moor Court, constituée d'un magnifique bâtiment ancien entouré de vastes terrains.

« Ça avait beaucoup de caractère, se souvenait Mary. Il y avait une immense bibliothèque, avec de vrais livres, cette fois, une grande salle de bal, plusieurs salles à manger et une aile spéciale pour les femmes qui avaient un bébé. C'est une des rares prisons du pays – avec Holloway – qui le permet. La nourriture était vraiment bonne. Pour le petit déjeuner, on avait des céréales, des haricots, du thé, de la bonne confiture. Au déjeuner, des currys, du riz, des spaghettis, des fruits. Pour le thé, des salades, des saucisses, des tartes à la viande, ce genre de choses. Et, le soir, des œufs pochés sur des toasts, des sandwichs, du chocolat...

« Tout était très, très différent des autres endroits. Les gens étaient gentils les uns avec les autres. On m'a donné des choses comme du shampoing et plein de produits qui sentent bon. On pouvait faire des choses intéressantes. En plus de l'inévitable nettoyage, il y avait un site de fouilles archéologiques, on s'occupait de la mare aux canards, on faisait du jardinage. On pouvait aider à la bibliothèque. Tout était assez détendu.

« Le directeur était connu pour être très réglo. Il voulait juste que tout soit impeccable. Par exemple, lorsque je suis arrivée, on ne m'a pas amenée devant lui avec les menottes. C'est typique de ce genre d'endroit. Non, il est venu dans la petite salle à manger, on m'avait offert une tasse de thé et il a dit chaleureusement, avec son accent de Liverpool : "Bonjour, j'espère que vous apprécierez votre séjour." Puis il m'a expliqué que j'étais libre de me promener dans le parc quand je voulais, même en dehors des heures de travail à l'extérieur, avant d'ajouter : "Simplement, ne franchissez pas la grille et soyez de retour avant 20 heures."

— Est-ce que vous pensiez encore à vous évader ?

— Ce n'est pas que je n'y pensais pas, mais j'y pensais différemment... Je me contentais de jouer avec cette idée. Très vite, je me suis rendu compte que je ne me voyais plus comme quelqu'un qui a l'obligation de s'échapper – du style prisonnier de guerre. Je n'avais plus non plus ce *besoin* de courir que j'avais ressenti à Moor Court. Bien sûr, j'avais ma date de libération, mais même si ça a dû jouer, je pense que ce n'était pas seulement ça. C'était parce que l'endroit, l'atmosphère étaient différents : j'étais prête... à être de nouveau moi-même, vous comprenez ? »

Elle rit, légèrement embarrassée. « Comme l'avait dit M. Dixon, j'étais prête à aller de l'avant et à être l'ambassadrice de Red Bank. J'ai peu à peu délaissé les jeans. Je me suis mise à porter des jupes. Je faisais ça pour moi. Même si, au cours de ces onze années, je n'avais apparemment rien appris de concret, de vraiment utile pour le reste de ma vie, une chose au moins était sûre : personne ne pourrait plus m'embêter, je ne me laisserais plus faire.

« Il y avait là-bas une fille qui s'appelait Phoebe, avec qui je suis vite devenue amie. C'était une femme très éduquée, qui était en prison pour évasion fiscale. Elle m'a dit : "Pourquoi tu te forces à jurer, à parler comme tu le fais ? Pour quoi faire ?" Elle disait que je me protégeais par l'agressivité, mais qu'elle pouvait voir qu'il y avait une personne intelligente en dessous. Elle n'avait pas tout à fait raison, parce que c'était plus compliqué que ça de tenir mes différentes personnalités à l'écart et d'avancer. Mais ce qui était vrai, c'est que désormais je n'avais plus besoin d'être agressive. »

Le transfert de la prison proprement dite aux annexes qu'on appelle les auberges dépend du comportement des prisonniers et des places disponibles. Il est toujours lié au début d'une activité à l'extérieur, dans un village ou une ville proche. Pour Mary, il eut lieu trois mois après son arrivée.

« Les auberges sont des bungalows à l'intérieur de l'enceinte d'Askham Grange, m'expliqua-t-elle. Par rapport au bâtiment principal, il y a peu de meubles, c'est un peu comme des salles d'attente, mais vous avez votre propre chambre. » Les femmes font elles-mêmes leurs petits déjeuners et dans chaque auberge un repas est préparé le soir.

« Le problème, c'est le travail. Tout dépendait de la bonne volonté des employeurs du coin, et il n'y en avait pas tant que ça qui voulaient de nous. Beaucoup de filles étaient employées comme femmes de ménage à l'hôpital psychiatrique proche, quelques-unes étaient vendeuses dans un magasin de souvenirs, mais la plupart du temps c'était le ménage et le service. Moi, j'étais serveuse à la cantine du collège St. William. J'avais une amie à l'auberge, Jane. On se retrouvait soit à la pause de midi, soit plus tard quand on a obtenu notre autorisation de 22 heures, ce qui se produisait au bout de quelques semaines si votre comportement et votre travail étaient satisfaisants. Alors on allait au pub et on rentrait ivres mortes. Je ne sais même pas comment on réussissait à tituber autant.

— Et la drogue ?

— Eh bien, comme je vous l'ai déjà dit, tout le monde fumait du hasch, dans toutes les prisons que j'ai connues. Et oui, là aussi, il y avait de la drogue. Par rapport aux prisons à sécurité maximum, comme Styal, où on pouvait voir à la bonne mine des détenues que les drogues dures étaient rares, les prisons ouvertes sont connues pour rendre la drogue et l'alcool plus faciles d'accès. À Askham Grange, comme à Moor Court bien sûr, j'ai vu de l'héroïne. Certaines personnes en faisaient passer clandestinement dans des bouteilles. Mais je n'ai vu ni crack, ni cocaïne, ni poussière d'ange, ou toute cette merde. Il est vrai que je ne courais pas après ça et que les filles le savaient.

« Malgré tout, je pense que les journaux, en tout cas à cette époque, exagéraient l'usage de la drogue dans les prisons pour femmes. La plupart des drogues que j'ai vues à Askham Grange et à Moor Court étaient médicales, des trucs comme le Largactil, le Librium, l'Hemeneverin, l'Halcyon et le Nembutal. Il y avait toujours moyen d'en obtenir auprès des médecins, même si c'étaient des prescriptions limitées dans le temps. » Elle haussa les épaules. « Tout est relatif, non ? Des prescriptions à durée limitée pendant des années, ça conduit à l'addiction. Mais, croyez-moi, vous ne pensez pas à ça quand ils vous rendent la vie supportable, et c'était le cas. Je n'avais qu'un cauchemar à l'époque : la presse. Je n'ai jamais pu comprendre ce qu'ils me voulaient. »

Les médias n'avaient jamais cessé de s'intéresser à Mary, en grande partie à cause des initiatives de sa mère, lorsqu'elle était à Red Bank et à Styal. Mais c'est à partir de son évasion de Moor Court que la volonté de « l'avoir » devint particulièrement féroce parmi les tabloïds anglais et dans certains magazines étrangers – avec parfois encore plus d'obstination chez ces derniers. Le monde de la prison, dont ils pensaient pouvoir tirer des papiers spectaculaires, les intéressait d'ailleurs davantage que les questions plus sérieuses qu'ils auraient pu soulever à propos de sa vie.

« Ça m'a rendue très prudente. À partir du moment où j'ai été autorisée à sortir, les gens me montraient du doigt et les journalistes m'arrêtaient dans la rue. Une fois, un groupe a poussé mon amie Jane dans une voiture. Ils l'avaient prise pour moi, et elle les a laissés faire jusqu'à ce qu'elle soit certaine que j'étais en sécurité. Plus tard, après ma libération, on m'a aidée à changer d'identité. Mais même comme ça, certains m'ont retrouvée.

— Les auberges étaient-elles surveillées ?

— Oui. Des agents dormaient sur place, ça allait, ils étaient sympas avec moi, ils ne me causaient jamais de problèmes même quand c'était moi le problème. Et quand j'ai *eu* des problèmes, quand la presse a commencé à me harceler, ils me sont souvent venus en aide en me conduisant à mon travail ou en revenant me chercher en voiture. »

Durant ses années de détention, Mary avait plusieurs fois explosé de colère. À Red Bank, au milieu de garçons très réceptifs, cela avait été considéré comme normal, dans la limite des règles de James Dixon. En prison, où l'agressivité physique était perçue comme hors norme et inacceptable pour les autres détenues, elle avait appris à se contrôler. Ses nombreux passages à Bleak, quand elle était à Styal, avaient été causés par des actes de rébellion contre le personnel, non par de la violence contre des prisonnières. Au demeurant, elle me parla toujours de ces dérapages avec beaucoup de franchise, en me disant qu'ils faisaient partie du personnage de « dure » qui était le sien en prison.

« Un jour, à Askham Grange, il s'est passé quelque chose de moche. Il y avait une fille qui était là parce qu'elle avait maltraité un enfant et elle a commencé à me chercher des noises sous prétexte que je sautais la file d'attente pour le repas. Tous ceux qui étaient condamnés à perpétuité faisaient ça, c'était toléré, personne ne disait jamais rien. Mais elle, oui. Alors je l'ai frappée. Peut-être que j'avais envie de ça, et que j'ai sauté sur la première occasion de me bagarrer. En tout cas, je lui ai cassé le pouce et écrasé quelques côtes. On l'a emmenée à l'infirmerie. Des amies à moi m'ont sortie de la bagarre et quand la police est arrivée, on était toutes installées à la bibliothèque en train de lire les journaux. Mais le directeur m'a fait venir dans son bureau. Il savait que c'était moi, et il a expliqué que s'il en trouvait la preuve, j'étais repartie pour cinq à sept ans supplémentaires. Finalement, la fille a dit qu'elle ne savait pas qui l'avait frappée. »

Quand vint le moment d'aborder l'événement le plus redoutable de sa vie à Askham Grange, Mary se montra partagée. Elle n'était pas gênée par rapport à moi – elle éprouvait visiblement le besoin de m'en parler –, mais l'idée que cela allait se retrouver dans un livre lui répugnait. J'éprouvais moi aussi de la réticence. Mais je ne pouvais éviter de mentionner, même brièvement, une affaire qui, tombant à la fin de douze années d'emprisonnement pour avoir tué deux petits garçons à l'âge de 11 ans, entrait si tristement en résonance avec toute son histoire.

Il se trouve qu'un homme fort respectable, et marié, tomba amoureux d'elle pendant la période où, travaillant à l'extérieur, elle vivait dans une quasi-liberté.

« Lorsque la libération approchait, on nous permettait de nous déplacer, de manière à pouvoir décider de l'endroit où nous irions par la suite. J'avais annoncé que j'irais chez ma mère. Je n'avais pas d'autre endroit où aller. » (Il est intéressant de noter qu'une des conseillères de Mary à Red Bank, Veronica, avait écrit au ministère de l'Intérieur en proposant de la recevoir chez elle. Sa demande avait été rejetée, sans doute parce qu'on savait qu'elle ne croyait pas à la culpabilité de Mary, comme M. Dixon.)

Mary fut donc, pour la première fois, autorisée à quitter la prison pour trois jours. Avant son départ, son ami lui suggéra de ne passer que deux nuits chez sa mère.

« Il m'a dit que je pouvais prendre un train et qu'il viendrait me chercher pour aller à Darlington.

— Vous saviez ce qu'il voulait. Vous le vouliez aussi ? »

Elle resta un moment sans répondre.

« Avant tout, il y avait cette permission de sortie et... Vous comprenez, je venais chez ma mère sous un faux nom, à cause de la honte – celle de ma mère, qui ne parlait que de ça, et de culpabilité, encore et toujours de culpabilité. Elle m'a immédiatement demandé de ne dire qui j'étais à personne. Le premier soir, au pub, elle a raconté à ses copains que j'étais sa cousine et que mes parents étaient morts. Ça s'est passé comme ça pendant les deux jours. Elle prenait plein de cachets, des trucs pour dormir, du Nembutal. Elle m'en donnait aussi. Et elle m'a fait boire, pas pour me faire du mal, je pense, mais parce que pour elle c'était le remède à tous les maux : si vous preniez froid, il fallait boire, et ainsi de suite.

« En l'occurrence, j'ai été ivre, et en plus j'ai pris froid. Elle et George m'ont dit que j'avais crié pendant mon sommeil... Bon, de toutes les filles qui avaient partagé ma chambre, aucune ne m'avait jamais entendu crier. Donc, je ne les ai pas crus. Mais je me rappelle avoir été ivre.

— Ça me surprend que George vous ai laissée vous saouler pendant votre permission.

— Il disait toujours que je devais me laisser aller, toujours "laisse-toi aller", mais c'était surtout ma mère qui me glissait des trucs. Elle rallongeait mon verre. C'était du whisky-orange.

— Pourquoi faisait-elle ça ?

— Je ne sais pas. En tout cas, je me suis réveillée tôt le matin et la première chose qu'on m'a donnée, c'est un verre. Un whisky. Pour que j'arrête de pleurnicher. Mon nez coulait et je tremblais. C'était mon traitement.

— Selon elle ?

— Oui, c'est ça. Elle disait : "Ça, ça va te calmer." Moi je n'arrêtais pas de demander du thé : "Je veux du thé, je veux du lait, je veux quelque chose, pourquoi ma bouche est comme ça ?" J'avais soif, malgré tout ce qu'elle me donnait à boire. Elle répondait : "Bouche-toi le nez et bois." Alors, vous comprenez, après deux jours, j'étais juste contente de partir.

— Et vous aviez hâte de le retrouver ?

— Il m'avait dit qu'on irait dans une jolie petite ville dans le Teeside, où il y avait un petit hôtel et j'étais un peu... dans l'attente.

— Vous saviez ce qui allait se passer dans cet hôtel ?

— Je savais que je n'y allais pas pour boire un café, répondit-elle sèchement.

— Mais aviez-vous envie de ce qui allait se passer ? répétai-je.

— J'étais... d'une certaine manière... excitée.

— Le trouviez-vous attirant ?

— Je n'étais pas contre. Il voulait me prouver que je n'étais pas lesbienne. C'était... une histoire de pouvoir. Il le savait, je le savais et il l'a même formulé. Que c'était... que j'étais comme un animal qu'il faut dresser. Il parlait beaucoup...

— Oh ! Mary... Aviez-vous besoin de ça ? Le vouliez-vous ?

— Je ne sais pas. Maintenant je ne sais pas. Mais c'était différent... Je me sentais différente.

— À vous entendre, ça n'a pas l'air d'avoir été une bonne chose pour vous.

— Eh bien, c'était une expérience. » Elle s'arrêta. « J'étais immature, très immature. C'était difficile pour moi de ne pas penser au sexe comme à quelque chose de sale...

— Pensiez-vous que le sexe avec les filles était sale ?

— Non, ce n'était pas du sexe.

— C'en était quand même un peu, non ?

— Non, vraiment, vraiment pas. C'était différent. Mais les hommes... Sans doute à cause de mon... C'était sans doute à cause de mes souvenirs, d'associations que je faisais...

— Lui avez-vous dit non à un moment ?

— Oh, ce n'était pas le propos... Et il était gentil avec moi. Il était bien. Il n'a pas été méchant, au contraire, il se montrait attentionné, protecteur. Au fond, c'est une bonne personne. Vous savez, on parle tout le temps du problème des femmes d'un certain âge, mais on oublie que les hommes traversent des crises eux aussi, et je crois que c'était son cas. Je crois qu'il m'aimait ou qu'au moins il était un peu amoureux de moi. Lors de ma seconde permission, on a été dans un hôtel pendant quatre jours, à Finchley, un vrai petit voyage. Mais peu de temps après, il a parlé à sa femme et je l'ai rencontrée. Elle était tellement gentille, tellement honnête avec moi. Je ne pouvais pas... je ne pouvais pas le voir briser son mariage et sa vie.

— Est-ce que ça a été la fin de votre relation ?

— Oui. Il est venu me dire au revoir juste avant que je sois libérée et il m'a offert une bague en or. »

L'histoire n'était pas finie pour autant. Le pire, au contraire, allait commencer.

Des mois plus tôt, au début de sa préparation à la remise en liberté, le médecin-chef d'Askham Grange lui avait suggéré de prendre la pilule.

« Mais j'ai trouvé ça très vexant. J'ai dit : "Qu'est-ce que vous insinuez ? Que je vais me déchaîner et sauter sur tous les hommes que je croiserai ?" Il a répondu que non, que c'était juste une proposition qu'ils faisaient à toutes les femmes avant leur libération pour que nos corps s'y habituent. Moi, je l'ai pris comme une intrusion dans mon intimité. En plus, j'avais peur de ces pilules, j'avais lu des choses sur les effets secondaires possibles... Et puis je ne *prévoyais* rien.

« Quand ça s'était passé avec cet homme [c'étaient ses premiers vrais rapports sexuels avec un homme, excepté le bref cafouillage avec Clive un an et demi auparavant], il semblait maîtriser totalement la situation et savoir ce qu'il faisait. Je n'avais pas posé de question... Je n'avais pas réfléchi.

« Et puis, j'ai compris que j'étais enceinte. Il fallait que j'en parle à quelqu'un et j'ai choisi l'officier de probation d'Askham Grange, qui était particulièrement gentille. Évidemment j'ai menti sur son identité à lui. Elle m'a dit que je devais réfléchir à ce que je voulais faire et qu'il fallait en parler avec... l'homme. Je l'ai fait. Il m'a emmenée déjeuner au restaurant. Je lui ai expliqué que je ne voulais pas avorter, que je voulais être enceinte. Il a répondu que c'était ma décision, entièrement ma décision. Il a pris ma main, l'a un peu caressée.

Il ne fallait pas que je m'inquiète, c'était vraiment à moi de… Si je gardais le bébé, ce serait évidemment très difficile… mais ça n'avait pas d'importance, on trouverait les moyens de… on trouverait une façon de vivre.

« Bon, vous savez, c'était impossible, non ? J'ai décidé de me faire avorter. Mais quand je pense que la première chose que j'ai faite après douze années de prison pour avoir tué deux enfants, c'est de tuer le bébé que j'avais en moi… »

Mary avait commencé à pleurer.

« Mais il n'y avait rien d'autre à faire, vraiment. »

Quatrième partie

ESSAYER DE VIVRE
1980-1984

Les récits de Mary sur ses neuf derniers mois à Styal et un peu moins d'une année à Askham Grange étaient devenus étrangement calmes, plus ordonnés, presque joyeux parfois. La relation avec un homme adulte, quoi qu'il se fût passé ensuite, et quoi qu'on en pense d'un point de vue éthique, lui fut étonnamment bénéfique.

« Il avait dit : "Je t'aime quoi que tu aies fait... pour tes qualités et tes défauts." C'était incroyable pour moi. »

Il n'est pas anodin qu'au moment de cette relation, pour la première fois depuis qu'elle avait 4 ou 5 ans, Mary cessa d'être énurétique. « Je ne pouvais pas croire que c'était fini. Ça m'avait poursuivi depuis toujours et tout à coup, plus rien. J'étais... propre. »

L'inévitable rupture avec cet homme, sa grossesse et sa remise en liberté, tout contribuait cependant à transformer la transition en choc traumatique. Quand elle quitta la prison en mai 1980, une partie d'elle-même était dans un état d'euphorie à l'idée d'être libre, l'autre totalement incapable de se projeter dans l'avenir. « Où iraisje ? Qu'est-ce que j'allais faire ? Qu'est-ce que… Qu'est-ce que je ferais sans mes amies ? » En prison, Mary avait créé une vie à elle et, chose étrange, une forme de confiance en elle-même, de conscience de sa valeur – sans doute grâce à son talent pour l'amitié.

« C'est arrivé d'un coup, au moment où je passais la grille, je crois. Dehors, je me suis sentie… comme jetée dans le vide. »

Elle n'avait pas de maison hors de la prison. Toutes ses amies étaient des détenues. Elle n'avait pratiquement pas de famille, même si ses oncles et tantes étaient des gens bons et aimables.

« Lors d'une permission, j'étais allée chez ma tante Cath. Je ne peux pas dire qu'ils ne m'ont pas bien accueillie. Ils étaient gentils. L'oncle Jackie se comportait comme si j'étais juste partie faire une course et que je revenais. Mais, en réalité, je ne crois pas que ça pouvait marcher. Je suis différente de ma famille. J'ai eu une vie différente. Ils étaient bien avec moi, mais ils n'avaient pas envie que je reste dans le coin. Je les embarrassais. »

Durant les quatre semaines entre sa libération et l'avortement qu'elle devait subir, s'amorça ce qui pour l'essentiel allaient être deux années d'une existence flottante et sans but, comme si, paradoxalement, le pouvoir destructeur de la vie en captivité s'était exacerbé au moment où elle prenait fin.

Si, d'habitude, les condamnés à perpétuité en liberté conditionnelle sont rendus à leur famille,

Molly Morgan, la directrice de Styal, avait prévenu Mary, des années auparavant, qu'il était très improbable qu'elle soit autorisée à retourner vivre auprès de sa mère. Mais les permissions avaient créé un précédent et, croyait-elle se souvenir, c'était ce qu'elle-même voulait.

En réalité, ni Betty ni Mary ne le souhaitaient. Elles l'avaient l'une et l'autre expressément déclaré peu de temps auparavant, ce qui, lorsque j'en parlai avec Mary, était sorti de sa mémoire, oubli révélateur de l'ambivalence qui est la sienne dès qu'il s'agit de sa mère. La seule chose dont elle se souvenait, c'était d'avoir eu « des sentiments mêlés » lorsque le directeur adjoint d'Askham Grange, qui s'occupait des formalités de sa libération, lui apprit qu'on avait décidé de ne pas la renvoyer dans le Nord-Est ; pour le moment, ils ignoraient où elle irait.

Les autorités cherchaient la meilleure solution pour elle depuis un moment, comme le montre le témoignage de Carole et Ben G., à qui elles avaient proposé de l'accueillir. Mais la médiatisation de Mary rendait tout plus difficile. On sait quel avait été, à cet égard, le rôle de Betty depuis le début du procès. Lors de sa seconde permission, elle avait même présenté Mary à l'un de ses vieux copains de bar, d'après elle reporter à *News of the World*. Dans un murmure conspirateur, elle avait suggéré que Mary écrive un livre avec lui. « Et vous imaginez le genre d'arrangement qu'elle avait en tête, me dit Mary. Quand je suis sortie, il faisait partie de ces personnes qui paraissaient toujours savoir où on pouvait me trouver. »

Même sans cela – mon premier livre avait entre-temps, sans aucun doute, accru l'intérêt du public –, la notoriété de Mary était un fait, surtout dans le nord de l'Angleterre, et l'on avait toutes les raisons de craindre que sa libération ravive le traumatisme des familles et redouble l'intérêt des médias.

C'est juste avant sa remise en liberté, fixée au 14 mai 1980, que les autorités finirent par lui indiquer sa première destination.

« Je ne pouvais rien faire toute seule. Qu'est-ce que je connaissais ? *Qui* je connaissais ? Je ne savais pas quoi faire. Mes amies, en prison, étaient consternées que rien n'ait été préparé. L'une d'elles a même essayé d'entrer en contact avec sa famille pour voir s'ils pouvaient me prendre chez eux. C'était une gentille famille qui travaillait dans les mines, ils ont dit qu'ils seraient ravis de m'accueillir, mais évidemment cette solution a été refusée. »

Une des choses les plus importantes était de fournir à Mary une nouvelle identité. Le directeur suggéra un prénom. « Il m'a dit que s'il avait eu une fille, c'est le nom qu'il aurait choisi et ça m'a fait sentir qu'il se souciait de moi. » Avec l'aide du directeur adjoint, elle choisit ensuite un nouveau nom et quelqu'un du service social de York vint lui attribuer un numéro de Sécurité sociale.

« Cette femme m'a tendu des papiers. J'ai dit merci. Mais je n'avais pas la moindre idée de ce que c'était. La Sécurité sociale, la santé, les impôts... ? Ne me faites pas rire. Bien sûr, les filles n'arrêtaient pas de bavarder entre elles de ceci, de cela, mais c'était toujours pour entuber le système, pas pour s'y conformer. Bon sang, la moitié des gens en prison ouverte sont là pour évasion fiscale ! Et le nouveau nom ? Mon Dieu, j'étais Mary, comment allais-je devenir quelqu'un d'autre ? Comment pourrais-je me rappeler que j'étais quelqu'un d'autre ? C'était comme devenir étranger. »

La question du nom – ou de son absence – fit resurgir la crise d'identité traversée en 1977, quand elle avait découvert à Styal que Billy n'était pas son père biologique. Il faudrait longtemps avant qu'elle puisse répondre de cette nouvelle identité. Il faut dire que le nom qui a été choisi ne l'aide pas : il ne lui ressemble en rien ; et comme, de plus, elle en a utilisé de nombreux depuis – à chaque fois qu'un journal semblait près de la retrouver –, aucun n'est jamais devenu réel pour elle.

En famille ou avec des amis, tout le monde utilise un surnom qui, en revanche, lui va très bien, et c'est ainsi que j'ai pris l'habitude de l'appeler, moi aussi. Pourtant, un énorme pas dans le processus d'analyse nécessaire à ce livre fut franchi quand, au bout d'environ un mois de discussion, elle me dit soudain : « Je veux que vous m'appeliez Mary lorsque nous parlons. Après tout, je suis Mary, non ? »

Le 13 mai, en fin d'après-midi, douze heures avant sa remise en liberté, on lui expliqua que tôt le lendemain matin, une femme officier et son époux la conduiraient jusqu'à Cambridge. De là, une officier de probation, amie du directeur, l'emmènerait dans un petit village du Suffolk, où elle resterait dix jours.

« Je n'avais aucune raison d'aller là-bas, sauf que cette officier de probation y avait une maison. Elle travaillait dans une prison voisine, mais elle avait pris un congé de dix jours pour moi. Tout cela me faisait penser qu'ils ne savaient pas quoi faire de moi. Ils avaient trouvé cette solution en attendant qu'une place se libère, j'imagine. Il y avait par exemple une famille de quakers dans le Yorkshire, à dix kilomètres d'Askham Grange, chez qui ceux qui en avaient besoin, prisonniers ou autres, pouvaient être accueillis. »

Le village du Suffolk était minuscule. « Ce n'était pas très olé olé, rien à voir avec Blackpool, contrairement à ce que j'espérais. J'ai juste rencontré deux personnes, une vieille dame qui tricotait, un vrai personnage de Dickens, et un type barbu qui avait été moine et était devenu le boucher du village. Il portait des shorts sous son tablier, avec des sandales, un vrai hippie. Quant à l'officier de probation, elle était gentille, mais ce n'était pas le genre de personne avec qui on peut parler. Je crois qu'elle non plus ne savait pas trop quoi faire avec moi.

— Alors, qu'avez-vous fait pendant ces dix jours ?

— J'ai fait de petites promenades, mais j'ai surtout dormi. J'ai mangé beaucoup de macarons et de fromage. Du brie, elle avait plein de brie, je ne sais pas pourquoi. Je me sentais seule, terriblement seule. Je ne savais pas qu'on pouvait se sentir aussi seule. J'étais très préoccupée par l'avortement.

— Doutiez-vous encore de votre décision ?

Ce n'étaient pas des doutes, mais j'y pensais beaucoup. Étant donné mon enfance, j'avais l'impression que c'était moi qui aurais dû être avortée. Si la famille de ma mère, qui avait 16 ans, avait eu un minimum de bon sens, s'ils s'étaient montrés responsables, je l'aurais été. C'est d'ailleurs pour ça que je n'avais pas de doute. Je ne mettrais pas au monde un enfant sans être prête, ou sans le désirer profondément. Quel genre de mère aurais-je été au bout de neuf mois en dehors de la prison ? De toute façon, on ne m'aurait pas autorisée à le garder et il aurait été aussi démuni que moi. Si je n'avais pas commis de crime, je crois que l'argument moral concernant l'avortement ne m'aurait pas préoccupée. Mais c'était terrible que la première décision responsable à prendre soit tellement... » Elle fit une pause. « ... en lien.

— Lorsque vous avez pris cette décision, est-ce votre propre enfance qui vous est revenue à l'esprit, ou celle de Martin et Brian ?

— Les deux. Mes pensées étaient très emmêlées... »

C'était la première fois, je crois, qu'elle disait à quel point son enfance et les crimes ne pouvaient être séparés dans son esprit.

« C'était juste totalement impossible. Je parlais... je m'excusais auprès du bébé en moi, je lui disais : "Ce sera pour le prochain tour." »

Ann Sexton fut la troisième des nombreux officiers de probation qui s'occupèrent de Mary.

« J'allais de l'un à l'autre comme s'ils se démodaient soudain, plaisanta-t-elle. Ann m'a réceptionnée à Cambridge.

— Réceptionnée ?

— Eh bien, c'est comme ça que je vivais les transferts. Je ne le dis pas comme une critique, pas du tout, mais vous savez, pour eux, c'est la routine. Ils ont tellement de "clients", comme ils disent. Le mot est significatif, non ? Je veux dire, cela signifie que nous sommes une sorte de transaction, vous ne croyez pas ? En tout cas, Ann était jeune et très gentille, mais aussi très timide. En quelque sorte, j'avais le sentiment que je devais essayer de l'amener à me parler plutôt que le contraire. Elle était très croyante. Elle m'a raconté qu'elle avait essayé de partir en Afrique du Sud comme missionnaire, mais qu'elle n'avait pas été acceptée. La famille de quakers à qui elle m'a confiée était de ses amis. »

Geoffrey et Elizabeth Henderson[1] avaient deux filles, l'une mariée, l'autre, de l'âge de Mary, travaillant dans une galerie à Londres, et deux fils dont l'un, David, suivait sa première année à l'université et le second, Tim, 14 ans, vivait en pension.

« Seul Tim ne savait pas qui j'étais. Tous les autres savaient. C'étaient vraiment des gens bien. Le docteur Henderson – Geoff – était un homme strict, il donnait des leçons sur la Bible tous les jeudis. Mais ils étaient vraiment bons. Liz était plutôt timide, sans doute parce que son mari était

1. Les noms ont été changés.

un peu écrasant, mais elle était vraiment gentille avec moi, elle aussi. »

Mary pensait qu'elle était allée se faire avorter à l'hôpital trois jours après son arrivée dans son nouveau foyer. En fait, l'avortement eut lieu un mois après sa libération, donc plus tard.

Ses hôtes croyaient qu'elle avait juste des ennuis féminins. Ils ne posèrent pas de questions.

« Quand ça a été terminé, j'étais épuisée. Je me sentais horriblement triste. Je ne pouvais tout simplement pas m'arrêter de pleurer. Je me souviens que je suis allée chez le coiffeur, et que j'ai éclaté en sanglots... Je passais beaucoup de temps seule dans ma chambre. Liz et Geoff comprenaient, ils me laissaient tranquille. Ce n'étaient pas des gens indiscrets. Ils devaient surtout penser que j'étais désorientée. Il y avait d'abord le changement d'identité, qu'ils connaissaient. Et puis l'hôpital. Moi, tout ce que je voulais, c'était trouver un travail, peu importe dans quoi. Je savais que sans références, sans expérience, ce serait difficile, alors je regardais autour de moi et je répondais à des annonces. »

Elle trouva un premier emploi à la crèche locale, moins de dix jours, pensait-elle, après avoir quitté l'hôpital.

« Mais naturellement, je devais en parler à l'officier de probation et ils ont catégoriquement refusé.

— Pour être honnête, les prisonniers en liberté conditionnelle ne sont pas autorisés à travailler auprès du public, alors, dans une crèche en plus... ?

— Je sais. Mais vous voyez, je ne faisais pas le lien... »

Elle s'arrêta. Elle faisait très bien le lien entre un poste dans une crèche et l'interdiction de travailler auprès des gens, mais celui qu'il y avait entre une crèche et le crime pour lequel elle avait été condamnée, que le service de probation aurait nécessairement relevé, et que sans aucun doute les médias et le public auraient tout de suite noté, lui échappait. Au demeurant, qu'avait fait le service de probation pour l'aider à trouver un emploi ? On ne peut pas dire, à écouter son récit, qu'il avait préparé le terrain.

« Alors je suis rentrée et j'ai abandonné. Je me suis dit quelque chose comme : "Bon, ça suffit, j'y retourne." Et j'ai marché, marché jusqu'à Askhani Grange. À environ deux cents mètres de la prison, une gardienne m'a arrêtée et m'a demandé ce que j'étais en train de faire. J'ai dit : "Je n'aime pas être dehors." Et elle – elle était gentille –, elle m'a dit que je ne pouvais pas revenir, que c'était difficile mais que je devais rester dehors. »

Ensuite, elle travailla avec un peintre décorateur.

« J'aimais peindre quand j'étais à Styal, alors j'ai aidé à peindre la mairie et l'intérieur des maisons. Puis j'ai enchaîné plusieurs petits boulots par-ci par-là et les mois sont passés comme ça. Un jour, Geoff, pour ses affaires, a dû aller près de Newcastle. Il m'a emmenée. Je lui ai demandé si l'on pouvait passer chez ma mère, que je n'avais pas vue depuis des mois.

« Il a traversé Scotswood et on est passés par Whitehouse Road. Il m'a demandé si je voulais qu'il arrête la voiture quelque part et j'ai dit : "Non, non !" Je voulais partir. Être en voiture comme ça, dans cet endroit, me rappelait un rêve que je faisais souvent, au sujet de mon père et de K. [sa sœur, de cinq années plus jeune]. Dans le rêve, j'étais derrière notre maison... Il y avait du vent, beaucoup de vent et j'étais dehors, je regardais la fenêtre de la chambre. Je criais, j'appelais : "Papa, c'est moi, c'est moi, je peux entrer ?" Et à la fenêtre je ne voyais que des visages blancs. Personne ne me répondait. »

Dans un autre rêve que Mary me dit avoir fait plusieurs fois, pendant des années, les visages à la fenêtre sont ceux de ses deux petites sœurs. K. demande à Billy : « Qui c'est ? » et Billy répond : « Quelqu'un qu'on ne connaît pas. »

« Geoff m'a conduite chez ma mère [qui, à cette époque, comme on l'a vu, n'habitait plus Whitehouse Road]. Je ne me souviens de rien si ce n'est qu'il est resté dans la voiture. Je ne sais même pas si elle était là, je sais juste que le soir, au retour, il m'a emmenée au restaurant et que je lui ai parlé de l'avortement, bien sûr sans lui dire qui était le père.

— Comment la conversation en est-elle arrivée là ? Pourquoi lui en parler soudain, des mois après ?

— Nous mangions dans un endroit tranquille, et tout est arrivé en même temps, Scotswood, le rêve, le fait d'avoir vu (ou non...) ma mère. Il me regardait, *moi,* et il disait que j'avais l'air fatigué et... simplement... eh bien, personne ne me regardait jamais comme ça... *J'étais* fatiguée, j'étais horriblement fatiguée et cela devait encore être très présent dans mon esprit. Donc je le lui ai dit, j'ai juste dit quand ça s'était passé et il n'a pas posé de questions. »

Mary n'avait pas parlé à sa mère depuis des mois quand, très peu de temps avant Noël, alors qu'elle se promenait non loin de la maison des Henderson, elle s'aperçut qu'une voiture la suivait. Elle pensa qu'un reporter, encore une fois, l'avait retrouvée.

« Finalement je me suis dit "Et merde !" puis je me suis arrêtée. La voiture a stoppé et j'ai vu sortir mon beau-père, Georgie. Georgie est la personne la plus honnête que je connaisse. J'admire vraiment la façon dont il a fait son chemin et, vous savez, la façon dont il aimait ma mère, dont il restait collé à elle malgré tous ses défauts. Ce jour-là, dans la rue, avec Noël et tout, oui, ça m'a fait plaisir de le voir. Il a dit, ce sont ses mots exacts : "Ta mère voudrait que tu lui donnes une deuxième chance d'être une mère pour toi. Elle voudrait que tu viennes à la maison." Et ma mère était dans la voiture.

« On est retournés jusqu'à la maison, Geoff était là. Il n'était pas content du tout. Il a dit qu'évidemment je pouvais sortir avec eux le lendemain, mais si je retournais dans le Nord, je ne serais plus la bienvenue chez lui. Je ne serais plus capable de vivre ici parce que, si je retournais chez ma mère, "ça détruirait complètement l'objet".

— Compreniez-vous ce qu'il voulait dire ?

— Non, pas du tout. J'étais horriblement vexée. Il avait l'air très fâché, du genre "il n'y a rien d'autre à ajouter". C'était comme un ultimatum. »

J'aurais pu prédire sa réaction face au docteur Henderson qui, à raison, tentait de la diriger. Je connais sa colère, la manière dont elle se ferme, devient imperméable aux arguments, aux efforts de persuasion, quand elle considère qu'on essaie de lui dicter sa conduite ou d'envahir son intimité. Deux choses peuvent alors se produire. Soit elle ravale sa colère, sort, marche pendant des heures avant de rentrer et de se coucher ; ensuite elle conserve sa rage un bon moment, des jours et même des semaines, durant lesquels, contre son habitude, elle se montre froide et renfermée envers celui ou celle qui, selon elle, l'a attaquée ou blessée. Soit, au contraire, elle l'attaque verbalement : elle devient offensante à son tour, non par les mots qu'elle utilise – elle n'est jamais vulgaire –, mais sa voix, d'habitude lente et hésitante, monte d'une octave, les mots deviennent soudain tranchants, martelés. Elle dira par exemple : « Je suis fu-ri-euse, ab-so-lu-ment fu-ri-euse. » Plus la colère la prend, plus ce qu'elle dit sonne classe moyenne, et moins elle retrouve la douce intonation populaire de Newcastle.

Sa mère et Georgie allèrent dans un *bed and breakfast*. Elle resta à la maison, mais n'adressa pas la parole à Geoff. Et elle passa la journée suivante en compagnie de sa mère et de Georgie.

« Nous sommes allés dans la ville d'à côté. C'était le jour du marché, les pubs étaient ouverts dès le matin, je crois. J'ai vu une librairie et j'ai dit que j'avais envie d'aller y fouiner. Ma mère m'a suivie. Mais elle m'a demandé ce que je voulais faire avec tous ces livres, et "Allons plutôt au pub", alors j'y suis allée et eux ils étaient juste... oh... juste à rester assis. Je me souviens d'avoir dit : "Bon sang, comment pouvez-vous rester assis ici alors qu'il fait si beau dehors ?"

« Il faisait froid, mais il y avait du soleil, et de la musique partout, comme toujours au moment de Noël. C'était vraiment charmant. Ma mère a déclaré que je vivais dans un monde imaginaire, que ce n'était pas réaliste pour moi de vivre là. "Ces gens", elle a dit en parlant de Liz et Geoff. Je n'appartenais pas à ce monde, la vie que je menais chez eux n'était pas une vie pour quelqu'un comme moi. En l'écoutant, je ressentais précisément le contraire : à quel point j'étais une personne différente. Je n'appartenais pas, je ne pouvais pas appartenir à... leur... à l'univers de ma mère.

« Mais quand elle a dit : "C'est Noël, viens à la maison pour Noël", je n'ai juste pas pu dire non. Je sais maintenant... oui, je sais maintenant que j'aurais dû mieux me débrouiller avec Geoff...

— Étiez-vous toujours en colère contre lui ? »

Elle ne répondit pas. « Je les aimais tellement, vous savez. Les enfants devaient tous venir pour Noël. Certains étaient déjà arrivés. J'aurais pu essayer de trouver une espèce de compromis avec Geoff, mais je ne l'ai pas fait. Je suis juste partie dans le Nord ce soir-là. Ma mère et George vivaient à Whitley Bay, à côté de Newcastle, sur la côte. »

Ainsi Betty, qui avait toujours su sur quel bouton appuyer avec Mary, avait gagné, une fois de plus. Comptant sans doute sur l'atmosphère des fêtes, elle était réapparue sur la scène avant Noël, accompagnée du jeune et gentil beau-père, que Mary aimait bien, pour agiter la baguette magique de « la mère », ce qui marchait toujours.

Dans le pub, ce jour de marché, Mary avait eu un moment de lucidité ; elle avait hésité. Malheureusement, le docteur Henderson, incarnation même de la figure paternelle dans une famille quaker, avait non seulement exercé son autorité – avec une fermeté qui avait toujours sur Mary l'effet d'un chiffon rouge agité sous le nez d'un taureau –, mais tenté d'éprouver sa loyauté envers sa mère en posant un ultimatum qu'elle jugeait offensant pour cette dernière, plus que pour elle-même. Sans compter qu'en cette veille des vacances, alors que les quatre enfants étaient de retour, il avait semblé clair à Mary que cette maison n'était pas la sienne : ce n'était qu'un refuge dont on pouvait la renvoyer si elle désobéissait. Même si elle appréciait les Henderson, même si elle était prête à les aimer, le lien restait fragile.

« Je pense à eux maintenant, disait-elle seize ans plus tard, comme à une lointaine famille.

— Comme à *votre* lointaine famille ?

— Comme à une lointaine famille pour moi. Il est hautement improbable qu'ils aient jamais besoin de moi, mais si c'était le cas, si n'importe lequel d'entre eux, un jour – quand les poules auront des dents –, avait besoin de moi, je serais là pour lui. »

De fait, ils avaient été là pour elle en lui offrant ce dont elle avait besoin. Le docteur Henderson avait même accédé à son désir de s'arrêter chez Betty le jour où ils étaient passés à Newcastle, alors qu'il savait que les autorités désiraient interrompre leurs contacts. Il avait fallu que Betty, des mois plus tard, débarquât sans prévenir et cherchât de force à renouer avec Mary pour qu'il estimât (ignorant la complexité de cette relation autant que les réactions de Mary face à la contrainte) n'avoir d'autre choix que de poser un ultimatum.

Noël, raconta Mary, se déroula dans des vapeurs d'alcool.

« Entre Noël et le Nouvel An, je crois que j'ai été ivre du matin au soir. Tout se passait dans le pub où elle avait ses habitudes, et je buvais avec tout le monde. Je voyais bien, à nouveau, que mon foyer ne pouvait être là où était ma mère. Je m'étais sentie obligée de venir la voir, mais c'était comme une énième permission où je n'aurais pas dû me rendre. Le 4 janvier, je suis partie à York, au bureau de probation. »

Ann Sexton n'était pas rentrée. L'officier de probation qui la remplaçait expliqua à Mary qu'elle ne pourrait plus retourner chez les Henderson. Elle ne devait pas non plus les contacter, sauf par le biais d'Ann.

« C'était une femme adorable, l'épouse d'un laitier. Le premier soir, je suis allée chez eux. Ensuite ils m'ont trouvé une chambre à partager avec une institutrice, à la campagne, mais il n'y avait rien à faire, aucun travail. Alors, au bout de deux semaines, ils m'ont amenée à Harrogate où il était censé être plus facile d'en trouver. Mais ce ne fut pas le cas. C'était à se taper la tête contre les murs. »

Elle finit par trouver, ponctuellement, un peu de travail, le plus souvent comme serveuse. Mais pour l'essentiel elle continuait à vivre d'aides sociales dans des *bed and breakfast* payés par les services sociaux.

« Je devais quitter la chambre à 9 heures et ne pas rentrer avant 16 heures. Il y a toujours des boulots de serveuse, où qu'on aille, mais ça ne dure jamais : vous travaillez bien, vous aimez bien le boulot et puis vous êtes virée entre deux services et vous ne savez pas pourquoi. » Nous ne l'avons compris elle et moi que l'année dernière, quand j'ai appelé le responsable d'un restaurant qui venait de la renvoyer : employer des serveurs sur de courtes périodes permet à de petits restaurants de survivre, parce que ces emplois sont dispensés de charges sociales.

« C'était une période très déprimante, très solitaire, conclut Mary. Ce n'est pas étonnant que tant de gens récidivent. »

L'état d'esprit de Mary se reflète toujours dans la manière dont elle présente un récit. Son corps et son visage révèlent ses sentiments, mais surtout le sujet abordé règle, ou dérègle, son langage. Ainsi, la dépression, qui fut l'élément dominant de ces mois passés en *bed and breakfast*, la mena à un tel degré de confusion durant les deux jours où nous en parlâmes que je me retrouvai avec des pages de notes presque vides malgré trois heures d'enregistrement – il est vrai remplies de soupirs, de pauses, de rires sinistres et d'excuses.

Lorsque, plus tard, je fis écouter les bandes à mon mari[1], nous ne pûmes que nous regarder avec incompréhension. « À quoi pouvaient-ils bien penser ? me dit-il. Une fille qui a été détenue depuis ses 11 ans, ils la lâchent dans un monde d'étrangers, pas de formation, pas d'éducation, avec juste l'aumône pour survivre ? Elle a raison, ce n'est pas étonnant que tant de personnes récidivent. »

Pour finir, Mary trouva une chambre dans une maison appartenant au propriétaire d'une école d'anglais pour étrangers. Ici, la chance sembla tourner. « Il trouvait que c'était ridicule que je vive dans ce vide et il m'a fait entrer à l'université. »

En tout, elle passa six mois (deux trimestres) à l'uni, comme elle disait. Elle étudia la philosophie, la psychologie et la littérature anglaise dans une université du West Yorkshire, Le premier trimestre fut sans doute la période la plus insouciante. Elle vivait dans une résidence, sans soucis financiers, une bourse couvrant à la fois ses frais de scolarité et de subsistance.

« Je me suis plus amusée que jamais, plus que j'aurais jamais imaginé qu'on puisse le faire. À l'uni, je n'étais pas Mary Bell. Personne ne savait. J'avais le sentiment d'être [ici son nouveau nom],

1. Le photographe américain Don Honeyman (1919-2011). [N.D.T.]

une personne différente, mais aussi moi-même, le moi dont M. Dixon aurait été fier, celui qu'il connaissait. J'adorais les lectures, j'adorais la bibliothèque. J'avais une jolie chambre, une chambre d'étudiant, pour moi toute seule. Il y avait plein de mouvements, beaucoup de gens que j'aimais bien. »

Je la trouvais étonnamment laconique, comme s'il s'était passé trop de choses dans un temps très court, toutes joyeuses mais pas assez profondes pour justifier d'être relatées une à une.

« Êtes-vous sortie avec quelqu'un ?

— Je ne voulais pas m'engager. On allait nager, jouer au foot, voir les courses automobiles, et, oui, danser aussi...

— Y avait-il de la drogue ?

— J'avais essayé le LSD quand je glandais à York. C'était comme si j'avais la mâchoire verrouillée, j'avais des crises de rire, et puis toutes ces lumières intensément colorées... Mais à la fin j'étais crevée, donc je n'avais pas très envie de remettre ça trop souvent. Quand j'ai pris des amphétamines à l'uni, ce que tout le monde faisait, je n'ai ressenti aucun des effets prévus, ça ne m'a pas boostée, etc., ça aussi, ça m'a juste fatiguée. Je ne crois pas avoir une personnalité addictive.

— Hum, dis-je. Et toutes les drogues que vous avez prises en prison ? Et les cigarettes dont vous ne pouvez vous passer ? »

Elle haussa les épaules. « Qu'est-ce qu'on peut faire d'autre en prison ? » Et ajouta, sur la défensive : « Les cigarettes ? Je n'en fume que quand je suis seule ou dehors.

— À l'université les gens vous posaient des questions sur vos parents, votre foyer ?

— Je... je ne mentais pas, mettons que je ne disais pas tout. Je prétendais que le docteur Henderson et sa femme étaient mes oncle et tante. J'essayais de ne rien dire qui puisse porter préjudice à qui que ce soit.

— Et vos parents ?

— Je disais que je ne m'entendais pas très bien avec ma mère et qu'elle était séparée de mon père, ce qui était le cas.

— Comment votre mère a-t-elle pris le fait que vous alliez à l'université ?

— Comme si ça l'achevait.

— Vous la voyiez ?

— Oui, je suis allée la voir deux fois. Elle disait aux gens que j'étais sa cousine de Liverpool, "celle qui va à l'université". En 1981, j'ai passé Noël chez elle, mais je suis tout le temps sortie avec des amis de l'université. »

Elle commençait à se voir en professeur ou en thérapeute.

« Je rêvais plus ou moins d'ouvrir la voie vers de nouvelles méthodes, ou je ne sais quoi. Mais juste avant le dernier trimestre, mon officier de probation, qui apparemment n'avait pas compris que j'étudiais, m'a dit que je ne serais jamais autorisée à travailler dans aucun de ces domaines. C'étaient des professions interdites pour moi. Alors j'ai écrit une lettre au secrétariat de l'université pour qu'on envoie mon dossier à une école d'esthéticiennes qui était dans le coin, et ils ont refusé. Le directeur, qui avait été informé de mon identité, m'a invitée à dîner chez lui, avec sa femme, mais j'ai décliné. Cette idée me mettait mal à l'aise parce que je ne connaissais personne qui avait été invité comme ça avant moi, alors j'ai pensé... oh ! vous savez, comme... comme...

— Vous auriez eu l'impression d'être une attraction ?

— Oui, quelque chose comme ça. Du coup, il m'a convoquée dans son bureau. Il était inquiet de me voir chercher à sortir du parcours universitaire. Il pensait que je devais rester avec des gens qui partageaient le même genre d'idées que moi, c'était là que je développerais mes talents et que je trouverais quelque chose qui, à la fois, me plairait et serait autorisé. Je sais qu'il avait de bonnes intentions. Mais après ça, je suis retournée travailler avec moins d'enthousiasme, finalement je n'ai plus vu où j'allais, ce que j'allais faire, il n'y avait aucun domaine qui me correspondait, dont je pensais que je pourrais faire quelque chose plus tard. J'essayais de trouver un équilibre entre un avenir inconnu et ce que ma mère appelait "la vraie vie". »

À cette époque, Mary se retrouva dans une situation financière très critique. La banque lui demandait de couvrir un gros découvert. « J'avais juste acheté des vêtements, sans raison, dans l'agitation, toujours plus, juste par colère, par stupidité. » George combla son découvert et, à Pâques, de nouveau, Betty lui demanda de « voir les choses en face ».

« Elle m'a parlé de la réalité dans laquelle je devais vivre, compte tenu de "mon genre", elle a dit. Finalement j'ai pensé : "Elle a probablement raison", j'ai demandé à George de m'emmener chercher mes affaires et je suis repartie vivre avec eux. »

Les mois suivants, Mary allait faire deux rencontres décisives. Il y eut d'abord un jeune homme de 18 ans, presque encore un enfant, que nous appellerons Rob. Elle le rencontra à une fête en septembre 1982, et le vit de temps à autre pendant quelques semaines. Quand je lui demandai si elle avait couché avec lui, elle me répondit d'un air indigné : « Bien sûr que non. Pas le premier mois. Dans le Nord-Est, ce n'était pas comme à Londres, en tout cas pas à cette époque. » Rob est le père de son enfant.

Et puis, en octobre de la même année, Pat Royston devint son officier de probation.

Mary travaillait depuis six mois, la période d'emploi la plus longue de sa vie, dans un foyer pour personnes âgées. Elle espérait acquérir une spécialisation dans les soins gériatriques. « Pat m'a immédiatement dit que, même si elle se rendait compte que j'aimais le travail, je devais l'abandonner. Jamais je ne serais autorisée à passer un diplôme, même si j'étais très bonne. Elle m'a demandé d'imaginer quelle serait ma réaction si j'avais un proche à l'hôpital et que je découvrais que son infirmière avait été condamnée à perpétuité pour meurtre.

« Eh bien [elle passa, en disant ces mots, d'une sorte de pugnacité à un ton résigné], je pensais que cela dépendait des circonstances et de la façon dont la personne avait évolué. Mais ça ne servait à rien de dire ça. Pat devait respecter les règles. De toute façon, je comprenais ce qu'elle disait. C'était tout à fait vrai, il y aurait toujours des gens pour refuser que je fasse ce travail, plus encore si j'avais des diplômes et un poste à responsabilités. »

Je demandai à Pat Royston pourquoi aucun des deux officiers de probation qui s'étaient occupés de Mary depuis son retour dans le Nord-Est n'avait fait d'objection à son emploi dans une maison de retraite. Elle haussa les épaules et répondit que le premier officier était trop jeune pour cette mission. Le second, un homme plus âgé, choisi selon elle parce qu'il semblait pouvoir devenir une sorte de figure paternelle, était trop protecteur. Il était en outre trop proche de Betty, avec qui, ce qui était rare parmi les officiers de probation de Mary, il avait créé une relation amicale. Betty souhaitait que sa fille eût un travail « qui collait à ce qu'elle était », et qu'elle reste à la maison. « C'est difficile de dire non aux personnes qui sont dans le besoin, ajouta Pat en guise d'explication. Et les deux, la mère et la fille, étaient dans le besoin. »

Pat aurait pu ajouter (mais il y a des limites à ce qu'elle peut révéler à quelqu'un d'extérieur au dossier) que son prédécesseur n'avait pas dû voir à quel point ce besoin n'était pas seulement matériel, et que l'une et l'autre, Mary par soif d'amour maternel, Betty par besoin de contrôler sa fille, étaient dans une demande affective qui les faisait se chercher de façon presque compulsive.

Pat avait lu très soigneusement les rapports sur Mary avant de s'en occuper. « Une grosse partie était sur le procès, la défense, le juge, la sentence mais excepté le fait qu'elle avait toujours été énurétique, et qu'elle avait eu une enfance perturbée, avec une mère prostituée, il n'y avait rien sur l'enfant, sur Mary[1] en tant que personne. En revanche, on trouvait pas mal de choses sur ses colères à Red Bank, ses divers actes de rébellion en prison, les situations inquiétantes, plutôt sous-entendues que décrites, dans lesquelles elle s'était retrouvée, son avortement, et toutes les difficultés que mes prédécesseurs avaient rencontrées avec elle depuis sa remise en liberté. Et il y avait des remarques sur sa personnalité, comme le fait qu'elle avait tendance à exagérer, à dramatiser ses récits de la prison et de la suite. "C'est la reine du drame", avait écrit un de mes collègues.

« Mais ce qui ressortait très clairement de ce dossier, c'était ce que j'allais moi-même constater très vite : que Mary était extrêmement perturbée sur le plan affectif, avec une estime de soi en lambeaux. Même si sa grande intelligence était évidente, elle avait d'énormes difficultés à soutenir un effort intellectuel ou un travail. Le cursus de trois ans pour lequel elle avait été acceptée à

1. Pat, et plus tard Sam, son officier de probation entre 1988 et 1993, n'utilisent jamais le prénom Mary, ou Mae, mais celui de sa nouvelle identité. Pour des raisons de clarté, j'en reste néanmoins à Mary.

l'université, une chance exceptionnelle pour elle, qu'on ne lui aurait pas donnée si on ne l'en avait pas crue capable, était un exemple parlant.

« Lorsque, au bout d'un seul trimestre, elle a découvert qu'elle ne serait pas autorisée à enseigner ni à pratiquer, elle a immédiatement abandonné, sans chercher si d'autres carrières étaient possibles. Et lorsque sa demande pour une formation d'esthéticienne a finalement abouti et qu'on lui a répondu qu'il y avait trop de candidatures, mais qu'elle avait de grandes chances d'être repêchée si elle se mettait sur la liste d'attente, elle a immédiatement décliné. Dans le fond, elle ne croit pas pouvoir réussir quoi que ce soit. Elle ne choisit que ce qu'elle est certaine de ne pas obtenir. Alors, elle a renoncé à sa bourse, et elle est retournée dans le seul endroit où, je l'ai vite compris, elle n'aurait jamais dû aller : la maison de sa mère. »

Pat commença tout de suite à voir Mary une à deux fois par semaine, pendant plusieurs heures.

« J'allais la rencontrer au bureau de probation de Whitley Bay, me raconta Mary. C'était un vieux bâtiment déprimant avec un plancher qui grinçait. On se mettait dans un bureau sombre, poussiéreux, avec des chaises vertes et une cheminée hors d'âge, ou alors on allait dehors. »

« Lorsqu'on a commencé, me dit Pat, elle était très confuse. Elle parlait sans arrêt. Son esprit semblait partir dans toutes les directions et je ne parvenais pas à la cadrer. C'était comme si elle laissait éclater son besoin de sortir des mots sans se préoccuper de leur sens. J'ai eu le sentiment de quelqu'un d'horriblement refoulé, d'isolé affectivement. »

Je demandai à Mary si elle avait perçu que Pat était quelqu'un avec qui elle pouvait parler.

« J'ai senti qu'elle était responsable, pas seulement en tant qu'officier de probation mais en tant qu'être humain. J'ai senti que ça allait durer, qu'elle était de mon côté. »

Pat : « J'avais téléphoné à Betty pour lui dire que je voulais la rencontrer. Il fallait qu'on fasse connaissance et de toute façon je devais voir l'environnement dans lequel Mary vivait. Elle a pris son temps avant d'accepter. Quand ça a enfin été possible, je dois dire que sa maison m'a sidérée. De l'extérieur, c'était une maison avec terrasse très joliment peinte et qui visiblement avait été agrandie. À l'intérieur, c'était un vrai catalogue de décorateur. Je m'en souviendrai toujours. Le tapis de la salle à manger était bleu turquoise, très épais – il gardait les traces de pas.

« J'ai tout de suite remarqué qu'il y avait un râteau de jardinage posé contre le mur, près de la porte. C'était très incongru. Or, dès que j'ai traversé la pièce et que je me suis assise, elle l'a attrapé et a ratissé le tapis pour effacer mes pas. Je me sentais presque embarrassée... Peut-être aurais-je dû enlever mes chaussures. Mais elle a dit, très gentiment, presque en s'excusant, que c'était une de ses lubies. C'était vraiment bizarre, étant donné ce que Mary, plus tard, m'a raconté sur sa façon de tenir sa maison lorsqu'elle était petite. Lorsque George a fini par la quitter en 1987, l'appartement qu'elle a loué, celui dans lequel elle est morte, était tout aussi impeccable, même si elle était devenue complètement alcoolique.

« On a discuté un moment, mais c'était très, très difficile. Cette première visite tombait précisément au moment où la télévision française, Dieu sait pourquoi, essayait de retrouver Mary. Peut-être est-ce à cause de ça que Betty avait soudain accepté de me voir. Je crois qu'elle était terrifiée à l'idée qu'on découvre qu'elle faisait venir les reporters, pour l'argent, sous l'influence de l'alcool ou pour toute autre raison psychologique compliquée que personne n'a jamais pu comprendre.

« Bien sûr, je n'ai rien dit qui puisse laisser penser que je suspectais ou savais quoi que ce soit. J'ai insisté auprès d'elle et George, qui était là aussi, pour qu'ils ne parlent à personne dans les médias, mais je n'avais pas beaucoup d'espoir concernant Betty : elle avait déjà parlé à tellement de journalistes. » (Pat mentionna le magazine étranger qui avait offert 250 000 livres pour l'histoire de Mary. La lettre qui confirmait cette offre était dans le dossier, ainsi que les preuves des multiples approches que le correspondant à Londres du journal, désormais retraité, avait tentées auprès de Pat et de l'avocat de Mary.)

« George était très différent de ce que j'avais imaginé. Il était très calme, il parlait bien, il était grand, mince et bel homme, une personne vraiment agréable, au visage sympathique. Mais elle, ô mon Dieu, c'était une dame étrange, maigre, décharnée, et... froide, juste froide, aucune chaleur ne se dégageait d'elle. C'était... je ne sais pas... à frémir. Elle était bien habillée, soigneusement maquillée. Je remarquais ça chaque fois que j'allais la voir, même à l'improviste. Mais discuter avec elle était presque impossible : on en était réduits aux bavardages. Tout à fait comme ce que j'avais lu dans le dossier concernant les visites qu'elle rendait à Mary à Red Bank : "Elles ne parlaient de rien."

« Lors de cette première visite, je suis restée un moment. Ils m'ont offert à boire. Mais la seule chose un peu significative qu'elle ait dite – significative parce que cela confirmait ce que Mary m'avait raconté –, c'est quand, tout à coup, à propos de rien, elle a déclaré qu'elle préférait penser à Mary comme à une sœur ou une cousine. Quand j'ai essayé d'utiliser ça comme point de départ d'une vraie conversation, elle s'est tue. »

Très peu de temps après cette première visite, Betty mit Mary à la porte.

« Elle a expliqué que c'était parce que je rentrais tard et que s'inquiéter pour moi l'empêchait de dormir, m'expliqua Mary. Mais premièrement j'avais 25 ans, et, deuxièmement, elle ne restait pas éveillée, elle s'endormait ivre tous les soirs. Ce n'était sûrement pas la vraie raison. Peut-être était-ce parce qu'elle avait rencontré Pat et qu'elle avait peur de ce que je pourrais lui dire. De toute façon, ça m'allait. Je me suis trouvé un boulot de réceptionniste et j'ai emménagé avec Rob. »

Pat : « J'ai essayé à plusieurs reprises de revoir Betty, mais je n'ai réussi que deux fois. Toutes les autres fois, soit elle ouvrait la porte en laissant la chaîne attachée avant de me la claquer au nez, soit elle ne répondait pas et se contentait de regarder à travers le rideau, que je voyais bouger. Un jour, j'ai quand même réussi à atteindre le vestibule de sa maison, mais elle a immédiatement commencé à me hurler dessus, m'accusant d'empêcher Mary de venir la voir et accusant Mary d'être responsable de tous ses maux. Lorsque j'ai essayé de lui poser des questions à propos du fait que Mary mouillait le lit et d'autres choses, elle m'a opposé un silence farouche. Elle a fini par m'ouvrir la porte en me demandant de rester dehors. "Je ne suis pas obligée de vous parler, elle a dit. Je ne suis pas votre cliente." J'ai réussi à entrer une autre fois, mais quand je lui ai dit que je voulais que Mary voie un psychiatre, elle m'a encore hurlé dessus comme une sorcière.

— Betty vous a-t-elle parlé de Rob la première fois que vous lui avez rendu visite ?

— Je ne sais plus si c'était cette fois-là, mais elle désapprouvait totalement cette relation. Rien n'allait : son âge, son éducation plutôt classe moyenne et même le travail qu'il avait choisi [dans la vente de nourriture en gros]. Par la suite, on s'est aperçus que Rob, en effet, manquait de maturité pour Mary. Mais bien entendu, ce n'était pas le vrai problème pour elle : lorsque Mary a réellement commencé à s'ouvrir à moi, j'ai compris que Betty essayait de briser toutes ses relations de peur qu'elle ne parle. Elle avait mis un point d'honneur à rencontrer Rob, et elle lui avait dit *qui* était Mary, mais elle lui avait aussi menti en prétendant que Mary avait été stérilisée. »

Mary : « Je n'en revenais pas quand Rob m'a raconté ça. Pas par rapport à toute l'histoire "Mary Bell", j'avais l'habitude qu'elle en parle à tout le monde, et je l'aurais dit moi-même à Rob, peut-être même l'avais-je déjà fait. Il avait une petite sœur que j'aimais beaucoup, avec qui je suis devenue très amie, je crois que je lui en avais parlé. Mais le reste ? Dès qu'on avait commencé à sortir ensemble, elle s'était répandue en injures contre lui, mais dire *ça*... Pourquoi en arriver là ? »

Rob acheta une maison au bord de la mer et lorsque Mary emménagea avec lui, il lui offrit une bague de fiançailles.

« Et puis, ça a très mal tourné, dit-elle avec le petit rire rauque que j'entendais chaque fois qu'elle était sur le point de révéler quelque chose de gênant ou de triste. J'étais probablement "trop" pour que ça marche entre nous. J'avais surestimé sa maturité. Mais pourquoi aurait-il été mature ? C'était juste un jeune homme. Je pensais que c'était une bonne personne et, à la fin de notre histoire, je le pensais toujours, en dépit de tout ce qui s'était passé. »

Pat : « Très rapidement après que j'ai commencé à travailler avec elle, Mary m'avait fait part de son désir d'avoir un enfant. »

Mary : « Ça n'avait rien à voir avec ce que ma mère avait raconté à Rob. Je veux dire, je ne voulais pas être enceinte pour prouver que ma mère avait menti. C'était dans un coin de ma tête depuis l'avortement. Ce n'est pas quelque chose d'anodin. »

La vie des anciens prisonniers est soumise à une longue série de règles et de précautions. La protection d'un enfant à naître est la première de toutes. Pat Royston informa Mary que si elle persistait dans son projet d'avoir un bébé, elle devrait lui faire passer des tests psychologiques.

« Je savais qu'elle aurait des problèmes avec les services sociaux, m'expliqua-t-elle. Il fallait soigneusement préparer le dossier pour devancer leurs objections. Elle a tout de suite accepté, ce qui était intéressant car je savais qu'elle avait toujours suivi sa mère dans sa haine passionnée contre les psychiatres. Prendre une telle décision montrait la force de son désir d'avoir un enfant. Mais ce qui est étrange, c'est que presque dans le même élan, après qu'elle m'a parlé de ça, elle a évoqué pour la première fois ce qu'elle ressentait vis-à-vis de Martin et Brian. C'était comme si son désir d'enfant était inséparable du fait d'avoir causé la perte de leurs enfants à deux familles.

« Elle m'a dit que pendant plusieurs années, elle n'avait pas pu s'avouer à elle-même qu'elle avait tué, et qu'elle se demandait pourquoi le remords avait mis si longtemps à surgir. En l'écoutant, il m'a paru évident qu'elle avait complètement gelé ses émotions, et qu'elle gardait en permanence en tête ce que lui disait sa mère : "Ne parle de rien à personne, sans quoi tu auras des ennuis." Elle a ajouté que ce n'est qu'à l'âge symbolique de 18 ans qu'elle avait pu commencer à penser à ce qu'avaient ressenti les parents des deux petits garçons. Et, disant cela, elle s'est mise à pleurer. "Ce ne sera jamais fini pour eux, ce ne sera jamais fini pour moi." Ça a été pareil chaque fois qu'elle m'a parlé de son futur enfant : elle ne pouvait s'empêcher de revenir à Martin et Brian – pas tant aux détails de ce qu'elle leur avait fait, là-dessus elle ne m'a jamais rien dit, mais plutôt à sa tristesse en pensant aux parents, à son désespoir devant ses actes.

— Avez-vous déjà pensé qu'elle utilisait ce remords à son avantage, qu'elle pouvait vous manipuler ? C'est ce que je me suis dit la première fois que j'ai discuté avec elle.

— Je me suis certainement posé la question au début, moi aussi. Je savais qu'à Red Bank et plus tard en prison les gens avaient toujours parlé d'elle comme d'une manipulatrice. Elle l'était sans aucun doute dans ses relations avec les autres. Mais maintenant la situation était différente. J'essayais vraiment de travailler avec elle, dans un sens thérapeutique, et elle répondait. Je crois que lorsque sa mère a fini par accepter de me rencontrer – n'oubliez pas que Mary vivait encore chez elle –, c'était, du moins en partie, parce qu'elle avait compris que je me rapprochais de sa fille et que ça la faisait paniquer. Je m'en suis très vite rendu compte. Après tout, c'était ce qu'elle avait essayé d'empêcher pendant toutes ces années. C'était son cauchemar. Et cette façon de me montrer ostensiblement de la haine, de la colère, de la crainte était saisissante.

« Donc la réponse à votre question est qu'après mon expérience avec Betty, même si je ne connaissais aucun des détails que j'allais apprendre plus tard par Mary et par vous, j'ai acquis la certitude que les actes commis en 1968 ne pouvaient être compris hors du contexte de ceux commis par sa mère lorsque Mary était enfant. Et en faisant le lien entre cette certitude et le désespoir que je pouvais voir chez Mary, je peux dire que oui, j'étais absolument certaine que le remords qu'elle éprouvait était réel et sincère. »

Le 28 avril 1983, Pat emmena Mary à Londres, pour qu'elle rencontre un psychiatre, le docteur Hyatt-Williams, et un psychologue, Paul Upson.

« J'ai senti que je n'avais rien à leur cacher, me dit Mary. J'avais eu des problèmes lorsque j'étais enfant, mais je n'en avais plus. S'ils pouvaient me passer au rayon X, ils verraient que tout ce qui était cassé avait été réparé. »

Le docteur Hyatt-Williams la reçut dans son cabinet et, comme on pouvait s'y attendre, le conflit éclata aussitôt.

« Vous savez quelle est la première chose qu'il m'a dite ? "Quelles grandes mains vous avez. Qu'est-ce que vous ressentez quand vous regardez vos mains ?" Vous pouvez imaginer un médecin dire une chose pareille ?

— Il essayait de vous provoquer. Et apparemment il a réussi.

— J'ai pleuré. Alors il a dit que j'étais bouleversée parce que sa remarque me rappelait que j'avais utilisé ces mains pour tuer les enfants.

— Il avait très peu de temps pour évaluer vos émotions. Vous amener à les manifester était exactement ce qu'il recherchait.

— Peut-être. Mais tout ce que j'éprouvais, c'était de la colère. Qu'il exprime quelque chose d'aussi personnel, d'aussi désagréable à propos de mes mains... Puis il m'a demandé si je ne trouvais pas étrange d'avoir choisi de tomber amoureuse d'un garçon qui avait exactement l'âge que Martin aurait eu.

— Vous souvenez-vous de votre réponse ?

— Eh bien, j'ai répondu non. Ça ne m'était tout simplement jamais venu à l'esprit. J'aimais Rob, c'est tout, et même si j'étais consciente du fait qu'il était plus jeune que moi – après tout ma mère me le répétait assez –, je ne le ressentais pas. Je me sentais très jeune. Puis il m'a dit que j'avais été dans le "déni". Je savais ce que cela signifiait, et je n'étais pas d'accord avec ça, c'était autre chose, même si je ne savais pas quels mots mettre dessus.

— C'est dommage que vous n'ayez pas discuté de vos sentiments avec lui. C'est précisément comme ça qu'un psychiatre cherche à aider.

— Je ne crois pas que c'est ce qu'il cherchait. Il voulait juste... ce que vous avez dit, il devait me voir juste une fois pour écrire son rapport, alors il disait des choses provocantes, pour voir comment j'allais réagir. Comme quand il a dit que j'avais pris conscience de ce que j'avais fait à 14 ans, à cause de la puberté, parce que j'avais mes règles et tout ça, mais ce n'était pas ça, si ? Je veux dire, il s'était passé plein de choses en même temps, et ce sont ces choses qui m'ont fait réfléchir. Ce sont des clichés ces façons qu'ils ont de faire des liens, franchement.

« Plus tard, on m'a montré les différents rapports. Le sien disait que "mes manifestations criminelles" "n'exploseraient" jamais, qu'elles "imploseraient", quelque chose comme ça. Peu importe ce que cela voulait dire. Il continuait sur Rob qui avait sept ans de moins que moi, ce qui signifiait que j'étais en quête "d'expiation" ou je ne sais quoi. Enfin, bon, le plus important, c'est qu'il disait que je n'étais dangereuse pour personne, je lui ai été reconnaissante de ça. L'autre psy, le psychologue, était beaucoup plus agréable et assez intéressant. Il sortait des cartes et je devais dire ce que je voyais, à quoi ça me faisait penser. Lui aussi a écrit que c'était bon. »

Les deux experts prirent six mois pour rédiger leurs rapports, mais en effet le résultat était là : ils concluaient qu'avoir un enfant ne représentait aucun risque pour Mary.

« À mon retour de Londres, Rob m'a demandé si j'avais toujours envie d'avoir un bébé et on a décidé d'y réfléchir sérieusement : qu'est-ce que cela signifiait, comment on ferait financièrement, comment sa famille réagirait ? Son père était mort et sa mère venait juste de se remarier, mais elle m'aimait bien.

— Connaissait-elle votre vraie identité ?

— Oui. Tout le monde avait l'air au courant. Je ne savais jamais ce que ma mère racontait, au pub. Beaucoup plus tard, quand les choses ont mal tourné, c'est Rob qui en parlait aux gens, mais, au début, ça allait vraiment bien. Il était heureux, il travaillait dur. Il avait cette jolie maison. Ses merveilleux grands-parents paternels étaient tellement contents de le voir s'installer avec quelqu'un de si intelligent – c'est ce qu'ils disaient. Sa sœur aussi était enchantée à l'idée d'un bébé. Donc tout allait bien, vraiment bien. »

Les deux rapports arrivèrent en octobre 1983. « J'ai dit à Rob : "On balance mes pilules dans les toilettes." » Elle pouffa. « Deux semaines plus tard, je savais que j'étais enceinte et je l'ai dit à Pat. »

« Je devais traiter Mary comme n'importe quel délinquant de catégorie A, me dit Pat. Ils sont très rarement autorisés à avoir la garde de leurs enfants et avec Mary s'ajoutait le problème de la médiatisation. Nous devions nous assurer que les informations concernant sa grossesse et toutes les décisions qui seraient prises resteraient secrètes. C'est pourquoi, lorsque j'ai demandé qu'il y ait une réunion sur son cas en janvier 1984, tous les chefs de départements y ont participé – police, santé, services sociaux, services juridiques et de probation. »

Les autorités reçurent, lors de cette réunion, l'ensemble des informations disponibles. La mère de Mary était décrite comme mentalement déséquilibrée, et Billy comme irresponsable ; on mentionnait ses nombreuses condamnations criminelles. Il était précisé que Mary avait été maltraitée physiquement et émotionnellement dans son enfance, jusqu'en 1968, année où Betty et Billy s'étaient séparés. Les rapports des psychiatres Westsbury, Rowbotham et Cuthbert, réalisés au moment du procès, parlaient de son lit mouillé, d'incontinence de jour, et sinon « d'un développement normal » (Cuthbert). Quant aux nouveaux rapports, comme on sait, ils la déclaraient apte à la maternité.

« Il fut décidé que rien ne transiterait par un ordinateur. Tous les rapports passeraient dorénavant par moi et resteraient dans mon bureau. La question pendante était, en gros, de savoir qui aurait la garde et serait responsable de l'enfant, les parents ou les services sociaux. Mary pouvait malgré tout être jugée inapte à garder son enfant.

« Mon propre sentiment n'avait pas changé depuis des mois : l'enfant devait être placé sous la tutelle des autorités – sur ce point, tout le monde était d'accord –, mais rester sous la garde de Mary et Rob, qui conserveraient l'autorité sur lui. Le département juridique et celui de la santé étaient d'accord avec moi, la police était mitigée et attendait les directives des services sociaux. Elles finirent par tomber : eux aussi pensaient que Mary pouvait garder l'enfant. »

Deux ou trois jours après la naissance du bébé, une première audience (il y en aurait trois) se tint à la division familiale de la haute cour. « L'avocat de Mary représentait les parents et j'ai témoigné, continua Pat. Nous avions essayé de tenir Mary le plus loin possible des débats. »

Ce jour-là, l'enfant fut placée sous tutelle judiciaire et une décision provisoire donna la garde et l'autorité aux parents en attendant une nouvelle décision, reportée à plusieurs semaines de là. Mais dix jours plus tard, les services sociaux contestèrent cette décision et le juge demanda à Pat de fournir davantage d'expertises psychiatriques. Enfin, lors d'une dernière audience, les services sociaux réclamèrent la garde et l'autorité. Ils proposaient de placer Mary, Rob et la petite fille dans un centre familial pour observation, ce qui signifiait six mois dans une unité résidentielle, avec plusieurs autres familles, à des kilomètres de leur lieu d'habitation, et un contrôle étroit, jour et nuit.

« Cette décision ne se justifiait pas, vraiment pas. Elle pouvait être destructrice pour leur relation. L'avocat de Mary et moi-même nous sommes battus toute la journée contre cette proposition et, à la fin de l'audience, la cour a attribué la garde et l'autorité aux parents avec ordonnance de supervision de l'enfant[1]. »

« Les dernières semaines avant la naissance du bébé, je sentais, oh, juste de la chaleur en moi, raconta Mary. J'étais heureuse, même lorsque Rob donna sa démission le 10 mai. J'allais comprendre plus tard à quel point c'était une mauvaise idée, pour lui, pour nous. À ce moment-là, ça ne me dérangeait pas. Il était avec moi et le bébé, c'est tout ce qui m'importait. Tout était prêt : le papier peint, les soutiens-gorge d'allaitement, les photos sur le mur, le mobile au-dessus du lit... Évidemment, je n'avais pas la bonne date ; elle est arrivée plus tôt que prévu. Mais ça allait. Plus que tout, je me souviens d'avoir ri. Rob entre avec un masque à la maternité et je ris, je ris, et la sage-femme dit : "C'est bien, continuez de rire." Rob

1. Cette ordonnance fut levée en 1992. Les parents étaient considérés comme pouvant s'occuper de plein droit de leur enfant alors âgée de 8 ans.

n'arrêtait pas de dire : "Vas-y, tu peux le faire", comme à une course de chevaux, et ça me faisait encore plus rire.

« Puis on m'a dit : "C'est une petite fille. Vous avez une petite fille." J'ai éclaté en sanglots, je l'ai prise, mais ils voulaient me la reprendre, ils devaient aller la laver, alors j'ai dit : "Non, je veux qu'elle reste là." Ils l'ont emmenée et m'ont apporté du thé et des toasts. Ils me l'ont ramenée tout emmaillotée. Je l'ai prise contre moi, et elle était là, toute minuscule avec quelques cheveux orange en épis et j'ai dit, ou juste pensé : "Bonjour, je t'attends depuis longtemps." Puis on l'a mise dans un berceau près de moi. Parfois elle se réveillait dans la nuit et je la prenais, je la berçais, les infirmières me disaient de ne pas le faire, mais je sentais que j'avais raison. »

Elle s'arrêta soudain, rit légèrement, et se mit à chuchoter comme si elle me révélait un secret : « Quelquefois je la réveillais pour avoir une raison de la prendre dans mes bras. » Elle rit encore. « Elle réveillait les autres et puis elle se rendormait et les autres aussi. »

« Non, répondit-elle lorsque je l'interrogeai sur sa mère. Je n'ai jamais pensé à elle. Je ne l'avais pas vue depuis un an peut-être.

— Pensez-vous qu'à ce moment-là vous vous étiez libérée d'elle ? »

Elle me regarda. « Je n'ai jamais pensé... Je ne pensais pas à elle. C'était mon moment, le moment de mon bébé. »

Cinquième partie

RETOUR SUR L'ENFANCE
1957-1968

« Débarrassez-moi de cette chose »
1957-1966

Comme je l'ai dit, j'ai découvert en 1995, le jour où Mary et moi nous rencontrâmes pour parler de la possibilité d'écrire ce livre, qu'elle n'avait pas lu *Meurtrière à 11 ans* avant ses 24 ans ; aussi n'en avait-elle alors parcouru que « quelques petits passages », surtout pour s'opposer à sa mère. D'après Betty, il était rempli de mensonges, sa famille ne m'avait jamais rencontrée et Mary ne devait ni le lire ni me parler. Il faudrait encore quatorze ans avant que son oncle Jack ne lui dise que tout était vrai.

En 1969 et 1970, quand je préparais ce premier livre, sa grand-mère maternelle, ses oncles et ses tantes, horrifiés par ce qui était arrivé et espérant qu'en apprendre davantage sur la vie de Mary rendrait les gens plus cléments à son égard, me dirent tout ce qu'ils savaient, ou du moins tout ce qu'ils supportaient de raconter. Et je crois que Mary comprenait très bien, quand nos entretiens commencèrent, que son enfance devait être au centre de ce qu'elle allait me raconter, autant que le meurtre des petits garçons.

Les deux premiers jours que nous passâmes ensemble pendant l'été 1996, elle ne me parla, je l'ai signalé, que de sa propre enfant et d'elle-même en tant que mère. Le troisième jour, je lui expliquai qu'il nous fallait maintenant aborder son enfance à elle, en remontant le plus loin possible. Que savait-elle de ce que sa famille m'avait dit à propos de sa mère ? Elle me répondit, contrant immédiatement ma question, en me demandant si moi je savais que sa mère s'était réfugiée dans un couvent lorsqu'elle était enceinte d'elle.

« Non. Je n'étais pas au courant. Qui vous l'a dit ?

— C'est elle. Un soir, elle était... oh, ivre je suppose, elle voulait me montrer à quel point c'était dur pour elle, à quel point les bonnes sœurs avaient été dures, combien elle avait dû travailler dur, comment c'était autrefois pour les filles catholiques, mères d'un enfant illégitime... »

Elle savait que j'avais écrit sur ce que sa mère lui avait fait. Maintenant, elle voulait connaître tout ce que j'avais appris. « Après, ajouta-t-elle en faisant un brusque et curieux mouvement de tête, *je* vous dirai. »

Je lui racontai que selon sa tante Cath et sa grand-mère McC., Betty, lorsqu'on avait essayé de lui mettre son bébé dans les bras, avait crié : « Débarrassez-moi de cette chose ! »

« Cath disait que vous étiez le plus beau bébé du monde.

— Eh bien, répondit Mary d'un ton cassant, c'est à ce moment-là qu'on aurait dû la débarrasser de moi, vous ne croyez pas ? »

Billy Bell ne pouvait pas être le père biologique de Mary, cela n'a jamais fait aucun doute. Betty ne fit sa connaissance que quelques mois après la naissance de Mary, en 1957. Elle l'épousa en mars 1958 et P., son deuxième enfant, le fils de Billy, naquit à l'automne. Ils vivaient alors, avec la mère de Betty et sa sœur Isa, dans un appartement agréable près de Scotswood, de l'autre côté de la rivière, à Gateshead. Mme McC. savait rendre son foyer agréable, malgré ses migraines et les problèmes de tension dont elle souffrait. Elle rangeait toujours très bien ses cachets, comme elle me l'expliqua en 1970 – « surtout quand les enfants étaient dans les parages ». Ils étaient cachés au fond d'une boîte à aiguilles elle-même posée tout en haut d'un petit coffre. Elle utilisait une aiguille à tricoter pour les attraper.

Malgré toutes ces précautions, Mary en avala quand elle avait 1 an. Pour y parvenir, elle était censée avoir pris l'aiguille à tricoter, avoir grimpé jusqu'au coffre, sorti le flacon avec l'aiguille, réussi à enlever le bouchon sécurisé et ingurgité suffisamment de ces cachets au goût désagréable pour se retrouver presque morte. Heureusement, sa grand-mère s'en était aperçue à temps et s'était précipitée à l'hôpital où la petite avait subi un lavage d'estomac et avait été sauvée.

Un an et demi plus tard, en novembre 1959, alors que Betty, Billy et leurs enfants avaient quitté l'appartement de Mme McC., Cath reçut de sa sœur une lettre dans laquelle elle disait que les choses allaient mal et qu'elle avait « donné May aux D. ». Ces gens, des amis de Cath et de son mari

Jack qui vivaient dans une petite bourgade proche, avaient toujours montré de l'intérêt pour Mary et proposé plusieurs fois de l'adopter. Ce jour-là, Cath accourut chez les D., récupéra Mary et la rendit à sa mère.

Six mois plus tard – Mary avait alors 3 ans –, Cath vint leur rendre visite en apportant avec elle deux sacs de jouets, un pour Mary et un pour son petit frère, qui avait 18 mois. Les deux sœurs allèrent préparer le goûter à la cuisine et lorsque Cath revint, elle trouva les enfants assis par terre en train de manger des bonbons répandus sur le sol. À sa grande frayeur, elle reconnut, au milieu des bonbons, les petits cachets bleus qu'elle savait être du Drinamyl. D'après Betty, les enfants avaient probablement pris le flacon dans son sac à main. Cath se rua pour leur faire boire de l'eau chaude salée. Mary et P. vomirent, on les emmena à l'hôpital et les médecins dirent qu'ils avaient tout recraché.

Quelques semaines après cet incident, Cath et Jack, désormais inquiets pour la sécurité de Mary, écrivirent à Betty et Billy – ce qu'ils avaient déjà fait à deux reprises pour leur proposer non pas d'adopter Mary, précisèrent-ils pour ne pas affoler Betty, mais de la garder chez eux jusqu'à ce qu'elle termine sa scolarité. Betty refusa.

Trois mois plus tard, pendant l'été 1960, Betty et Mary allèrent rendre visite à Mme McC., à Glasgow. L'appartement se trouvant au troisième étage, avec une salle d'eau au rez-de-chaussée, la famille avait pris l'habitude de laver les enfants dans l'évier. Un jour, tandis que Mme McC. était à son travail (elle était alors réceptionniste à l'hôpital), Philip, le frère de Betty, et Isa, sa plus jeune sœur, étaient assis sur le canapé à environ deux mètres de l'évier, placé sous une fenêtre grande ouverte, quand soudain Philip vit Mary, que Betty soulevait au-dessus de l'évier, basculer par la fenêtre.

Il se précipita à travers la pièce et se débrouilla pour la rattraper par les chevilles et la tirer à l'intérieur. « Il a dû prendre trois semaines de congé après ça parce qu'il s'était blessé le dos en la rattrapant », me racontèrent ses sœurs plus tard. Quand je lui en parlai, Mary me dit qu'elle gardait le vague souvenir de contusions sur les jambes et de voix qui se fâchent. Elle se souvenait également en partie de ce qui suivit.

Désormais, la famille de Betty était extrêmement anxieuse. La grand-mère recommanda à Isa de ne jamais quitter Betty et Mary des yeux. Quelques jours après l'incident de la fenêtre, Isa suivit Betty dans la rue. Elle découvrit qu'elle emmenait Mary dans un bureau d'adoption. Une femme venait de sortir d'un entretien en pleurant. Elle leur expliqua qu'on ne voulait pas lui donner de bébé à cause de son âge et parce qu'elle partait s'installer en Australie. « J'ai amené celle-ci pour la faire adopter. Prenez-la », lui dit Betty. Puis elle tendit l'enfant à l'inconnue, qui partit avec elle.

Isa les suivit et, après avoir noté l'adresse de la maison où la petite avait été emmenée, alla droit à l'hôpital de sa mère pour la prévenir. Elles se précipitèrent chez Betty et, d'après Isa, Mme McC. la menaça de prévenir la police si Mary n'était pas de retour dans les deux heures. On la récupéra vêtue de vêtements neufs que la dame lui avait déjà achetés et qu'elle lui permit de garder.

« Voici ce dont je me souviens, me dit Mary : une jolie maison, pleine de nouveaux vêtements, et puis Isa, je crois, qui arrive et m'emmène. Pourquoi ont-elles fait ça ? me demanda-t-elle avec la voix de petite fille qu'elle prendrait souvent les jours suivants. Pourquoi ne m'ont-elles pas laissée avec cette gentille dame qui voulait un enfant ? »

Soudain elle sembla réfléchir. « Pour elle aussi [Betty], ça aurait été une chance. Ça l'aurait arrêtée, ça aurait mis fin au problème. » Elle se tut quelques instants. « Ce n'est pas de sa faute. Vous devez écrire que ce n'est pas de sa faute. Je ne veux pas qu'on dise : "Oh ! la salope, quelle horreur", parce que ce n'est pas vrai, ce n'est pas vrai.

— C'était quoi son problème, d'après vous ? »

Mary secoua la tête. « Je ne sais pas. Je ne sais vraiment pas. »

Six mois plus tard eut lieu le pire « accident » que Mary eût subi ; elle avait alors presque 4 ans. Voici ce que l'on trouve sur le registre de l'hôpital général de Newcastle : « Mary Flora Bell, 28 Elswick Road, Newcastle/Tyne, du 06/03/61 au 09/03/61. Médecin consultant : docteur Cooper. » Cath s'était précipitée à Newcastle après qu'un agent de police était venu lui apprendre que Mary avait été hospitalisée (Cath n'avait pas le téléphone). Lorsqu'elle arriva, Mary avait déjà subi un lavage d'estomac et elle avait repris conscience.

Betty attendait dehors. « Il ne faut pas la croire, implora-t-elle, elle dit que c'est moi qui lui ai donné ces cachets. »

Mary avait apparemment avalé un grand nombre de pilules de sa mère. Lorsqu'elle s'était réveillée, elle avait dit au médecin : « Ma maman m'a donné des Smarties... » Elle le répéta à plusieurs reprises. Et cette fois, il y avait un témoin, une petite fille de 5 ans, la meilleure copine de Mary. Cath la croisa dans la rue quelques jours plus tard et la petite lui dit : « La maman de May lui a donné des Smarties dans la cour. »

Après cet incident, Betty et sa famille se disputèrent. Cath se souvenait de lui avoir dit : « Une fois, ça peut être un accident, même deux ça passe encore, mais trois et maintenant quatre fois, c'est impossible. » Peu de temps après, Mme McC et ses filles reçurent des lettres de Betty – plus tard, Cath me montra les siennes – où elle disait ne plus vouloir les voir. Et, en effet, elle ne leur donna plus signe de vie pendant plus d'un an.

J'écrivais à la fin de *Meurtrière à 11 ans*, où j'ai puisé la plupart de ces récits, que l'inquiétude de la famille, même si elle avait occasionné cette brouille, avait eu sur Betty l'impact désiré, puisque cet incident devait être le dernier. Mais je me trompais affreusement.

Je ne crois pas un seul instant que quiconque, dans la famille de Betty, eût deviné la terrible façon dont Betty commença à utiliser Mary très peu de temps après qu'elle eut cessé de les voir. S'il est vrai que pendant les quatre premières années, ils s'étaient montrés réticents à laisser entrevoir à l'extérieur les sentiments pathologiques de Betty envers son enfant, je suis certaine qu'ils n'auraient pu avoir la moindre idée de ce qui allait se passer et durerait quatre ans sans tout mettre en œuvre pour sauver Mary.

Mary se souvenait et de l'hôpital et du moment où sa mère lui avait donné les cachets.

« J'étais sur un tricycle. Je suis certaine qu'ils étaient dans un tube de Smarties, vous savez, les Smarties, c'est très coloré, je vois encore le tube, et je me rappelle avoir été malade et m'être sentie toute vaseuse. Je me souviens aussi d'un lit blanc et de gens debout autour de moi, habillés en blanc. L'un d'eux disait : "Regardez ces yeux."

« Et puis, peu de temps après, je suis rentrée à la maison sans prévenir et elle était avec le propriétaire. Je suppose qu'elle était en train de payer le loyer, ajouta-t-elle d'un ton sévère. Elle m'a frappée. Le propriétaire essayait de s'en aller et de remettre son pantalon en même temps. Elle m'a attrapée par les cheveux et jetée dans l'arrière-cuisine. Dans cette maison, il y avait une sorte de salon où mes parents dormaient avec ma petite sœur K. Mais la plupart du temps, Billy n'était pas là et K. allait chez ma tante Audrey.

« La pièce était remplie de crucifix et de rosaires. Il y en avait partout. Quand on était sur le lit, ils nous frôlaient. Et il y avait l'arrière-cuisine et une autre pièce au fond, une sorte d'ancienne soute à charbon dans laquelle nous dormions moi et mon frère P. Billy avait fabriqué un clapier pour mon lapin. Il y avait d'autres pièces dans la maison :

Harry Bury, un copain de Billy, vivait à l'étage, son frère avait une chambre aussi et puis une femme qui s'appelait Frizzy et qui avait un bébé. Quand mon père était là, tout allait bien, mais c'était rare. »

L'histoire, racontée d'une traite, presque sans reprendre sa respiration, ressemblait à un souvenir isolé. C'était loin d'être le cas, comme je finirais par le découvrir. Mais j'avais été, dès ce premier récit, si déconcertée par ce qu'elle laissait entrevoir et, je dois dire, à ce point sceptique devant le luxe de détails qu'elle paraissait garder en mémoire, que je lui demandai à trois reprises au cours des mois qui suivirent de me décrire à nouveau la scène. La première fois, ce fut deux semaines après le début de nos entretiens, en juillet 1996. La dernière vers leur achèvement, en décembre. Mais alors, tout resurgit d'un coup : le même souvenir, et les autres, les plus horribles, qu'elle pouvait enfin, après des mois d'entretiens, regarder en face.

Il lui fallut pourtant quatre jours avant de parvenir à parler. Elle restait parfois silencieuse, ou atone, mais le plus souvent elle laissait s'épancher son immense détresse ; elle était en sueur, son visage devenait de plus en plus pâle, sa parole hésitante, elle cherchait ses mots, reprenait ce qu'elle venait de dire, éclatait en sanglots... Et, souvent, comme à chaque fois que la pression émotionnelle était intense, elle parlait au présent.

Elle ne savait pas quel âge elle avait ; probablement 4 ou 5 ans. « Je ne vais pas encore à l'école. » On la faisait asseoir dans le salon. Un homme était sur le lit avec sa mère.

« Ce dont je me souviens, c'est que le pénis de cet homme est tout blanc, c'est ce dont je me souviens, vraiment blanc et quand il... euh... vous savez... quand le truc arrive, je ne comprenais vraiment pas d'où ça venait, vous savez, ni ce que c'était. » Elle plissa son nez avec dégoût. « Il y avait cette odeur, horrible, désagréable, et puis j'étais sur le lit, et puis... ils s'en sont pris à moi. »

Un souvenir en faisait resurgir un autre. « Je porte des socquettes blanches et juste un petit haut et... une couche, une sorte de couche... et ma mère... » Elle respira profondément (j'ai écrit dans mes notes : « laisse sortir l'air par à-coups ») et reprit : « ... ma mère me tient, d'une main elle tire ma tête en arrière, par les cheveux, de l'autre elle serre mes mains derrière mon dos, et... et... ils mettent leur pénis dans ma bouche et quand... quand, vous savez, ils... éjaculent, je vomis.

« Quelquefois elle me bandait les yeux. Elle appelait ça "colin-maillard". Elle attachait un bas sur mes yeux, me soulevait, me faisait tourner en riant. Et puis elle mettait un truc... un truc soyeux autour de mon visage pour... pour que je laisse ma bouche ouverte et c'était si effrayant, vous savez, avec les rosaires qui me frôlaient, vous savez, je me sentais tellement mal, tellement mal.

— Vous m'avez dit que lorsque votre père était là, vous vous sentiez toujours en sécurité. Alors pourquoi ne lui parliez-vous pas ? Pourquoi ne lui demandiez-vous pas de l'aide ?

— J'avais trop peur. Avant, ou après, elle me disait que si jamais je parlais, on m'emmènerait et on m'enfermerait. Vous vous rappelez, la guérite sur le pont de la Tyne ? Elle me disait que j'irais là. Et que personne ne me croirait. De toute façon, je devais penser que c'était de ma faute. J'avais fait quelque chose de mal et j'étais punie. Je... Je... » Elle se mit à pleurer et pleurer encore. Ce fut l'un des pires moments de nos entretiens. « ... Je me sentais... tellement sale.

— Combien de fois cela est-il arrivé ?

— Je ne sais pas. Peut-être pas si souvent, ou peut-être quand même quelquefois. Je ne sais pas. »

Ce qui est certain, c'est que Mary a toujours gardé inconsciemment en mémoire les images du pénis blanc et des obscènes parties de colin-maillard imposées par sa mère. À 14 ans, on l'a vu, lors d'un rendez-vous avec une psychiatre auquel sa mère participait, elle évoqua tout à coup ce « jeu » sans pouvoir expliquer de quoi il s'agissait. En 1983, elle raconta à Pat Royston qu'elle se souvenait de pénis blancs et de gens se faisant battre, sans donner plus de détails.

Cela dit, je savais qu'avant son arrivée à Red Bank, Mary avait passé un examen médical qui avait confirmé qu'elle était vierge.

« Est-ce que ces hommes vous touchaient, en dessous ? »

Elle eut beaucoup, beaucoup de mal à trouver les mots pour répondre.

« Oui, mais... et je ne veux pas dire... je ne crois pas qu'ils me touchaient avec leur pénis, je ne crois pas... je ne... je veux dire, j'étais sur le ventre... Ça faisait un mal d'enfer, ça faisait mal... ça faisait vraiment, vraiment mal. J'étais bâillonnée, mais je criais : "Ça fait mal, ça fait mal", et elle me disait doucement : "Ça ne va pas durer longtemps, ça ne va pas faire mal longtemps." Mais ça durait. J'avais mal. J'avais mal quand j'allais aux toilettes, j'avais mal et j'avais des marques, des égratignures sur les jambes et des marques aux endroits où on m'avait introduit des choses.

— Des choses ? Quel genre de choses ?

— C'étaient... des sortes de balles, comme des balles de fusil de chasse, avec un truc en cuivre, comme un genre de suppositoire... ils le faisaient tourner à l'intérieur de moi.

— À quel endroit de votre corps ?

— Mes... fesses... en haut de mes jambes. »

Elle souleva la longue robe qu'elle portait et me montra d'étranges cicatrices rondes.

« Vous êtes-vous jamais demandé pourquoi ils faisaient ça ? »

Elle secoua la tête. « Peut-être pour me faire pleurer ? Mais je ne pleurais pas. Je ne voulais pas pleurer.

— Maintenant vous pleurez. Vous êtes en train de pleurer, ici.

— À ce moment-là, je ne pleurais pas, répéta-t-elle.

— Est-ce qu'après, votre mère vous donnait quelque chose ?

— Oui, des bonbons, et elle était gentille avec moi, elle riait. Je me souviens de moments où j'avais participé à ces jeux, après j'avais le sentiment qu'elle m'aimait. J'avais un cornet de frites et je n'étais pas battue. Dans ces moments-là, elle était adorable, elle ne m'insultait pas. Même, elle m'apprenait à tricoter. Et puis, après, elle défaisait tous mes rangs et elle me balançait le matériel dessus. »

Que Pat Royston n'eût pas lu mon premier livre quand nous nous parlâmes pour la première fois n'est pas anodin.

« May m'avait demandé de ne pas le lire. Alors je ne l'ai pas lu. C'est notre façon de travailler au service de probation : si je l'avais lu, j'aurais dû le lui dire et j'aurais risqué de perdre sa confiance. Les souvenirs qu'elle a gardés de sa petite enfance tournent tous autour de la punition, que ce soit par les coups ou par le fait d'être offerte à des étrangers, ou encore d'être obligée de faire des choses horribles qu'elle n'a pas précisées mais qui étaient désagréables, faisaient mal, avaient mauvais goût ou sentaient mauvais, peu importe.

« Tous ces abominables souvenirs sont dominés par l'image de sa mère dirigeant son regard haineux vers elle – sa mère la regardant avec haine. Elle m'a parlé de ses constantes raclées à la maison, mais aussi de coups de fouet – je crois qu'elle m'a parlé d'un fouet – en présence d'hommes dont elle se souvient que le sexe était en érection. Ce fut un récit incroyablement éprouvant. Je me rappelle avoir eu le sentiment que je devais m'asseoir pour pouvoir me souvenir de tout, tout de suite, mais je me suis sentie totalement dépassée par son désespoir. Quand je suis rentrée chez moi ce soir-là, Martin, mon compagnon, a dû me soutenir, j'étais complètement désemparée. »

« Combien de temps ces horreurs ont-elles duré ? demandai-je à Mary.

— C'était à Westmoreland Road, et aussi ailleurs, pas loin, à Elswick Road, dans une autre chambre qui appartenait à son amie Elsie, je crois. Donc j'étais petite, vraiment toute petite, 4, 5, 6 ans... Après ça, elle ou son amie Elsie m'emmenaient chez de vieux messieurs, dans leur chambre, et elles me laissaient là.

— Et que se passait-il ? »

Elle haussa les épaules. « Pas grand-chose. Ils me touchaient. Ils se masturbaient. Je m'en foutais. »

Elle ne s'en foutait pas. Elle le prouva de façon étonnante à 7 ans, bientôt 8, selon elle. « Je vous ai parlé du copain de mon père, Harry Bury, le chiffonnier qui vivait chez nous, à l'étage ? Il était génial. Il m'appelait sa "joyeuse mascotte". Un jour, je suis montée dans sa chambre. Il avait sans doute bu, il était allongé sur le dos. Je suis montée et j'ai joué avec son pantalon... vous savez... j'ai déboutonné ou ouvert sa braguette ou je ne sais plus quoi et je l'ai sorti.

— Vous avez sorti son pénis ? Pourquoi ?

— Je voulais voir s'il était comme les autres. Mais il a crié, il était totalement dégoûté et il a dit : "Bon Dieu, qu'est-ce que tu fabriques... ?" Presque tout de suite après, il a ajouté quelque chose du genre : “C’est bon, c’est bon, va-t’en, prends-toi un goûter et donne à manger au chat.” Du coup après ça, ça allait, vous voyez. La fois d’après, j’ai dit à ma mère que je ne le ferais plus... »

En 1970, j’avais brièvement discuté avec Harry Bury. Je lui avais demandé comment, à son avis, cela était arrivé, quoi qu’il fût arrivé à Mary, « Lorsqu’elle était toute petite, répondit-il rapidement. C’est là que ça a commencé... »

Une décision
1966-1968

Après cette extraordinaire expérience avec Harry Bury – son « test » sur sa personne –, elle se mit à le suivre un peu partout. Elle l'aidait à collecter des chiffons. Il connaissait sans aucun doute l'activité professionnelle de Betty – dans ce coin de la ville, il y avait beaucoup de prostituées avec des « spécialités » – mais je suis certaine qu'il ignorait la façon dont elle utilisait son enfant. Il s'intronisa néanmoins son protecteur, de manière malheureusement inefficace.

Il ne pouvait pas protéger Mary contre sa colère, qui, dès lors qu'elle prit la décision de résister à sa mère, ne cessa de se manifester. C'est le moment où elle commença à se faire remarquer de façon inconsciente, mais déterminée ; le moment, aussi, où, même s'il était déjà tard, quelqu'un d'avisé et de compatissant, pour peu qu'il lui eût prêté attention, aurait pu éviter ce qui était en train de se préparer. Mais ni Harry ni personne ne vit rien.

Il faut essayer d'imaginer le chaos de ces vies. Betty et Billy, Betty et P., âgé de six ans et demi, Betty et Mary, 8 ans, tous étaient dans des relations destructrices, chacun cherchant la sortie : la prostitution pour Betty, l'implication de plus en plus fréquente de Billy dans divers petits délits, ses problèmes de plus en plus fréquents avec la police, P. filant dans des escapades pour lesquelles il recevait maintenant des corrections de plus en plus sévères de la part de sa mère ; et Mary, qui avait commencé à se venger en utilisant les hommes plus qu'ils ne l'utilisaient.

« Je me faisais donner quelques pennies pour regarder les vieux se masturber. »

Un an plus tard, quand ils emménagèrent à Whitehouse Road, elle se mit à provoquer les hommes dans leurs voitures. « J'allais taper à la vitre et ils me disaient d'entrer. Ils se déshabillaient, certains me demandaient de les toucher et de les masturber. Je les haïssais, je les méprisais, je leur désignais quelqu'un dans la rue et je disais : "Lui, c'est mon oncle, il sait que je suis dans cette voiture." Ils m'ordonnaient de sortir. Mais je prenais mon temps jusqu'à ce qu'ils aient vraiment peur. Je me sentais sale à cause d'eux, mais je continuais. Après ils m'offraient des bonbons et je leur disais : "Vous plaisantez ?" Alors ils me donnaient une demi-couronne et je riais. Je me souviens des traces noires sur mes jambes, la saleté, le sperme...

— Votre mère n'était pas au courant ? »

Elle rit avec mépris. « Elle me demandait l'argent.

— Vous le faisiez souvent ?

— Je l'ai fait pendant environ un an et demi, répondit-elle d'un air las. Mais quatre ou cinq fois seulement, je pense.

— Et Billy, votre père ? Vous n'auriez pas pu lui en parler ?

— Il les aurait tués », répondit-elle immédiatement. Puis elle ajouta avec impatience : « Mais je vous l'ai dit, il n'était jamais là quand elle était là, il ne venait que quand elle était à Glasgow. »

Betty avait commencé à mener une double vie à leur arrivée à Whitehouse Road. Leur nouvelle maison, dans une rue beaucoup plus agréable, juste en face de celle où habitait sa belle-sœur Audrey, lui donnait une respectabilité inédite, et c'est à Glasgow qu'elle poursuivait ses « affaires ». Elle disparaissait parfois pendant plusieurs jours, de sorte que les deux plus jeunes sœurs de Mary vivaient désormais en permanence chez leur tante, et que Mary et P. restaient seuls.

« Audrey était impeccable. J'avais honte quand j'allais chez elle... Denise, sa fille, était toujours bien habillée, les cheveux toujours bien coiffés. J'avais l'impression qu'Audrey avait peur que je passe des poux à Denise. Avant qu'on déménage, on venait souvent de Westmoreland Road pour prendre un bain chez eux.

« Les moments que je passais seule avec P. me paraissaient durer des semaines. P. était partout à la fois, il faisait toujours plein de choses. Il était beaucoup plus entreprenant que moi. Il savait à quelle heure ouvrait la boulangerie et il chipait des bonbons, des petits pains, des trucs. Il pouvait faire les choses sans violence, sans affrontement, il était comme ça. Je le gênais. Je devais payer pour rester avec lui, et il me payait pour que je parte. Je disais : "Je te donne dix pennies si tu joues avec moi." Et lui il me donnait dix pennies pour que je file...

« Quelquefois quand elle [Betty] partait, mon père venait, mais autrement non. Quand il était là, lui et Harry nous apportaient des choses à manger, il préparait et on mangeait ensemble. Avec ma mère, on mangeait des tourtes, des hot-dogs, des *fish and chips* qu'elle m'envoyait chercher. Elle ne mangeait jamais avec nous, et il y avait tout le temps des cris, des coups. Elle frappait aussi P., elle était horrible avec lui, elle lui donnait toutes sortes de noms, "mongol", "gros bâtard"... Il la détestait.

— Votre mère battait-elle les deux petites ?

— Non, jamais. On ne l'aurait pas laissée faire. Elle ne frappait que moi et P. J'adorais mes petites sœurs. On ne l'aurait pas laissée les toucher.

— Billy vous battait-il aussi parfois ?

— Jamais, répondit-elle avec fermeté. Il ne pouvait taper aucun d'entre nous. Je me souviens, un jour, ma mère lui a dit de me frapper. Il m'a fait monter et il m'a dit de sauter sur le lit en faisant le plus de bruit possible pour faire comme s'il me frappait, mais il ne l'a jamais fait, et avec P. non plus. »

Bien qu'elle eût constamment à faire ailleurs, Betty revenait toujours à Scotswood, comme si elle ne pouvait supporter d'être séparée de l'objet de son amour et de sa haine. Peut-être la pression exercée par la vie qu'elle s'était créée, ainsi que la rébellion de plus en plus sauvage de Mary à son égard, la rendirent-elles encore plus violente envers ses deux aînés.

« C'était un dimanche, elle était sortie, alors je me suis dit que j'allais me faire couler un bain. Quand elle est revenue, j'étais encore dans l'eau. J'avais utilisé toute l'eau chaude, ça l'a rendue furieuse, elle m'a fait remplir la baignoire d'eau froide et elle m'a poussé la tête dedans, elle la tenait dans l'eau et j'ai trouvé... quelque part... trouvé...

— La force ? » suggérai-je, mais Mary continua à parler de façon incohérente, sans m'entendre.

« Peut-être à cause du manque d'oxygène, j'ai retenu ma respiration, j'ai levé les mains et j'ai essayé d'attraper quelque chose, j'ai senti qu'elle me frappait dans le dos avec un objet, j'ai essayé de sortir mais elle m'a remise dedans. Ensuite j'ai réussi à sauter, mon pied est tombé dans un trou dans le sol, j'ai couru dehors et je me suis assise toute nue sur l'escalier et à ce moment-là P. est arrivé, on est rentrés tous les deux et elle a commencé à nous frapper lui et moi avec la laisse du chien. Cette nuit-là, la police est venue. Quand ils sont arrivés, je portais une de ses vieilles nuisettes marron, toute déchirée, toute foutue, mais elle leur a dit que ce n'était rien et ils sont repartis... »

Le point de rupture
1968

Cette année-là, Mary devint la meilleure amie de sa nouvelle voisine, Norma Bell. Bientôt un premier incident devait attirer l'attention de la police sur les deux fillettes : elles avaient poussé le petit John Best du haut d'un talus près du Delaval Arms.

Après les meurtres, dans l'hystérie générale, les gens de Scotswood prétendirent avoir vu Mary commettre une foule d'actes violents : étrangler un oiseau, tuer un chat, mettre ses mains autour du cou d'un bébé ; aucun témoignage ne fut corroboré et tous furent rejetés par la cour.

De cette période, Mary garde le souvenir d'une tension extrême s'accumulant au fil des semaines. Nous savons d'après le récit de plusieurs voisins qu'elle se faisait alors souvent remarquer, mais on attribua son comportement à sa méchanceté coutumière ; personne n'y prit garde.

À tort ou à raison, Mary en était venue à associer « le jour de Martin Brown », comme elle disait, avec une dispute entre elle et sa mère.

« Ce matin-là, me raconta-t-elle, elle m'a envoyée acheter une brosse. Quand je suis arrivée au magasin, j'ai compris que je ne savais pas si elle voulait une brosse à cheveux ou une brosse tout court, mais j'avais trop peur pour retourner le lui demander. Je me suis dit qu'elle voulait un balai-brosse et je suis revenue avec ça. Elle a enlevé le manche et elle a commencé à me frapper avec.

« J'ai couru en haut jusqu'à la chambre de P. pour me cacher derrière le lit, mais elle continuait à frapper, alors j'ai attrapé le manche à balai, je m'y suis accrochée et elle m'a traînée. J'ai crié : "Espèce de putain !" et je lui ai donné un coup de poing dans le ventre. Elle m'a frappée, elle a continué pendant que je dévalais les escaliers et je suis sortie. C'était la première fois que je lui tenais tête, la première fois que je l'insultais et que je lui rendais ses coups. »

Cependant, elle dut estimer qu'elle pouvait revenir dîner chez elle puisque selon son récit et celui de Norma Bell à la police, après le repas, Betty l'envoya de nouveau au magasin chercher de la bouillie et de la viande pour le chien.

Ensuite ses souvenirs de cette journée, de ce mois, de tout ce qui a trait à Martin Brown devenaient confus, morcelés. Non, je pense, parce qu'elle mentait, ni cette fois, ni aucune autre, mais parce que son traumatisme restait intact, irrésolu. « Je ne me rappelais même pas que ça s'était passé la veille de mon anniversaire », disait-elle d'une petite voix.

Au fil des années, elle présenta de multiples versions de la mort de Martin. Par deux fois, à Red Bank, puis à Styal, à 14 et 18 ans, elle la décrivit comme un accident. Dans un récit qu'elle fit à Pat Royston en 1983, elle prétendit que l'acte avait été commis avec Norma (qui en réalité n'était même pas présente). En 1985, dans le brouillon d'un livre rédigé sous la pression de son ex-mari, elle expliqua qu'elle avait simplement agi « sous l'effet de la colère ».

Onze ans plus tard, avec d'infinies difficultés, elle me donnerait quatre versions différentes. D'après moi, la dernière est aussi proche de la vérité que sa mémoire le lui permet. J'ai cité des bribes de certaines de ces versions dans les chapitres précédents, mais je dois maintenant les présenter dans leur contexte. Chacun des récits qui suivent me fut livré entrecoupé d'autres souvenirs – sur Norma, sur un bébé qui pleure dans son couffin, sur ses sanglots à la lecture du « livre » de sa mère, sur le poème de Betty à son père, *In memoriam* (« Vous pouvez croire ça ? me dit Mary sur un ton de dégoût, un poème, comme ça, à son père ? »)...

Dans le premier récit, elle admit immédiatement qu'elle était seule. Elle était allée dans la maison abandonnée et y avait trouvé Martin Brown, qu'elle connaissait, en train de jouer dans le jardin. Il l'avait suivie à l'intérieur. Là Mary avait sauté « comme un singe » sur « des poutres au-dessus d'une pièce sans plancher », et elle avait dit à Martin de ne pas la suivre. « Quelle ironie... Je lui ai dit de faire attention et je lui ai pris la main. Mais on est tombés tous les deux. »

La seconde version était plus précise, et cette fois Mary sanglotait.

« Martin était déjà dans le jardin, mais je pensais à... vous savez, jouer au mort...

— Un jeu ?

— Non, je ne pensais pas que c'était un jeu. Je pensais juste : “Je ne te fais pas vraiment mal. Je vais m'allonger par terre avec toi.” Et je l'ai fait. Je ne l'ai pas traîné. Il n'y a pas eu de cris, pas de hurlements, tout le monde aurait entendu. J'ai dit : “Je ne vais pas te faire mal, pas pour de vrai.” J'ai dit : “On ira au paradis...” Je lui ai demandé de mettre ses mains autour de mon cou et j'ai mis les miennes autour du sien et... on est tombés entre les poutres. Je ne sais pas s'il est tombé sur moi ou moi sur lui. Il y avait du bazar partout, ce qu'on trouve dans les maisons abandonnées... J'avais déjà été prise à la gorge plein de fois, par ma mère, par certains clients. Quand ma mère me tirait la tête en arrière et que j'avais le cou tendu, elle disait toujours : “Je ne vais pas te faire mal...” Et quand je perdais connaissance et que je me réveillais, je les entendais dire, elle ou eux : “Ça va aller...”

— Avez-vous toujours fait le lien entre ce qui vous est arrivé à vous et ce que vous avez fait à Martin ?

— Pas avant longtemps... plusieurs années... il y a quelques mois.

— Alors pourquoi n'avez-vous pas dit ça à Pat par exemple ou, plus tard, à moi ?

— Je n'ai jamais voulu le dire. Pas plus aujourd'hui... Ça fait trop... trop comme... »

J'attendais. Elle ne prononça pas un mot, elle n'y arrivait pas.

« Rien ne peut justifier ce que j'ai fait, finit-elle par dire. Rien. »

Lors de sa troisième description, qui fut presque identique à la deuxième, elle cita son compagnon, Jim, lui demandant comment elle avait su s'y prendre pour étrangler quelqu'un ; elle lui avait répondu qu'elle ne savait pas vraiment. Des années auparavant, elle avait prétendument dit à Norma qu'elle l'avait vu dans un *James Bond*.

« Je savais qu'il était inconscient. Je reconnaissais cette façon de ne pas bouger, de ne pas vouloir bouger. Alors je me suis allongée près de lui et je me suis recouverte de briques », me dit-elle.

De tous les fantasmes ou associations inconscientes qui affleuraient dans ses propos, celui-ci fut le plus étrange. Je lui avais demandé un jour ce qu'elle avait lu sur les enfants abusés sexuellement ou sur les crimes d'enfants. Quasiment rien, m'assura-t-elle : « Je ne lis jamais les journaux. » J'ai su très vite que c'était faux. À Styal, plusieurs femmes lui avaient parlé de Myra Hindley, y compris l'ancienne religieuse, Tricia, qui avait été une de ses amies intimes, et elle ne pouvait rien ignorer des meurtres atroces qu'elle avait commis, avec son compagnon, sur des enfants.

Je savais aussi que Pat Royston, quand elle avait appris que Betty l'avait abusée sexuellement, lui avait prêté des livres sur le sujet. En revanche, Pat était certaine qu'aucun d'entre eux ne contenait de descriptions semblables à celles que Mary nous avait faites. Comme moi, elle pensait que ses souvenirs de ce qu'elle avait subi étaient trop détaillés, trop précis et en vérité trop étranges pour permettre le doute. Néanmoins, il y avait deux éléments sur lesquels elle n'avait pas dit la vérité et je devais en parler avec elle.

Depuis le début, j'avais compris que ses différentes versions de la mort de Martin avaient été au moins en partie inventées. Or, il ne s'agissait pas d'affabulation, mais, à l'évidence, d'un effet de son incapacité à voir la vérité en face, révélateur de vérités plus profondes. Et si, malgré l'affirmation selon laquelle elle ne lisait jamais les journaux, l'image d'elle-même « recouverte de briques » pouvait s'être glissée dans son esprit par le biais des reportages sur les deux enfants qui en 1993 avaient tué James Bulger et recouvert son corps de briques, je pressentais qu'elle avait un autre sens, plus particulier ; un sens que je ne savais pas interpréter. Lorsqu'à nouveau je lui posai la question, elle me répéta qu'elle avait refusé de lire quoi que ce fût sur l'affaire Bulger.

Puis elle reprit son récit. « Je suis restée là. Ça m'a semblé durer des heures. C'était tellement long, je ne sais pas, j'ai dû m'endormir, mais personne ne venait... Je ne me souviens d'aucune voix.

— Vous rappelez-vous être revenue à vous ?

— Non. Non. Je me souviens seulement que je me suis retrouvée dehors. C'était peu de temps avant qu'il y ait de l'agitation. J'ai pensé : "Si je restais un peu plus longtemps, on me trouverait moi... et Martin, et je reprendrais vie... On m'emmènerait, et tout le monde comprendrait."

— Mais vous saviez que *vous* vous n'étiez pas réellement morte. Saviez-vous que Martin était mort ?

— Pas mort, pas vraiment mort, seulement inconscient, inconscient comme j'avais été moi-même inconsciente... Je ne comprenais pas le concept de la mort *pour toujours*... Je crois que pour moi c'était : "Tu seras de retour à l'heure pour le goûter." »

Il est extrêmement difficile de décrire l'étendue de la détresse de Mary pendant les semaines de décembre et janvier où, alors que nos entretiens touchaient à leur fin, nous parlâmes d'abord de l'abus dont elle avait souffert, puis des meurtres des deux petits garçons.

Pendant les semaines que nous passâmes chez moi, à Londres, j'étais certaine presque tous les soirs que le lendemain matin elle ne pourrait pas continuer. Quand, à l'inverse, mon mari et moi logions près de sa maison, je craignais chaque jour qu'elle n'apparaisse pas. Par conséquent, même si je savais que la plupart du temps ce qu'elle racontait était de l'ordre du fantasme, une façon de fuir la réalité, je faisais toujours très attention à ne pas laisser voir les doutes que je nourrissais et je formulais mes questions avec le plus de tact possible.

Mais la fin de nos entretiens approchait. La mettre face à la réalité finit par devenir inévitable.

Il y avait des éléments de vérité dans tout ce qu'elle avait pu raconter, lui expliquai-je, mais, au tribunal, il avait été démontré que la majeure partie ne pouvait pas être arrivée. « Vous ne supportez pas de vous rappeler ce qui s'est réellement passé. Mais vous devez essayer. Vous devez faire un nouvel effort, un dernier effort pour en parler honnêtement. » Au bout du compte, ajoutai-je, il n'y a que la vérité qui puisse servir le but de ce livre ; d'une part raconter son histoire aussi précisément et complètement que possible, de l'autre utiliser ce qui lui était arrivé, et les réactions que cela avait engendrées autour d'elle, comme un exemple et un moyen d'alerter.

« Je ne sais pas comment faire, répondit-elle. Je ne sais pas si je peux. »

Bien sûr, je l'avais compris depuis des mois. Au demeurant, tandis que j'essayais d'amener Mary à affronter ses souvenirs les plus douloureux, et à dire la vérité, j'avais demandé aux quelques personnes de mon entourage qui savaient ce que j'étais en train d'écrire si, d'après elles, je devais ou non continuer à insister.

Parmi eux, deux amis psychiatres, le docteur Virginia Wilking, aux États-Unis, et le professeur Dan Bar-On, en Israël. Le docteur Wilking, qui a travaillé plusieurs années à Harlem auprès d'enfants aussi traumatisés que Mary, me conseilla vivement d'arrêter tout effort : elle s'inquiétait de l'intensité implacable de ces séances d'entretien, qui normalement, dans le cadre d'un traitement thérapeutique, auraient dû s'étirer sur plusieurs années. Mais le professeur Bar-On n'était pas d'accord. « La principale raison pour laquelle il faut continuer, c'est qu'elle a un besoin urgent de parler. »

Ainsi, quelque temps après Noël, j'informai Mary que j'allais de nouveau lui demander de me parler du jour où elle avait tué Martin Brown. Nous étions chez moi. J'avais débranché le téléphone, fermé la fenêtre et à moitié tiré les rideaux – non pour créer une atmosphère démesurément dramatique, mais pour bien faire comprendre à Mary la nécessité d'aller fouiller au plus profond de sa mémoire et de rester assez concentrée pour raconter d'une façon aussi chronologique que possible ce qui s'était passé ce jour-là.

Elle s'assit les yeux fermés, croisa ses mains sur ses genoux et commença à parler très lentement, avec de longues pauses entre les mots, des larmes. Une fois encore, son récit glissa au présent.

Comme elle l'avait déjà dit, elle était dans le jardin de la maison abandonnée.

« Martin est là. Je saute dans la maison pour voir le rez-de-chaussée, et il me suit. »

Elle fit une pause. Je lui demandai de poursuivre.

« Je dis : "Rentre chez toi." Il ne le fait pas... Il ne le fait pas... Je prends sa main et je lui fais monter les escaliers... les escaliers cassés... il pleure. "Je ne veux pas, il dit, je veux descendre... descendre... descendre."... Il s'arrête sur une marche à moitié cassée, qui branle. Puis : "Arrête de pleurer !" »

Elle avait parlé d'une voix dure. Je l'interrompis.

« Mary, ce n'est pas en train de se passer, vous le voyez simplement dans votre tête. »

Elle s'arrêta un long moment et je crus qu'elle n'en dirait pas davantage. Mais alors, toujours les yeux fermés, elle secoua deux fois la tête, et recommença à parler, cette fois en utilisant le passé.

« Il n'arrêtait pas de pleurer... » Elle s'interrompit encore. « Quand nous sommes arrivés en haut... ses pleurs étaient devenus des hoquets, il avait de la morve au nez. "Je veux descendre", il a dit. Je ne sais pas pourquoi je l'avais fait monter. Je lui ai répondu : "Tout va bien, je te fais descendre..." Mais je ne peux pas le porter... Je savais que je ne pourrais pas le descendre avec ces escaliers cassés. Il y avait un trou, le plafond de la pièce du dessous, un petit trou mais suffisamment grand. Je lui ai dit : "Tu vois ce trou ?" Il a arrêté de pleurer. "Je vais te faire passer par ce trou. Tiens-toi à ma main, je ne vais pas te laisser tomber." Et je l'ai fait. Je me suis allongée sur le ventre, je tenais une de ses mains en étirant mon bras le plus possible et il est tombé sur le sol. Mais il n'était pas loin. Il est tombé, mais il ne s'est pas blessé. Et j'ai couru pour descendre les escaliers... »

Elle se déconcentra soudain. « Il aurait pu courir loin de moi. » Elle parlait d'une voix forte et, pour la première fois, sur un ton défensif. « Il y avait aussi une ouverture, à l'emplacement d'une ancienne fenêtre. Il aurait pu crier... appeler mais il ne l'a pas fait, il ne l'a pas fait. Il n'avait pas peur de moi.

— Que s'est-il passé ensuite ? Fermez les yeux. »

Elle recommença. La tension se lisait sur son visage.

« Il est dans le coin, près de la fenêtre, debout, le dos contre le mur. Je ne sais pas comment il est arrivé là.

— Est-ce qu'il pleure ?

— Non. Non. Je m'agenouille devant lui, je crois que je m'agenouille sur une brique, je dis... » Ses larmes coulaient. « ... "Mets tes mains autour de mon cou" et il le fait et... je mets mes mains autour de son cou. » Ses mains étaient ouvertes sur ses genoux. « Et j'appuie, j'appuie, j'appuie... » Elle se pencha en avant jusqu'à se retrouver pliée en deux, le visage sur les genoux, le corps tremblant.

« Savez-vous pourquoi vous l'avez fait, Mary ? lui demandai-je. Étiez-vous en colère ? Pouvez-vous essayer de m'expliquer ce que vous avez ressenti quand vous avez serré la gorge de Martin ?

— En colère ? » Sa voix était étouffée. Elle était restée courbée, le visage sur les genoux. « Je ne suis pas en colère. Ce n'est pas un sentiment... c'est un vide qui vient... arrive... s'ouvre... c'est un abîme... c'est au-delà de la rage, au-delà de la douleur, c'est de la ouate noire... » Elle s'arrêta, se redressa. Les pleurs avaient cessé. Mais elle ne regardait pas, semblait contempler le passé comme à travers un rideau.

« Est-ce une sorte d'excitation ?

— Non, non, pas ça, c'est une purge de sentiments.

— Y a-t-il une sensation d'urgence ?

— C'est comme une lumière qu'on éteindrait sans qu'on ait su qu'elle était allumée. C'est comme un train derrière vous et il faut marcher, il faut continuer à marcher, mais il n'y a pas de bruit, pas même vos propres battements de cœur... Parfois, quand vous avez peur, comme ça m'était arrivé avant, vous entendez très fort votre cœur battre, mais même pas ça... des eaux boueuses... »

Elle se pencha à nouveau. Sa voix était devenue monocorde.

« Je vous ai parlé de la fois où j'ai sauté dans la piscine. Je m'étais presque noyée. Alors il y avait une lumière, je me rappelle avoir regardé vers le haut, je pouvais voir de la lumière et parce que je ne savais pas que j'étais en train de me noyer, je n'avais pas peur. Avec Martin c'était différent, c'était plus ou moins la même sensation, mais seulement jusqu'à un certain point, cette fois il n'y avait pas de lumière, pas d'attraction physique, aucune sensation... » Elle marqua une pause.

« Ne ressentiez-vous pas le besoin d'arrêter ?

— Non. Il y a un moment où ce train qui n'arrête pas d'avancer vous fait suffoquer dans la tête.

— Qu'est-ce qui suffoque ?

— J'essaie... j'essaie... » J'eus un instant l'impression qu'elle disait : « J'essaie pour vous. » « Mais c'est de la ouate noire, il faut la traverser... ou mourir... Je dis ça maintenant. Maintenant je... vous savez, en revoyant tout ça, je ressens une panique que je ne ressentais pas, je l'imagine, c'est l'adulte qui l'imagine.

— Qu'est-ce qui *était* là, vraiment ? Que ressentiez-vous ?

— Du calme. C'était très calme, immobile, je n'entendais plus aucun bruit, ni dans ma tête, ni dehors, ni de personne. Martin... il... C'était si... si calme. »

Elle se tut. Elle resta immobile pendant ce qui sembla un long moment, avant de lever les yeux. Cette fois, elle me regardait.

« À Styal, le docteur Godfrey m'avait dit que je ne comprendrais jamais avant d'avoir moi-même un enfant, et il avait raison. À l'époque, je ne le savais pas, mais maintenant, je le sais. » Sa voix paraissait fatiguée mais elle avait rarement été aussi claire. « Je ne voulais pas... Je n'avais pas l'intention de faire du mal à Martin : pourquoi aurais-je voulu lui faire du mal ? C'était juste un petit garçon de mon quartier... »

J'avais souvent remarqué que Mary évoquait la mort de Martin et celle de Brian de façons très différentes, mais ce n'est qu'au cours de ces entretiens de décembre et janvier que je crus pouvoir en comprendre la raison.

De son arrestation à son procès, puis pendant sa détention et les quinze années qui suivirent, c'est-à-dire pendant vingt-huit ans, elle avait toujours nié avoir tué Martin Brown. En revanche, elle avait admis tout d'abord avoir joué un rôle passif dans la mort de Brian Howe, puis y avoir participé d'une façon inoffensive, en recouvrant de fleurs le corps du petit garçon.

Le meurtre de Martin avait été sa décision, à elle seule. Elle était seule quand elle y pensa, seule quand elle le fit, et elle est restée seule depuis à devoir s'y confronter. Elle l'avait dissimulé à ses propres yeux, exactement comme elle avait effacé de sa mémoire les abus sexuels. Mais en mûrissant, une partie d'elle-même s'était peu à peu rendu compte qu'elle avait commis un acte terrible et qu'une seule personne au monde était capable de lui expliquer pourquoi et comment. Cette personne était sa mère.

Un jour, à Styal, elle avait essayé d'évoquer le sujet avec elle. Elle s'était fait remettre à sa place avec un définitif : « N'en parle à personne » et n'avait plus jamais posé de questions.

Au demeurant, le meurtre de Brian nc se distinguait pas du premier par le seul fait que Norma avait été présente. Alors qu'elle n'avait éprouvé aucun désir conscient de tuer Martin Brown ni, comme elle le dit, de laisser sa « trace » sur lui, neuf semaines plus tard, personne n'ayant compris ce qui s'était passé, il était devenu urgent de continuer, et de le faire, cette fois, aux yeux de tous.

J'avais souvent fait remarquer à Mary que, quand elle avait tué Brian, elle ne pouvait plus se persuader que la mort ne signifiait pas « pour toujours », puisqu'elle avait compris avoir tué Martin. Mais dans ce cas, pourquoi avait-elle continué avec Brian ? Elle n'avait jamais voulu, et en fait n'avait pas pu, répondre à ces questions.

Ses descriptions de la mort de Brian, au procès mais aussi lors de nos entretiens, étaient presque entièrement centrées sur Norma. Elle prétendait ne ressentir ni colère ni amertume vis-à-vis d'elle, mais c'était faux, et personne ne pouvait s'attendre à ce que ce fût vrai. Quoi que fît ou ne fît pas cette fillette ce jour de juillet 1968, sa présence avait été pour Mary un soutien et une confirmation du fait qu'elle pouvait aller jusqu'au bout.

« Je sais que vous refusez cette idée, lui dis-je, mais même si je condamne l'attitude de la cour avec Norma, j'ai toujours eu la certitude que, là encore, c'est vous qui étiez la plus forte et que vous deviez donc avoir joué un rôle actif dans le meurtre de Brian.

— Oui, je peux entendre ça, répondit Mary. Mais lorsqu'il y a un plus fort et un plus faible, le plus faible rend l'autre plus fort en se montrant plus faible... »

Nous ne saurons sans doute jamais exactement ce qui se produisit cet après-midi-là, sauf deux choses que Mary finit par me révéler. Elle venait de faire une description qui me paraissait tout à fait correspondre à la réalité – la façon dont Norma, en voyant l'enfant étendu sur le sol, avait commencé à crier.

« J'ai touché son visage, dit-elle en touchant son propre visage. Ses yeux étaient fermés, il ne se levait pas. Alors avec ma main, j'ai serré sa gorge.

— C'est donc bien vous qui l'avez tué ? »

Elle ne répondit pas. Elle l'avait dit ; elle ne le répéterait ou ne pourrait le répéter une seconde fois.

« Et puis, Norma a commencé à rire hystériquement... Il y avait des mauvaises herbes et de grandes fleurs... Je l'ai recouvert de joncs... »

Elle raconta ensuite comment elles étaient revenues plus tard, avec une lame de rasoir et des ciseaux.

Les deux filles avaient dit des choses différentes lors de leurs dépositions, et nous ne saurons peut-être jamais laquelle des deux coupa les cheveux du petit Brian, ni laquelle traça la lettre *N* sur son ventre, puis la transforma en *M* ; il était d'ailleurs possible que ce fût les deux à la fois.

« Donc vous lui avez coupé les cheveux, Norma et vous ?

— Oui, et...

— Vous l'avez fait quand vous êtes revenues ?

— Oui... et... couper, essayer, essayer de couper... de couper son pénis.

— Qui voulait couper son pénis ? demandai-je, surprise. Elle ou vous ?

— Moi.

— Mais vous ne l'avez pas fait, si ?

— Non, je n'ai pas réussi.

— Pouvez-vous expliquer pourquoi vous avez voulu faire ça ?

— Maintenant que je suis adulte, oui, je peux. Je peux voir toutes les raisons, tous les... tous les... tout, vous savez, oui, ce qui m'était arrivé, blablabla. Mais peut-être que c'était juste... Je pense que c'était juste parce que... Ce n'était pas pour avoir un trophée. C'était... Je peux en parler *maintenant*, mais pas à ce moment-là, maintenant je peux utiliser des mots que je ne connaissais pas à ce moment-là : vous savez, une sorte de castration symbolique, une façon de prendre l'organe coupable. »

Des semaines plus tard, quand je lui demandai, comme je l'avais fait à propos de Martin, de me répéter ce qui s'était passé avec Brian, elle raconta, toute l'histoire exactement comme elle l'avait fait auparavant, en ajoutant ce qu'elle avait déjà précisé lors de notre dernier entretien sur le sujet : que c'était elle qui avait « appuyé sur sa gorge ». Mais elle ne parla pas des ciseaux.

« La dernière fois que vous m'avez parlé de ça, vous m'avez dit que vous aviez essayé de lui couper le pénis.

— Je n'ai pas dit ça.

— Si, vous l'avez dit.

— Non, non, non, elle... je... la lame de rasoir et les traces sur son ventre, mes initiales, vous savez...

— Mais vous avez dit que ça, c'était Norma...

— Oui, oui, oui, oui...

— Alors je vous ai demandé ce que vous aviez fait avec les ciseaux et après une longue hésitation vous avez dit : "J'ai essayé de lui couper le pénis, mais je n'ai pas réussi." Vous vous en souvenez ?

— Non. Je ne m'en souviens pas, non, non.

— Je vais vous faire écouter la bande.

— Quand, quand est-ce que j'ai dit ça ?

— Cela fait quelques semaines maintenant. C'est enregistré. Cela a dû se passer, autrement vous ne l'auriez pas dit. »

Et, un peu plus tard – une cigarette plus tard –, elle dit : « Non, c'est vrai, je n'aurais pas inventé, mon Dieu, non. J'ai dû...

— Vous étiez complètement bouleversée.

— Je veux dire, je me souviens... être assise ici et dire... oui, j'ai dit ça. Ce qui me choque tellement, c'est pourquoi j'oublierais avoir dit quelque chose d'aussi affreux, d'aussi affreux pour moi.

— Si horrible cela soit-il, si on fait le lien avec ce qui vous était arrivé des années auparavant, on peut un peu comprendre l'état d'esprit dans lequel vous étiez. »

Apparemment toujours en état de choc, Mary me demanda si elle pouvait téléphoner à Jim, son compagnon.

« Il sait tout. Si j'ai dit ça, il saura. »

Après une longue conversation téléphonique avec lui, elle revint, l'air dévasté.

« Oui, dit-elle d'une voix éteinte. Il dit que c'est vrai. J'ai fait ça. »

Sixième partie

PRÉMICES D'UN FUTUR
1984-1996

Mary ne semblait pas avoir le sentiment que les onze premières années de la vie de sa fille avaient été déterminées par son désir inconscient de la tenir le plus loin possible de sa propre mère. Mais le fait est que si, de sa sortie de prison à sa grossesse, elle ne résista pas au besoin qu'elle avait d'elle – ni Betty à celui qu'elle avait de Mary –, à l'été 1985, elle ne l'avait pas revue depuis presque deux ans et Betty ne connaissait pas le bébé. « Je ne voulais pas qu'elle ressente les vibrations de Betty. »

En 1985, Mary subit une ablation de l'utérus. On craignait, à tort, qu'elle n'eût un cancer. Trois semaines plus tard, me raconta Pat Royston, elle dut retourner à l'hôpital à cause d'une infection. « Le jour où je l'ai raccompagnée à la maison, Betty a soudain débarqué, vêtue d'un improbable pantalon en satin violet. Improbable, parce que c'était le genre de tenue qu'elle pouvait porter il y avait des années, mais personne ne l'avait plus vue comme ça depuis qu'elle vivait respectablement avec George. »

« J'étais assise, je tenais mon bébé, me raconta Mary. Je ne pouvais pas croire qu'elle venait comme ça, sans avoir été invitée. Je veux dire, c'était *ma* maison. Je ne voulais pas qu'elle soit là. Je ne voulais même pas qu'elle me voie avec le bébé. Alors je n'ai rien dit, j'ai enfoui mon visage dans les cheveux du bébé. Pat lui a demandé : "Alors, que pensez-vous de votre petite-fille ? Est-ce qu'elle n'est pas magnifique ?" "Je ne suis pas obligée de vous parler", a répondu ma mère, et elle est sortie.

— Vous ne lui avez pas donné le bébé à porter ?

— Sûrement pas », répondit-elle vivement, mais avec un humour narquois plutôt qu'avec colère.

C'est aussi à ce moment-là que les premières fissures apparurent dans le mariage de Mary. Elle m'expliqua que Rob était trop jeune pour saisir les effets physiques et affectifs de l'ablation de l'utérus sur une jeune femme. « J'ai entendu dire qu'il faisait des blagues sur moi avec ses amis. Il disait à tout le monde que j'étais frigide. »

Mais il fit plus que ça. Il commença à utiliser la notoriété de Mary pour exister. (« Vraiment de la même manière que ma mère l'avait toujours fait. ») Il parlait de plus en plus de son passé, non seulement à ses proches, mais aussi à des étrangers. « Lorsque nous étions devenus amis, j'avais commis l'erreur fatale de lui parler de l'énorme chèque que m'avait proposé ce journal étranger. Je découvrais qu'il l'avait toujours gardé en tête. Quand il avait quitté son travail, il avait dit qu'il voulait passer du temps avec le bébé et c'était vrai, il aimait le bébé, mais il avait aussi d'autres projets. »

Un peu plus tard, cette même année, Mary, poussée par Rob, passa une semaine (soixante-douze heures, me dit-elle) à écrire une partie de son histoire (rien sur son enfance, rien sur sa mère, une redite des dépositions et déclarations faites au tribunal ; en revanche, beaucoup de choses sur ses années de détention).

« Ce n'était pas difficile de dire la vérité à propos de la prison, commenta-t-elle en haussant les épaules. Mais pour le reste, ce n'était pratiquement que des mensonges. » De nouveau, elle haussa les épaules. « Du sensationnel : je pensais que c'était ce que les gens attendaient. »

Il faudrait encore plusieurs années avant qu'elle ne développe son jugement moral et ne comprenne que le « sensationnel » était précisément ce que les gens refuseraient de sa part. L'agence qui s'occupait de son projet le démontra d'ailleurs en stipulant dans le contrat que 50 % des bénéfices du livre seraient reversés à la Société nationale pour la prévention de la cruauté envers les mineurs.

« Je trouvais ça totalement hypocrite. De la flagornerie, vulgaire et minable. C'était comme si je disais : "S'il vous plaît, aimez-moi, je suis une bonne personne, la preuve, je donne à une association caritative, une association caritative pour les enfants, en plus." Berk, ça me dégoûtait. Je ne pensais pas que les gens réellement décents allaient en conclure que j'étais une bonne personne. Je leur ai dit d'aller se faire foutre. »

Environ un an plus tard, alors que son mariage était sur le point de se briser, George vint rendre visite à Mary et lui annonça qu'il avait quitté sa mère.

« Il m'a dit que pendant ces vingt et un ans, elle avait toujours essayé de tout lui faire porter, ses malheurs, ses mensonges, sa culpabilité, et que cette fois, il n'en pouvait plus. Il a ajouté qu'il veillerait à ce qu'elle soit protégée financièrement, et qu'il serait toujours mon ami, mais voilà, c'était comme ça.

« Bon, sur le coup, j'ai été désolée pour elle. J'ai couru la voir, elle était avachie dans un fauteuil, on aurait dit un canard à la dérive. Elle m'a suppliée de le faire revenir. Mais c'était impossible. Il avait rencontré quelqu'un d'autre, une personne adorable, et j'avais compris que désormais, sa vie serait avec cette personne. »

La vie de Mary elle aussi allait bientôt changer. Car tandis que Rob passait de plus en plus de « nuits blanches », comme elle le dit, elle-même commença à fréquenter une boîte de rock avec des amis et fit ainsi la rencontre d'un sympathique jeune homme appelé Jim, Cela dura plusieurs mois.

« Je ne pensais pas à lui sérieusement... Mais comme mon couple était vraiment, vraiment fragile, je fantasmais. Je n'ai jamais imaginé que lui, Jim, pouvait penser à moi de la même façon. Je n'aurais pas osé... »

Ils devinrent amis et lorsque, quelques mois plus tard, au début du mois de mai (1988), une très grosse dispute mit fin au mariage de Mary (toujours parce que Rob racontait partout son histoire comme si elle était une bête de foire), Mary alla trouver Jim.

« Vous comprenez, il fallait que je sorte. Pendant douze ans, on m'avait seriné que je devais me contrôler et je l'avais fait : j'avais appris à le faire, je sentais que c'était la bonne attitude. Mais ce soir-là, après qu'une amie m'a dit ce que Rob racontait à mon sujet, je n'ai plus pu me contrôler. Je l'ai frappé, je lui ai donné des coups de poing, et puis je me suis arrêtée et j'ai couru dehors... Je savais qu'il l'aimait [l'enfant, qui avait presque 4 ans] et qu'il était tout à fait capable de veiller sur elle une nuit, et moi, il *fallait* que je parte. »

« J'ai vu cette relation évoluer pendant ces quatre ans, dit Pat Royston, et j'ai très vite compris que Rob n'était pas assez mature. Mary est évidemment quelqu'un de très, très complexe. Il ne savait comment faire. Dans sa frustration, il s'était plusieurs fois montré violent avec elle et elle avait encaissé. Mais quand ça a fini par aller trop loin, elle s'est rendu compte qu'elle aussi répondait violemment. À mon avis, elle a eu tout à fait raison de partir quand elle a compris qu'elle perdait le contrôle de la situation. »

Le lendemain, Mary avait rendez-vous au bureau de probation. Pat lui amena son enfant. Quatre jours plus tard, Jim, Mary et la petite fille déménageaient dans le Sud. Jim trouva rapidement un travail dans une usine d'outils de précision, mais il en démissionna six semaines plus tard, pour protester contre le licenciement d'un collègue – uniquement, Jim en était certain, parce qu'il était noir.

« Jim ne pouvait tout simplement pas l'accepter. On n'avait pas du tout d'argent de côté, alors on n'a pas eu le choix, on est retournés là où lui avait ses parents et moi, Pat... »

Pendant des années Pat avait travaillé à reconstruire la fragile estime de soi de Mary et elle l'avait aidée dans les situations d'urgence. « Mais la suite fut vraiment catastrophique », dit-elle.

Tous les trois s'étaient installés dans un petit village. « Comme toute personne condamnée à perpétuité, où que Mary aille, son officier de probation doit informer le chef de la police régionale, lequel doit prévenir la police locale. Cette fois-ci, un policier du village, en apprenant qui était Mary, en parla à son épouse. »

Avec d'autres villageois, l'épouse lança une pétition et bientôt les gens défilèrent dans la rue avec des bannières *Meurtrière dehors*. « Bien sûr, j'ai dû les faire partir immédiatement, continua Pat. Mary était affolée, complètement affolée. Elle disait : "Dieu merci, la petite ne sait pas encore lire", mais comment pouvait-elle l'exposer à de tels risques ? C'était terrible. Ils ont dit qu'ils voulaient retourner dans le Sud et ne plus jamais revenir dans le Nord-Est. J'ai trouvé cette réaction légitime, et on les a aidés à déménager dans un coin du Sud où elle pourrait avoir le soutien d'un officier de probation expérimenté. »

Samantha Connolly devint l'officier de probation de Mary en octobre 1988. Elle est une des personnes les plus chaleureuses et les plus sympathiques que j'aie rencontrées durant ce travail. Aujourd'hui à la retraite, elle a travaillé trente ans au service de probation. Elle fut, avec Pat Royston, le meilleur soutien de Mary.

« J'ai rencontré Mary à la fin de l'automne, un début d'après-midi, me raconta-t-elle. Jim et elle avaient très rapidement réussi à trouver un arrangement astucieux dans une exploitation agricole. Les propriétaires leur laissaient la jouissance d'un très joli petit cottage, en échange de quoi Mary travaillait douze heures par semaine au manoir et Jim une journée complète sur le domaine. Le reste de la semaine, il travaillait comme charpentier. Il aimait ça, il travaillait dur. »

Sam fut impressionnée par l'accueil que lui réserva la petite famille. « Mary avait été très sympathique, très polie, quand je lui avais parlé au téléphone, et quand je suis venue, elle avait préparé tout un goûter. Je ne suis pas vraiment habituée à ça quand je rends visite à mes clients, ajouta-t-elle en riant. La plupart du temps, on vous offre un café ou un thé, mais préparer soigneusement un vrai petit festin n'est pas une réaction courante. Vous voyez, elle ne le faisait pas pour moi, ou quoi que ce soit : c'était juste une jeune femme fière de sa maison. Elle était timide et chaleureuse. Rien de ce à quoi je m'attendais. J'ai aussi été impressionnée par leur tact à tous les deux. Quand je suis arrivée, l'enfant n'était pas là, des amis l'avaient emmenée jouer. Après une tasse de thé, Jim s'est excusé en disant qu'il partait la chercher mais c'était très clairement parce qu'il comprenait que je souhaitais parler avec Mary seule à seule.

« Pat m'avait bien sûr donné un certain nombre d'informations et j'avais lu attentivement le dossier qu'elle m'avait envoyé. J'en avais appris beaucoup grâce à elle, mais le dossier contenait très peu de chose concernant ce qui s'était passé avant la remise en liberté, soit quand même vingt-trois ans de la vie de Mary. Ça m'avait étonnée. Je savais que Mary avait parlé de son enfance à Pat, mais j'avais décidé de ne pas y revenir, sauf si elle le voulait. Il me semblait que mon rôle était de veiller sur la façon dont les choses se passaient au travail, avec Jim et, bien sûr, avec l'enfant... »

Les cinq années qui suivirent, Sam ne se contenta pas de conseiller et de superviser Mary, elle garda toujours, en effet, un œil sur sa fille (comme Pat l'avait fait depuis le début), qui était sous tutelle judiciaire.

Sam a de l'humour et son regard est suffisamment aiguisé pour saisir ce qui se cache derrière ce que montrent les gens. Elle éprouva rapidement une grande sympathie pour Jim.

« Dès le début, j'ai senti qu'il émanait de lui une sorte de force intérieure. J'ai compris qu'elle était absolument cruciale pour Mary. J'ai aussi observé leur petite fille pendant cinq ans, et je ne sais pas comment Mary s'y prend, mais c'est une enfant parfaitement rassurée et heureuse.

« En quelque sorte [elle faisait ici écho à mes sentiments envers Mary], elle s'est séparée en deux pour son bien. Il y a la Mary solide, capable d'une excellente discipline, douce, très gaie, aux principes très clairs. Et puis l'autre Mary, celle dont l'esprit part dans toutes les directions, sur d'innombrables sujets, celle qui est incapable de rester concentrée très longtemps, surtout lorsqu'elle est déprimée, dépression toujours liée à sa culpabilité. Dans ces moments-là, lorsqu'on discute avec elle, il est impossible de rester sur le sujet qu'elle a abordé, il disparaît invariablement dans un fatras de pensées. Si vous essayez d'y revenir un autre jour, *cette* Mary ne le peut pas. Mais l'autre Mary – la mère de la petite fille – est totalement cohérente, dans ce qu'elle fait, mais aussi bien dans les idées qu'elle communique à sa fille. »

Selon Sam, il est impossible de comprendre comment Mary a pu apprendre à s'occuper d'un enfant, si l'on pense au modèle qu'elle avait sous les yeux dans son enfance et au fait qu'elle a passé son adolescence et le début de sa vie d'adulte en institution.

« Je l'ai observée pendant des années. C'était mon boulot, mais je dois dire aussi mon plaisir. C'était extrêmement intéressant pour moi de voir comment, elle qui était incapable de conserver quoi que ce soit sur la durée, ni un métier, ni une formation, ni même une idée, pouvait inventer toutes sortes de choses pour sa fille. Si vous voulez, c'est presque comme si elle pouvait transmettre à son enfant une capacité qui chez elle est restée enfouie. Elle est très, très aimante. Assez tactile, mais sans excès, pas pour satisfaire ses propres besoins. Elle réussit à maintenir l'équilibre entre laisser sa fille faire un maximum de choses toute seule et avec des amis, et rester très protectrice. Lorsque la petite a commencé à aller à l'école, c'était toujours Mary ou Jim qui allaient la récupérer. Ils faisaient plein de choses avec elle, du sport, des jeux, du vélo dès qu'elle a pu.

« Mais avec tout ça, Mary est très attachée à la discipline : l'heure d'aller au lit, c'est l'heure d'aller au lit. Quand la petite sort jouer, elle n'a pas le droit d'aller n'importe où. Si elle veut sortir du périmètre, elle doit d'abord demander la permission et si Mary répond non, et que la petite grimace " t'es une mère horrible " comme font les enfants, Mary semble l'accepter avec cette sérénité qui permet aux enfants de sortir de la bouderie. Si la petite pose une question, sa mère donne une réponse, elle n'élude pas. Sur tout ce qui concerne l'enfant, Mary réagit toujours de façon saine. Je me souviens, la deuxième fois où je suis venue la voir, je prenais le thé avec elle et tout à coup la petite a dit : " J'ai deux papas, pas vrai ? " et Mary l'a prise dans ses bras et a répondu : " Oui, c'est pas de la chance, ça ? " »

Sam m'expliqua qu'elle ne voulait pourtant pas me donner une fausse impression. Si Mary avait probablement fait partie de ses clients les plus intéressants, elle s'était aussi montrée très difficile, épuisante.

« Au bout d'un moment, elle a commencé à me parler de son passé. Le plus souvent par bribes. Je pense que les gens ne peuvent pas supporter trop de choses à la fois. J'ai toujours été à l'écoute de ce qu'elle avait à me dire. Nous avons passé beaucoup de bons moments, mais les mauvais étaient très mauvais, très intenses. Je me souviens de jours où, quand je rentrais chez moi, je ne pouvais rien faire sinon m'allonger, tant elle m'avait épuisée. J'ai souvent pensé : "Comment Jim fait-il pour supporter ça ?" Parce qu'il est évident que toute la pression retombe sur lui. »

Sam ne trouvait pas que Mary était ce qu'elle appelait une « geignarde ». « Elle ne pleurait que quand elle était à bout, quand son sentiment de culpabilité la submergeait. Dans ces cas-là, ça pouvait devenir des torrents infinis de sanglots. On ne peut pas lui enlever la culpabilité. Elle est là. C'est un fait. Et au fond, c'est normal. La seule question qui se pose, c'est : comment l'aider à vivre avec ? »

La responsabilité de superviser Mary avait laissé à Sam un sentiment de grande solitude. « Nos services sont très petits. Chacun a la charge de dossiers socialement très lourds et même si la plupart des clients sont moins complexes qu'elle et surtout moins potentiellement exposés, ils restent difficiles. Dans le cas de Mary, la première chose à prendre en compte était son identité cachée. Il y avait déjà eu ce terrible incident dans le Nord. Ensuite se posait le problème de sa médiatisation et la nécessité de protéger son enfant, de la laisser totalement en dehors de tout ça. Et puis, lorsque vous avez affaire à un être humain plongé dans de telles souffrances, vous ne pouvez pas éviter de vous demander si, malgré tout ce que vous avez appris, vous en savez assez. Lorsqu'une crise se produit, vous ne pouvez partager votre point de vue avec personne. Vous vous retrouvez seule face à l'angoisse de savoir si vous faites ce qu'il faut, et c'est difficile. »

Au moins pouvait-elle appeler Pat et réfléchir avec elle aux problèmes pratiques urgents qui se présentaient.

Quand Mary et Jim se réinstallèrent dans le Sud, tout le monde parlait d'un garçon de 13 ans qui avait tué une petite fille de 2 ans. « La presse s'est déchaînée. Pat m'a téléphoné pour me dire qu'ils cherchaient Mary partout. Elle avait reçu des appels de la télévision, de la presse et de je ne sais plus qui encore, et elle me pressait de prévenir Mary. Je me suis démenée comme un poulet sans tête pour essayer de la contacter. Elle était partie en excursion avec un groupe d'enfants. Je me suis précipitée pour être chez elle à son retour et lui parler. Curieusement, elle est restée très calme. »

Mary se souvenait de ce jour mais, me dit-elle, il y avait eu tellement d'histoires similaires... La presse semblait la chercher chaque fois que des enfants, victimes ou coupables, étaient impliqués dans une affaire. « Ce jour-là, j'étais juste contente de ne pas avoir donné mon adresse à ma mère. Si je l'avais fait, ils auraient tous déjà été chez moi. Mais là, je sentais qu'on ne risquait rien. »

Mary avait fini par parler assez souvent de sa mère à Sam, évoquant le tourment qu'elle représentait, le besoin qu'elle avait de lui appartenir, mêlé à la rage qu'elle éprouvait à son égard.

« Sa colère ne venait pas seulement de ce que sa mère lui avait fait subir dans le passé. Betty continuait à tout faire pour qu'elle se sente coupable, à lui donner le sentiment qu'elle ne valait rien, à l'isoler du reste de la famille et à la presser comme un citron. Et puis, il y avait bien sûr la question de l'identité de son père biologique, qui semblait la torturer. »

Mary avait fini par dire à Sam (en 1992 selon cette dernière) qu'elle voulait aller voir sa mère toute seule pour en finir avec ça.

« Au mois de mai, me raconta Mary, nous avons décidé d'aller tous les trois dans le Nord, mais je suis partie un peu plus tôt pour la fête des Mères. Je n'avais plus du tout de contact avec elle. Quand je suis arrivée, la première chose qu'elle m'a dite, c'est : “Ça ne fait aucune différence pour moi que tu viennes ou pas. Tu pourrais vivre dans la même rue, je ne te verrais jamais.” Mais j'ai posé la question de but en blanc, comme je l'avais fait une fois, vous vous souvenez, après en avoir parlé avec Chammy. À l'époque, elle avait juste ignoré la question. Cette fois, je la lui ai posée plus calmement, et elle m'a donné un nom : un homme qui était un ami de mon oncle Jackie.

« Alors, quelques jours plus tard, nous sommes allés, Jim et moi, voir oncle Jackie et j'ai dit : “Est-ce que tu vas me dire la vérité ? Ma mère m'a donné un nom. ” Il a répondu : “Si je pouvais, je le ferais.” J'ai demandé : “Est-ce que L. D. est mon vrai père ?” Jackie a eu l'air... Son visage a exprimé une totale surprise... au point que Jim et moi avons pensé que ce n'était pas L. D. Après ça, je suis allée voir George, je lui ai redemandé, une fois de plus, et il a répété, comme il l'avait déjà fait : "C'est mieux pour toi que tu ne saches pas." »

Le lendemain, alors qu'ils passaient la soirée chez les parents de Jim, Mary et sa belle-mère se retrouvèrent seules dans la salle à manger. Elles parlèrent de la famille de Jim, et Mary enchaîna sur la sienne.

« Je lui ai dit que ma grand-mère McC. était morte [en avril 1981] et que ma mère ne m'avait pas laissée aller à son enterrement. Elle disait que ma tante Isa ne voudrait pas me voir parce qu'elle continuait à m'en vouloir depuis la mort de son petit John. J'ai raconté à la mère de Jim à quel point je m'en voulais de ne pas avoir été présente alors que j'adorais ma grand-mère, et tout à coup elle a dit : "Est-ce que vous me permettez de vous poser une question ? Je ne veux pas être morbide ni vous choquer, mais c'est quelque chose qui me travaille."

« J'ai répondu d'accord, et elle a demandé, sans hésiter : "Est-ce que votre mère a abusé de vous sexuellement ? " Elle a dit qu'elle avait lu votre livre à mon sujet et qu'elle sentait qu'il devait y avoir une raison pour que j'aie été ce que j'avais été quand j'avais 10 ans, que quelque chose de plus grave que ce que disait votre livre avait dû arriver. Alors, je lui ai raconté et elle m'a dit qu'elle m'aimait comme sa fille et que franchement il fallait l'excuser, mais qu'elle pourrait tuer ma mère. J'ai répondu : "Elle est malade. Elle a toujours été malade." »

« C'est ce qu'elle m'a raconté à son retour, se souvenait Sam. Elle m'a aussi dit qu'elle devait renoncer à savoir qui était son père biologique. Elle était certaine que sa mère ne le lui dirait jamais, et que, quelle que soit la vérité, elle était trop horrible à dire. Elle a ajouté avoir tant voulu, tant essayé d'être plus proche de sa mère. Elle ne pensait pas que Betty voulait consciemment lui faire du mal, ni faire ce qu'elle avait fait, ni lui faire ressentir tout ce qu'elle ressentait. Ce jour-là, elle avait l'air apaisée, mais elle ne l'était pas. Elle était dans un état désastreux et ça a été de pire en pire. »

En janvier 1993, Mary téléphona à Chammy et demanda à le voir : elle ne pouvait plus se battre contre sa culpabilité.

« Oui, je l'ai appelé. À cette époque, j'étais submergée, je ne pouvais pas supporter tout ce poids sur mes épaules. Je pensais constamment à Martin et à Brian, chaque jour, tous les jours, quelque chose, n'importe quoi, déclenchait ça – le soleil, une belle soirée, le mot "Gillette", le fait d'être mère, la pensée de leurs parents, de ce qu'ils avaient ressenti à cause de moi, ô mon Dieu... » Elle se mit à pleurer. « Ça ne sera jamais suffisant, ça ne changera jamais... le poids de tout ça. Je suis désolée, je suis désolée... désolée... mais ces mots..., n'est-ce pas ? Ce ne sont que des mots... »

« Ça a duré pendant des semaines, pendant des mois, me dit Sam. Elle avait des migraines terribles comme elle en avait souvent eu auparavant, des infections aux oreilles, des abcès sur la bouche, des rhumes, la grippe. Le médecin lui prescrivait des antidouleurs, Jim était très inquiet pour elle. Mais, malgré tout, dès que la petite était là, elle savait mettre ses souffrances de côté... Et puis, il y a eu l'affaire Bulger, le cauchemar. »

« C'était, *en effet,* un cauchemar, me dit Mary. J'étais complètement à vif. »

Elle assure n'avoir rien su de la manière dont le petit James Bulger avait trouvé la mort. Elle ne voulait pas savoir, elle ne lisait aucun article, ne regardait aucun des reportages qui passaient en boucle sur le sujet.

« Mais je me demandais si le cauchemar allait se répéter. Si tout allait se dérouler une fois de plus comme ça s'était passé avec moi. S'ils allaient prouver la culpabilité de l'un et l'innocence de l'autre. Je me sentais tellement... mal... pour les parents de ce petit garçon. Mais vous voyez, pour les autres parents aussi, je me sentais dégoûtée, absolument dégoûtée par tout le cirque qu'on faisait autour de l'affaire. Je savais que ce serait encore pire quand on les traînerait au tribunal comme on l'avait fait, pour moi, avec leurs noms divulgués et le public autorisé à assister... à faire la queue pendant des heures pour les dévisager comme j'ai entendu quelqu'un le raconter... »

Elle alla un soir chez des voisins alors que la télévision était allumée. « On voyait les garçons sortir du tribunal et il y avait des gens, des adultes, qui criaient, qui tapaient, qui donnaient des coups de poing contre le camion où on les avait engouffrés, comme s'ils voulaient les tuer. Puis – mon sang s'est glacé – le présentateur a fait un commentaire et il a mentionné mon nom. Ça a été comme un coup de tonnerre. Je ne cessais jamais de penser aux parents de Martin et Brian, mais quand mon nom est arrivé, ça a été pire... Rien que de penser à ce que ça avait dû être pour eux d'entendre ça... C'était suffisamment horrible, on n'avait pas besoin de faire de comparaisons.

« Et tout le monde, absolument tout le monde, en parlait. Mes amis aussi. C'est normal, non ? Je ne peux pas vous dire ce que ça me faisait d'entendre *Mary Bell*, sans cesse, un nombre incalculable de fois, et tous ces mensonges. Une fois, j'ai allumé la radio et j'ai entendu l'animateur raconter que je lui avais téléphoné. J'ai cru que j'allais m'évanouir. Je n'ai jamais téléphoné à personne. Je n'ai jamais parlé à personne, même pas à mes amis.

« J'étais terrifiée à l'idée que l'on me retrouve, que l'on me reconnaisse à cause des vieilles photos qui tout à coup ressortaient dans tous les journaux. Un ami m'a parlé d'un standard téléphonique où on demandait aux gens de dire ce qu'ils pensaient de l'idée d'un couvre-feu pour les enfants. Une femme avait téléphoné en disant qu'elle se souvenait d'un jour où, enfant, elle n'était pas venue quand sa mère l'avait appelée. À son retour, sa mère lui avait dit : " Si tu ne viens pas quand on t'appelle, Mary Bell t'attrapera. "

« C'était comme si je ne pouvais pas me débarrasser de ce nom. Je finissais par ne plus pouvoir penser à autre chose. Je ne pouvais pas manger, je ne pouvais pas dormir. Je savais par Sam que les journaux me recherchaient. Elle m'a avoué que la police locale l'inquiétait. Elle avait peur qu'un policier me dénonce comme ça s'était déjà produit.

Je pensais que ce n'était qu'une question de temps avant qu'ils me trouvent et ça me terrifiait. Je ne sais pas maintenant ce qui m'obsédait le plus : ce qu'on avait fait à ce petit garçon, ce qui allait arriver aux deux garçons qui l'avaient fait, ou ma terreur que les gens fassent le lien avec moi et me chassent.

« Oui, j'avais peur de la presse, et j'avais peur que les gens s'en prennent à moi s'ils découvraient qui je suis. Et c'était si difficile pour Jim, je savais qu'il craignait ma réaction, la façon dont je faisais le lien entre ce cas et le mien, et la douleur que je ressentais, et la panique. Garder tout ça loin de ma fille, c'est tout ce que je pouvais faire. Ça m'aidait un peu de devoir le faire : ça m'obligeait en quelque sorte à souffler, mais en dehors de ça, pendant la journée, quand elle était à l'école, ou le soir quand elle était couchée, je me sentais en chute libre. »

Finalement, Pat Royston décida que la seule chose à faire était de ramener Mary et sa famille dans le Nord-Est, de les installer dans un endroit où elle connaissait le chef de la police et où elle pouvait se fier aux agents locaux.

« Moi aussi, je devais leur conseiller de partir, ajouta Sam. Ça ne dérangeait pas Jim tant que ça. En vérité, il y avait une récession dans le Nord, mais elle commençait à nous toucher dans le Sud aussi. Il avait été licencié et il toucherait des droits pendant huit mois. Mais Mary détestait l'idée de partir. Elle ne voulait pas emmener la petite fille là-haut, dans le Nord-Est. Surtout elle ne voulait pas que la petite – ou elle-même – se retrouve près de sa mère, quel que soit l'endroit. Mais j'étais d'accord avec Pat : elle avait, plus que moi, les moyens de les garder en sécurité. Il fallait qu'ils partent. »

Même si Mary et Jim travaillèrent de temps en temps, ils vécurent principalement d'aides sociales pendant les deux années qui suivirent.

« Je détestais, détestais être là. Je voyais très peu ma mère. Ma colère s'était déjà accrue, dix ans plus tôt, à cause de sa conduite après la mort de ma grand-mère. Elle n'avait pas le droit de m'éloigner... de tout le monde. Toute ma famille était allée à l'enterrement. J'étais la seule à ne pas y être. Qu'ont-ils pensé ? Qu'elle n'était pas importante pour moi ? Je ne les voyais jamais. Comment pouvaient-ils savoir à quel point elle était importante pour moi ?

« Et elle a fait encore pire à la mort de tante Cath. Un jour, j'étais chez elle, je lui ai dit que j'allais passer voir Cath, et elle ne m'a pas dit qu'elle était morte. L'enterrement avait eu lieu deux semaines plus tôt. Du coup, je suis arrivée chez eux comme l'ange de la mort, j'ai demandé à voir Cath, et ils m'ont tous regardée comme si j'étais folle. Je suis allée frapper à la porte à côté, chez son plus grand fils, mon cousin R., et là j'ai pété les plombs. Il a mis énormément de temps à me calmer. Ensuite on est revenus et on a regardé des photos avec Jackie. Mais tout ça était en moi... Ça durait depuis si longtemps, je n'en pouvais tout simplement plus. De tout ça, d'elle. »

Deux choses se produisirent alors presque simultanément. D'abord, en 1994, environ trois semaines avant Noël, Betty contacta Mary et demanda à les voir, elle et Jim.

« Au téléphone, elle avait l'air... comment dire ? toute minuscule. Jim lui a dit qu'on pouvait se retrouver dans un pub, et, là, elle nous a demandé ce qu'on allait faire pour Noël. Jim, par une sorte de réflexe je suppose, lui a proposé de venir à la maison passer les fêtes avec nous. Je lui ai parlé de la petite. Elle ne l'avait vue qu'une seule fois, quand elle était bébé. Je lui ai montré des photos. J'ai proposé qu'elle la rencontre avant de venir pour Noël. Je lui ai dit : " Tu *es* sa grand-mère. Il est hors de question de lui raconter cette connerie que je suis ta cousine " et elle a fait oui de la tête, l'air résigné. Je ne l'avais jamais vue comme ça. »

Mary avait toujours dit à sa fille, pour expliquer le fait qu'elle ne la voyait jamais, que sa grand-mère était malade.

« Alors ce soir-là, quand je lui ai annoncé qu'avant Noël on irait passer une journée toutes les deux avec sa mamie au centre commercial de Gateshead, elle a dit : " Oh ! super, elle va mieux alors ? " Et tout à coup j'ai compris, et Jim a pensé la même chose, que je n'avais plus le droit de tenir ma fille loin de sa grand-mère, pas plus que ma mère n'avait eu celui de m'éloigner de ma famille. »

Le rendez-vous fut fixé à une semaine avant Noël. « On est arrivées, il y avait des centaines de personnes et la petite m'a demandé de quelle couleur étaient les cheveux de sa mamie. Pour rire, j'ai répondu orange, mais bien sûr ce n'était pas vrai. Je l'ai vue assise près de la fontaine. Elle ne portait pas de perruque et elle avait très peu de cheveux, juste quelques-uns, tout gris et un peu permanentés... Elle n'était pas vieille, 56 ans seulement, mais elle avait vraiment l'air d'une très vieille dame toute fragile. La petite s'est précipitée vers elle en criant : "Eh, Mamie !" Elle a failli la faire tomber, avec toute son énergie.

« Après on a passé quatre heures à faire les magasins, on a déjeuné, on a marché, et elle l'a absolument éreintée, essentiellement en parlant. C'est un vrai moulin à paroles, ma fille. Mais ça a été une bonne journée. J'étais heureuse, ma mère était heureuse aussi. Plus tard, la petite m'a demandé quelle maladie elle avait. "Ça a l'air d'aller", elle a dit. Je lui ai répondu qu'elle avait un problème avec l'alcool et elle a demandé : "Elle peut pas arrêter ?" Je lui ai expliqué que les gens qui boivent trop ne peuvent arrêter que s'ils le veulent très fort et que je ne croyais pas qu'elle le voulait. Je devais le lui dire, Jim et moi essayons toujours de lui dire la vérité autant que possible, quand nous pensons qu'elle pourra s'en accommoder.

« Quand ma mère est venue à Noël, nous avons passé deux vraies bonnes journées. Peut-être parce que c'était assez court pour qu'on ne se tape pas sur les nerfs, pour que je reste calme. Je savais qu'elle ne restait pas assez longtemps pour que j'aie de l'influence sur elle, mais quand même suffisamment pour qu'elle puisse faire la connaissance de la petite. »

Mary avait senti que sa fille était en sécurité avec Betty, d'abord parce qu'elle n'était pas sous sa responsabilité, mais aussi parce que l'enfant était parfaitement équilibrée. « Elle faisait rire sa grand-mère... L'entendre rire, vraiment rire, c'était incroyable. »

Le 27 décembre au matin, Betty repartit en taxi. Mary lui téléphona le soir, sans obtenir de réponse. « Je l'ai rappelée le soir du réveillon, et de nouveau personne n'a répondu. J'ai pensé qu'elle était au pub, ou chez son amie Maggie... »

On ne sait pas exactement quel jour Betty est morte. D'après Pat Royston, « les voisins l'ont vue le premier de l'an. Ils ont sonné l'alarme le 3 janvier ». Quand les policiers sont entrés chez elle en défonçant la porte, ils l'ont trouvée nue, dans un fauteuil près d'un poêle à gaz qui, étant resté allumé, avait brûlé tout un côté de son cadavre.

L'autopsie conclut qu'elle avait une péritonite, mais était morte d'une pneumonie. Apparemment, elle avait eu une attaque mais, réussissant à se lever, avait retiré sa chemise de nuit et l'avait jetée en boule, avec son drap, sur le sol de la salle de bains. Ensuite, elle avait pris un bain, ou en tout cas avait fait sa toilette, puis elle s'était assise dans le fauteuil.

« Je sais que Mary pense qu'elle voulait mourir, me dit Pat. Mais la police ne croit pas qu'il s'agissait d'un suicide. Il y avait des pommes de terre et des légumes lavés dans une casserole sur le fourneau. Il est vrai que si le téléphone était plus ou moins hors d'atteinte, elle avait une bonne amie à l'étage du bas : elle pouvait crier, son amie l'aurait entendue. Or, elle n'a pas crié.

« George m'a téléphoné pour me dire qu'elle était morte et qu'il allait prévenir Mary. Mary m'a appelée après son départ. Elle et la petite pleuraient au téléphone. Le lendemain, j'ai accompagné Jim et Mary chez Betty. Je sentais un mélange de colère et de regret chez Mary. Elle avait l'air bouleversée. Quand nous sommes arrivés, toute la famille était déjà là, tout le monde cherchait le testament de Betty dans ses affaires. Ils cherchaient surtout le fameux "livre", sûrs que le testament serait à l'intérieur. Mais ils n'ont trouvé ni l'un ni l'autre. »

« Avez-vous pensé qu'en demandant de passer Noël avec vous elle essayait de vous dire au revoir ? demandai-je à Mary.

— Oui, oui..., répondit-elle, hésitante.

— C'est une bonne chose que vous, Jim et votre petite fille vous lui ayez donné ces deux jours, non ?

— *Elle* me les a donnés, en quelque sorte. À l'enterrement, j'étais devant, avec Jim et tante Isa... Toute la famille était là, sauf les filles et P. [le frère de Mary], qui avait des problèmes. Plus tard, je l'ai vu et c'était bon, c'était bon. Je l'aimerai toujours, que je le voie ou pas. Je crois que lui aussi ressent quelque chose pour moi. Quelque chose qui remonte à loin.

« Après l'enterrement, la plus grosse surprise pour moi, ça a été le fils d'Isa, D. C'est un grand gaillard, un footballeur professionnel. Il est venu me voir, je m'attendais à ce qu'il me serre la main, comme à peu près tout le monde l'avait fait, mais il m'a tirée vers lui et il a dit : "Serrons-nous dans nos bras" et il m'a serrée fort, fort. C'était merveilleux, juste merveilleux.

« Mais même après ça, je n'ai jamais été proche de ma famille. J'ai fini par aller voir mes sœurs. Elles ont été polies, mais je savais qu'elles ne voulaient pas, qu'elles ne pouvaient pas vouloir de moi dans leurs vies. Nos vies ont été trop différentes. Je crois que je peux comprendre les leurs, mais il est impossible qu'elles puissent comprendre la mienne. Elles ont leur famille, leurs enfants. Trop de temps a passé et nous sommes des étrangères. J'aurais voulu que ce soit différent, mais c'est comme ça.

« Une semaine après la mort de ma mère, je suis allée toute seule dans son appartement. Je me suis assise là. J'attendais, je ne sais pas quoi. Pas une apparition, pas des voix... Je me suis juste assise, j'ai regardé autour de moi, tout était vide, il n'y avait que le fauteuil. Je crois que j'espérais seulement, que j'attendais... comme une caresse invisible sur la tête... quelque chose comme "on y est"... Mais rien n'est venu. J'espérais, oh, je voulais juste... » Elle posa une main sur son ventre : « ... *sentir* et puis j'ai pensé : "Oh ! merde, tu viens me voir, tu viens chez moi, tu joues à la mamie, et puis tu t'en vas et tu meurs, la seule fois où tu t'es conduite comme une personne normale avec moi..."

« Puis Jim a téléphoné, il m'a dit de rentrer à la maison. J'ai répondu : "Oui, je viens." »

Parce que le « livre » de Betty avait disparu, Mary pensait que sa mère s'était tuée ou peut-être juste laissée mourir. « Elle n'était jamais, jamais sans ce classeur. Tout le monde a cherché dans les poubelles, mais on ne l'a trouvé nulle part. S'il n'y était pas, c'est qu'elle l'avait détruit. Et elle ne l'aurait jamais détruit si elle avait voulu continuer de vivre. »

Pendant que tout le monde le cherchait, le lendemain de la mort de Betty, Mary avait ouvert un des tiroirs.

« Il était rempli de lettres de moi, pour elle. Elles commençaient toutes par "Chère mam" ou "chère, chère maman".

« Je n'en avais écrit aucune. »

Conclusion

L'enfance de Mary Bell telle que vous venez d'en lire le récit est, je crois, la clé de la tragédie qui s'est déroulée à Scotswood en 1968. Je crois aussi que lorsque les enquêtes seront menées correctement, on verra des traumatismes comparables apparaître dans la plupart des affaires similaires, que ce soit en Angleterre, en Europe ou aux États-Unis. Plus encore, je crois que les enfants de moins de 12 ans n'ont pas la même compréhension du bien et du mal, de la vérité et du mensonge, et, *a fortiori*, de la mort, que les adultes. Les premiers responsables des actes des jeunes enfants sont leurs parents, tous ceux qui prennent soin d'eux et, dans une moindre mesure, leurs professeurs.

Il n'est pas pour autant question de trouver une excuse ou une échappatoire à ceux d'entre eux qui commettent des crimes. Même s'ils ne comprennent pas tout à fait à quel degré ils ont fait du mal, *ils savent toujours qu'ils ont fait quelque chose de mal*. S'ils ont besoin d'aide, ne serait-ce que pour mesurer ce degré, ils ont aussi besoin d'être punis, et rapidement. La causalité, comprendre qu'un acte a des conséquences, est un principe fondamental de l'ordre du monde, ils doivent l'apprendre.

Je ne suis ni particulièrement indulgente ni particulièrement dure. Mais ce sont des enfants, non des adultes miniatures, et on l'oublie trop souvent.

Je pense, et beaucoup d'autres personnes dans ce pays et à l'étranger le pensent aussi, que dans une société civilisée, si les enfants de moins de 14 ans auteurs de crimes doivent être soumis à l'autorité, ils ne doivent pas être tenus pour responsables pénalement, et certainement pas jugés par un jury dans un tribunal pour adultes.

Comme je l'ai écrit en introduction, mes intentions en entreprenant ce travail étaient variées. L'histoire de Mary Bell, avec ses nombreux éléments tragiques, suffit à justifier l'écriture d'un livre, mais mon but allait au-delà. Il était d'*utiliser* Mary et sa vie. Je voulais montrer comment une histoire aussi terrible pouvait avoir lieu, mettre en lumière les nombreuses failles qu'elle révèle. D'abord dans la famille, mais aussi dans la société, quand la parentèle se protège en resserrant ses rangs contre les étrangers sans se préoccuper des conséquences, quand les voisins ferment les yeux, quand les policiers sous-estiment le danger des conflits parents-enfants et le plus souvent prennent la défense des parents (sauf dans les rares cas où des enfants dénoncent des abus sexuels), quand les travailleurs sociaux protègent leur relation avec ces derniers aux dépens des enfants, quand les instituteurs, débordés, mal formés à la détection des troubles psychologiques, ne voient pas ce qu'ils ont sous les yeux...

Dans le monde anglo-saxon, et particulièrement en Grande-Bretagne, nous ne nous contentons pas d'être discrets, nous vouons un culte à la vie privée. Nous n'observons pas les enfants de nos voisins. Surtout, nous ne les écoutons pas, nous ne sommes pas – pardonnez-moi de le répéter encore – à l'écoute de leurs cris, de leurs pleurs, de leurs appels.

À l'origine de ma détermination à écrire ce livre, il y avait l'intérêt que j'éprouvais pour cette petite fille que j'avais vue devant le tribunal de Newcastle trente ans auparavant, et mon inquiétude d'alors pour la jeune femme qu'elle deviendrait. C'était la première fois que je voyais un enfant jugé par un tribunal pour adultes, et je trouvais cela choquant. J'étais horrifiée pour les parents des deux petites victimes, mais dans le même temps la colère aveugle, la peur irrationnelle, la révulsion insensée autant à l'intérieur qu'à l'extérieur du tribunal que suscitait cette fillette me semblaient extravagantes.

Comme je l'ai dit, j'étais familière du mal, j'avais vu ses effets sur les enfants dont je m'étais occupée dans des camps de réfugiés en Allemagne à la fin de la Seconde Guerre mondiale, j'y avais été confrontée directement en observant et en écoutant les accusés de crimes de guerre vingt-deux ans plus tard, un an avant de me retrouver à la cour de Newcastle[1].

1. À partir de 1967, Gitta Sereny couvrit pour le *Daily Telegraph Magazine* une dizaine de procès de criminels nazis en Allemagne de l'Ouest, dont, en 1970, celui de Franz Stangl, commandant du camp d'extermination de Treblinka, avec qui elle eut les longs entretiens qui sont la matière de son livre *Au fond des ténèbres.* [N.D.T.]

Là, devant cette petite fille, ce n'était pas le mal que je voyais, mais plutôt un désarroi profond, enfoui. La cour, avec son cérémonial, son juge en robe rouge et ses avocats emperruqués, n'était ni adaptée, ni capable, ni n'avait pour rôle de s'occuper d'une enfant qui, avant toute autre chose, désirait protéger les secrets de sa mère.

En Grande-Bretagne, au cours des trente dernières années, nous avons à plusieurs reprises soumis des enfants à des tribunaux pour adultes. Depuis le cas Mary Bell, il y a eu trois affaires dans lesquelles des enfants meurtriers ont vu leur anonymat préservé. Dans deux autres cas, leurs identités ont été révélées : celui, un peu différent, de Sharon Carr, jugée à 17 ans en 1997 après qu'elle avait volontairement confessé le meurtre atroce, commis quand elle en avait 12, de Katie Rackliff, 18 ans ; et plus tard celui des deux garçons, dont les noms n'ont pas besoin d'être rappelés, qui tuèrent James Bulger quand ils avaient 10 ans. On se souvient aussi de l'affaire consternante d'un garçon de 11 ans qui, avec trois autres de 10, a été accusé du viol d'une petite fille de 9 ans dans les toilettes de leur école. Ils ont finalement été acquittés. L'affaire demeure honteuse pour tous ceux qui y ont participé.

Mais même si le nombre de crimes commis par des enfants n'a cessé d'augmenter en Grande-Bretagne, laquelle se montre, comme nous l'avons vu, particulièrement inapte à faire face à ces situations, nous ne sommes pas les seuls dans ce cas. La délinquance juvénile aux États-Unis, y compris de nombreux meurtres et viols, est devenue une épidémie. La plupart des États américains traitent les enfants encore plus mal que nous. Certains pays d'Europe de l'Ouest, tels que la Hollande, la Suisse, la Norvège, l'Allemagne et la France, où les services de protection de l'enfance sont pourtant plus avancés, connaissent également une recrudescence sans précédent du nombre de crimes commis par des mineurs.

Bien sûr, il y a une différence entre l'augmentation fulgurante, aux États-Unis, en Angleterre et dans le reste de l'Europe, des viols et des vols avec violence et les cas, encore rares en comparaison, de meurtres. Il y a en outre une différence entre les jeunes enfants qui tuent sans peut-être savoir ce qu'ils font et les adolescents qui, eux, le comprennent ; ainsi qu'entre un enfant qui tue un frère, une sœur, un parent ou un proche sous l'effet de la colère, de la peur ou de la jalousie et un enfant de n'importe quel âge s'attaquant à un étranger ou, pire que tout, à un enfant plus jeune que lui.

Des cas aussi extrêmes sont rares et, comme l'histoire de Mary le démontre, ils sont presque toujours causés par une accumulation extraordinaire de pressions conduisant l'enfant à un point de rupture. Toutefois, leur augmentation est une réalité, et ce phénomène ne peut pas être déconnecté de l'évolution de la société.

L'incertitude quant à nos valeurs morales et, j'ose le mot, spirituelles a fracturé le mur bâti par les générations précédentes, qui empêchait les enfants de mûrir prématurément. Aujourd'hui, trop peu de parents entendent la nécessité pour eux de grandir à leur rythme ; et beaucoup ne saisissent pas l'importance de leur rôle dans l'élaboration de l'estime de soi. Comme l'histoire que vous avez lue le montre, le parasitage, voire la corruption et la destruction de cette étape cruciale du développement, surtout lors des toutes premières années, peuvent déposer dans le psychisme d'un enfant les germes de graves problèmes à venir.

L'impitoyable compétition qui domine notre époque conduit la plupart d'entre nous, adultes, à nous discipliner toujours plus, à faire toujours plus d'efforts. Or, cette discipline, nous ne l'appliquons pas à nos enfants. Ils nous font peur. Leur apparente assurance (qui le plus souvent ne fait que dissimuler leurs besoins) nous déconcerte. Pour pallier l'incompréhension qui en découle, nous les couvrons de biens matériels, mais nous ne leur donnons pas, nous n'avons pas l'énergie de leur offrir davantage qu'une présence semi-comateuse, occasionnelle, dans un fauteuil face à la télévision.

Et, quoi qu'il en soit, les faits sont là. L'expansion de la délinquance juvénile est telle que dans de nombreux États américains, les criminels de moins de 13 ans sont désormais automatiquement transférés devant des juridictions pour adultes, et des adolescents de plus en plus jeunes sont envoyés en prison. Les pays d'Europe les plus fermement protecteurs commencent à envisager l'idée de baisser l'âge de la responsabilité pénale, même si, dans tous ces pays, les enfants sont pris en charge par des tribunaux spécialisés. Seuls les pays scandinaves, où elle reste à 15 ans, résistent.

En Allemagne, elle est à 14 ans ; en France, à 13 ; aux Pays-Bas, à 12. Aux États-Unis, elle varie selon les États entre 11 et 14 ans ; dans certains d'entre eux, les adolescents sont parfois condamnés à mort à 16 ans.

Ce n'est pas ici le lieu où analyser l'ensemble des causes de l'augmentation globale de la délinquance juvénile, mais il n'en est pas moins choquant de penser que certains pays sont tentés d'adopter les trois pires aspects de la justice anglaise : la responsabilité pénale dès l'âge de 10 ans ; les procès devant des tribunaux pour adultes ; la prison à partir de 16 ans. Qui sommes-nous pour agir ainsi ?

On pourrait croire que dans mon analyse, j'ai oublié les familles des victimes. Il n'en est rien. Comme je l'ai écrit à plusieurs reprises au fil de ces pages, je les ai constamment eues à l'esprit. Je sais que leur souhait profond est de ne jamais plus revivre par le souvenir ces jours terribles, et même de ne plus jamais entendre parler de Mary Bell.

Mais, en écrivant ces lignes, je ne peux m'empêcher de me demander si d'une certaine façon, surhumaine probablement, il serait possible pour elles, qui se sont vu arracher leur enfant d'une manière aussi terrible, de comprendre mon propos et d'y trouver une miette de réconfort. Je pense que la plupart d'entre nous sommes dorénavant d'accord pour affirmer que Mary Bell n'était pas *un assassin*. Elle fut une enfant maltraitée à qui personne ne porta secours ; elle n'incarnait pas le mal, elle ne cherchait pas à faire le mal. Elle était désespérée, et c'est ce désespoir qui a conduit à la tragédie.

*
* *

Depuis la première édition de ce livre, trois points continuent de me préoccuper[1].

Tout d'abord une question, qui m'a été posée plusieurs fois : comment se fait-il que seuls quelques enfants, très peu en somme, alors que tant d'entre eux ont une enfance horrible, commettent si jeunes des crimes aussi terribles ?

Il n'est pas facile d'expliquer ce qu'est le point de rupture chez les personnes qui ont été, enfants, mal-aimées, rejetées ou victimes d'abus, en particulier de la part d'un père ou d'une mère. Il faut d'ailleurs prendre garde à ne pas généraliser. Mais si la violence, chez les adultes, peut provenir et provient souvent de tendances sans lien avec un quelconque traumatisme précoce (il en va ainsi des génocides, des meurtres politiques, des crimes passionnels, des assassinats sadiques...), la plupart des spécialistes de l'enfance considèrent pour autant que personne, enfant ou adulte, ne reste insensible au rejet ou à la violence dont il a été l'objet dans son jeune âge.

La nature du point de rupture et le moment où il surviendra, sous la forme d'un acte violent sinon d'un crime, peuvent varier radicalement. Souvent il se traduit, assez tôt, par la cruauté envers les animaux, même quand l'enfant les aime, ou contre

1. Ajout à l'édition de poche (Papermac, 1999). [N.D.T.]

les membres de sa famille, ou encore contre des étrangers de tous âges. Parfois, il ne se produit qu'à l'adolescence, ou beaucoup plus tard. Dans tous les cas, si la personne ne reçoit pas d'aide, le traumatisme suppure comme une plaie ouverte ; la colère et le chagrin enflent jusqu'à ruiner ses chances d'entretenir un jour des relations normales. Le cercle vicieux du rejet et de l'abus se referme sur elle, et trop souvent sur ses propres enfants, qu'elle maltraite à leur tour.

Les réactions au livre ont révélé un autre aspect, d'après moi très significatif : le refus, chez certains commentateurs, de croire les souvenirs de Mary. Ils jugeaient impossible qu'elle eût été abusée sexuellement de 4 à 8 ans par les clients de sa mère et en présence de celle-ci. Cela démontre, une fois de plus, que quelques experts – ils sont peu nombreux, mais tenaces – et un grand nombre de personnes tout à fait convenables demeurent incapables de supporter l'existence même de la pédophilie, ce qui, étant donné le nombre de faits qui devraient s'imposer à eux, est presque aussi stupéfiant que la pédophilie elle-même.

Quiconque a travaillé auprès d'enfants abusés sexuellement sait à quel point ils ont du mal à en parler. Ils ne comprennent pas l'horreur de ce qui se passe, d'autant qu'ils sont soumis à un lavage de cerveau de la part de leur père ou de leur mère, ou des deux, consistant à leur faire croire que ce qui leur arrive arrive à tous les enfants. De sorte que nous sommes, encore aujourd'hui, souvent incapables de détecter et par là de prévenir ces abus.

Il m'a été très difficile d'aider Mary à surmonter son désespoir au moment où elle me racontait, sans filet et sans y avoir été préparée, ce qu'on lui avait fait. Plus tard, en entendant les réactions des quelques critiques qui ont ressorti le fameux spectre des « faux souvenirs », j'ai compris qu'il suffisait de replacer ces souvenirs dans leur contexte, voir quels liens ils tissaient avec d'autres, relever les échos, les constantes, pour mesurer leur terrible véracité. En voici quatre exemples.

Premier fait : la mère de Mary, dans l'un de ses accès de désespoir, expliqua un jour de 1970 à Brian Roycroft, du service de l'enfance de Newcastle, que sa spécialité était de fouetter ses clients. « Mais je cache toujours le fouet aux enfants », ajouta-t-elle. Deuxième fait : quinze ans plus tard, Mary raconta en sanglotant à son officier de probation se souvenir des coups de fouet qu'elle avait reçus vers 4 ou 5 ans en présence d'hommes en érection. Troisième fait : la seule fois où Mary, à 14 ans, après s'être automutilée, fut emmenée par James Dixon voir un psychiatre à l'hôpital, l'entretien se déroula, chose étrange et même incompréhensible, en présence de sa mère. Lorsque Betty, furieuse, affirma que Mary « était trop petite pour se souvenir du passé », Mary la contredit et même, semble-t-il, la menaça à la dérobée. « Je me souviens d'un homme qui avait trois doigts et... la blancheur... et je me souviens de colin-maillard », dit-elle à la psychiatre.

« Colin-maillard » était le nom que sa mère donnait à l'acte sexuel pour lequel quelquefois elle bandait les yeux de Mary ; ce « jeu », ainsi que

« l'homme à trois doigts » et la blancheur des pénis – ou du sperme – n'ont cessé, au cours de nos entretiens, de revenir dans les souvenirs de Mary.

Enfin, un quatrième point me semble tout à fait remarquable et important, même s'il n'est pas factuel et ne prouve rien en soi. La plus jeune tante de Mary et sa grand-mère maternelle me racontèrent en 1969 comment Betty, à l'âge de 13 ans, s'entourait de crucifix et de rosaires, les suspendant au plafond et sur les murs de sa chambre à Glasgow. (« On pensait qu'elle allait devenir nonne, tant elle était dévote », ajouta la mère de Betty.)

En 1969, dans mon premier livre, j'ai tu ce détail et quelques autres pour protéger les liens de Betty avec sa famille. Par ailleurs, excepté quelques rares visites de son père lorsqu'elle était à Red Bank, et plus tard celles de sa mère, Mary n'eut quasiment plus de contact avec sa famille après son départ, à 11 ans, de chez elle. Il n'y a donc aucune possibilité qu'elle ait entendu parler par qui que ce fût de l'obsession de Betty enfant.

Pourtant, comme on le voit dans le livre, vingt-sept ans plus tard, le visage blême et couvert de sueur, dans un récit entrecoupé de pleurs, Mary me fit part de l'horreur qu'elle éprouvait, enfant, lorsque les crucifix et les rosaires suspendus la frôlaient tandis que sa mère la tenait sur son lit pour permettre à des hommes de lui faire mal.

Certains doutent que l'histoire de la souffrance, du crime et du châtiment d'une enfant et d'une jeune fille puisse nous servir à tirer des conclusions générales sur d'autres enfants délinquants, nous aider à réfléchir aux moyens de leur éviter d'atteindre le point de rupture, à la bonne façon de les aider et de les soigner au lieu de se contenter de les punir et de les enfermer.

Ce sont les mêmes sceptiques qui doutent de la véracité de ce récit, surtout, je crois, parce qu'ils ne peuvent se défaire de la conviction que l'ex-enfant qui parle aujourd'hui, coupable par deux fois du pire des crimes, est une tueuse, non pas *une enfant qui a tué*, mais bien, avec ce que cela suppose de maléfique et d'impardonnable, une *enfant meurtrière*. Peu importe qu'elle ait été à 11 ans une enfant maltraitée ; peu importe qu'elle ait mené une vie irréprochable depuis sa libération à l'âge de 23 ans : pour eux, elle demeure à 40 ans ce qu'ils imaginent, à tort, qu'elle était à 11. Leurs certitudes ressemblent aux croyances médiévales dans les malédictions de naissance ; ils ne veulent pas voir qu'il y a, simplement, des enfants qu'on détruit.

Les médias britanniques ont cependant, à l'occasion de ce livre, soulevé une question qui me paraît cruciale : combien de temps un criminel, enfant ou adulte, ayant été jugé et puni, doit-il, d'après nous, payer pour son crime une fois qu'il a accompli sa peine ? En d'autres termes, croyons-nous la réhabilitation possible ? Croyons-nous qu'un prisonnier libéré a le droit de travailler normalement et de construire une vie de famille ?

Croyons-nous à la rédemption ?

APPENDICE

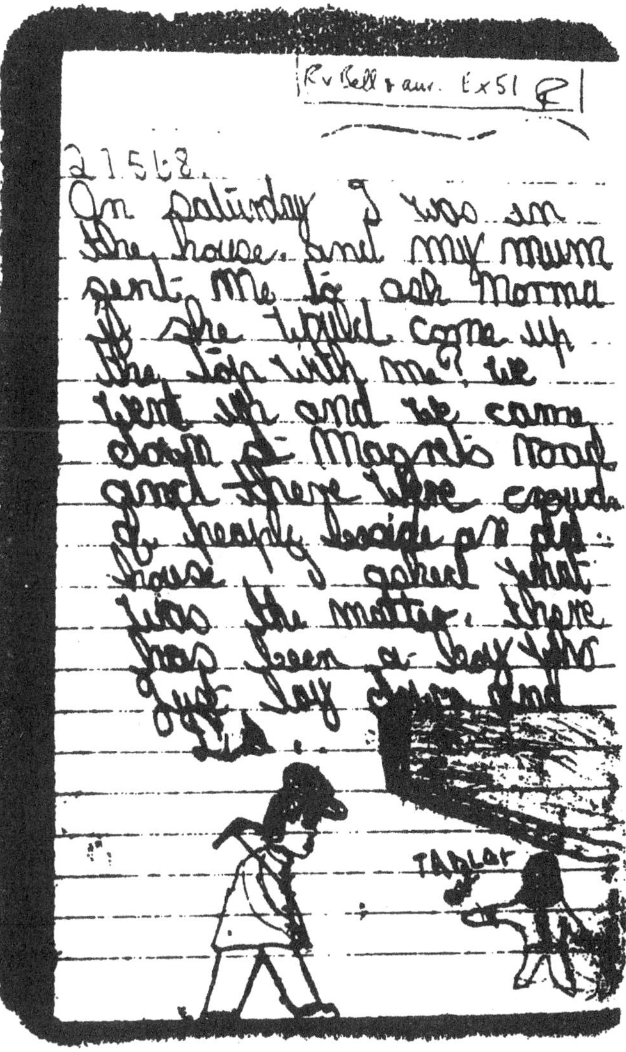
R v Bell & anr. Ex 51

21.5.68.

On saturday I was in the house. And my mum sent me to ask Norma if she would come up the top with me? we went up and we came down St Margrets road and there were crowds of people beside an old house I asked what was the matter. there had been a boy who got lay down and [illegible]

Voir p. 124.

I murder
SO That
I may come
back,

Pour ces pages et les trois suivantes, voir p. 135.

Push off

we murder

watch out

Fanny

and Faggot

WE did
murder
Martain
Brown
Fuck of
you Bastard

y You ARE MIKEY
BECUASE
MARI L-MURERd
lin GO
DROWND YOU PETER
Look out THERE
are murders aBout
BY FANNY AND
and auld Faggot
you screws

MOM

I know that in my heart
From you once was not apart
My love for you grows
More each day
When you visit mom
It is at once, your away
I look into your eyes so blue and
they are very sad. You try to be very
cheery. But I know you think I'm bad so bad
though I really don't know if you
feel the same.
and took it as a silly game.
A child who has made criminal fame
Please mom put my tiny mind at ease
Tell judge and jury, on your knees
They will listen to your cry of pleas
The guilty one is you not me.
I sorry it has to be this way
Well look cry, and you will go away
To other gates were. You are like
locked up in prison cells.
your families are [illegible].
these last words I speak, on behalf
of [redacted] and me
tell them you are guilty
Please, so then mom. I'll be free. Daughter
[illegible]

Voir p. 272.

Remerciements

J'ai peu de personnes à remercier, puisque peu de personnes connaissaient ce projet.

Tout d'abord et par-dessus tout, ma gratitude et mon admiration vont à mes éditeurs chez Macmillan, pour le courage dont ils ont fait preuve en acceptant ce projet : Ian Chapman et Peter Straus, dont l'enthousiasme a été sans faille, et Clare Alexander qui, par sa brillante intelligence et sa chaleur, du jour de son arrivée comme éditrice en chef jusqu'à la fin, a su aplanir le chemin escarpé sur lequel je m'étais lancée.

Peut-être devrais-je les remercier plus encore d'avoir choisi Liz Jobey pour travailler avec moi. Je ne sais ce dont je dois le plus la louer : sa compréhension des buts et des principes qui dirigeaient le livre, sa capacité à partager mes problèmes ou, plus simplement, son extraordinaire talent – merci, Liz.

Rachel Calder est mon agent ; j'ignore comment exprimer ma gratitude envers elle et Marina Cianfanelli pour leur soutien indéfectible à toute heure du jour et de la nuit. J'ai beaucoup de chance de les avoir à mes côtés.

J'ai aussi bénéficié, pendant cette période difficile, des conseils de maître Allan Levy, qui connaît le sujet des enfants et de la loi mieux que quiconque ; lui aussi est devenu un ami.

Je pourrais dire cela de tous les gens que je ne suis pas autorisée à citer : les deux officiers de probation qui, plus que de superviser Mary, lui apportent de la chaleur et du courage ; le couple employé à Red Bank quand Mary y était, qui a partagé tout son savoir avec moi ; la directrice de prison dont le sens de l'humour et la passion pour les êtres humains ont rendu les heures que nous avons passées ensemble semblables à des minutes ; enfin, « Chammy », dont Mary se souvient avec amour et que je remercie avec affection.

Je remercie Dan Bar-On et Virginia Wilking pour m'avoir fait profiter de leur sagesse, le professeur Guy Benoît pour m'avoir généreusement donné de son temps, Angela et Mel Marvin à New York, et Hannerl et Fritz Molden à Alpbach dans le Tyrol pour être des amis si précieux. Ainsi que Melani Lewis, qui veilla sur notre maison – j'ignore ce que j'aurais fait sans vous.

Un remerciement particulier bien sûr à mon fils Chris et sa femme Elaine pour leur soutien et leur amour.

Il me semble qu'au lieu de remercier encore une fois mon mari, Don, nous pouvons lui et moi nous remercier mutuellement pour ce livre qui arrive tandis que nous fêtons nos cinquante et un ans de vie commune.

Mes derniers mots seront pour ma fille Mandy qui, bien qu'elle soit de quelques années plus jeune que Mary, est attentive à son destin depuis la rédaction de *Meurtrière à 11 ans*. Elle m'a immensément aidée par son énergie, son intelligence, sa compréhension, et, pour finir, par sa compassion pour Mary.

TABLE

Achevé d'imprimer par Druckerei C.H.Beck
à Nördlingen (Allemagne)
en septembre 2015
pour le compte de France Loisirs,
Paris

N° d'éditeur : 82656
Dépôt légal : juillet 2015
Imprimé en Allemagne

Composition et mise en pages réalisées
par Étianne Composition
à Montrouge.